经济学基础
与实务

刘平 主编

姚永明 吴瑱阳 邸砧 窦乐 张艳丽 副主编

卜伟 徐国良 张赢盈 曾娅丽 钟育秀 孙增 张超 参编

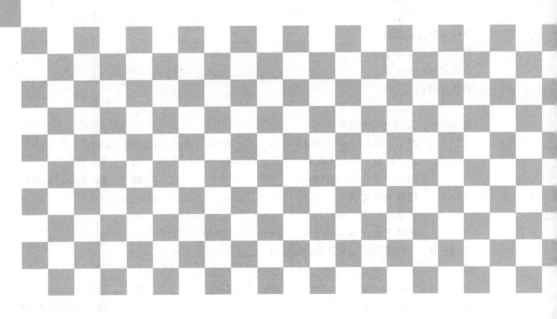

清华大学出版社

北京

内 容 简 介

本书根据高职高专人才培养目标和"应用为本、学以致用"的办学理念,贯彻"精、准、新、活、实"的编写原则,以"必需、够用"为度,精选必需的内容,并精心安排相关内容引导学生根据兴趣和需要有目的、有针对性地自学。本书主要内容包括:经济学导论、供需理论、消费者行为理论、企业行为理论、产品市场理论、要素价格理论、市场失灵与微观经济政策、国民收入核算理论、国民收入决定与调节理论、失业与通货膨胀、经济周期与经济增长、宏观经济政策理论。本书突出了以下特点:增加引入案例,激发学生的学习兴趣;同步配套出版学习指南与训练手册(习题册),有效提升学习效果;采用结构式描述,易读、易懂、易学、易记。

本书既可作为高职高专经济管理专业经济学基础教材,也可作为其他专业学生及社会人士的自学用书。

图书在版编目(CIP)数据

经济学基础与实务/刘平主编.—北京:清华大学出版社,2020.7(2024.2重印)
ISBN 978-7-302-54602-3

Ⅰ.①经… Ⅱ.①刘… Ⅲ.①经济学—高等职业教育—教材 Ⅳ.①F0

中国版本图书馆 CIP 数据核字(2020)第 002547 号

责任编辑:孟毅新
封面设计:傅瑞学
责任校对:袁 芳
责任印制:宋 林

出版发行:清华大学出版社
      网   址:https://www.tup.com.cn,https://www.wqxuetang.com
      地   址:北京清华大学学研大厦 A 座   邮   编:100084
      社 总 机:010-83470000   邮   购:010-62786544
      投稿与读者服务:010-62776969,c-service@tup.tsinghua.edu.cn
      质量反馈:010-62772015,zhiliang@tup.tsinghua.edu.cn
      课件下载:https://www.tup.com.cn,010-83470410
印 装 者:三河市铭诚印务有限公司
经   销:全国新华书店
开   本:185mm×260mm   印   张:19.75   字   数:449 千字
版   次:2020 年 7 月第 1 版   印   次:2024 年 2 月第 4 次印刷
定   价:59.00 元

产品编号:078911-01

经济学基础是经济管理类专业的一门主干课程,受到理论界和教育界的普遍重视。目前,经济学基础教材虽多,但适合高职高专的经济学基础教材却不多。

我们在建设"经济学基础"精品课程的过程中,对微观经济学部分提出了以下理论体系框架(见图0-1)。在教学内容的安排和教材的编写过程中,从高职高专的实际需要出发,坚持科学性、应用性与先进性统一,理论与实践相结合,重点集中在"产品市场"部分的相关内容,同时兼顾"生产要素市场"的相关内容。

图 0-1 微观经济学体系框架

1. 微观经济学鸟瞰

一般来说,微观经济学可以归纳为"122",即一个中心、两个主体和两个市场。

"一个中心"是指供需价格决定理论;

"两个主体"是指消费者和企业;

"两个市场"是指产品市场和生产要素市场。

本书第一章是经济学的入门篇,重点介绍经济学的研究内容、西方经济学体系和研究方法。

微观经济学部分分为六章,第二章介绍需求、供给和供需均衡的相关理论(含价格理论和弹性理论);第三章介绍消费者的需求行为,运用效用理论解释需求曲线背后的消费者行为;第四章介绍企业的供给行为,即供给曲线背后的生产者行为;第五章从完全竞争和不完全竞争两个角度讲述产品市场行为；第六章概要性地介绍生产要素市场的需求与供给；第七章则是微观经济学向宏观经济学过渡的承上启下部分。

宏观经济学部分分为五章，第八章简单介绍国民经济核算的方法和体系；第九章主要介绍两部门经济中国民收入决定的理论；第十章主要介绍失业理论与通货膨胀理论以及相互关系；第十一章介绍经济周期及其成因以及简单的经济增长模型；第十二章则简要介绍主要的宏观经济政策。

本书根据高职高专人才培养目标和"应用为本、学以致用"的办学理念，贯彻"精、准、新、活、实"的编写原则，以"必需、够用"为度，精选必需的内容，并安排相关内容引导学生根据兴趣和需要有目的、有针对性地自学。本书的编写突出了以下主要特点。

（1）增加引入案例，激发学生的学习兴趣。

（2）同步配套出版学习指南与训练手册（习题册），"学用结合"，有效提升学习效果。

（3）采用结构式描述，易读、易懂、易学、易记。

2．本书各章的基本体例结构

（1）内容提要：概括本章讲解的主要内容。

（2）学习目标与重点：说明学习重点及学习收获。

（3）关键术语：本章需要重点理解的关键词汇。

（4）引入案例：引入相应思维环境。

（5）本章正文：介绍本章需要掌握的知识内容。

（6）个案研究：穿插于正文中，通过案例加深对重点、难点问题的理解和掌握。

（7）预备知识：简要介绍学习正文时所需的预备知识。

（8）知识对比/知识回顾：采用知识对比栏，将前后文知识进行对比，便于学习理解和加深记忆。

（9）知识链接：在正文中介绍文中观点的来源。

（10）知识扩展/经济现象：概要给出相关扩展知识或介绍一些经济现象。

（11）本章小结：对本章主要内容和知识点进行概要回顾。

（12）本章内容结构：总结本章核心内容的体系结构。

（13）综合练习：分别包括名词解释、选择题、简答题、简述题、分析讨论题、案例分析题、计算题、实训项目等题型中的若干类型。

另外，本书有更丰富的习题指南（包括各种类型的习题、历届诺贝尔经济学奖得主及成就、经济学国内外经典教材及阅读书目简介、经济类核心期刊目录以及对生活中一些典型经济现象的分析等）。该部分内容单独成册，同步出版，与本书配套使用。

（14）推荐阅读：每章后列出5～10本参考书籍，供深入学习本章内容之用。

（15）阅读材料：它是相对较完整的补充阅读材料，以拓宽学生的知识面，加深对正文内容的理解和认识。

本书既可作为高职高专经济管理专业经济学基础教材，也可作为其他专业学生及社会人士的自学用书。

本书由沈阳工学院刘平教授起草写作大纲并担任主编，姚永明、吴瑱阳、邸砧、窦乐、张艳丽担任副主编。

在写作过程中,编者参阅了大量的文献资料,这里向原作者表示诚挚的感谢。虽在书中和参考文献部分尽量全面、完整地注明引用出处,但难免有疏漏之处,特别是有些文字引自互联网,无从考证原文作者的真实姓名,无法注明出处,特在此一并表示歉意和谢意。

写书和出书在某种程度上来说也是一种"遗憾"的事。由于种种缘由,每每在书稿完成及出版之后,总能发现有缺憾之处。因此,我们诚恳希望读者在使用本书的过程中提出宝贵的意见和建议,这是对我们最高的奖赏和鼓励。

刘 平

2020 年 5 月

目 录

第一章

经济学导论

【内容提要】

本章阐述了经济学研究的基本内容,介绍了经济学的主要研究方法和分析工具,以及西方经济学的演变和体系结构。

【学习目标与重点】

◆ 深刻理解欲望的无限性和资源的稀缺性两个基本前提,以及理性人(经济人)假设、完全竞争假设和完全信息假设三个基本假设。

◆ 掌握经济学研究的基本内容,即资源的有效配置和利用。

◆ 掌握微观经济学与宏观经济学的区别与联系。

◆ 重点掌握微观经济学的体系框架。

◆ 掌握经济学的主要研究方法和分析工具。

【关键术语】

经济学　欲望　资源　稀缺性　理性人　资源配置　资源利用

【引入案例】

航母与粮食的生产组合

随着中国新航母的曝光,"中国能造多少艘航母""中国需要造多少艘航母"等问题也不断被人提及。虽然网上议论纷纷,却无人给出标准答案。下面做个假设性探讨。

在我国资源既定的条件下,假设只生产粮食和航母两种物品。如果只生产粮食可以生产 5 亿吨,只生产航母可以生产 15 艘,那么多生产航母必然少生产粮食。为解决这一矛盾,提出了如表 1-1 所示的六种可能组合,并作出了图 1-1。同时,也带来了如下问题。

(1) 为什么所能生产的粮食和航母是有限的?

(2) 在粮食和航母的六种可能组合中,选择哪一种?

(3) 为什么有时生产粮食和航母的组合不在 AF 线上,而在 G 点?

(4) 为什么在既定技术条件下,生产粮食和航母的组合达不到 H 点?

(5) 如何使生产粮食和航母的组合超过 AF 线达到 H 点?

表 1-1　航母与粮食生产组合

组合方式	粮食/亿吨	航母/艘
A	0	15
B	1	14
C	2	12
D	3	9
E	4	5
F	5	0

图 1-1　航母与粮食的生产组合图

知识链接 1-1

人人都是"经济学家"

经济学有时候被认为是一门非常枯燥乏味的学科,是与一本本布满尘埃的卷宗打交道,卷宗里都是关于实物商品和服务的统计数据。但经济学其实并不是一门枯燥的学科,也不是一门沉闷的学科,它无关统计数据。它与人类生活息息相关,与激励人类的思想相关,与人类从出生到死亡如何行动相关,与一切最重要也最有趣的奇妙表演——人类行为相关。

从某种意义上讲,我们都必然是经济学家,我们都面对着这样的问题——如何在日常工作和家庭生活中成为更好的经济学家,并成为我们国家和世界的好公民。今天教育中最大的问题就是,怎样让人们更好地理解经济学。关于我们所有最根本的政治问题,我们歧见丛生,但基本都是经济学问题。我们的首要问题是如何解决这些经济学问题。而最好的答案只能通过研究合理的经济学原理来发现。

很多人认为,经济学不过是见仁见智人言人殊的看法。但经济学并不研究因人而异的看法。经济学是一门科学,作为科学它处理的是永恒的法则——那些人们无法改变的法则——那些持久不变的法则。如果我们想生活得更加称心如意,我们就必须提高理解和运用这些经济学规律的能力,以求获得更多所需之物。因此,文明世界若要存在,人们就必须更多地了解这门关于人类行为的科学。

在贯穿我们一生的每一个行动中,我们总是拿出一些已有的东西,去交换我们更想要的东西。我们可以用时间、精力、金钱或其他一些稀缺物去交换我们想要的东西,我们每个行为都是一种交换——用已有物去交换所求物。如果想在生活中得到更多,那么就必须学习改进我们的行为。

我们在生活中真正想要的事物,包括物质和非物质的事物,即我们最终的目标,并不是由经济学来帮助决定的。我们自己选择最终的目的和目标——这是我们的决定。我们从父母、老师、哲人、从我们自己的思想和那些帮助我们决定想要什么的人的思想中,形成了我们的观念。如果我们对各自想要的东西意见分歧,我们可能会拳脚相加。如果这种争议对我们相当重要,我们可能会试图用战斗来解决问题。但是大多数人对需求意见一致。最大的分歧在于如何得到大家所渴求之物。这是手段而非目的不同。对于这样的争议,经济学提供了明智的解决方案。

世界上大多数人都希望和平、富足。当然,为了我们自己,为了家庭、国家和全世界,我们需要和平、富足。大多数人都知道,如果我们想得到自身的、家庭的和国家的和平,那么就必须与其他人、其他家庭和其他国家和平相处。但是说到富足,就存在很大的争议了,许多人想要以牺牲他人为代价来获得富足。很不幸,如果我们只想要自己获得富足几乎不可能,他人也必须富足才行。富足与和平一样,必须是普遍性的东西——是必须和所有人分享的东西。

因此,我们现在明白学习经济学的原因了。

资料来源:米塞斯日报.米塞斯日报第一辑:什么是经济学[EB/OL].丰小英,等,译.[2018-08-01].http://yuedu.163.com/book_reader/80eb0dbe009f426da906427cb2d38862_4/5e63f451e11b4a67dab9c410a37f4cde_4.

第一节 经济学研究的基本内容

经济学是在一定经济制度和经济体制条件下,研究稀缺资源的有效配置与利用,在有限资源各种可供利用的组合中,进行科学的选择。

一、经济学的基本前提

经济学研究的基本前提是人类欲望的无限性和资源的有限性(或称稀缺性)。经济学研究的内容是人们和社会如何有效解决人类欲望无限性和资源有限性之间的矛盾。

(一)人类欲望的无限性

所谓欲望,从经济学角度出发是指人对物品和劳务的不间断需要,是人的一种心理感受。人们之所以要进行生产活动,是为了获得更多的物品和劳务来满足自己的需要和欲望。根据马斯洛的需求层次理论,人的欲望和由此引起的对物品和劳务的需要,是无限多样永不饱和的,即具有无限性。

清朝胡澹庵在《解人颐》一书中收录了一首《不知足》诗。

> 终日奔波只为饥,方才一饱便思衣。
> 衣食两般皆具足,又想娇容美貌妻。
> 娶得美妻生下子,恨无田地少根基。
> 买得田园多广阔,出入无船少马骑。
> 槽头拴了骡和马,叹无官职被人欺。
> 县丞主簿还嫌小,又要朝中挂紫衣。
> 若要世人心里足,除是南柯一梦西。

知识链接 1-2

马斯洛的需求层次理论

马斯洛需求层次理论（Maslow's Hierarchy of Needs）也称"基本需求层次理论"，是行为科学的理论之一，由美国心理学家亚伯拉罕·马斯洛于1943年在《人类激励理论》一文中提出。

该理论将需求分为五种，如图1-2所示，像阶梯一样从低到高，按层次逐级递升，分别为：生理需求、安全需求、社会需求（也称情感和归属需求）、尊重需求、自我实现需求。另外，还有两种需求，即求知需求和审美需求。这两种需求未被列入马斯洛的需求层次排列中，他认为这两者应居于尊重需求与自我实现需求之间。

图 1-2　马斯洛的需求层次示意图

需求层次理论有两个基本出发点：一是人人都有需求，某层需求获得满足后，另一层需求才出现；二是在多种需求未获满足前，首先满足迫切需求，该需求满足后，后面的需求才显示出其激励作用。

五种需求可以分为两级，前三个需求属于低一级的需求，是物质性价值需求，这些需求通过改善外部条件就可以满足；后两个需求属于高一级的需求，是精神性价值需求，这些需求通过提升内部因素才能满足，而且一个人对尊重和自我实现的需求是无止境的。

同一时期，一个人可能有几种需求，但每一时期总有一种需求占支配地位，对行为起决定作用。各层次的需求相互依赖和重叠，高层次的需求发展后，低层次的需求仍然存在，只是对行为影响的程度大大减小。

一般来说，某一层次的需求相对满足了，就会向高一层次发展，追求更高层次的需求就成为驱使行为的动力。相应地，获得基本满足的需求就不再是一种激励力量。

马斯洛和其他行为心理学家都认为，一个国家多数人的需求层次结构，同这个国家的经济发展水平、科技发展水平、文化和人民受教育的程度直接相关。在不发达国家，生理需求和安全需求占主导的人数比例较大，而高级需求占主导的人数比例较小；在发达国家，则刚好相反。

（二）资源的稀缺性

在引入案例中,为什么生产的粮食和航母是有限的?答案是因为资源的稀缺性。相对于人类社会的无穷欲望而言,经济物品,或者说生产这些物品所需的资源,总是不足的。这就是经济学上所说的稀缺性。

每个人的物质欲望都是无限的,而可以用来满足我们物质欲望的经济资源却是有限的,因此是稀缺的。在经济学里,稀缺被用来描述资源的有限可获得性,是相对于人们无穷的欲望而言的。一个物品可以成为商品出售,最首要的是因为它是稀缺的,并不是因为人们的需求,如阳光和空气,人人都需要,但因为太多,所以不会成为商品。但是淡水资源却越来越少,所以淡水的价格从原来的免费供应,现在也开始涨价。当一个商品变得稀缺的时候,它就开始变贵了。

知识链接 1-3

资源与要素

"资源"是指用来生产满足人们需要的产品(劳务)的手段或者物品。资源分为自由资源和经济资源。

（1）自由资源是指不需要付出代价即可获得的资源,如空气、阳光、海水等。

（2）经济资源是指需要付出代价才能获得的资源,如土地、人力、矿藏等。

除了时间与信息两种资源外,经济学讨论的资源基本上有三种：人力资源（Human Resources）、自然资源（Natural Resources）、资本资源（Capital Resources）。

当资源被投入生产过程用以满足人们欲望的最终产品与劳务时,称为生产要素,简称要素。经济学里生产的四要素是指人力（劳动 L）、财力（资本 K）、物力（自然资源 N）、智力（企业家才能 E）。

（1）人力——劳动 L,是指人们为生产物品和服务所付出的时间和努力。劳动既包括脑力的付出,也包括体力的付出。劳动的质量取决于人力资本。

（2）财力——资本 K,是指用于生产活动的工具、设备、机器和建筑物等。作为生产要素的资本不包括股票、债券等金融资本。

（3）物力——自然资源 N,自然资源可以被分为可再生的和不可再生的两大类。

（4）智力——企业家才能 E（管理）,是某些人所具有的、能够组织生产、开展创新活动、进行战略决策和承担风险的特殊才能,如李嘉诚、比尔·盖茨、戴尔、松下幸之助和福特都是企业家的杰出代表。

稀缺性并不仅仅指数量上的多寡,而是相对人们无穷的欲望而言,资源是稀少短缺的。一方面,一定时期内物品本身是有限的;另一方面,利用物品进行生产的技术条件是有限的,同时人的生命也是有限的。在一个社会里,每个人都不可能满足自己的全部需要。

没有稀缺,就不存在任何经济学问题。稀缺性是经济学研究的基本前提。

稀缺性是经济物品(Economic Goods)的显著特征之一；稀缺性并不意味着稀少，而主要指不可以免费得到；要得到经济物品，必须用其他经济物品来交换。

二、经济学的基本假设

微观经济学理论是以三个基本假设条件为前提的。

（一）完全理性

完全理性即理性人或经济人假设。微观经济学的一个基本假设就是"合乎理性的人"假设，简称为理性人假设，或经济人假设。这个理性人的基本特征是指每一个从事经济活动的人都是利己的(自私的)。换句话说，每一个从事经济活动的人所采取的经济行为都是力图以最小经济代价去获得最大经济利益。

这一假设的含义包括以下方面。

（1）经济主体即消费者和企业，所追求的目标在于自身经济利益的最大化。也就是说，经济人在行动时既不考虑自身的非经济利益，也不考虑其他人的经济利益，其如何行动完全取决于"看不见的手"——市场的调节机制。

（2）经济主体的决策过程是完全理性的。他(或她)能够排除一切决策干扰因素的不利影响，充分利用所有信息，进行全方位的利弊权衡，进而决策结果必然是在约束条件下的最优选择。

（二）市场出清

市场出清也称完全竞争假设，即坚信在价格可以自由而迅速升降的情况下，市场上一定会实现充分就业的均衡(Equilibrium)状态。在这种状态下，资源可以得到充分利用，不存在资源闲置或浪费的问题。

（三）完全信息

信息的获取和利用对经济行为的影响是相当明显的。经济学假设经济活动中的所有主体都能够在不支付任何成本的情况下，迅速获得充分的信息，而且这些信息在分布上是完全对称的。

换而言之，完全信息假设排除了经济活动中的任何不确定性，使每一个经济活动参与者均清楚地了解所有经济活动的条件、后果以及他人的反应。只有在这种条件下，微观经济学关于价格调节实现资源配置最优化，以及由此引出自由放任的经济政策，才是正确的。

显然，这三个基本假设过于严苛，在现实生活中不切合实际。然而，通过图 1-3 所示的经济学研究及应用过程可以看出，提出并采用这些假设不仅对经济学本身的发展和深入极为有利，而且从应用经济理论来解释现实的目的考虑，这样处理更为便利。

$$给定假设 \Rightarrow 简化经济变量关系 \Rightarrow 发现经济规律$$

$$解释现实，指导实践 \Leftarrow 逼近现实 \Leftarrow 放松假设$$

图 1-3　经济学研究及应用过程

知识链接 1-4

对三大假设的不同看法

　　传统西方经济学有完全理性、完全竞争、完全信息三大基本假设，一般均衡理论就是基于这三大基本假设论证资源配置的最优状态。但经济学界对此一直存在争论：人们未必都是理性的，竞争更多是不完全的，信息根本不可能是完全的。

　　首先，完全理性不可能。对微观经济学研究的两大行为主体——消费者和企业，虽然他们都在自觉或不自觉地追求自身最大化的效用和利润，但在现实经济生活中，他们的理性都有限。消费者在日常的消费活动中难以实现效用的最大化；企业也不可能把生产活动总是安排在利润最大化点上进行。

　　其次，完全竞争不现实。西方经济学对完全竞争具有严格的限定，包括市场上有大量的买者和卖者；市场上每个企业提供的商品都是同质的；所有的资源具有完全流动性；信息是完全的。条件如此之苛刻，以致很多西方经济学家也坦言：在现实经济生活中，真正符合这四个条件的市场是不存在的。

　　最后，完全信息不成立。完全信息假设在微观经济学中占有重要地位。如果信息是完全的，那么市场价格机制才会是有效的，资源就能实现最优配置。但是，现实经济生活中的各种信息往往是不完全、不对称的。在这种情况下，信息经济学家们预言，价格机制的作用会导致"劣币驱逐良币"的结局，市场作用就会无效率。可见，假设不同，结论就完全不同了。

三、经济学研究的基本问题

　　资源虽然是稀缺的，但具有多种用途和用法，应当进行选择，使资源配置最优化。因此，可以说经济学就是选择的科学。

　　选择是稀缺的一种逻辑延伸，面对社会稀缺的资源，人们需要做哪些选择呢？其实将消费者、企业、政府各种各样的选择汇总起来就是经济学研究的基本问题：即对稀缺资源的合理配置与利用的问题，换句话说，在有限资源的各种可供利用的组合中进行选择，购买什么、购买多少、生产什么、生产多少、如何进行生产、投资什么、储蓄多少等。

　　1. 资源配置问题

　　在引入案例中，是生产粮食，还是航母？这就涉及资源配置与选择的问题。相对于人们近乎永无止境的欲望来说，具有可供选择用途的经济资源的稀缺性就引发了经济学需要研究的资源配置问题。经济学为稀缺的经济资源根据人们的欲望进行最优配置的问题提供了一个理论框架。这一理论框架告诉我们,如何发现人们的各种欲望及其强度,如何根据这些欲望的组合做出关于经济资源使用方式的选择,以及经济资源不同用途的选择结果将如何在社会中产生影响。

2. 资源利用问题

为什么有时生产粮食和航母的组合不在 AF 线上,而在 G 点?又为什么在既定技术条件下,生产粮食和航母的组合达不到 H 点?那么,如何才能使生产粮食和航母的组合超过 AF 线达到 H 点?这就是资源利用的效率问题了。如果一个经济体在生产可能性边界上运行,就可以说这个经济体能够在现有的技术水平上充分利用它所掌握的所有生产要素,这个经济体的运行是有效率的。

(1) 如何充分利用稀缺的资源。所谓效率,是指社会如何最有效地利用资源以满足人们的愿望和需要。事实上,既存在资源稀缺,又存在资源浪费,而且资源的浪费可能很严重。生产可能线以内的任何一点都表示资源没有得到充分利用,这个经济体的效率在现有可投入资源和技术水平的约束下还有提高的空间。经济波动、种族歧视、自然灾害、战争、政局动荡、政治运动、社会革命、政府经济管制、经济改革(休克疗法)、罢工等都会使经济在其生产可能性边界以内运行。

(2) 如何突破生产可能性边界。一个经济体可以利用的生产要素的数量和质量与技术水平共同决定了生产可能性边界曲线在坐标系中的位置,生产要素数量的增加、质量的提高或技术的进步都能够使生产可能性边界曲线向外移动,这就代表了经济的增长。经济运行规则的改变也能够带来经济的增长或倒退,使生产可能性边界曲线发生移动。

上述经济学研究的两大基本问题,对稀缺资源如何进行合理的配置和利用实际上就是要回答以下五个经济学的基本问题。

(1) 生产什么(产品)。大到一个国家,小到一个企业或者家庭,其拥有的经济资源是有限的,面对众多的而且一时又难以完全满足的需求,如何确定生产的产品种类和数量呢?对一个国家来讲,我们一般能够找到其所拥有的经济资源所能生产产品的种类及其组合的最大产量,这样的产出组合称为生产可能性边界。生产可能线(生产可能性边界或生产转换线)是指在资源和生产水平既定的条件下,所能达到的两种产品的最大组合。在图 1-1 中,线段 AF 就是最大的生产可能线。

(2) 如何生产(生产要素组合,用什么方法)。生产什么确定之后,如何生产又是一个重要问题。同样的产品组合,人类可以采取很多种不同的方式进行生产。是分工协作进行生产,还是个体单独进行生产?是多用机器的方式进行生产,还是多用劳动的方式进行生产?是采用 A 技术进行生产,还是采用 B 技术进行生产?如何生产的问题涉及生产的效率问题,而效率问题是经济学需要关注的至高无上的问题。生产方式的选择,技术水平的改进,生产关系的改善,都能够提高生产效率,结果是生产可能性边界不断向外扩展。

当前如何生产的问题也涉及环境的保护。生产和效率是经济学关注的主要问题,但是,一味地追求产出的最大化,有时往往忽视了对环境的保护,其结果,虽然一时的产品生产有了大幅度的提高,人们的物质生活丰富了,但是人类赖以生存的环境却遭到了不可恢复的破坏。从长远来看,这样的生产的增长是不可持续的,并不可取。

(3) 为谁生产(分配,如何分配)。这是经济学需要回答的第三个基本问题。为谁生产解释了我们如何对产品进行分配。按需分配,还是平均分配?平均分配,从结果来看是公平的,但是,人们预先知道分配的结果是平均的,那么在生产过程中干多干少都一样,就会有人在生产过程中采取少干或者不干的态度,这种态度一旦被大家纷纷效仿,生产的低效率就不可避免了。

马克思曾经设想过,在共产主义社会里,由于生产力极度发达和人们的觉悟非常高(劳动或者说创造成为人们生活中的第一需要),按需分配的原则是可以实现的。但是,在生产力水平或人们的觉悟还没有达到马克思所描述的程度时,过早推出按需分配的方式,是一定会失败的,这主要是因为对生产成果如何分配的制度涉及生产过程中的激励机制问题。在生产力水平较低和人们的觉悟较低的情况下,其他激励机制(如精神奖励等)难以持续发挥效果时,如果能够成功地将每人在生产过程中所做的贡献很好地衡量出来,那么根据每人在生产过程中的贡献大小进行社会产出的分配就是一个非常好的激励机制。

(4) 生产多少(数量)。生产可能性边界给出了一个国家的经济资源可以生产的产品组合的各种可能性,但是它本身还是无法确定最佳组合应该在哪一个点上。这里就涉及有关经济信息的获得和决策过程的形成。首先,我们必须知道社会的偏好函数是什么,即社会到底需要多少粮食,多少航母?这里就有一个信息的收集和反映过程。其次,生产决策是根据社会的偏好,即全体社会成员的偏好还是社会中某一部分人的偏好做出?对这个问题的不同回答,涉及不同经济体制的问题。假定能够很好地发现社会偏好函数,而且决策机制是根据社会偏好函数建立的,那么就可以根据社会偏好函数找到最优的生产组合点。

(5) 何时生产(时间)。由于资源的稀缺性,不但决定了选择的必要性,而且决定了选择时机的必要性。当你现在选择了自主创业而放弃了读大学,你可能成为像比尔·盖茨一样伟大的企业家;但也可能因为创业失败而成为一个碌碌无为的人。当你现在选择上大学而放弃了自主创业,你可能失去了一个现在创业的机会;但也可能因为上大学而找到一份收入优厚的工作。当然,你也可以创业成功后再读大学,或者大学毕业后再创业。

【课堂讨论】

(1) 举例说明身边资源浪费的事情。

(2) 时间是稀缺的,对于一个大学生来说期末考试前的时间尤其如此。假设在期末考试前你有50个小时的复习时间,而又需要同时应付两门功课:数学与西方经济学,把这两门功课的考试成绩看作投入时间资源后获得的产出,请你画出在既定时间资源和复习技巧约束下考试分数的"生产可能性边界曲线"。如果某个你多年未见的老友突然来访,你花费了两天的时间去尽地主之谊,你考试分数的"生产可能性边界曲线"将会如何变化?为什么?

（3）北京和上海为了解决城市拥堵问题,分别采用摇号和竞拍的方式发放车牌,你认为这两种方式各有什么利弊? 你有什么更好的建议?

知识链接 1-5

稀缺资源的主要配置方式

稀缺的资源一般可以通过下列方式进行配置。

（1）市场机制。当资源通过市场进行配置时,愿意而且能够支付最高价格的人将获得这种资源。

（2）计划或命令。即使在市场经济国家,计划及命令被广泛地运用于企业内部和政府部门。在企业,管理者决定员工每天做什么,这就是命令机制在发挥作用。在转轨经济体中,计划机制配置稀缺资源的范围更广。

（3）多数法则。多数法则是指通过投票,按照少数服从多数的原则来配制稀缺资源。预算的分配方案就是通过多数法则决定的,如多少钱用于教育,多少钱用于国防等。决定稀缺资源在公共部门和私人部门之间进行分配的税率也是通过多数法则来决定的。

（4）竞赛。竞赛是指将稀缺资源配置给比赛的优胜者,如奖金的分配。市场份额及其附加的利润也是由优胜者获得,如微软就是操作系统竞赛的优胜者。

（5）排队机制。排队机制是指使用"先到先得"的方式对稀缺资源进行配置。通过"排队"的方式将稀缺资源直接分配或以低于市场均衡价格的价格分配给那些最愿意花时间排队等候的人,而不是分配给那些愿意并且有能力支付最高价格的人。大学食堂的座位、公共汽车上的座位、小区的免费停车位都不接受预订,而是按照时间顺序,先到先得。

（6）随机分配。随机分配通过"抓阄"或"抽签"的方式分配稀缺资源。目前,北京的车牌、买新股就是采用抽签摇号的方式产生。

（7）个人特征。根据个人特征对稀缺的资源进行分配,如根据毕业生的性别、年龄、学历、毕业学校等分配工作机会。

改编自:卫志民.微观经济学[M].北京:高等教育出版社,2012:第一章.

第二节 经济学的研究方法与分析工具

一、实证分析与规范分析

（一）实证分析

实证分析是一种描述性分析,只研究经济是如何运行的,给出客观事实并加以解释,不对是否符合某种价值标准做出判断。例如,在其他条件不变时,汽车的价格下降20%,销售量会变化吗? 怎样变化? 变化多少? 企业的收益会因此增加吗? 如果没有增加,原因是什么？因此,实证分析不讲价值判断；只回答"是什么"的问题,即只描述不评价；其结论具有较强的客观性。

假如我们研究粮食与航母增长的因素是什么,这种增长本身又具有什么规律。通过研究我们发现,如果资本量和劳动量各增加1%,则粮食和航母的产量也各增加1%。通过实践,也可以验证这一规律,证实这一结论。这就是实证分析。这一结论并不会因为人们关于粮食与航母对社会意义的不同看法而改变。

(二)规范分析

规范分析是以一定的价值判断或规范为标准,研究经济应当如何运行。例如,公园在旅游旺季提高票价的做法对吗？人民币应该升值吗？汽车应该降价销售吗？

因此,规范分析以价值判断为基础；回答"应该是什么"的问题,需要做好或坏的评价；其结论受不同价值观的影响。

假如我们研究粮食与航母的增长到底是一件好事,还是一件坏事。有人从增长会给社会、经济带来福利增加的角度出发,认为增长是一件好事；有人从增长会给经济、社会带来环境污染的角度出发,认为增长是一件坏事。这体现了具有不同价值判断标准的人对同一问题的不同看法。实际上,粮食和航母的增长既会有好的影响,也会有坏的影响。这两种观点谁是谁非,有时很难讲清楚。

同样是研究粮食与航母的增长问题,实证分析与规范分析显然是不同的。实证分析与规范分析虽然两者目的不同,但却难以截然分开。例如,微观经济学主要采用实证分析,但微观经济学中的福利经济学、制度经济学的部分则采用规范分析；宏观经济学则主要采用规范分析。

知识链接 1-6

定性分析与定量分析

定性分析是一种传统的分析方式,更多依赖于经验感觉、归纳演绎、抽象概括、综合分析等对事物的发展趋势和方向做出判断,具有化繁为简、化难为易的特点。直观性、通俗性强,无须经过复杂的考量和繁难的公式计算,分析时效快、成本低。但这种方式的缺点也非常明显,凭感觉随意性较强。因而,也就容易出现失误。

定量分析是随着20世纪兴起的运筹学、数量经济学、系统论等现代数学和信息技术手段而发展起来的新型分析方式和方法,更多依赖于数理统计分析等现代分析方法,对事物的发展变化幅度做出量化的研究和判断,具有较科学且可操作性强的优点,能够解决定性分析所不能解决的高难度复杂问题。

但是定量分析也有明显不足,就是不能脱离定性分析而独立存在。离开对事物性质和本质的正确认识,再精细的分析方法也难以有效发挥作用；有时也会显得画蛇添足。因此,要把定性研究分析与定量研究分析有机结合起来使用。

二、经济模型的运用

(一) 经济模型

经济模型(Economic Model)是一种分析方法,是用来描述所研究的经济事物的有关经济变量之间相互关系的理论结构,主要用来研究经济现象间互相依存的数量关系,可以用文字语言、函数关系、公式或图形等形式来表示。其目的是反映经济现象的内部联系及其运动过程,帮助人们进行经济分析和经济预测,解决现实的经济问题。

下面以供求为例介绍经济模型。抽象出供给量、需求量和价格,数学表达式如下。

$$Q_d = \alpha - \beta P \tag{1-1}$$

$$Q_s = -\delta + \gamma P \tag{1-2}$$

式(1-1)为需求方程,式(1-2)为供给方程。两者都是表示参与者的经济行为所导致的后果,也称为行为方程式。式中 α、β、δ、γ 均为常数,且均大于零。

一般来说,模型方程式数目应与所包含的变量数目相等,并满足有解的要求。

$$Q_d = Q_s \tag{1-3}$$

式(1-3)是均衡条件,称为均衡方程式。由此,可以求解出均衡价格 P_e 和均衡数量 Q_e。

例 1-1　假定某商品市场需求函数为 $Q_d = 12 - 2P$,供给函数为 $Q_s = 2P$,求均衡价格 P_e 和均衡产量 Q_e。

解：均衡时 $Q_d = Q_s$,得

$$12 - 2P = 2P$$

解得

$$P_e = 3$$

将 $P_e = 3$ 代入需求方程,得

$$Q_e = 6$$

将 $P_e = 3$ 代入供给方程,得

$$Q_e = 6$$

(二) 变量

经济数学模型一般是由一组变量所构成的方程式或方程式组来表示的。变量是经济模型的基本要素。变量可以被区分为内生变量、外生变量和参数。

内生变量指由模型本身所要决定的变量,如式(1-1)中的 P 和 Q。P 为自变量,Q 为因自变量 P 变动而变动的因变量。

外生变量是指由模型以外的其他因素决定的已知的变量。它是模型得以建立的外部条件。

内生变量是可以在模型体系内得到说明,外生变量决定内生变量,而外生变量本身不能在模型体系内得到说明。外生变量发生变动,将引起内生变量值发生变化。

参数是指数值不变的量。参数通常是由模型以外的因素决定的,往往也被看作外生变量。

例如,人们的收入水平是上述均衡价格模型以外的因素,但作为外生变量的收入却会影响人们的需求量。

(三)经济模型的主要分类

经济模型主要分为数理模型和计量模型。

(1)数理模型是在数理经济学中所使用的经济模型。其特点是把经济学和数学结合在一起,用数学语言来表述经济学的内容。利用数学公式表述经济学概念,利用数学定理确立分析的假定前提,利用数学方程表述一组经济变量之间的相互关系,通过数学公式的推导得到分析的结论。

(2)计量模型是在计量经济学中所使用的经济模型。其特点是把经济学、数学和统计学结合在一起,来确定经济关系中的实际数值。其主要内容有建立模型、估算参数、检验模型、预测未来和规划政策。

知识链接 1-7

假设演绎法

假设演绎法是指在假设的纯粹状态中,演绎和推论出各种预想的结果,以求用一种简明的方式把复杂的现象联系起来。将这种方法运用在经济分析中,从而建立了包括变量、假设、假说、预测的理论模型。

变量是指相互有关系的因素。

假设是理论模型用来说明事实的限定条件。

假说是关于经济变量之间如何发生互相联系的判断。

预测是根据理论假说对事物未来发展趋势和变化的方向、大小、程度等做出的判断。它是在理论限定的范围内用逻辑规则演绎出来的结果。

三、均衡分析与边际分析

(一)均衡分析

均衡是从物理学中引进的概念。在物理学中,均衡表示"同一物体同时受到几个方向不同的外力作用而合力为零时,该物体所处的静止或匀速运动的状态"。英国经济学家弗雷德·马歇尔(Alfred Marshall)把这一概念引入经济学中,主要指经济中各种对立的、变动的力量处于一种力量相当、相对静止、不再变动的境界。

因此,经济学中的均衡是指这样一种相对静止状态:经济主体不再改变其行为的状态。也就是说,经济行为人意识到改变决策行为(如调整价格、调整产量)已不能获得更多利益,从而不再有改变行为的倾向;或两种相反的力量势均力敌,使力量所作用的事物不再发生变化。前者如消费者均衡、生产者均衡,后者如均衡价格、均衡产量。

均衡分析是指经济变量达到均衡时的情况及实现条件。均衡分为局部均衡与一般均衡。局部均衡分析是指假定在其他条件不变的情况下，来分析某一时间、某一市场的某种商品(或生产要素)供给与需求达到均衡时的价格决定。一般均衡分析则是在各种商品和生产要素的供给、需求、价格相互影响的条件下，来分析所有商品和生产要素的供给和需求同时达到均衡时所有商品的价格如何被决定。

一般均衡分析是关于整个经济体系的价格和产量结构的一种研究方法，是一种比较周到和全面的分析方法。由于一般均衡分析涉及市场或经济活动的方方面面，这些因素又是错综复杂和瞬息万变的，实际上使这种分析非常复杂和耗费时间。所以，在西方经济学中，大多采用局部均衡分析。

(二)边际分析

在现代汉语中，边际是指边缘、界限的意思。在经济学中，边际有额外的、追加的意思，是指处于边缘之时，再增加一个单位所发生的变化，属于导数和微分的概念。

边际的含义就是因变量关于自变量的变化率。说得简单点，就是指自变量变化一个单位时，因变量的变化情况。边际分析就是分析自变量变动与因变量变动的关系的一种方法。

边际分析也称边际分析法，是指运用微分方法研究经济中的增量变化，以分析各经济变量之间的相互关系及变化过程。通过对增量的对比来决定是否采取或取消一种经济行为，即把追加的支出和追加的收入相比较，两者相等时为临界点。如果组织的目标是取得最大利润，那么当追加的收入和追加的支出相等时，这一目标就能达到。

边际分析法是经济学的基本研究方法之一，不仅在理论上，而且在实际工作中也起着相当大的作用。边际分析法广泛运用于经济行为和经济变量的分析过程中，经常考虑的边际量有边际效用(MU)、边际收入(MR)、边际成本(MC)、边际产量(MP)、边际利润(MB)等。

边际分析法的特点如下。

(1) 它是一种数量分析和变量分析。

(2) 它研究微增量的变化及变量之间的关系，可精细分析各种经济变量间的关系及其变化过程，更严密。

(3) 它是最优分析。边际分析实质上是研究函数在边际点上的极值。

(4) 它是现状分析。对新出现的情况进行分析，即属于现状分析。这显然不同于总量分析和平均分析，总量分析和平均分析实际上是过去分析。

四、静态分析与动态分析

以是否考虑时间因素为标志，可区分为静态分析和动态分析。

(一)静态分析

静态分析就是分析经济现象的均衡状态以及有关的经济变量达到均衡状态所具备的条件。它完全抽象了时间因素和具体的变化过程，是一种静止地、孤立地考察某种经济事物的方法。这是一种根据既定的外生变量值求得内生变量值的分析方法。

例如，研究均衡价格时，舍掉时间、地点等因素，并假定影响均衡价格的其他因素，如消费者偏好、收入及相关商品的价格等静止不变，单纯分析该商品的供求达到均衡状态的产量和价格的决定因素。

静态分析法分析经济现象达到均衡时的状态和均衡条件，而不考虑经济现象达到均衡状态的过程。应用静态分析方法的经济学称为静态经济学。

比较静态分析是指研究外生变量变化对内生变量的影响方式，以及分析比较不同数值的外生变量下内生变量的不同数值。比较静态分析与静态分析一样，抽象了时间因素。

从均衡状态的研究角度来看，比较静态分析考察当原有的条件发生变化时，原来的均衡状态会发生什么变化，并分析比较新旧均衡状态。但只对既成状态加以比较，不涉及条件变化的调整过程。

例如，已知某商品的供求状况，可以考察其供求达到均衡时的价格和需求量。由于消费者的收入增加而导致对该商品的需求增加，从而产生新的均衡，使价格和需求量都较以前提高。这里，只把新的均衡所达到的价格和需求量与原均衡的价格和需求量进行比较，便是比较静态分析。

知识对比

静态分析与比较静态分析的联系与区别

1. 从数学模型的角度比较

(1) 联系：两者都是根据外生变量求内生变量，且都不考虑时间因素。

(2) 区别：静态分析是根据既定的外生变量求内生变量；比较静态分析是根据变化的外生变量求内生变量。

2. 从均衡的角度比较

(1) 联系：都是考虑均衡状态的特征（数值）。

(2) 区别：静态分析是考察既定条件下变量达到均衡时的特征；比较静态分析是比较新旧均衡点的分析方法。

（二）动态分析

在经济学中，动态分析是对经济变动的实际过程所进行的分析。其中，包括分析有关变量在一定时间过程中的变动、这些经济变量在变动过程中的相互影响和彼此制约的关系，以及它们在每一个时点上变动的速率等。动态分析法的一个重要特点是考虑时间因素的影响，并把经济现象的变化当作一个连续的过程来看待。

动态分析考虑各种经济变量随时间延伸而变化对整个经济体系的影响，因而难度较大。在微观经济学中，迄今占有重要地位的仍是静态分析和比较静态分析方法。在宏观经济学中，特别是在经济周期和经济增长研究中，动态分析方法占有重要地位。

知识对比

静态分析与动态分析的区别

　　静态分析与动态分析是两种有本质区别的分析方法。两者分析的前提不同、适用的条件不同,得出的结论常常不一致,甚至相反。必须记住的是:静态分析的结论不能用动态资料来验证,也不能用动态资料来证伪。

　　动态分析加进时间因素,考察时间变化而使经济均衡调整的路径或过程。

第三节 西方经济学概述

一、西方经济学的含义

　　西方经济学是一个泛指的概念,是指大量与经济问题有关的各种不同的文献、资料和统计报告等,涉及如图 1-4 所示的三大类别内容。

图 1-4 西方经济学涉及的三大类别内容

　　企事业管理的经验、方法总结,如企业质量管理分析、生产运作管理等,偏重于纯粹的管理技术;对某一领域(部门)专题研究成果,如环境经济学、资源经济学等,其特点为仅涉及经济生活中的某一特定领域;超部门经济理论的研究,如微观经济学、宏观经济学、数理经济学等,主要内容为经济理论及经济政策和有关问题的解决途径,包括经济史研究、方法论体系、对经济现象的理论研究。

　　本书重点侧重第三类别内容,也就是偏重经济学理论的部分。

　　西方经济学存在许多派别,有主有次。这里主要阐述居统治地位的流行说法。通常所说的西方经济学一般是指 20 世纪 30 年代以来,特别是第二次世界大战后,在西方经济理论界有重要影响的(主流的)经济学说或基本理论。

　　西方经济学是随着历史条件的变迁而不断改变其内容的学科。

二、西方经济学的发展和演变

(一)重商主义

年代:16 世纪至 18 世纪。

理论基础:金银财富。

代表人物:托马斯·孟(英国)、柯尔贝尔(法国)。

主要观点：主张国家干预经济。把金银看作财富的唯一形式，认为对外贸易是获得货币财富的真正源泉；只有在贸易中多卖少买，才能给国家带来货币财富。

（二）古典经济学

年代：1830 年前。

理论基础：劳动价值论。

代表人物及代表作：重农学派魁奈（法国），《经济表》（1758）；亚当·斯密（英国），《国富论》（1776）；李嘉图（英国），《政治经济学及赋税原理》（1817）。

主要观点：提出"看不见的手"的论断。

（三）庸俗经济学

年代：18 世纪末至 19 世纪 70 年代。

理论基础："节欲论"和折中主义。

代表人物：西尼尔（英国）、穆勒（英国）、萨伊（法国）、马尔萨斯（英国）等。

主要观点：反对空想社会主义。

（四）新古典经济学

代表人物及代表作：①边际革命、边际三杰——杰文斯（英国），《政治经济学理论》（1871）；瓦尔拉斯（法国/瑞士），《纯经济学要义》（1874）；门格尔（奥地利），《国民经济学原理》（1871）。②马歇尔（见图 1-5）（英国），《经济学原理》（1890）；③马歇尔的门生庇古、罗伯逊等。

主要观点：运用数学方法从供求角度分析市场价格，以解决资源配置、资源报酬等问题，主张市场自发调节。

图 1-5　马歇尔

边际分析法的意义

（1）经济学研究重心发生转变。由原来带有一定"社会性、历史性"的政治经济学，转为纯粹研究如何抉择有限稀缺资源分配给无限而又有竞争性的用途上。

（2）开创经济学的"数量化"时代。

（3）导致以"个量分析"为特征的微观经济学的形成，强调主观心理评价。

（4）奠定了最优化理论的基础。推出最优资源配置、最优收入分配、最大经济效率及整个社会达到最优的一系列条件和标准。

（5）使实证经济学得到重大发展。

马歇尔微观经济学的三次主要修改与补充如下。

（1）第一次的修改和补充涉及垄断问题。20 世纪初垄断的形成，使以完全竞争为条件的微观经济学理论受到挑战。1933 年，英国的罗宾逊、美国的张伯伦提出了不完全竞争和垄断竞争理论。

图1-6　凯恩斯

（2）第二次修改和补充涉及马歇尔的假设条件和主要结论。1929年后"经济大萧条"使自由市场经济理论受到挑战。1936年英国的凯恩斯（见图1-6）出版了《就业、利息和货币通论》（简称《通论》），提出了国家干预经济思想，标志着宏观经济学的产生。

凯恩斯宣称：资本主义的自发作用不能保证资源的使用达到充分就业的水平。因此，资本主义国家必须干预经济生活以便解决失业和经济的周期性波动问题。其为西方国家干预经济生活的政策奠定了理论基础。

（3）第三次修改和补充涉及价值论与一般均衡论。1939年的希克斯出版了《价值与资本》。马歇尔的价值论称为基数效用论，而基数效用论有两个在理论上处于不利地位的假设条件，即效用量是可以衡量的和边际效用递减。

按照边际效用递减的观点，货币的边际效用也是递减的。根据这一说法，同样的一元钱，对穷人的效用要大于对富人的效用，因为富人持有的货币收入大于穷人。这样，如果从富人那里取走一元钱而把它给予穷人，那么整个社会的效用总量或福利便会增加。这种"转移支付"显然不利于资产阶级，这也是资产阶级经济学必须加以否定的。

希克斯提出了序数效用论。序数效用论可以在形式上避免基数效用论两个不利于资产阶级的假设条件。与此同时，又能得到马歇尔基数效用论提供的需求曲线。

（五）现代经济学（新古典综合派）

现代经济学直接源于马歇尔创立的微观理论和凯恩斯创立的宏观理论。

（1）代表人物及代表作。萨缪尔森（美国）（见图1-7），芝加哥大学文学学士，哈佛大学文学硕士、经济学博士。从1940年起，萨缪尔森一直执教于麻省理工学院。1970年获得诺贝尔经济学奖。其代表作有《经济分析的基础》（1947）、《经济学》（1948）。

图1-7　萨缪尔森

第二次世界大战后，凯恩斯主义流行使西方经济学出现漏洞。一方面，传统西方经济学以个量分析为主，奉行不干预政策；另一方面，凯恩斯则偏重分析总量，主张国家干预政策。因此，矛盾产生了。萨缪尔森把微观理论和宏观理论综合在一起，建立了新古典综合派理论体系——现代流行的西方经济学主流体系。

① 微观经济学，包括第一次、第三次修改和补充的马歇尔创立的微观理论，研究个量问题，以充分就业为分析的前提，强调自我调节（"看不见的手"），奉行不干预政策。

② 宏观经济学，包括第二次修改和补充内容的凯恩斯创立的宏观理论，考察总量问题，着重研究各种不同水平的就业量的情况，主张国家干预（"看得见的手"）。

（2）萨缪尔森的主要观点如下。

① 传统的自由放任和凯恩斯的国家干预，代表同一理论体系所涉及的两种不同情况。

② 现代资本主义为混合经济，由"私营"和"公营"两部分组成。前者的不足之处可以由后者加以弥补。前者的作用由微观经济学所分析，后者的必要性由宏观经济学所论证。

（六）当代西方经济学理论派别

进入 20 世纪 70 年代，西方世界出现滞胀，即失业与通货膨胀并存(1973—1975 年世界性经济危机)，给新古典综合派的宏观经济学以致命打击。该学派理论表明，失业(经济活动小于充分就业)与通货膨胀(经济活动大于充分就业)不可能同时存在。这明显与现实情况相悖。

新古典综合派的观点：解决失业，应增加支出，扩大需求，增加就业数量；解决通胀，应减少支出，降低需求，消除通胀。

在滞胀时，新古典综合派的理论出现了自相矛盾：增加支出，扩大需求，增加就业，也会加剧通胀；减少支出，降低需求，消除通胀，也会加剧失业。

于是，出现新的经济学派别：货币主义、理性预期学派、供给学派、新剑桥学派、新奥地利学派、新制度学派等，形成了西方现代经济学(见图 1-8)。

图 1-8　西方现代经济学

然而，当代西方经济学对资本主义经济最严重的"滞胀"问题只能在文字上加以描述和辩解，仍提不出有效的对策和解决方案。

三、西方经济学企图解决的核心问题

西方经济学企图为资本主义解决以下两个核心问题。

(1) 在意识形态上，宣传资本主义制度的合理性和优越性，从而加强对该制度永恒存在的信念。早在 200 多年前，西方经济学的鼻祖亚当·斯密已经提出了被称为"看不见的手"的著名论断，其大意是指资本主义的市场经济可以通过理性人追求自己利益的最大化达到社会利益的最优。

知识链接 1-8

"看不见的手"

每人都在力图应用他的资本，来使其生产品能得到最大的价值。一般来说，他并不企图增进公共福利，也不知道他所增进的公共福利为多少。他所追求的仅仅是他个人的安乐，仅仅是他个人的利益。

在这样做时，有一只"看不见的手"引导他去促进一种目标，而这种目标绝不是他所追求的东西。由于追逐他自己的利益，他经常促进了社会利益，其效果要比他真正想促进社会利益时所得到的效果更大。

资料来源：亚当·斯密. 国富论(下册)[M]. 伦敦：丹特公司，1955：246.

斯密虽然提出了"看不见的手"的原理，但却仅以论断的方式把该原理陈述出来，并没有对它加以证明。鉴于此，斯密之后的西方经济学者纷纷致力于这一论证的工作，并试图为这一论断建立一个出色的、合乎逻辑的体系。

西方学者试图建立这一合乎逻辑体系的过程就是西方经济学发展的过程。这一合乎逻辑的体系即为西方经济学的内容。

（2）作为上层建筑，总结资本主义市场经济运行的经验并把经验提升为理论，为这一制度所面临的经济问题，如失业、垄断、经济萧条、劳资对立、通货膨胀、贫富悬殊等，提供政策建议，以便改善其运行。

四、宏观经济学与微观经济学的联系与区别

西方经济学研究的基本问题，微观部分可概括为供求理论、消费者行为理论（效用论）、企业行为理论（生产论和成本论）、市场理论、分配理论和福利理论。宏观部分的核心问题是国民收入决定理论，包括经济波动、经济增长、就业、通货膨胀、国家财政等。

（一）微观经济学

微观经济学（Microeconomics）：研究企业、家庭和单个市场等微观供求行为与价格之间的关系。

研究对象：个别经济单位（居民户、企业）的经济行为。

解决的问题：资源配置。

中心理论：价格理论（"看不见的手"）。

研究方法：个量分析，研究经济变量的单项数值如何决定。

微观经济循环流动图与微观经济学的体系框架，见"前言"中图 0-1 及相关介绍。概括起来，微观经济学的研究是在三个逐步深入的层次上进行的。第一个层次是研究单个消费者和单个生产者的最优决策问题。第二个层次是研究单个市场的价格决定问题。第三个层次是研究一个经济社会中所有单个市场的价格的同时决定问题。

学习微观经济学有助于我们理解以下问题。

（1）各种商品的价格是由什么因素决定的？

（2）为什么有的产品（如大白菜）卖出去的数量多了，收益反而可能下降了；而有的产品（如石油）减少供给量，收益可能会上升？

（3）工人的工资由什么决定？

（4）为什么著名歌星的收入是著名科学家的很多倍，尽管后者对社会的贡献可能更大？

（5）消费者怎样花费他的收入是最优的？

（6）利润最大化的生产者应该怎样花费他的成本，如何给产品定价？

（7）为什么有的行业（如汽车行业）中企业的规模很大而数量很少，而有的行业（如牙膏行业）中企业的数量很多但规模不大？

（8）为什么电信运营商（如中国移动）可以给自己的服务定价，而客户只能被动地接受市场的价格？

……

知识对比

微观经济学分析方法与手段

与其他学科尤其是宏观经济学相比较，微观经济学在理论面貌和研究方法上有以下主要特点：运用经济模型，以个量分析为基本方法，以个人利益最大化为目标，以边际分析为主要工具，以均衡状态分析为依托，以实证分析为主要手段。

（二）宏观经济学

宏观经济学（Macroeconomics）：研究一个国家整体经济的运行，以及政府运用经济政策来影响整体经济等宏观经济问题。

研究对象：整个经济（政府行为）。

解决的问题：资源利用。

中心理论：国民收入决定理论（一只"有形的手"——凯恩斯主义）。

研究方法：总量分析。

学习宏观经济学有助于我们理解以下问题。

（1）国民产出水平是如何决定的？

（2）利率下降时，投资会变化吗？

（3）国民总产出受投资变化的影响吗？

（4）为什么会有失业？

（5）是什么原因使有的国家长期遭受高失业率的困扰，而有的国家失业率却很低？

（6）什么因素引起了通货膨胀？又是什么因素决定了国民经济的长期增长？

（7）为什么会出现有规律的波动？

……

微观经济学与宏观经济学比较见表1-2。

表1-2 微观经济学与宏观经济学比较

项　目	研究对象	解决的问题	中心理论	研究方法
微观经济学	个别经济单位的经济行为	资源配置	价格理论（"看不见的手"）	个量分析
宏观经济学	整个经济	资源利用	国民收入决定理论（一只"有形的手"）	总量分析

> **知识对比**
>
> 微观经济学与宏观经济学的关系
>
> 这两种经济运行的分析方法各有长处,相辅相成。总量要以个量为基础,但总量又并非个量的简单合成。
>
> 两者之间的联系:两者互相补充;资源充分利用与合理配置是经济学的两个方面;微观经济学是宏观经济学的基础;两者都是实证分析。
>
> 两者之间的区别:微观经济学的本质是市场有效、市场万能;宏观经济学的基本假设是市场失灵、市场不完善,政府有能力。

本 章 小 结

经济学是研究稀缺资源的有效配置与利用,在有限资源的各种可供利用的组合中进行选择的一门科学。

经济学研究的基本前提是人类欲望的无限性和资源的有限性(或称稀缺性)。经济学研究的是人们和社会如何有效地解决人类欲望无限性和资源有限性之间的矛盾。

传统西方经济学有完全理性、完全竞争、完全信息三大基本假设。一般均衡理论就是基于这三大基本假设论证资源配置的最优状态。

资源虽然是稀缺的,但具有多种用途和用法,应当进行选择,使资源配置最优化。经济学研究的基本内容,即资源的有效配置和利用这两大基本问题。

对稀缺资源如何进行合理的配置和利用实际上就是要回答生产什么、如何生产、为谁生产、生产多少、何时生产五个经济学的基本问题。

经济学的研究方法与分析工具主要包括实证分析与规范分析、均衡分析与边际分析、静态分析与动态分析和经济模型的运用。

西方经济学是一个泛指的概念,是指大量与经济问题有关的各种不同的文献、资料和统计报告等。

西方经济学企图为资本主义解决两个核心问题:一是在意识形态上,宣传资本主义制度的合理性和优越性;二是作为上层建筑,总结资本主义的市场经济运行的经验并上升为理论,为这一制度所面临的经济问题提供政策建议。

微观经济学研究企业、家庭和单个市场等微观供求行为与价格之间的关系。宏观经济学研究一个国家整体经济的运行,以及政府运用经济政策来影响整体经济等宏观经济问题。

西方经济学研究的基本问题,微观部分可概括为供求理论、消费者行为理论(效用论)、企业行为理论(生产论和成本论)、市场理论、分配理论和福利理论。宏观部分的核心问题是国民收入决定理论,包括经济波动、经济增长、就业、通货膨胀、国家财政等。

本章内容结构

经济学导论
- 经济学研究的基本内容
  - 两个基本前提：欲望无限性与资源稀缺性
  - 三个基本假设：完全理性、市场出清、完全信息
  - 两大基本问题：资源配置与资源利用
- 经济学的研究方法与分析工具
  - 实证分析与规范分析
  - 经济模型的运用
  - 均衡分析与边际分析
  - 静态分析与动态分析
- 西方经济学概述
  - 西方经济学的含义
  - 西方经济学的发展和演变
    - 重商主义
    - 古典经济学
    - 庸俗经济学
    - 新古典经济学
    - 现代经济学
  - 西方经济学的构成

综 合 练 习

一、名词解释

经济学　欲望　无限性　资源　稀缺性　理性人　经济人　资源配置　资源利用
实证分析　规范分析　均衡分析　边际分析　经济模型

二、选择题

1. 经济学可定义为（　　）。

　　A. 政府对市场制度的干预

　　B. 企业取得利润的活动

　　C. 研究如何最合理地配置稀缺资源于诸多用途

　　D. 人们靠收入生活

2. "资源稀缺性"是指（　　）。

　　A. 世界上大多数人生活在贫困中

　　B. 相对于资源的需求而言,资源总是不足的

　　C. 资源必须保留给下一代

　　D. 世界上的资源将由于生产更多的物品和劳务而消耗光

3. 经济学研究的基本问题是（　　）。

　　A. 怎样生产　　　　　　　　　B. 生产什么,生产多少

C. 为谁生产   D. 以上都包括

4. 以下(   )不是微观经济学所考察的问题。

  A. 一个企业的产出水平   B. 失业率的上升或下降

  C. 高税率对货物销售的影响   D. 某一行业中雇用工人的数量

5. 不是实证经济学命题的有(   )。

  A. 美联储(Fed)理事会 2012 年 2 月 21 日会议决定将贴现率维持在 0.75% 不变

  B. 德国 2011 年失业率降到了 1991 年以来的最低点,失业率为 7.1%

  C. 联邦所得税对中等收入家庭是不公平的

  D. 社会保险税的课税依据现已超过 30 000 美元

三、简答题

1. 为什么说稀缺性的存在与选择的必要引起了经济学的产生?

2. 为什么经济学的研究对象是经济资源的合理配置和充分利用问题?

四、简述题

简述微观经济学的体系框架与主要研究内容。

推荐阅读

[1] 高鸿业.西方经济学[M].6 版.北京:中国人民大学出版社,2014:第一章.

[2] 尹伯成.西方经济学简明教程[M].8 版.上海:格致出版社,2013:第一章.

[3] 卜洪运.微观经济学[M].北京:机械工业出版社,2009:第一章.

[4] 朱中彬,等.微观经济学[M].北京:机械工业出版社,2007:第一章.

[5] 范家骧,刘文忻.微观经济学[M].2 版.大连:东北财经大学出版社,2007:第一章.

[6] 厉以宁.西方经济学[M].4 版.北京:高等教育出版社,2015:第一章.

[7] 刘秀光.西方经济学原理[M].3 版.北京:清华大学出版社,2017:第一章.

[8] 卫志民.微观经济学[M].北京:高等教育出版社,2012:第一章.

[9] 袁志刚.西方经济学[M].2 版.北京:高等教育出版社,2015:第一章.

第二章

供 需 理 论

【内容提要】

在市场经济中,市场这只"看不见的手"在调节资源配置中起主要作用,而市场由需求与供给两方面构成。本章主要从需求与供给这两方面深入分析市场均衡价格是如何形成的,以及需求弹性和供给弹性的相关知识。

【学习目标与重点】

◆ 重点掌握需求/供给、需求曲线/供给曲线、需求函数/供给函数、需求定理/供给定理等内容,掌握影响需求/供给的因素,理解需求量变动与需求变动的区别和需求定理的特例。

◆ 重点掌握供需均衡的形成,掌握需求/供给的变动对供需均衡的影响。

◆ 重点掌握需求的价格弹性、交叉弹性、收入弹性以及计算方法,掌握需求价格弹性与企业收益的关系,理解影响需求价格弹性的因素。

【关键术语】

需求　供给　供需均衡　需求弹性　供给弹性　企业收益

【引入案例】

2017 年,农村丰产不丰收,该咋办

2017 年,中国农村有一个问题,那就是"丰产不丰收"。产量高了,但卖得价格却低了,最后的收益反而不如产量低的时候。这在今年农村是一种非常普遍的现象,比如前几天的蒜薹、韭菜等,都是这个情况。

"20 亩蒜薹不要了,欢迎自己过来采摘,中午管饭……"最近几天,这则关于蒜薹的消息在微信朋友圈中被广泛转发。以往被称为"贵族菜"的蒜薹,如今不但可以免费采摘,甚至还管饭,这不禁让人感觉有些不可思议。

近几年,农产品滞销、价格跳水的现象屡见不鲜,带给菜农们无限伤心和焦虑。如今,这一现象再一次上演——由于种植面积的扩大,产量增加,自今年 5 月进入收获期以来,蒜薹的收购价一路下滑,让农户遭遇了"蒜你完"行情,因此才会出现上面的请人免费来摘蒜薹的消息。

如今正值蒜薹上市的时节,11日,记者来到商河县白桥镇,往年这个时候,村民们正在热火朝天地将收获的蒜薹捆成捆儿,一趟一趟地往前来收购蒜薹的大车上搬,一片丰收繁忙的景象。而今年,不仅来收蒜薹的大车少了,农民们的脸上也不再洋溢着丰收的喜悦,反而是一片愁容。

正在抽蒜薹的关王庙村村民李孝贵介绍,他家今年种了7亩地的大蒜,每亩地大概能收约750千克蒜薹。谈起今年蒜薹的行情,李孝贵便愁眉不展:"今年蒜薹的价格只有去年的一半,去年卖最好的蒜薹能卖到3.2元一斤,今年就不行了,基本上都在1.5元左右,卖相不好的去年1.2元一斤,现在也就0.2元了。"

对于为何今年蒜薹价格会下跌,村民李孝贵说,这都是因为种大蒜的人增多了。他介绍,白桥镇是整建制种蒜乡镇,镇上家家户户种蒜,产量一直很稳定。去年由于大蒜价格卖得好,周边乡镇的人眼红,就跟风种植大蒜,再加上今年气候好,雨水足,所以今年的蒜薹以及大蒜产量明显增加。"你想想,这么多人种大蒜,来收购的只有那些人,要多少斤是有数的,这价格能上去吗。"

对此,市农业部门工作人员告诉记者,蒜薹价格大跌,主要原因在于种植面积大幅扩大,如果在短期内无法存放至冷库保鲜,那么为避免烂掉只能集中上市销售,而蒜薹作为蔬菜,短期市场消费量有限,因此出现阶段性供大于求情况,跌势难止。

很多农民发出这样的疑问:为什么收成这么好就是不赚钱呢?那么,面对"丰产不丰收"的问题,农民该怎么办呢?到底是什么原因造成"菜贱伤农"现象的发生?市场如何才能走出"菜贱伤农"怪圈?

摘编自:钱堃."菜贱伤农"频上演　如何走出"丰产不丰收"怪圈[OL].济南日报,[2017-05-15]. http://news.163.com/17/0515/11/CKFN9J0G00018AOP.html

思考:

(1) 如何看待这种现象?

(2) "菜贱伤农"原因何在?

(3) 为什么会出现"丰产不丰收"的现象?

第一节　需求与供给

一、需求与需求曲线

(一) 需求的含义

一种商品的需求(Demand)是指在一定时期内,在各种可能的价格水平,人们愿意并且能够购买的商品量。根据定义,需求包括两层含义:消费者有购买欲望(愿意——购买欲望);消费者要有购买的能力(能够——购买能力)。需求是购买欲望和购买能力的统一,两个条件缺少一个都不能构成有效需求。

个案研究 2-1

有 效 需 求

1840 年鸦片战争后,英国企业界为开辟了中国这样一个大市场而高兴。他们把国内大量的物品,如棉布、棉纱甚至钢琴、吃饭的刀叉都成船地运往中国,以为可以大大赚上一笔。然而,钢琴对当时绝大多数的中国人而言,属于奢侈品,是不具备消费能力的;刀叉价格虽然低廉,即使是普通人也消费得起,但却没有消费意愿,因为当时西餐并不流行。结果可想而知,当时中国市场上实际并不存在对刀叉和钢琴的有效需求,根本就卖不出去。

当今社会,人人都想买车、买房。然而,只有那些想买车、买房又买得起的人才是真正有效的需求。至于那些买不起的,并不算是经济学上的需求。当我们只考虑想买却不考虑是否买得起时,就会夸大市场(需求量),做出误判。

(二)需求表

需求表是指某种商品的各种价格水平和与之相对应的该商品需求量之间关系的数字序列表,即用数字表格的形式来表示商品的价格和需求量之间的函数关系,如表 2-1 所示。

表 2-1　某商品的需求表

价格—数量组合	A	B	C	D	E	F	G
价格 P/元	1	2	3	4	5	6	7
需求量 Q/单位数	700	600	500	400	300	200	100

(三)需求曲线

需求曲线是指根据需求表中商品不同的价格—需求量的组合在平面坐标图上所绘制的一条曲线。图 2-1 是根据表 2-1 内容绘制的某商品的需求曲线。

应该指出的是,与数学上的习惯相反,在微观经济学分析需求曲线和供给曲线时,通常以纵轴表示自变量 P,以横轴表示因变量 Q。

由图 2-1 可知,需求曲线具有一个明显的特征,向右下方倾斜,其斜率为负值。该特征表示商品的需求量和价格之间呈反方向变动的关系。

图 2-1　某商品的需求曲线

(四)需求定理

需求定理:一般而言,在其他条件不变的情况下,需求量随着价格的上升而减少,随着价格的下降而增加,即需求量与价格呈反方向变动:$P\uparrow$,$Q\downarrow$;$P\downarrow$,$Q\uparrow$。

为何说"一般而言",是因为有特例,需求量与价格也会不呈反方向变动。这种特殊情况将在下文介绍。

二、影响需求的因素与需求函数

(一)影响需求数量的因素

一种商品的需求数量是由很多因素共同决定的。其中,主要的因素有该商品的价格、消费者的收入水平、相关商品的价格、消费者的偏好和消费者对该商品的价格预期等。价格和收入主要影响购买能力,消费者偏好和预期主要影响购买欲望。它们各自对商品的需求数量的影响如下。

(1)该商品自身的价格。一般来说,一种商品的价格越高,该商品的需求量就会越小;价格越低,需求量就会越大。如果每瓶可乐的价格上升了1元,你将会减少对可乐的购买;相反,如果每瓶可乐的价格下降了1元,你则会增加对可乐的购买。

(2)消费者的收入水平。对大多数商品来说,当消费者的收入水平提高时,就会增加对商品的需求量;反之,当消费者的收入水平下降时,就会减少对商品的需求量。

(3)相关商品的价格。当一种商品本身的价格保持不变,而与它相关的其他商品的价格发生变化时,这种商品本身的需求量也会发生变化,具体有以下两种情况。

① 对于替代品而言,一种商品的价格提高,就会导致另一种商品需求量增加;反之,亦然。替代品是指在消费中相当程度上可互相代替的产品,如可口可乐和百事可乐。当可口可乐价格上升时,相当于百事可乐价格下降,百事可乐需求量上升。

② 对于互补品而言,一种商品的价格提高,就会导致另一种商品需求量减少;反之,亦然。互补品是指用于一起消费的商品,如羽毛球拍和羽毛球。当羽毛球拍的价格上升时,会导致羽毛球拍的需求量减少,同时相应减少对羽毛球的需求量。

(4)消费者偏好。当消费者对某种商品的偏好程度增加时,该商品的需求量就会增加;当消费者对某种商品的偏好程度减弱时,需求量就会减少。例如,对可乐和橘子汁而言,当你更喜欢喝可乐时,会多买一些可乐;反之,你会多买一些橘子汁。消费者偏好受消费时尚的影响,消费时尚受示范效应和广告效应影响。例如,国外某歌星走红,国人也会受影响而喜爱该歌星的歌曲,这是示范效应;媒体对某歌星的宣传会使年轻人喜欢该歌星的歌曲,这是广告效应。

(5)消费者对该商品的预期价格。当消费者预期某种商品的价格未来会上升时,就会增加对该商品的现时需求量;当消费者预期某种商品的价格未来会下降时,就会减少对该商品的现时需求量。例如,如果你认为房价还会上升,你就会愿意现在购买房子,增加了现时需求量;当你认为房价还会下降,你就会更愿意观望等待,减少了现时需求量。又如,如果你预期10天后大米的价格会上升,现在就会多购买一些大米。

以可乐为例,像天气状况、政府政策、时间的长短等因素也可能会影响到你对可乐的需求,但可乐本身的价格、消费者的收入、相关商品的价格、消费者的嗜好以及对未来价格的预期这五个因素是最基本的影响因素。

（二）需求函数

所谓需求函数,是指一种商品的需求数量和影响该商品数量的各种因素之间的相互关系。影响需求数量的各个因素是自变量,需求数量是因变量。一种商品的需求数量是所有影响这种商品需求数量的因素的函数。数学表达式如下。

$$D = f(X_1, X_2, \cdots, X_n) \tag{2-1}$$

式中:D 为需求量;$X_i(i=1,2,\cdots,n)$ 代表上述第 i 种影响需求的因素;f 表示函数关系。

为将问题简化,假定其他因素保持不变,仅分析一种商品的价格对该商品需求量的影响。于是,需求函数就可以表示为下式。

$$Q_d = f(P) \tag{2-2}$$

式中:P 为商品的价格;Q_d 为商品的需求量。

进一步简化分析,在不影响结论的前提下,大多使用线性需求函数。表达式如下。

$$Q_d = \alpha - \beta P \tag{2-3}$$

式中:α、β 为常数,α 为截距,β 为斜率的倒数。

三、需求量的变动与需求的变动

在经济分析中,特别要注意区分需求量的变动与需求的变动。

从需求曲线来看,需求量在需求曲线上表现为具体的一个个的点。需求是指在不同价格水平时的不同需求量的总称。需求是指整条需求曲线。

（一）需求量的变动

需求量的变动是指在其他条件不变时,由某商品的价格变动所引起的该商品的需求数量的变动,即其他因素不变,商品本身的价格变化,引起需求曲线上点的移动,并不表示整个需求状态的变化。这些变动的点都在同一条需求曲线上。

在图 2-2(a)中,当价格由 P_0 上升为 P_1 时,需求量从 Q_0 减少到 Q_1,在需求曲线上则表现为由 b 点沿着需求曲线向左上方移动到 a 点。当价格由 P_0 下降到 P_2 时,需求量从 Q_0 增加到 Q_2,在需求曲线上则表现为由 b 点沿着需求曲线向右下方移动到 c 点。可见,在同一条需求曲线上,需求曲线上的点沿着需求曲线向左上方移动是需求量减少,向右下方移动是需求量增加。

（二）需求的变动

需求的变动是指在某商品价格不变的条件下,由于其他因素变动所引起的该商品数量的变动,即商品本身的价格不变,其他因素变化引起需求曲线的移动。例如,消费者收入水平、相关商品的价格变动、消费者偏好的变化和消费者对商品预期价格的变动等。

在图 2-2(b)中,由于收入增加,使需求曲线 D_0 上所有的点都向右方移动,整体上就表现为需求曲线向右平行移动到 D_1。如果是收入减少了,将会使需求曲线上的所有点都向左方移动,整体上就表现为需求曲线 D_0 向左平行移动到 D_2。可见,需求曲线向左方平行移动表示需求减少；需求曲线向右方平行移动表示需求增加。

图 2-2　需求量的变动与需求的变动

需求量的变动与需求的变动的对比见表 2-2。

表 2-2　需求量的变动与需求的变动的对比

项　目	变动主体	价格 P	其他因数	图　形　表　现
需求量的变动	Q_d	变化	不变	需求曲线上点的移动
需求变的动	D	不变	变化	整条需求曲线的位移

四、需求定理的特例

需求定理的特例见图 2-3。

（一）吉芬物品

吉芬物品（Giffen's Goods）是指需求量与价格呈同向变动的特殊商品。

图 2-3　需求定理的特例

英国人吉芬发现，1845 年爱尔兰发生灾荒时，土豆价格上升，需求量不降反而增加。这在当时被称为"吉芬难题"。其原因是土豆涨价引起英国靠工资生活的低收入者购买更多的土豆，而不是买得更少。

（二）炫耀性物品

炫耀性物品是由凡勃伦提出的，如果完全用价格来衡量需求程度，在价格低时买得少，价格高时买得多，如高档钻戒、高档手表、劳斯莱斯汽车等。这种商品为定位性物品（Positional Goods），具有显示财富的效应。

（三）表面上的"例外"

表面上的"例外"有以下情况。

（1）在价格大变动时由价格预期引起的高价多买、低价少买，即"买涨不买落"。

（2）在经济波动时，收入发生变化，价格高多买，价格低少买。例如，黑白电视机价格下降,但买的人少。

（3）价格高的同种商品需求可能大于价格低的商品。例如,名牌商品与同种的非名牌商品,这应当作两种不同的商品来对待。

五、供给、供给曲线与供给法则

（一）供给的含义

一种商品的供给是指生产者(企业)在一定时期内,在各种可能的价格水平,企业愿意而且能够供应的商品量。根据定义,与需求类似,供给也包括两层含义:企业要有出售的欲望(愿意——供给欲望);企业要有出售的能力(能够——供给能力)。

供给是出售欲望与出售能力的统一。如果生产者只有提供出售的愿望,而没有提供出售的能力,则不能形成有效供给;反之,亦然。因此,缺少任何一个条件都不能形成有效供给。

（二）供给表

供给表是指某种商品的各种价格和与各种价格相对应的该商品的供给数量之间关系的数字序列表,即用数字表格的形式表示商品的价格和供给量之间的函数关系,见表2-3。

表 2-3　某商品的供给表

价格—数量组合	A	B	C	D	E
价格 P/元	2	3	4	5	6
供给量 Q/单位数	0	200	400	600	800

从表2-3可以清楚地看出商品价格与供给数量之间的函数关系。当商品价格为2元时,供给量为0单位;当价格上升为3元时,供给量为200单位;当价格进一步上升为4元时,供给量为400单位。

（三）供给曲线

供给曲线是根据供给表中商品不同的价格—供给数量的组合在平面坐标图上所绘制的一条曲线。图2-4是根据表2-3内容绘制的一条供给曲线。

由图2-4可知,供给曲线具有一个明显的特征,向右上方倾斜,其斜率为正值。该特征表示商品的供给量和价格之间呈同方向变动的规律。

图 2-4　某商品的供给曲线

（四）供给定理

供给定理是指在其他条件不变的情况下,供给量随着价格的上升而增加,随着价格的下降而减少,即供给量与价格呈同方向变动。

六、影响供给的因素与供给函数

(一)影响供给数量的因素

一种商品的供给数量是由很多因素共同决定的。其中,主要的因素有该商品的价格、生产成本、相关商品的价格、生产技术水平、生产者对未来的预期等。它们各自对商品的供给数量的影响如下。

(1)该商品本身的价格。一般来说,一种商品的价格越高,生产者提供的产量就会越大;价格越低,生产者提供的产量就会越小。

(2)生产成本。在商品本身价格不变的条件下,生产成本上升会减少利润,从而使商品的供给量减少;反之,生产成本下降会增加利润,从而使商品的供给量增加。例如,生产要素价格上升会使生产成本上升;生产要素价格下降会使生产成本下降。

(3)相关商品的价格。在一种商品的价格不变,而其他相关商品的价格发生变化时,该商品的供给量就会发生变化。

(4)生产技术水平。在一般情况下,生产技术水平的提高可以降低生产成本,增加生产者的利润,生产者就会提供更多的产量。

(5)生产者对未来的预期。如果生产者对未来的预期看好,看涨商品价格,生产者会扩大生产,增加商品的供给;如果生产者对未来的预期是悲观的,看跌商品价格,生产者往往会缩减生产,减少商品供给。

除此之外,企业的目标、政府的政策等因素都会影响到企业的供给。

(二)供给函数

所谓供给函数,是指一种商品的供给数量和影响该商品数量的各种因素之间的相互关系。影响供给数量的各个因素是自变量,供给数量是因变量。一种商品的供给数量是所有影响这种商品供给数量的因素的函数。数学表达式如下。

$$S = f(X_1, X_2, \cdots, X_n) \tag{2-4}$$

式中:S 为供给量;$X_i(i = 1, 2, \cdots, n)$代表上述第 i 种影响供给的因素;f 表示函数关系。

为将问题简化,假定其他因素保持不变,仅分析一种商品的价格对该商品供给量的影响。于是,供给函数就可以用下式表示。

$$Q_S = f(P) \tag{2-5}$$

式中:P 为商品的价格;Q_S 为商品的供给量。

进一步简化分析,在不影响结论的前提下,大多使用线性供给函数。表达式如下。

$$Q_S = -\delta + \gamma P \tag{2-6}$$

式中:δ、γ 为常数,δ 为截距,γ 为斜率的倒数。

七、供给量的变动与供给的变动

在经济分析中,特别要注意区分供给量的变动与供给的变动。

从供给曲线来看,供给量在供给曲线上表现为具体的一个个的点。供给是指在不同价格水平时的不同供给量的总称。供给是指整条供给曲线。

(一)供给量的变动

供给量的变动是指其他条件不变时,由于某商品本身的价格变动所引起的供给数量的变动,即其他因素不变,商品本身的价格变化,引起供给曲线上点的移动,并不表示整个供给状态的变化。这些变动的点都在同一条供给曲线上。

在图 2-5(a)中,当价格由 P_0 上升为 P_1 时,供给量从 Q_0 增加到 Q_1,在供给曲线上则表现为由 b 点沿着供给曲线向右上方移动到 a 点。当价格由 P_0 下降到 P_2 时,供给量从 Q_0 下降到 Q_2,在供给曲线上则表现为由 b 点沿着供给曲线向左下方移动到 c 点。可见,在同一条供给曲线上,供给曲线上的点沿着供给曲线向右上方移动是供给量增加,向左下方移动是供给量减少。

(a) 供给量的变动　　　　　　　　　(b) 供给的变动

图 2-5　供给量的变动与供给的变动

(二)供给的变动

供给的变动是指在某商品价格不变的条件下,由于其他因素变动所引起的该商品数量的变动,即商品本身的价格不变,其他因素变化引起供给曲线的移动,如生产成本的变动、相关商品的价格的变动、生产技术水平的变动、生产者对未来的预期变化等。

例如,成本上升,供给曲线向左移动,供给减少;成本下降,供给曲线向右移动,供给增加。由于排除了价格因素的变化,在价格不变的情况下,供给的变动就表现为供给曲线的水平移动:供给增加,则供给曲线向右移动;供给减少,则供给曲线向左移动,如图 2-5(b)所示。

供给量的变动与供给的变动的区别是前者由本身价格变动引起;后者由生产技术、生产成本等非本身价格变动引起。供给量的变动与供给的变动的对比见表 2-4。

表 2-4　供给量的变动与供给的变动的对比

项　　目	变动主体	价格 P	其他因数	图　形　表　现
供给量的变动	Q_S	变化	不变	供给曲线上点的移动
供给的变动	S	不变	变化	整条供给曲线的位移

第二节　供求均衡理论

一、市场均衡

我们称市场供给和市场需求相等时的市场状况为市场均衡,而达到市场均衡时的商品价格和商品数量称为均衡价格与均衡数量。

需求曲线和供给曲线说明了价格对消费者的需求量和生产者的供给量的影响。而最终商品的价格即均衡价格,是在商品的市场需求和市场供给这两种相反力量的相互作用下形成的,是需求曲线 D 与供给曲线 S 相交于 E 点时的价格 P_e,如图 2-6 所示。

图 2-6　市场均衡

(一)均衡价格的形成

均衡价格是供求双方在竞争过程中自发形成的,是一个价格自发决定的过程。

如果供求不平衡,市场会出现两种状态之一:过剩或短缺。在市场机制的作用下,供求不等的非均衡状态会逐步消失。

当市场价格 P_1 高于均衡价格 P_e 时,供给量大于需求量,商品过剩或超额供给。在市场自发调节下,需求者压低价格,供给者减少供给量,价格必然下降,一直下降到均衡价格的水平。

当市场价格低于 P_e,如为 P_2 时,市场需求大于市场供给,市场存在短缺,价格存在向上的压力。无论是过剩还是短缺的存在,由于市场竞争机制的作用,市场价格和供求数量均存在着向均衡价格 P_e 和均衡数量 Q_e 收敛的趋势,最终在 E 点实现市场均衡。

(二)均衡方程式

如果供给函数和需求函数是已知的,就可以通过解联立方程式求得均衡价格和均衡数量。

例 2-1　假定某商品需求函数为 $Q_d = 200 - 2P$,供给函数为 $Q_s = -100 + 3P$。求均衡价格 P_e 和均衡产量 Q_e。

解:均衡时 $Q_d = Q_s$,得

$$200 - 2P = -100 + 3P$$
$$5P = 300$$

得

$$P_e = 60$$

将 $P_e = 60$ 代入需求方程或供给方程得

$$Q_e = 80$$

二、供求定理与均衡的变动

市场均衡是由市场需求和市场供给共同决定的,因为非价格因素发生变动,引起两者之间的任意一方发生变化或两者同时变化,都会导致市场均衡点的变动,具体可分为以下两种基本情况。

供给不变,需求增加则使需求曲线向右上方移动,均衡价格上升,均衡数量增加,见图 2-7(a);需求减少则使需求曲线向左下方移动,均衡价格下降,均衡数量减少,见图 2-7(b)。

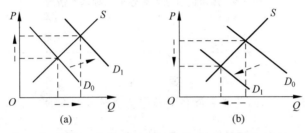

图 2-7 需求变动引起市场均衡的变动情况

需求不变,供给增加,供给曲线向右下方移动,均衡价格下降,均衡数量增加,见图 2-8(a);供给减少,供给曲线向左上方移动,均衡价格上升,均衡数量减少,见图 2-8(b)。

图 2-8 供给变动引起市场均衡的变动情况

综上所述,供求定理是指在其他条件不变的情况下,需求的变动与均衡价格和均衡数量呈同方向变动;供给的变动与均衡数量呈同方向变动,而与均衡价格呈反方向变动。

第三节 弹 性 理 论

一、弹性的一般含义

以图 2-9 为例,两条需求曲线存在不同。可以看出,价格的变动会引起需求量的变动,但需求量对价格变动的反应程度是不同的。同样单位的价格变动,图 2-9(a)中的需求曲线反应程度小,需求量变动小;图 2-9(b)中的需求曲线反应程度大,需求量变动大。

价格的变动所引起的需求量的变动程度有多大,这就要用弹性理论来说明。

图 2-9　需求的价格弧弹性的两种基本情况

知识链接 2-1

弹　性

弹性原是物理学名词,是指一物体对外部力量的反应程度。

弹性系数是指相对数之间的相互关系,即百分数变动的比率。或者说,它是一个量变动 1%,引起另一个量变动百分之多少(程度)的概念。一般来说,只要两个经济变量之间存在着函数关系,就可以用弹性系数表示因变量对自变量的反应的敏感程度。

弹性系数用来表示弹性的大小。在经济学中,弹性系数的一般公式如下。

$$弹性系数 = \frac{因变量变动的比率}{自变量变动的比率} \tag{2-7}$$

由弹性系数的公式可以清楚看出,弹性系数是两个变量各自变化比例的一个比值。所以,弹性系数是一个具体的数字,与自变量和因变量单位无关。

这里主要研究需求弹性(需求的价格弹性、影响需求价格弹性的因素、需求价格弹性与企业销售收入的关系、需求的交叉价格弹性、需求的收入弹性、恩格尔定律与食物支出的收入弹性)和供给弹性(供给的价格弹性、影响供给价格弹性的因素、供给的交叉弹性、供给的成本弹性)等。

二、需求价格弹性

(一)需求价格弹性的含义

需求的价格弹性简称需求弹性,是表示在一定时期内一种商品的需求量变动对该商品的价格变动的反应程度,即需求量变动对价格变动的反应程度。需求价格弹性系数的公式如下。

$$需求价格弹性系数 = -\frac{需求量变动率}{价格变动率} \tag{2-8}$$

这里需要指出的是,由于需求量的变动与价格的变动一般呈反向变动,为了便于比较,加负号变为正值。

需求的价格弹性分为弧弹性和点弹性。

1. 需求的价格弧弹性

需求的价格弧弹性是表示商品需求曲线上两点之间的需求量的变动对于价格的变动

的反应程度。简单来说,它表示需求曲线上两点之间的弹性。

假定需求函数 $Q_d = f(P)$,根据需求价格弹性的定义,可以得到弧弹性的计算公式如下。

$$E_d = \frac{\Delta Q/Q}{\Delta P/P} \tag{2-9}$$

式中:E_d 表示需求的价格弹性;ΔQ 表示需求量的变动量;ΔP 表示价格的变动量;$\Delta Q/Q$ 表示需求量变动的百分比;$\Delta P/P$ 表示价格变动的百分比。

需求价格弧弹性按照其大小,可以分为以下五种情况。

(1) 富有弹性:$E_d > 1$。在这种情况下,需求量变动的比率大于价格变动的比率。奢侈品如汽车、珠宝、国外旅游等,属于这种情况。若某商品价格上升 6%,其需求量减少 9%,则该商品属于富有需求弹性。这时的需求曲线是一条比较平坦的线,见图 2-9(b)。

(2) 缺乏弹性:$0 < E_d < 1$。在这种情况下,需求量变动的比率小于价格变动的比率。生活必需品,如粮食、蔬菜等属于这种情况。若某商品价格上升 20%,其需求量下降 10%,则该商品的需求价格弹性为缺乏弹性。这时的需求曲线是一条比较陡峭的线,见图 2-9(a)。

(3) 单位弹性:$E_d = 1$。在这种情况下,需求量变动的比率与价格变动的比率相等。例如,当价格上升 1% 时,需求量下降也是 1%,求得的需求价格弹性为 1。这时的需求曲线是一条正双曲线,见图 2-10(a)。

(4) 完全弹性:$E_d \to \infty$。在这种情况下,当价格为既定时,需求量是无限的。例如,银行以固定价格收购黄金。无论有多少黄金都可以按这一价格收购,银行对黄金的需求是无限的。这时,黄金的需求弹性为无限大,需求曲线是一条与横轴平行的线,见图 2-10(b)。

(5) 完全无弹性:$E_d = 0$。在这种情况下,无论价格如何变动,需求量都不会变动。例如,当你需要时,急救药不管多贵你都会买;当你不需要时,不管多便宜也不会买。又如,糖尿病人对胰岛素这种药品的需求就是如此。胰岛素是糖尿病人维持生命所必需的,无论价格如何变,需求量也不变。所以,病人对胰岛素的需求价格弹性为零。这时的需求曲线是一条与横轴垂直的直线,见图 2-10(c)。

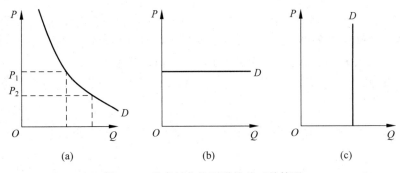

图 2-10 需求的价格弧弹性的三种情况

例 2-2 图 2-11 中需求曲线上 a、b 两点价格分别为 5 元和 4 元,相应需求量分别为 400 元和 800 元。当商品的价格由 5 元下降为 4 元时,或者当商品的价格由 4 元上升为 5 元时,应该如何计算相应的弧弹性值呢?两种情况的弧弹性值是否相等?为什么?

解: ① 由 a 点到 b 点(即降价时):

$$E_d = -\frac{\Delta Q}{\Delta P} \cdot \frac{P}{Q} = \frac{Q_b - Q_a}{P_b - P_a} \cdot \frac{P_a}{Q_a}$$

$$= -\frac{800 - 400}{4 - 5} \times \frac{5}{400} = 5$$

② 由 b 点到 a 点(即涨价时):

$$E_d = -\frac{\Delta Q}{\Delta P} \cdot \frac{P}{Q} = \frac{Q_a - Q_b}{P_a - P_b} \cdot \frac{P_b}{Q_b}$$

$$= -\frac{400 - 800}{5 - 4} \times \frac{4}{800} = 2$$

③ 由 a 点到 b 点(即降价时)和由 b 点到 a 点
(即涨价时)的弧弹性数值不同。

图 2-11 某商品的需求的价格弧弹性

尽管 ΔQ 和 ΔP 的绝对值都相等,但由于 P 和 Q 所取的基数值不同,降价时取的是 a 点值,涨价时取的是 b 点值,两种计算结果便不同。因此,虽然在同一区间,但涨价和降价产生的需求的价格弹性是不等的。

为了避免不同的计算结果,通常取 a、b 两点价格和需求量的平均值 $(P_1+P_2)/2$ 和 $(Q_1+Q_2)/2$ 来分别代替 P 值和 Q 值。如此,价格弧弹性计算公式可以写作:

$$E_d = -\frac{\Delta Q}{\Delta P} \cdot \frac{\dfrac{P_1 + P_2}{2}}{\dfrac{Q_1 + Q_2}{2}} \tag{2-10}$$

该公式即为需求价格弧弹性的中点公式。由此,可计算例 2-2 中 a、b 两点间的需求的价格弧弹性如下。

$$E_d = -\frac{400}{1} \cdot \frac{\dfrac{5 + 4}{2}}{\dfrac{400 + 800}{2}} = 3$$

综上所述,需求价格弧弹性的计算可以分为三种情况:涨价时;降价时;中点公式。

例 2-3 某种商品价格由 8 元下降为 6 元时,需求量由 20 单位增加为 30 单位。用中点法计算这种商品的需求弹性,并说明属于哪一种需求弹性。

解: ① 已知 $P_1 = 8$,$P_2 = 6$,$Q_1 = 20$,$Q_2 = 30$。代入中点公式(2-10)得

$$E_d = -\frac{\Delta Q}{\Delta P} \cdot \frac{\dfrac{P_1 + P_2}{2}}{\dfrac{Q_1 + Q_2}{2}} = 1.4$$

② 根据计算结果,$E_d = 1.4 > 1$,需求量变动的比率大于价格变动的比率,故该商品的需求富有弹性。

例 2-4 某商品的需求价格弹性系数为 0.15,现价格为 1.2 元,试问该商品的价格上涨多少元才能使其消费量减少 10%?

解:已知 $E_d=0.15,P=1.2,\Delta Q/Q=-10\%$。将已知数据代入计算弹性系数的一般公式(2-9),可得

$$0.15=\frac{10\%}{\Delta P/1.2}$$

$$\Delta P=0.8(\text{元})$$

该商品的价格上涨 0.8 元,才能使其消费量减少 10%。

2. 需求的价格点弹性

用弧弹性计算,两点距离越远,弧线越长,精确性越差。

同一条需求曲线上,各点的弹性值通常不同。

需求价格点弹性是指曲线上两点之间的变化量趋于无穷小时的弹性,即表示商品需求曲线上某一点的需求量的变动对于价格的变动的反应程度。在弧弹性的基础上,需求的价格点弹性的公式如下。

$$E_d=\lim_{\Delta P\to0}-\frac{\Delta Q}{\Delta P}\cdot\frac{P}{Q}=-\frac{dQ}{dP}\cdot\frac{P}{Q} \qquad (2-11)$$

dQ/dP 是需求曲线上任一点切线斜率的倒数。

例 2-5 接续例 2-2,计算 a 点的点弹性。

解:由需求函数 $Q_d=2\,400-400P$ 可得

$$dQ/dP=(2\,400-400P)'=-400$$

在 a 点,当 $P=5$ 时,由需求函数可得

$$Q=2\,400-400\times5=400$$

代入点弹性计算公式(2-11),可得

$$E_d=-\frac{dQ}{dP}\cdot\frac{P}{Q}=-(-400)\cdot\frac{5}{400}=5$$

根据点弹性的几何意义可以发现,线性需求曲线的点弹性有一个明显的特征:在线性需求曲线上的点的位置越高,相应的点弹性系数值就越大。需求价格点弹性的五种情况见图 2-12。

线段 AB 中点 C 的点弹性系数 $E_d=1$;AC 段(不含 A 点和 C 点)$E_d>1$;BC 段(不含 B 点和 C 点)$0<E_d<1$;A 点表示 $E_d=\infty$;B 点表示 $E_d=0$。

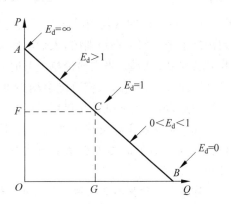

图 2-12 线性需求曲线点弹性的五种情况

(二)影响需求价格弹性的因素

不同物品的价格弹性,或者说对价格的敏感程度差别很大。当一种物品的需求价格弹性较大时,称这种物品是富有弹性的,这意味着该物品的需求量对价格变动反应强烈。

当一种物品的需求价格弹性较小时,称这种物品是缺乏弹性的,也就是说该物品的需求量对价格变动反应微弱。那么,是什么因素决定一种物品是富有弹性,还是缺乏弹性呢?一般来说,有以下几种因素影响着需求价格弹性的大小。

(1)消费者对物品的需求程度。一般来说,生活必需品 E_d 小,需求缺乏弹性;而奢侈品 E_d 大,需求富有弹性。例如,当大米的价格上升时,尽管人们会比平常的购买量少一些,但不会大幅度地改变他们购买大米的数量。与此相比,当游艇价格上升时,游艇需求量会大幅度减少。原因是对大多数人来说,大米是生活必需品,对大米的需求强度较大且稳定,而游艇是奢侈品,对游艇的需求强度较小。

(2)物品的可替代程度。可替代程度大,E_d 大;可替代程度小,E_d 小。如果一种物品有许多替代品,当该物品的价格上升时,消费者会购买其他替代品。例如,消费者对乘飞机旅游的需求往往富有弹性,主要是因为有汽车旅行、火车旅行等可代替。相反,如果一种物品的替代品很少,则该物品往往缺乏弹性,如糖尿病人不管贵贱都要用胰岛素。

(3)市场范围的大小。范围小的市场的需求弹性往往大于范围大的市场,因为范围小的市场上的物品更容易找到相近的替代品。例如,饮料是一个广泛的范畴,需求相当缺乏弹性,因为缺乏替代品。可乐则是一个较狭窄的范畴,它的需求较富有弹性,因为容易找到其他的饮品代替可乐。而非常可乐则是一个非常狭窄的范畴,它的需求非常富有弹性,因为像可口可乐、百事可乐等不同品牌的可乐都是它的替代品。

(4)用途的广泛性。用途广泛的,E_d 大;用途小的,E_d 小。如果一种物品具有多种用途,当它的价格较高时,消费者只购买较少的数量用于最重要的用途上;当它的价格逐步下降时,消费者的购买量就会逐步增加,将该种物品越来越多地用于其他的各种用途上。

(5)调节时间或使用时间长短。时间长,E_d 大,如耐用品冰箱;时间短,E_d 小,如非耐用品手纸。因为在短期内,人们不容易找到替代品;而在较长的时间内,人们则很容易找到替代品。例如,当汽油价格上升时,在最初的几个月中汽油的需求量只略有减少。但是,随着时间的推移,人们可能会购买更省油的汽车,或改乘公交车,或迁移到离工作地方近的地点,步行上下班。几年后,汽油的需求量会明显减少。

(6)物品在家庭支出中所占的比例。在家庭支出中所占比例大的,E_d 大,如汽车,价格变动对需求的影响较大;所占比例小的,E_d 小,如香烟,价格变动对需求的影响较小。

注意:某种物品需求弹性的大小,是由上述这些因素综合决定的,不能只考虑其中的一种因素。而且,某种物品的需求弹性也因时期、消费者收入水平和地区而不同。

例如,汽车在20年前,还只是公务用车,基本没有私车。随着时间的推移,人们收入水平的提高,以及汽车价格的下降,汽车广泛进入家庭。同样,彩电、冰箱等物品刚出现时,需求弹性也相当大,但随着收入水平的提高和这些物品的普及,其需求弹性逐渐变小了。表2-5列举了某些商品的需求价格弹性。

表 2-5　某些商品的需求价格弹性

家具	1.52	饮料	0.78
汽车	1.14	衣着	0.64
专业服务	1.09	烟草	0.61
运输服务	1.03	银行与保险服务	0.56
水、煤气、电	0.92	书籍、杂志与报纸	0.34
石油	0.91	食物	0.12

个案研究 2-2

情人节那天的需求与供给

在一年中的任何时候，人们都会购买贺卡和玫瑰花。但当情人节将近的时候，毫无疑问，贺卡和玫瑰花将变得急需，这两种商品的需求将会大幅攀升。我们可以应用需求与供给原理分析：预期这两种商品的价格会上升。但是，玫瑰花价格的上升总会比贺卡价格的上升幅度大，这是为什么呢？

通过考虑这两种商品市场供应上的价格弹性的区别，可以解释这种现象。在情人节那天的贺卡供应量比玫瑰花的供应量更加富有弹性。贺卡是一种可以储存的物品，所以生产者可以轻易地逐步增加产量并且在情人节前准备大量的存货。这就意味着贺卡的供应是相对有弹性的。因此，增加的需求对价格的影响不是那么显而易见。

相反，玫瑰花属于娇嫩的、容易凋谢的商品，只有在情人节那天长成的玫瑰花才适合销售，增加在情人节那天的供应量相对来说是比较困难的。这就意味着，玫瑰花的供应量是相对缺乏的，而紧接着发生的事情就不足为奇了，需求的增加将引起价格大幅的上升。

资料来源：袁志刚.西方经济学[M].2 版.北京：高等教育出版社，2015.

（三）需求价格弹性与企业销售收入的关系

经济现象 2-1

价格与销售收入

在实际的经济生活中会发生这样一些现象：有的企业靠降低产品的价格增加销售收入，而有的企业靠提高产品的价格来增加销售收入。那么，到底是提高价格会使销售收入增加，还是降低价格会使销售收入增加？

需求弹性是影响企业销售收入的一个非常重要的因素。具体来说，企业的销售收入等于商品的价格乘以商品的销售量。

1. 总收益

假定企业的商品销售量等于市场上对其商品的需求量，那么企业的销售收入就可以表示为商品的价格乘以商品的需求量，即

$$企业总收益(TR)=价格×销售量=P×Q \qquad (2\text{-}12)$$

式中：P 表示商品的价格；Q 表示商品的需求量；TR 表示企业的总收益。需要特别说明的是，这里的企业总收益就是指企业的销售收入，而不是利润。

商品的需求弹性表示商品需求量的变化率对于商品价格的变化率的反应程度。这就意味着，该商品的需求弹性的大小将影响提供这种商品的企业的销售收入的变动。

例如，某商品的价格从 3 元降到 2 元，需求量从 8 个单位增加到 10 个单位，这时卖者的总收益会怎样变化？答案是减少。原收益为 $3×8=24$(元)，现收益为 $2×10=20$(元)。

2. 富有需求弹性($E_d>1$)的情况

例 2-6　电视机 $E_d=2$，$P_1=500$ 元/台，$Q_1=100$ 台。问：

① 如果价格下调 10%，企业收益如何变化？

② 如果价格上调 10% 呢？

解：① 依题意，$E_d=2$，根据弹性计算公式(2-9)，当价格下调 10%，则数量增加 20%。如此，新的价格和数量如下。

$$P_2=500-500×10\%=450(元/台)$$
$$Q_2=100+100×20\%=120(台)$$

收益的变化情况如下。

$$TR_2=P_2×Q_2=450×120=54\,000(元)$$
$$TR_1=P_1×Q_1=500×100=50\,000(元)$$
$$TR_2-TR_1=54\,000-50\,000=4\,000(元)$$

$TR_2>TR_1$，表明价格下跌，总收益增加。

② 依题意，$E_d=2$，根据弹性计算公式(2-9)，当价格上调 10%，则数量减少 20%。如此，新的价格和数量如下。

$$P_3=500+500×10\%=550(元/台)$$
$$Q_3=100-100×20\%=80(台)$$

收益的变化情况如下。

$$TR_3=P_3×Q_3=550×80=44\,000(元)$$
$$TR_1=P_1×Q_1=500×100=50\,000(元)$$
$$TR_3-TR_1=44\,000-50\,000=-6\,000(元)$$

$TR_3<TR_1$，表明价格上涨，总收益减少。

推论 1　当 $E_d>1$，降价可以增加企业收益；涨价则降低企业收益。

知识链接 2-2

薄 利 多 销

"薄利多销"就是通过降价促使产品多销，达到增加销售收入的目的。那么，哪些产品适合"薄利多销"？

对于 $E_d>1$，即富有需求弹性的商品，需求量变动的比率大于价格变动的比率。价格下调，总收益增加，对生产者有利；价格上调，总收益减少，对生产者不利。因此，此种情况，企业适当降低价格能增加总收益。

3. 缺乏需求弹性($E_d<1$)的情况

例 2-7 面粉 $E_d=0.5$，$P_1=0.2$ 元/斤，$Q_1=100$ 斤。问：

① 如果价格下调 10%，总收益怎样？

② 如果价格上调 10% 呢？

解：① 依题意，$E_d=0.5$，根据弹性计算公式(2-9)，当价格下调 10%，则数量增加 5%。如此，新的价格和数量如下。

$$P_2=0.2-0.2\times10\%=0.18(元/斤)$$
$$Q_2=100+100\times5\%=105(斤)$$

收益的变化情况如下。

$$TR_2=P_2\times Q_2=0.18\times105=18.9(元)$$
$$TR_1=P_1\times Q_1=0.2\times100=20(元)$$
$$TR_2-TR_1=18.9-20=-1.1(元)$$

$TR_2<TR_1$，表明价格下跌，总收益减少。

② 依题意，$E_d=0.5$，根据弹性计算公式(2-9)，当价格上调 10%，则数量下降 5%。如此，新的价格和数量如下。

$$P_3=0.2+0.2\times10\%=0.22(元/斤)$$
$$Q_3=100-100\times5\%=95(斤)$$

收益的变化情况如下。

$$TR_3=P_3\times Q_3=0.22\times95=20.9(元)$$
$$TR_1=P_1\times Q_1=0.2\times100=20(元)$$
$$TR_3-TR_1=20.9-20=0.9(元)$$

$TR_3>TR_1$，表明价格上涨，总收益增加。

推论 2 当 $E_d<1$，涨价可以增加企业收益；降价反而降低企业收益。

知识链接 2-3

谷 贱 伤 农

在农业生产活动中，存在着这样一种经济现象：在丰收的年份，农民的收入反而减少了。这种现象在我国民间被形象地概括为"谷贱伤农"。造成这种"谷贱伤农"经济现象的根本原因在于：农产品的需求价格弹性往往是小于 1 的。

对于 $E_d<1$，即缺乏需求弹性的商品，需求量变动的比率小于价格变动的比率。价格下调，总收益减少，对生产者不利；价格上调，总收益增加，对生产者有利。粮食是需求弹性小于 1 的商品，丰收导致价格下降会降低农民的收益。

分析思考 1：为什么某种化妆品降价会实现薄利多销，而小麦降价却使农民受损失？

我们知道，化妆品属于奢侈品且有众多替代品，因此需求富有弹性。富有弹性的商品价格变动百分比小，而需求量变动百分比大。总收益等于销售量(即需求量)乘以价格。当这种物品小幅度降价时需求量大幅度增加，从而总收益增加，这就是薄利多销的含义。但小麦属于生活必需品且替代品少，因此，需求缺乏弹性。需求缺乏弹性的商品价格变动百分比大,而需求量变动百分比小。当这种物品大幅度降价时需求量只有少量增加,从而总收益减少。这就是"谷贱伤农"的原因。

分析思考2:如果对高档奢侈品征税,谁将承受这种税收的负担?

乍一看,答案很简单,谁购买这些高档奢侈品当然是谁纳税,谁承受税收负担。实际上问题并不是这么简单,直接纳税人并不一定是最后的税收承担者。有些纳税人也是税收承担人,如个人所得税。但有些纳税人可以把税收负担转嫁出去,如香烟的税收由生产者和经营者缴纳。但可以通过提价来转移给消费者,实际最后是烟民承担了税收负担。这个问题是税收归宿问题,涉及税收负担在生产者和消费者之间的分摊。税收分摊则与弹性概念相关。一般来说,如果需求富有弹性而供给缺乏弹性,税收负担主要由生产者承担;如果需求缺乏弹性而供给富有弹性,则税收负担主要由消费者承担。香烟就是后一种情况,而高档消费品则属于前一种情况。高档奢侈品属奢侈品且有众多替代品,需求富有弹性,但在短期中生产难以减少,故而供给缺乏弹性。这样高档奢侈品的税收实际落在了生产者身上。

资料来源:梁小民.经济学是什么[M].北京:北京大学出版社,2017.

例如,为什么化妆品可以薄利多销而药品却不行?是不是所有的药品都不能薄利多销?为什么?

对照以上分析,可知化妆品能薄利多销,是因为化妆品的需求富有弹性,小幅度降价可使需求量有较大幅度增加,从而使总收益增加。而药品一般是缺乏需求弹性,降价只能使总收益减少。并不是所有药品都不能薄利多销。例如,一些滋补药品,其需求富有弹性,降价可以增加总收益,可以薄利多销。

4. 单位弹性($E_d=1$)的情况

对于$E_d=1$,即单位弹性的商品,需求量变动的比率等于价格变动的比率。因此,无论降价还是涨价,企业的收益都不会变化。

综上所述,商品的需求弹性与企业的销售收入之间的关系可以用表2-6来说明。既可以通过需求弹性的大小来判断企业收益的变化,也可以通过企业收益的变化来判断需求弹性的大小。

表2-6 需求的价格弹性与销售收入的关系

价格	销售收入				
	$E_d>1$	$E_d=1$	$E_d<1$	$E_d=0$	$E_d=\infty$
降价	增加	不变	减少	同比例于价格的下降而减少	既定价格下,收益可以无限增加,因此企业不会降价
涨价	减少	不变	增加	同比例于价格的上升而增加	收益会减少到零

如果价格变化引起企业收益同方向变化(价格上升,收益上升;价格下降,收益下降),则该商品是缺乏弹性的。

如果价格变化引起企业收益反方向变化(价格上升,收益下降;价格下降,收益上升),则该商品是富有弹性的。

如果企业收益不随价格的变化而变化,则该商品是单位弹性的。

个案研究 2-3

2017 年,农村丰产不丰收,该咋办(续)

"丰产不丰收"是指在丰收的年份,农民的收入反而减少的现象。造成这种现象的根本原因在于农产品是缺乏弹性的商品,农产品均衡价格的下降幅度大于均衡数量的上升幅度,致使农民收入减少。与此类似,在歉收年份,由于缺乏弹性的需求曲线作用,农产品均衡价格上升的幅度大于农产品均衡数量减少的幅度,反而使农民的总收入增加。

三、需求的其他弹性

(一)需求的交叉弹性

如前所述,一种商品的需求量受多种因素的影响,相关商品的价格就是其中的一个因素。

需求的交叉价格弹性简称需求交叉弹性,是指在一定时期内,一种商品 X 的需求量变动对于它的相关商品 Y 的价格变动的反应程度。它是该商品的需求量的变动率和其相关商品的价格变动率的比值。用公式表示如下。

$$E_{xy} = \frac{\Delta Q_x/Q_x}{\Delta P_y/P_y} = \frac{\Delta Q_x}{\Delta P_y} \cdot \frac{P_y}{Q_x} \tag{2-13}$$

式中:$\Delta Q_x/Q_x$ 表示 X 商品需求量变动的百分比;$\Delta P_y/P_y$ 表示 Y 商品价格变动的百分比。

当 X 商品的需求量的变化量 ΔQ_x 和相关 Y 商品价格的变化量 ΔP_y 均为无穷小时,则商品 X 的需求的交叉价格点弹性公式如下。

$$E_{xy} = \lim_{\Delta P \to 0} \frac{\Delta Q_x/Q_x}{\Delta P_y/P_y} = \frac{dQ_x/Q_x}{dP_y/P_y} = \frac{dQ_x}{dP_y} \cdot \frac{P_y}{Q_x} \tag{2-14}$$

需求的交叉弹性系数是正还是负,取决于所考察的两种商品之间的关系。

1. $E_{xy} > 0$,替代品

如果两种商品之间可以互相代替以满足消费者的某一种欲望,则称这两种商品之间存在着替代关系,即互为替代品,如苹果和梨之间就是替代关系。当梨的替代品苹果的价格上升时,苹果的需求量会减少,而梨的需求量会上升,梨的需求交叉弹性系数为正。

2. $E_{xy} < 0$,互补品

如果两种商品必须同时使用才能满足消费者的某一欲望,则这两种商品之间就存在着互补关系,即互为互补品,如汽车和汽油之间就是互补关系。当汽车的互补品汽油的价格上升时,汽油的需求量会减少,汽车的需求量也会减少,汽车的需求交叉弹性系数为负。

3. $E_{xy}=0$,无关系

如果两种商品之间不存在相关关系,如汽车与苹果、茶叶与食盐。这些商品既不相互竞争,也不相互补充,一种商品的价格变化不影响另一种商品的需求量,则其需求的交叉弹性系数为零。

上述结论(互补品之间价格与需求呈反向变动;替代品之间价格与需求呈正向变动)也可以反过来使用,即可根据两种商品之间需求交叉弹性系数的正负符号来判断两种商品之间的相关关系。若两种商品的需求交叉弹性系数为正,则这两种商品为替代品。若为负,则为互补品。若为零,则两种商品之间无关联。

例 2-8 A 和 B 是生产同种有差异的产品竞争者,其需求曲线分别是 $P_A=200-Q_A$,$P_B=300-0.5Q_B$;两企业目前的销售量分别为 $Q_A=50$ 和 $Q_B=100$。

① 求两者的需求价格弹性。

② 如果 B 降价后,B 需求量增加为 160,同时使 A 需求量减少到 40,则 A 的需求的交叉弹性是多少?

③ 假定 B 的目标是谋求销售收入最大化,则 B 降价在经济上是否合理?

解: ① 依题意,得

$$Q_A=200-P_A, \quad Q_B=600-2P_B$$

由 $Q_A=50$,得 $P_A=150$;由 $Q_B=100$,得 $P_B=250$。

因此,A 和 B 当前的价格弹性如下。

$$E_A=-(-1)P_A/Q_A=150/50=3$$
$$E_B=-(-2)P_B/Q_B=2\times(250/100)=5$$

② 如果 B 降价后,B 需求量增加为 160,则 B 的价格由 250 下降为 220。

$$\frac{\Delta Q_A}{Q_A}=\frac{100-40}{100}=0.6, \quad \frac{\Delta P_B}{P_B}=\frac{250-220}{250}=3/25$$

因此,A 交叉弹性 $E_{AB}=0.6/(3/25)=5$。

③ 由于 B 的价格弹性 $E_B=5>1$,富有弹性,B 降价在经济上合理。

验证: B 降价后,收益由 $TR_{B1}=100\times250=25\,000$,变为 $TR_{B2}=160\times220=35\,200$,$TR_{B2}>TR_{B1}$,总收益增加。

(二)需求的收入弹性

需求的收入弹性是指在一定时期内,消费者对某种商品需求量的变动对收入变动的反应程度。其公式如下。

$$需求的收入弹性=\frac{某商品需求量的变化率}{消费者收入量的变化率} \tag{2-15}$$

假定某商品的需求量 Q 是消费者收入水平 M 的函数,即 $Q=f(M)$,该商品的需求收入弹性公式如下。

$$E_M=\frac{\Delta Q/Q}{\Delta M/M}=\frac{\Delta Q}{\Delta M}\cdot\frac{M}{Q} \tag{2-16}$$

例如,收入增加 10%,引起需求量增加 5%,则收入弹性 $E_M = 5\% \div 10\% = 0.5$。

根据需求的收入弹性系数是正还是负,可以给商品分类。

(1) $E_M > 0$,为正常品。其中,$E_M > 1$,为奢侈品/高档品;$0 < E_M < 1$,为必需品。

(2) $E_M < 0$,为劣等品或吉芬物品。

说明如下。

(1) 劣等品或吉芬物品的需求量随着收入水平的增加而减少,因为当收入增加时,人们会减少对劣等品的需求,而增加对正常品的需求。因此,劣等品的需求收入弹性小于零,$E_M < 0$,如肥肉、土豆、籼米、公共交通等。

(2) 正常品的需求量随着收入水平的增加而增加。因此,正常品的需求收入弹性大于零,$E_M > 0$。正常品又可划分为必需品和奢侈品/高档品。

① 当收入增加时,尽管消费者对必需品和奢侈品的需求量都会有所增加,但必需品的需求量的增加是有限的,或者说是缺乏弹性的,因此,$0 < E_M < 1$。

② 对奢侈品/高档品的需求量的增加较多,或者说是富有弹性的,因此,$E_M > 1$,如高档消费品和耐用消费品(高档家电、室内装修、旅游等)。

③ $E_M = 1$,收入单位弹性,需求量随收入变动相同的百分比,如衣服。

(3) $E_M = 0$,收入无弹性,收入变化后,消费量完全没有变化,如食盐。

部分商品的收入弹性系数见表 2-7。

表 2-7　部分商品的收入弹性系数

苹果	1.32	国际空运(美国/欧洲)	1.91
牛肉	1.05	国际空运(加拿大/欧洲)	1.77
鸡肉	0.28	牛奶	0.50
看牙医(成人男士)	0.61	橘子	0.83
看牙医(成人女士)	0.55	马铃薯	0.15
看牙医(儿童)	0.87	西红柿	0.24
住房(低收入承租者)	0.22		

知识链接 2-4

恩格尔定律

1857 年,德国统计学家恩格尔在研究了当时西欧某些居民家庭的收入和食品消费支出的关系后,提出了这样一个结论:在一个家庭或一个国家中,食物支出在总支出中所占比例随着收入的增加而减少,这一观点被称为恩格尔定律。

其原因是"民以食为天"。吃是人获得生存的首要条件,只有这一层次需求被满足后,消费才会向其他方面扩展。因此,食品支出的比重即恩格尔系数,从一个侧面反映生活水平的高低。一般来说,恩格尔系数越低,生活越富裕,食品支出的收入弹性就越小;相反,生活越贫困,食物支出所占比例就越大,恩格尔系数越高。

联合国判别生活水平的标准见表 2-8。中国城镇、农村居民的恩格尔系数见表 2-9。

表 2-8　联合国判别生活水平的标准

恩格尔系数	生活水平	恩格尔系数	生活水平
30%以下	极其富裕	50～60%	温饱
30～40%	相对富裕	60%以上	贫穷
40～50%	小康		

表 2-9　中国城镇、农村居民的恩格尔系数　　　　单位：%

年份地点	1989	1997	2007	2015
城镇	54.5	46.6	36.3	29.7
农村	54.8	55.1	43.1	33.0

其他国家或地区的恩格尔系数可自行上网搜索，在此不一一列出。

四、供给的价格弹性

（一）供给弹性的计算

供给的价格弹性简称供给弹性，表示在一定时期内，一种商品的供给量的相对变动对于该商品的价格的相对变动的反应程度。它是商品的供给量变动率与价格变动率之比。

与需求的价格弹性一样，供给的价格弹性也分为弧弹性和点弹性。供给的价格弧弹性表示某商品供给曲线上两点之间的弹性。供给的点弹性表示某商品供给曲线上某一点的弹性。

假定供给函数 $Q_s = f(P)$，以 E_s 表示供给弹性系数，则供给的弧弹性计算公式如下。

$$E_s = \frac{\Delta Q}{\Delta P} \cdot \frac{P}{Q} \tag{2-17}$$

这里需要指出的是，通常情况下，商品供给量和商品价格呈同向变动，即供给的变动量和价格的变动量的符号是相同的，故不需要加负号。

中点弧弹性公式如下。

$$E_s = \frac{\Delta Q}{\Delta P} \cdot \frac{\dfrac{P_1 + P_2}{2}}{\dfrac{Q_1 + Q_2}{2}} \tag{2-18}$$

供给的点弹性计算公式如下。

$$E_s = \frac{dQ}{dP} \cdot \frac{P}{Q} \tag{2-19}$$

（二）供给弹性大小的五种情况

供给价格弹性按照其大小也可以分为 5 种情况：①若 $E_s>1$，称为供给富有弹性；②若 $E_s<1$，称为供给缺乏弹性；③若 $E_s=1$，称为供给单位弹性；④$E_s=\infty$，称为供给完全弹性；⑤若 $E_s=0$，称为供给完全无弹性。

（三）影响供给弹性的因素

影响供给弹性的因素比影响需求弹性的因素复杂得多，主要有以下这些因素。

（1）企业进入和退出一个行业的难易程度。如果企业进入或者退出某一行业比较容易，则该商品的供给弹性较大；反之，供给弹性较小。

（2）时间的长短。当商品的价格发生变化时，企业对产量的调整需要一定的时间。短时间内困难，供给弹性较小。长期生产规模的扩大与缩小容易，供给价格弹性较大。

（3）产品的生产周期。生产周期较短的产品，可以根据价格变化及时调整产量，供给弹性较大；相反，则较小。

（4）生产时采用的技术类型。有些产品采用资本密集型技术，生产规模一旦固定，变动比较困难，供给弹性比较小；有些采用劳动密集型技术，生产规模变动比较容易，从而供给弹性比较大。

（5）生产成本。产量增加只引起边际成本轻微提高，意味着供给曲线平坦，供给价格弹性较大。产量增加引起边际成本较大提高，意味着企业供给曲线比较陡峭，供给弹性较小。

例如，禁毒是增加还是减少了毒贩的收益？如何禁毒更有效？毒品需求弹性小（对某些人必需），而供给弹性大。禁毒是控制供给，控制需求更为重要，禁毒教育是控制需求，见图 2-13。

图 2-13　查毒教育与禁毒教育

第四节　价格政策的运用

一、易腐商品的售卖

有些商品,尤其是一些食品,由于具有易腐的特点,必须在一定时间内被销售出去。否则,销售者会蒙受经济损失。那么,这类商品对销售者来说,应该如何定价,才能既保证全部数量的商品在规定时间内卖完,又能使自己获得尽可能多的收入呢?

以鲜鱼为例,如果价格定得过高,就会导致鲜鱼在一定期限内卖不出去;如果价格定得过低,就会导致销售者不能得到最大收益。由于鲜鱼的需求一般是富有弹性,销售者会因为定价过高导致销售量的减少致使总收益减少;也会因为定价过低导致销售总收益减少。

因此,销售者应该选定一个恰当的价格水平,也就是能给销售者带来最大收益的最优价格,这个价格就是以全部数量都能卖出去时确定的价格。

二、最高限价与最低限价

政府根据不同的经济形势会采取不同的经济政策,这里介绍政府价格政策的两种做法:最低限价和最高限价。

(一)最低限价

最低限价也称支持价格,是指政府为了扶植某一行业的生产而规定的该行业产品的最低价格。如果政府认为依靠市场供求力量确定的某种产品的价格太低,以至于该行业内的企业难以维持简单再生产,这时政府就应该对该类产品实行支持价格保护。最低价格(支持价格)总是高于市场的均衡价格,即 $P_1 > P_e$。

在我国,农业的基础地位不言自明,但由于农产品生产周期较长,易受气候条件影响,生产风险较大。加之农产品的需求价格弹性较小,即使在丰收年份,依靠市场供求形成的均衡价格却难以使农民增收,"谷贱伤农"就是这一情况的形象概括。有鉴于此,很多国家的政府均对农产品实行支持价格制度。

图 2-14 显示了政府对粮食实行最低限价(支持价格)政策的原理和结果。图中 P_e 和 Q_e 为市场供求力量自发决定的均衡价格和均衡数量。P_1 为政府所实行的支持价格。在支持价格下,一般消费者按照 P_1 的价格购买粮食 Q_0,这时市场供给 Q_1 大于市场需求。为了使剩余粮食($Q_1 - Q_0$)出清,政府需要按照 P_1 的价格全部购买剩余粮食。

对粮食实行最低限价的作用:稳定农业生产,调整农业结构;扩大农业投资,保障粮食安全。

(二)最高限价

最高限价也称限制价格,是指政府出于防止物价过快上涨(尤其是某些生活必需品和一些垄断性很强的公用事业)的考虑而制定的某种产品的最高价格。例如,在通货膨胀时期,政府为了防止产品价格的普遍上涨,往往限制原材料、燃料、自来水等的价格。限制价格总是低于市场的均衡价格,即 $P_2 < P_e$。

图 2-15 显示了政府对某种产品实行限制价格的原理和结果。P_e 和 Q_e 为市场供求力量自发决定的均衡价格和均衡数量。P_2 为政府所实行的最高价格。在最高限价下,消费者的需求量是 Q_0,而企业供给却仅有 Q_2,这时的市场供给严重不足。

图 2-14　政府对粮食实行限价政策的原理和结果

图 2-15　政府对某种产品实行限价政策的原理和结果

个案研究 2-4

价 格 上 限

某些医院专家门诊的挂号价格最高为 14 元,这是政府规定的,违反这一规定就是违法。这种价格称为价格上限或最高价格。这种价格会引起什么后果呢?由于价格低,无论大病、小病,人人都想看专家门诊。但由于价格低,专家看病的积极性并不高,这样供小于求,存在短缺。在存在短缺而价格又不能上升的情况下,只有三种方法来解决这一问题。第一,采用配给制,即由医院决定谁能看专家门诊。这时,掌管挂号的人就有可能出现受贿现象,即谁送礼就把号给谁。第二,采用排队制,即按先来后到的顺序排队挂号,每天有限的号挂完为止。这时,病人为了能看到专家门诊就要提前排队(或由亲友排队)。排队使人们把本来能用于生产活动的时间用于不带来任何产品或劳务的排队,是一种资源浪费。第三,出现黑市,即出现了一批以倒号为业的号贩子,他们把每个号卖到 100 元。尽管公安部门屡次打击号贩子,但由于丰厚的利润(价格上限 14 元与黑市价格 100 元之间的差额 86 元),号贩子屡禁不止。最近,医院为了对付号贩子,实行了实名制看病(用身份证挂号就医),但仍没有解决问题,变化只是号贩子由卖号变为卖排队的位子。可见,只要存在价格上限,短缺就无法消除,号贩子绝不会消失。

其实,正确的做法是放开价格,随着价格上升,人们的需求减少(小病不找专家,大病、疑难杂症才找专家),愿意看病的专家增加,才能最终实现供求相等。这时,号贩子无利可图,自然也就消失了。有关部门出于对专家门诊挂号价格太高,许多低收入者看不起病的担心而限制价格,出发点无可厚非,但在供小于求、号贩子横行的情况下,

低收入者就可以看得起,或看得上专家门诊了吗? 当然,放开专家门诊涉及更广泛的医疗改革问题(如医院分级收费、医与药分开、完善社会保障体系等),但看来要解决专家门诊的供求矛盾,从根本上铲除号贩子,还是要放开价格。这正是医疗市场化改革的重要内容之一。

资料来源:梁小民.经济学是什么[M].北京:北京大学出版社,2017.

知识对比

限制价格的利与弊

利:有利于社会平等的实现;有利于社会的安定。

弊:不利于刺激生产,造成产品短缺;不利于抑制需求,出现资源浪费;社会风尚败坏,出现黑市交易。

本 章 小 结

需求是指消费者在一定时期内,在各种可能的价格水平,愿意而且能够购买的该商品的数量。

影响需求数量的因素有商品自身的价格、消费者的收入水平、相关商品的价格、消费者偏好、消费者对该商品的价格预期等。

商品的需求表是表示某种商品的各种价格水平和与各种价格水平相对应的该商品的需求数量之间关系的数字序列表。

需求曲线是指根据需求表中商品不同的价格—需求量的组合在平面坐标图上所绘制的一条曲线。

需求函数 $Q_d = f(P)$ 表示一种商品的需求量和价格之间存在着一一对应的关系,这种函数关系可以分别用商品的需求表和需求曲线来表示。

需求量的变动是指在其他条件不变时,由某商品的价格变动所引起的该商品的需求数量的变动,即其他因素不变,商品本身的价格变化,引起需求曲线上点的移动。

需求的变动是指在某商品价格不变的条件下,由于其他因素变动所引起的该商品数量的变动,即商品本身的价格不变,其他因素变化引起需求曲线的移动。

需求定理:一般而言,在其他条件不变的情况下,需求量随着价格的上升而减少,随着价格的下降而增加,即需求量与价格呈反方向变动。

供给是指生产者在一定时期内,在各种可能的价格水平下,愿意而且能够提供出售的该商品的数量。

影响供给数量的因素有该商品本身的价格、生产成本、相关商品的价格、生产技术水平、生产者对未来的预期等。

供给表是指某种商品的各种价格和与各种价格相对应的该商品的供给数量之间关系的数字序列表。

供给曲线是指根据供给表中商品不同的价格—供给数量的组合在平面坐标图上所绘制的一条曲线。

供给函数 $Q_S = f(P)$ 表示一种商品的供给量和价格之间存在着一一对应的关系。

供给定理：在其他条件不变的情况下，供给量随着价格的上升而增加，随着价格的下降而减少，即供给量与价格呈同方向变动。

市场供给和市场需求相等时的市场状况为市场均衡，而达到市场均衡时的商品价格和商品数量分别称为均衡价格和均衡数量。

供求定理：在其他条件不变的情况下，需求与均衡价格和均衡数量同方向变动；供给与均衡数量同方向变动，而与均衡价格反方向变动。

一般来说，只要两个经济变量之间存在着函数关系，就可以用弹性表示因变量对自变量的反应的敏感程度。弹性系数＝因变量变动的比率/自变量变动的比率。

需求的价格弹性，简称需求弹性，表示在一定时期内一种商品的需求量变动对该商品的价格变动的反应程度，即需求量变动对价格变动的反应程度。

需求的价格弹性分为弧弹性和点弹性。需求价格弧弹性的计算可以分为三种情况：涨价时；降价时；中点公式。

需求价格弧弹性按照其大小可以分为五种情况：富有弹性，即 $E_d > 1$；缺乏弹性，即 $0 < E_d < 1$；单位弹性，即 $E_d = 1$；完全弹性，即 $E_d \to \infty$；完全无弹性，即 $E_d = 0$。

影响需求价格弹性的因素有消费者对物品的需求程度、物品的可替代程度、市场范围的大小、用途的广泛性、调节时间或使用时间长短、物品在家庭支出中所占的比例等。

需求价格弹性与企业销售收入的关系：$E_d > 1$，降价可以增加企业收益，涨价降低企业收益；$E_d < 1$，涨价可以增加企业收益，降价反而降低企业收益；对于 $E_d = 1$，即单位弹性的商品，需求量变动的比率等于价格变动的比率。因此，无论降价还是涨价，企业的收益都不会变化。

需求的交叉弹性是指在一定时期内，一种商品的需求量变动对于它的相关商品的价格的变动的反应程度。

需求的交叉弹性系数是正还是负，取决于所考察的两种商品之间的关系。$E_{xy} > 0$，为替代品；$E_{xy} < 0$，为互补品；$E_{xy} = 0$，为无关系商品。

需求的收入弹性表示在一定时期内消费者对某种商品的需求数量的相对变动对于消费者收入的相对变动的反应程度。

根据需求的收入弹性系数是正还是负，可以给商品分类。$E_M > 0$，为正常品。其中，$E_M > 1$，为奢侈品/高档品。$0 < E_M < 1$，为必需品。$E_M < 0$，则为劣等品/吉芬物品。

供给的价格弹性是指在一定时期内一种商品的供给量的相对变动对于该商品的价格的相对变动的反应程度。

本章内容结构

需求 ┬ 需求的含义
　　 ├ 需求表
　　 ├ 影响需求数量的因素 ┬ 商品自身的价格
　　 │　　　　　　　　　　├ 消费者的收入水平
　　 │　　　　　　　　　　├ 相关商品的价格
　　 │　　　　　　　　　　├ 消费者偏好
　　 │　　　　　　　　　　└ 消费者对该商品的价格预期
　　 ├ 需求曲线
　　 ├ 需求函数
　　 ├ 需求定理
　　 ├ 需求定理的特例 ┬ 吉芬物品
　　 │　　　　　　　　├ 炫耀性物品
　　 │　　　　　　　　└ 表面上的"例外"
　　 └ 需求量的变动与需求的变动

供需理论 ┬ 供给(参考上面)
　　　　 ├ 供求均衡理论 ┬ 供求定理
　　　　 │　　　　　　　└ 均衡的变动
　　　　 └ 弹性理论 ┬ 需求的价格弹性 ┬ 富有弹性,即 $E_d>1$
　　　　　　　　　　 │　　　　　　　　├ 缺乏弹性,即 $0<E_d<1$
　　　　　　　　　　 │　　　　　　　　├ 单位弹性,即 $E_d=1$
　　　　　　　　　　 │　　　　　　　　├ 完全弹性,即 $E_d\rightarrow\infty$
　　　　　　　　　　 │　　　　　　　　└ 完全无弹性,即 $E_d=0$
　　　　　　　　　　 ├ 弧弹性三种计算:涨价时、降价时、中点公式
　　　　　　　　　　 ├ 点弹性计算公式与几何测算
　　　　　　　　　　 ├ 需求弹性与企业收益的关系
　　　　　　　　　　 ├ 影响需求价格弹性的因素
　　　　　　　　　　 ├ 需求的交叉弹性 ┬ $E_{xy}>0$,替代品
　　　　　　　　　　 │　　　　　　　　├ $E_{xy}<0$,互补品
　　　　　　　　　　 │　　　　　　　　└ $E_{xy}=0$,无关系
　　　　　　　　　　 ├ 需求的收入弹性 ┬ $E_M>0$,正常品 ┬ $E_M>1$,奢侈品/高档品
　　　　　　　　　　 │　　　　　　　　│　　　　　　　　└ $0<E_M<1$,必需品
　　　　　　　　　　 │　　　　　　　　└ $E_M<0$,劣等品或吉芬物品
　　　　　　　　　　 └ 供给弹性

综 合 练 习

一、名词解释

需求　需求函数　需求定律　供给　供给函数　供给定律　供需均衡　弹性　价格弹性　点弹性　弧弹性　交叉弹性　收入弹性　企业收益

二、选择题

1. 需求规律说明（　　）。
　　A. 药品的价格上涨会使药品质量增加
　　B. 计算机价格下降导致销售量增加
　　C. 门票价格提高,游览公园的人数增加
　　D. 汽油的价格提高,小汽车的销售量减少

2. 对西红柿需求量的变动,可能是由于（　　）。
　　A. 西红柿的价格提高了　　　　　B. 消费者得知西红柿有益健康
　　C. 消费者预期西红柿将降价　　　D. 以上都对

3. 当羽毛球拍的价格下降时,对羽毛球的需求将（　　）。
　　A. 减少　　　　B. 不变　　　　C. 增加　　　　D. 视具体情况而定

4. 其他条件不变,牛奶价格下降将导致牛奶的（　　）。
　　A. 需求下降　　B. 需求增加　　C. 需求量下降　　D. 需求量增加

5. 当出租车租金上涨后,对公共汽车服务的（　　）。
　　A. 需求增加　　B. 需求量增加　　C. 需求减少　　D. 需求量减少

6. 若一条直线型需求曲线与一条曲线型需求曲线相切,则在切点处两曲线的需求价格弹性（　　）。
　　A. 相同　　　　　　　　　　B. 不同
　　C. 可能相同也可能不同　　　D. 依切点所在位置而定

7. 直线型需求曲线的斜率不变,因此其价格弹性也不变。这个说法（　　）。
　　A. 一定正确　　　　　　　　B. 一定不正确
　　C. 可能不正确　　　　　　　D. 无法断定正确不正确

8. 如果人们收入水平提高,则食物支出在总支出中比重将（　　）。
　　A. 大大增加　　B. 稍有增加　　C. 下降　　　　D. 不变

三、计算题

1. 已知某一时期内某商品的需求函数 $Q=50-5P$,供给函数 $Q=-10+5P$。
(1) 求均衡价格和均衡数量,并做出供求图。
(2) 假定供给函数不变,由于消费者收入水平提高,使需求函数变为 $Q=60-5P$。求出相应的均衡价格和均衡数量,并做出供求图。

（3）假定需求函数不变，由于生产技术水平提高，使供给函数变为 $Q=-5+5P$。求出相应的均衡价格和均衡数量，并做出供求图。

（4）利用前面的分析，说明需求变动和供给变动对均衡价格和均衡数量的影响。

2. 已知某商品的需求方程和供给方程分别为：$Q_d=14-3P$，$Q_s=2+6P$。试求该商品的均衡价格，以及均衡时的需求价格弹性和供给价格弹性。

3. 设汽油的需求价格弹性为 -0.15，其价格现为每升 7.8 元，试问汽油价格上涨多少才能使其消费量减少 10%？

四、分析讨论题

1. 下面的说法是否正确？为什么？

经济学家认为，降低价格一定会使供给量下降是一条规律。可是这个规律也有例外。例如，1990 年一台计算机卖 20 000 多元，到现在只卖三四千元，然而销售量却增加了上百倍。可见，降低价格不一定会使供给量下降。

2. 用供求图解释下面各种表述。

（1）据报道，2011 年我国粮食总产量将达 5.5 亿吨，实现八连增。但由于粮食增产可能引起粮食价格下跌。

（2）2011 年，伊朗核危机愈演愈烈。在欧盟扬言要从 2012 年 7 月 1 日起停止进口伊朗石油之际，伊朗官方英语电视台"新闻电视"2012 年 2 月 15 日报道，作为对欧盟制裁伊朗的回应，伊朗当天已经停止向欧盟六国（荷兰、西班牙、意大利、法国、希腊和葡萄牙）出口石油，导致欧洲汽油价格上升，而二手凯迪拉克车的价格下降。

3. 药物性毒品需求缺乏弹性，而计算机需求富有弹性。假设技术进步使这两种物品都增加了一倍（这就是说，在每种价格水平时，供给量是以前的两倍）。

（1）每个市场的均衡价格和数量会发生怎样的变动？
（2）哪一种产品价格变动大？
（3）哪一种产品数量变动大？
（4）消费者对每种产品的总支出会发生什么变动？

推荐阅读

[1] 高鸿业.西方经济学（微观部分）[M].6 版.北京：中国人民大学出版社，2014：第二章.
[2] 卜洪运.微观经济学[M].北京：机械工业出版社，2009：第二章.
[3] 朱中彬，等.微观经济学[M].北京：机械工业出版社，2009：第二章.
[4] 尹伯成.西方经济学简明教程[M].8 版.上海：格致出版社，2013：第二章.
[5] 弗兰克.牛奶可乐经济学[M].闾佳，译.北京：中国人民大学出版社，2009.
[6] 茅于轼.生活中的经济学[M].3 版.广州：暨南大学出版社，2007.
[7] 克鲁格曼.克鲁格曼经济学原理[M].黄卫平，译.北京：中国人民大学出版社，2011：第三章，第四章，第五章.
[8] 梁小民.经济学是什么[M].北京：北京大学出版社，2017.
[9] 钱堃."菜贱伤农"频上演 如何走出"丰产不丰收"怪圈[EB/OL].济南日报，[2017-05-15]. http://news.163.com/17/0515/11/CKFN9J0G00018AOP.html.
[10] 薄凉运.2017 年，农村丰产不丰收，该咋办？[EB/OL].[2017-05-26].https://baijiahao.baidu.com/.

第二章

消费者行为理论

【内容提要】

第二章介绍了需求曲线和供给曲线的基本特征,但没有说明形成这些特征的原因。本章将采用效用论分析需求曲线背后的消费者行为,并从对消费者行为的分析中推导出需求曲线。

【学习目标与重点】

◆ 掌握效用的内涵,理解基数效用和序数效用的概念,理解需求曲线的推导过程。

◆ 重点掌握基数效用论的边际效用递减规律、消费者均衡条件和消费者剩余。

◆ 重点掌握序数效用论的无差异曲线、预算线、边际替代率递减规律,以及序数效用论的消费者均衡条件。

【关键术语】

效用 基数效用 序数效用 边际效用 消费者均衡 无差异曲线 预算线

【引入案例】

穷人的木碗

有一个穷人家徒四壁,仅有的财产是一只旧木碗。一天,穷人上了一只渔船去帮工。不幸的是,渔船在航行中遇到了特大风浪,被大海吞没了。船上多数人被淹死了。穷人抱着一根大木头,才幸免于难。穷人被海水冲到了一个小岛上,岛上的酋长看见穷人的木碗,感到非常新奇,便用一口袋最好的珍珠、宝石换走了木碗。

一个富翁听到了穷人的奇遇,心中暗想:"一只木碗都能换回这么多宝贝,如果我送去很多可口的食品,该换回多少宝贝!"富翁装了满满一船山珍海味和美酒,历尽艰辛终于找到了穷人去过的小岛。酋长接受了富人送来的礼物,品尝之后赞不绝口,声称要送给他最珍贵的东西。富人心中暗自得意。看见酋长双手捧着的"珍贵礼物",富人不由得愣住了:它居然是穷人用过的那只旧木碗!原来木碗在这个岛上是绝无仅有的,是最珍贵的东西。

世界上最好吃的东西

兔子和猫争论着一个问题:世界上什么东西最好吃?

兔子抢先说:"世界上最好吃的东西是青草,特别是春天的青草,那股清香味儿,吃起来还甜滋滋的。我一说就要流口水。"

猫不同意这个意见,它说:"我认为世界上没有比鱼更好吃的东西了。你想想,那鲜嫩的肉,柔软的皮,嚼起来又酥又松。只有最幸福的动物,才懂得鱼是世界上独一无二的好东西。"

它们两个都坚持自己的意见,争论了好久,还是得不到解决。最后只好去找猴子评理。猴子听了它们的两种意见,都不同意,它说:"你们都是十足的傻瓜蛋,连世界上最好吃的东西都不知道。我告诉你们吧,世界上最好吃的东西是桃子!桃子不仅美味可口,而且长得漂亮。我每天做梦都梦见吃桃子。"

兔子和猫听了直摇头,说:"我们以为你要说别的什么,没想到你会说桃子,那玩意儿毛茸茸的,有什么好吃的?"那么,世界上到底什么东西最好吃?这就要从效用说起了。

资料来源:

[1] 斯凯恩.一看就懂的经济常识全图解[M].上海:立信会计出版社,2014.

[2] 佚名.木碗比宝石更珍贵[J].商业故事,2010(8):47.

第一节　效用论概述

一、效用的概念

效用(Utility)是指消费者从商品消费中得到的满足程度,是消费者的一种主观心理评价。消费者需求某种商品是为了得到满足,满足程度高,效用大;满足程度低,效用小。一种商品是否具有效用,不仅在于商品本身所具有的客观物质属性,还取决于消费者的主观感受。它表现在以下两个方面。

(1) 效用大小因人而异,同一物品对于不同消费者的效用是不同的。

(2) 商品的效用会随着时间、地点的变化而变化。例如,一块面包,在一个人饥饿的时候其效用就比较大。不饿的时候其效用就比较小;只有冬季才使用的商品如棉衣,在夏季对于人们来说,就没有效用。

效用本身不具有伦理学的意义。只要能够满足人们的欲望或需要,即使这种欲望是坏的,这种商品也是具有效用的,如吸毒。当然,从法律的角度是被禁止的。此外,效用还有正负之分。负效用是指某种物品所具有的引起人不舒适或痛苦的能力。例如,香烟对那些不抽烟的人来说,具有负效应。

个案研究 3-1

"幸福方程式"与"阿 Q 精神"

萨缪尔森提出:幸福＝效用/欲望。让幸福增加的有效方法有:欲望不变而提高效用;清心寡欲。

我们消费的目的是获得满足,或者幸福。对于什么是幸福,美国的经济学家萨缪尔森用"幸福方程式"来概括。这个"幸福方程式"就是:幸福＝效用/欲望,从这个方程式中我们看到欲望与幸福成反比。也就是说,人的欲望越大越不幸福。但我们知道人的欲望是无限的,那么多大的效用不也等于零吗?因此,在分析消费者行为理论的时候,假定人的欲望是一定的。抛开效用论,我们再来思考萨缪尔森提出的"幸福方程式",他对幸福与欲望的关系阐述得太精辟了,难怪他是诺贝尔奖的获得者。

在社会生活中,对于幸福,不同的人有不同的理解,政治家把实现自己的理想和抱负作为最大的幸福;企业家把赚到更多的钱当作最大的幸福;教师把学生喜欢听自己的课作为最大的幸福;老百姓往往觉得平平淡淡、衣食无忧是最大的幸福。幸福是一种感觉,自己认为幸福就是幸福。一个人的欲望水平与实际水平之间的差距越大,他就越痛苦;反之,就越幸福。"幸福方程式"使我想起了"阿Q精神"。

鲁迅笔下的阿Q形象,是用来唤醒中国老百姓逆来顺受的那种劣根性。而我要说的是,人生如果一点阿Q精神都没有,会感到不幸福,因此"阿Q精神"在一定条件下是人生获取幸福的手段。市场经济发展到今天,贫富差距越来越大,如果穷人的欲望过高,就只会给自己增加痛苦。倒不如"知足者常乐",用"阿Q精神"来降低自己的欲望,使自己虽穷却也获得幸福自在。富人比穷人更看重财富,他会追求更富,如果得不到他也会感到不幸福。"知足常乐""适可而止""随遇而安""退一步海阔天空""该阿Q时就阿Q",这些说法有着深刻的经济含义,我们要为自己最大化的幸福做出理性的选择。

资料来源:梁小民.微观经济学纵横谈[M].3版.北京:生活·读书·新知三联书店,2000.

二、基数效用与序数效用

西方经济学家对于度量效用的大小,先后提出了基数效用与序数效用的概念,并在此基础上形成了分析消费者行为的两种方法:边际效用分析方法和无差异曲线分析方法。

基数效用的基本观点是:效用的大小可以用基数($1,2,3,\cdots$)来表示,可以计量并加总求和。例如,吃一块面包是20个效用单位,看一场3D电影是100个效用单位,这两种消费的效用之和是120个效用单位,并且看一场3D电影的效用是吃一块面包的效用的5倍。

然而,在很多情况下,我们却无法明确衡量一个物品的效用大小。到了20世纪30年代,序数效用的概念被大多数西方经济学家所使用。在现代微观经济学里,序数效用论的分析方法占主导地位。

序数效用的基本观点是:效用作为一种心理现象无法用数字具体衡量,也不能加总求和,只能表示出满足程度的高低与顺序,即效用只能用序数(第一,第二,第三,……)来表示。例如,消费者只需要回答偏好哪一种消费,如果是吃一片面包,则吃一片面包的效用大于看一场3D电影的效用。也就是说,消费者宁愿吃一片面包,也不去看一场3D电影。

知识链接 3-1

效用理论的来源

现代效用理论渊源于功利主义。功利主义是近两个世纪以来西方理性思潮的一大主流。1700年数理概论学的基本理论开始发展后不久,效用这一概念便产生了。例如,一位聪明的瑞士数学家,丹尼尔·伯努利(Daniel Bernoulli)在1738年观察到,人们似乎是在按下列方式行动:在一场公平的赌博中,他们认为所赢到的1美元的价值小于他们所输掉的1美元的价值。这就意味着：人们厌恶风险，并且相继增加的新的美元财富给他们带来的是越来越少的真实效用。

早期将效用概念引入社会科学的人是英国的哲学家吉米·边沁（Jeremy Bentham，1748—1832）。他建议，社会应该按"效用原则"组织起来。他把效用原则定义为：任何客体所具有的可以产生满足、好处或幸福，或者防止痛苦、邪恶或不幸的性质。

随着效用理论的发展，出现了新古典经济学家威廉·斯坦利·杰文斯推广边沁的效用概念，用以解释消费者行为。他认为理性的人应以每一物品所能增添的或边际效用为基础来做消费决策。

资料来源：保罗·萨缪尔森.经济学[M].18版.北京：人民邮电出版社，2008.

三、消费者偏好

消费者偏好属于序数效用论的概念，所谓消费者偏好，是指所有消费组合在消费者心目中的排序。

序数效用论者提出了关于消费者偏好的四个基本假定。

（1）偏好的完全性。偏好的完全性是指消费者总是可以比较和排列所有消费组合。例如，对两个消费组合 A 和 B，消费者总可以做出，也仅可以做出以下三种判断中的一种，即 $A>B$，A 的效用大于 B；$A<B$，A 的效用小于 B；$A=B$，A 的效用与 B 相同。不存在无法比较和选择的情况。

（2）偏好的可传递性。可传递性是指对于任何商品组合，消费者的效用排序不发生矛盾，消费者偏好保持一致。例如，在看一场足球比赛和吃一顿大餐中进行选择，消费者选择看一场足球比赛。而在看一场足球比赛和听一场音乐会中进行选择时，消费者选择听一场音乐会，那么对于这名消费者而言，听一场音乐会的效用一定高于吃一顿大餐。即 $A>B$，$B>C$，则 $A>C$。

（3）偏好的非饱和性。非饱和性是指对每一种商品的消费都没有达到饱点。对任何商品，总认为多比少好。

（4）偏好的稳定性。稳定性是指在所给定时期内消费者的偏好是稳定的。如果消费者偏好看电影，那么在一定时期内，消费者会保持这种偏好。

个案研究 3-2

子非鱼，安知鱼之乐

20世纪80年代中期，日本电视连续剧《血疑》曾风靡神州大地。女主人公信子和她父亲大岛茂的故事使不少人感动得流泪。精明的商家从中看出了市场机遇。上海一家服装厂推出了信子裙，北京一家服装厂推出了大岛茂风衣。但结果很不一样：上海的厂家大获其利，北京的厂家却亏本了。其原因就在于不同消费者有不同的消费行为。

消费者购买物品是为了从消费这种物品中得到物质或精神的满足,这种满足被称为效用。消费者的消费行为的目的是实现效用最大化。效用不同于物品本身的使用价值。使用价值产生于物品的属性,是客观的。效用是消费者消费某种物品时的感受,是主观的。某种物品给消费者带来的效用因人而异,效用大小完全取决于个人偏好,没有客观标准。

庄子说:子非鱼,安知鱼之乐?形象地说明了效用的主观性。鱼在水中畅游是苦不堪言的,还是悠然自得其乐无穷,只能由鱼的感受来决定。同样,都是根据《血疑》而开发的衣服却有不同的命运,就是因为女中学生与中年男子从衣服中得到的效用不同。女中学生崇尚信子,认为穿信子裙可以得到极大的心理满足。中年男子虽然尊敬大岛茂这样的父亲,但并不以穿同样的衣服为荣,大岛茂风衣对他们并没有什么特殊效用。

女中学生认为信子裙带来的效用大,即主观评价高,所以愿意用高价购买,厂家当然获利。但中年男子并不认为大岛茂风衣有什么效用,即主观评价低,所以不愿意出高价,当厂家的定价高于他们的需求价格时卖不出去,只能赔本。可见,能否对消费者心理做出深度分析和准确判断是商家成败的重要因素。

资料来源:郭万超,辛向阳. 轻松学经济[M].北京:对外经济贸易大学出版社,2005.

第二节 基数效用论

一、边际效用递减规律

(一)总效用和边际效用

基数效用论者将效用区分为总效用(Total Utility,TU)和边际效用(Marginal Utility,MU)。总效用是指从商品消费中得到总的满足程度,即效用量的总和。边际效用是指每增加一个单位的商品所增加的满足程度,即效用量的增量。

假定消费者对一种商品的消费数量为 Q,则总效用函数如下。

$$\mathrm{TU} = f(Q) \tag{3-1}$$

相应的边际效用函数如下。

$$\mathrm{MU} = \frac{\Delta \mathrm{TU}(Q)}{\Delta(Q)} \tag{3-2}$$

当商品的增加量趋于无穷小,即 $\Delta Q \to 0$ 时有

$$\mathrm{MU} = \lim_{\Delta Q \to 0} \frac{\Delta \mathrm{TU}(Q)}{\Delta Q} = \frac{\mathrm{dTU}(Q)}{\mathrm{d}Q} \tag{3-3}$$

下面举例说明总效用和边际效用之间的关系。

在一个人很饿的时候,吃第一个馒头增加的效用量是 10,总效用由 0 变为 10;当吃第二个馒头时增加的效用量降为 8,总效用由 10 变为 18;以此类推,当吃第六个馒头时,人已经饱了,增加的效用量为 0,总效用量仍维持 30。再吃就撑着了,人会变得不舒服,增

加的效用量为－2,总效用由 30 降为 28。

表 3-1 清楚地显示出总效用和边际效用的关系。总效用即为边际效用的累加。按照表 3-1 中提供的数据资料,还可以画出总效用曲线和边际效用曲线,如图 3-1 所示。

表 3-1　某商品的效用表

商品数量	总效用	边际效用	价　格
0	0		
1	10	10	5
2	18	8	4
3	24	6	3
4	28	4	2
5	30	2	1
6	30	0	0
7	28	－2	

说明:货币的边际效用 $\lambda=2$。

图 3-1 的横轴表示商品的数量,纵轴表示效用量,TU 曲线和 MU 曲线分别为总效用曲线和边际效用曲线。从图 3-1 中可看出总效用曲线和边际效用曲线有以下几点关系。

(1) 当 MU>0,TU↑:即当边际效用为正值时,总效用水平不断增加。

(2) 当 MU=0,TU 为最高点:即直到边际效用为零时,总效用水平达到最大值。

(3) 当 MU<0,TU↓:即当边际效用为负值时,总效用水平开始下降。

(二)边际效用递减规律

边际效用递减规律是指随着消费者对某种商品消费量的增加,人们从该商品连续增加的每个消费单位中得到的满足程度逐渐下降,所得到的效用增量即边际效用是递减的,MU 曲线是向右下方倾斜的。

图 3-1　某商品的效用曲线

正如上面所说的,一个人在极度饥饿的时候吃下一个馒头是最解燃眉之急的,但随着吃下馒头数量的连续增加,饥饿程度不断降低,对下一个馒头的渴望值也不断减少。当他完全吃饱的时候,也就是总效用最大的时候,他就不想再吃馒头了。如果继续吃下去,那么就会越来越感到不适。

这主要是因为随着相同消费品的连续增加,消费者所能感受到的满足程度和对重复刺激的反应程度是递减的。如果一种商品具有几种用途时,消费者总是将第一单位的消费品用在最重要的用途上,第二单位用在次要用途上。

知识链接 3-2

价 值 悖 论

必需品(水)的市场价值很低;很少能交换到任何东西。奢侈品(钻石)使用价值很小,但市场价格很高,可以交换到大量其他物品。

亚当·斯密在他的《国民财富的性质和原因的研究》中提出了一个"价值悖论":为什么对我们的生活如此重要的水的价格却极其低廉,而几乎没有什么使用价值的钻石却那么昂贵呢?

这是因为水的供给曲线和需求曲线相交于一个很低的价格水平上,而钻石的供求曲线却相交于一个很高的价格水平上。均衡价格的高低反映的是它们不同的稀缺程度,而不是对不同消费者的有用性——使用价值或价值。

如果从效用的角度去理解价格,就需要区分边际效用和总效用。水的市场价格取决于最后一单位水所能够提供的边际效用(即市场上总效用的增量),而不是第一滴水所能为我们提供的效用。因此,虽然第一滴水几乎和生命一样珍贵,但由于水的供给量异常庞大,所以,最后一滴水所能提供的边际效用微不足道,使水的市场价格可以廉价到用来冲洗马桶。第一粒钻石同样也是无比珍贵的,它的供给量使最后一单位钻石所提供的边际效用也不那么大了,但没有大到只有皇后才能够佩戴的地步,不过,钻石的供给量也同样没有大到可以用来代替沙子制作混凝土。而水对于我们的生活是如此重要,所以,就水给我们带来的"总效用"而言,无疑大大地超过了钻石给我们带来的"总效用"。

19 世纪 70 年代奥国学派的门格尔、庞巴维克等人用边际效用来解释价值的决定,认为商品的价值取决于其有用性与稀缺性,价值量的大小由边际效用决定,越是稀缺的东西,边际效用越大,其价值量就越高;反之,越是数量多的东西,边际效用越小,其价值量越低,这就是所谓的边际效用价值论。价格不反映一件商品的总效用,而是反映它的边际效用。西方经济学家认为,边际效用价值论解决了所谓的价值的矛盾。

资料来源:

[1] 卫志民.微观经济学[M].北京:高等教育出版社,2012:60.

[2] 卜洪运.微观经济学[M].北京:机械工业出版社,2009:52.

(三)货币的边际效用

基数效用论者认为,货币如同商品一样,也具有效用。商品的边际效用递减规律对于货币也同样适用。对于一个消费者来说,随着货币收入量的不断增加,每增加一元钱所带来的边际效用越来越小。

但是,在分析消费者行为时,基数效用论者又通常假定货币的边际效用是不变的。因为消费者的收入在一定时期内是给定的,而单位商品的价格只占消费者总收入中的很小部分,当消费者对某种商品的购买量发生很小的变化时,所支出的货币边际效用的变化是非常小的,可以忽略不计。这样,货币的边际效用通常用一个不变的常数 λ 来表示。

个案研究 3-3

吃三个面包的感觉

罗斯福连任三届美国总统后,曾有记者问他有何感想,总统一言不发,只是拿出一块三明治面包让记者吃。这位记者不明白总统的用意,又不便问,只好吃了。接着总统拿出第二块,记者还是勉强吃了。紧接着总统拿出第三块,记者为了不撑破肚皮,赶紧婉言谢绝。这时罗斯福总统微微一笑:"现在你知道我连任三届总统的滋味了吧。"这个故事揭示了经济学中的一个重要的原理:边际效用递减规律。

例如,水是非常宝贵的,没有水,人们就会死亡,但是你连续喝超过了你能饮用的数量时,那么多余的水就没有什么用途了,再喝边际效用几乎为零,或是在零以下。现在我们的生活富裕了,我们都有体验"天天吃着山珍海味,也吃不出当年饺子的香味"。这就是边际效用递减规律。设想如果不是递减而是递增会是什么结果,吃一万个面包也不饱。所以说,幸亏我们生活在效用递减的世界里,在购买消费达到一定数量后因效用递减就会停下来。

消费者购买物品是为了效用最大化,而且物品的效用越大,消费者愿意支付的价格越高。根据效用理论,企业在决定生产什么时首先要考虑商品能给消费者带来多大效用。

企业要使自己生产出的产品能卖出去,而且能卖出高价,就要分析消费者的心理,能满足消费者的偏好。一个企业要成功,不仅要了解当前的消费时尚,还要善于发现未来的消费时尚。这样才能从消费时尚中了解到消费者的偏好及变动,并及时开发出能满足这种偏好的产品。同时,消费时尚也受广告的影响。一种成功的广告会引导一种新的消费时尚,左右消费者的偏好。所以说,企业行为从广告开始。

消费者连续消费一种产品的边际效用是递减的。如果企业连续只生产一种产品,它带给消费者的边际效用就在递减,消费者愿意支付的价格就低了。因此,企业的产品要不断创造出多样化的产品,即使是同类产品,只要不相同,就不会引起边际效用递减。例如,同类服装做成不同式样,就成为不同的产品,就不会引起边际效用递减。如果是完全相同,则会引起边际效用递减,消费者不会多购买。

边际效用递减原理告诉我们,企业要进行创新,生产不同的产品满足消费者需求,减少和阻碍边际效用递减。

二、基数效用论的消费者均衡

消费者均衡研究的是单个消费者如何在既定的收入下实现效用最大化的均衡条件。当消费者获得最大效用时,将不能也不愿意改变任何商品的购买数量。

基数效用论关于消费者实现效用最大化的均衡条件有两点：把全部收入用完；每一元钱都花在刀刃上。

消费者应该使自己所购买的各种商品的边际效用与价格之比相等，即消费者应该使自己花费在各种商品购买上的最后一元钱所带来的边际效用相等，且等于货币的边际效用。用公式表示如下。

$$P_1 X_1 + P_2 X_2 + \cdots + P_n X_n = I \tag{3-4}$$

$$\frac{MU_1}{P_1} = \frac{MU_2}{P_2} = \cdots = \frac{MU_n}{P_n} = \lambda \tag{3-5}$$

式中：P_n 表示第 n 种商品的既定价格；X_n 表示第 n 种商品的数量；MU_n 表示第 n 种商品的边际效用；λ 表示不变的货币的边际效用；I 表示消费者的既定收入。

式(3-4)是实现消费者均衡的预算约束，消费者购买商品组合的花费不能大于既定的收入水平。式(3-5)是在预算约束下实现消费者均衡的条件。

下面以例题来进一步具体说明消费者的均衡条件。

例 3-1 一位大学生即将参加三门课的期终考试，他能够用来复习功课的时间只有 6 天。假设每门功课占用的复习时间和相应会有的成绩见表 3-2，每门课复习一天的成本是相同的。试运用消费者行为理论分析该同学怎样分配复习时间才能使三门课的总成绩最高。

表 3-2　某大学生复习三门课程的天数与分数表

天数	0	1	2	3	4	5	6
经济学分数	30	44	65	75	83	88	90
管理学分数	40	52	62	70	77	83	88
统计学分数	70	80	88	90	91	92	93

解：首先将各门课程占用的时间与相应的边际效用计算出来，并列成表 3-3 的形式。

表 3-3　某大学生复习三门课程的边际效用表

天数	0	1	2	3	4	5	6
经济学		14	11	**10**	8	5	2
管理学		12	**10**	8	7	6	5
统计学		**10**	8	2	1	1	1

我们分别用 X_1、X_2、X_3 表示复习经济学、管理学和统计学占用的时间，分别用 MU_1、MU_2、MU_3 表示复习经济学、管理学和统计学的边际效用，我们用 I 表示该同学可以复习的总天数，用 P 表示复习一天的成本，$P>0$，那么该同学的预算约束为：$PX_1 + PX_2 + PX_3 = PI = 6P$。

在预算约束下的均衡条件是：$MU_1/P = MU_2/P = MU_3/P = \lambda$，则 $MU_1 = MU_2 = MU_3 = 10$，此时 $X_1 = 3, X_2 = 2, X_3 = 1$。

由表 3-3 可以看出,经济学用 3 天,其边际效用是 10 分;管理学用 2 天,其边际效用是 10 分;统计学用 1 天,其边际效用也是 10 分。而且 3 门课程所用的时间正好是 6 天。该同学把 6 天时间作如上的分配时,总分最高(总分=经济学 75 分+管理学 62 分+统计学 80 分=217 分)。

如果该学生将时间分配为经济学 4 天,管理学 1 天,统计学 1 天,就会出现($MU_1/P=8/P$)<($MU_3/P=10/P$)<($MU_2/P=12/P$)的情况,同样的一天用来复习经济学所得到的边际效用小于复习统计学和管理学的边际效用,那么该同学就会调整 3 门课程的复习时间,将减少经济学的复习时间,同时相应增加管理学和统计学的复习时间,直至它们的边际效用相等为止。此时,该同学获得了最大的效用,即最高的总分。

个案研究 3-4

把每一分钱都用在刀刃上

消费者均衡就是消费者购买商品的边际效用与货币的边际效用相等。这就是说消费者的每一元钱的边际效用和用一元钱买到的商品边际效用相等。假定一元钱的边际效用是 5 个效用单位,一件上衣的边际效用是 50 个效用单位,消费者愿意用 10 元钱购买这件上衣,因为这时的一元钱的边际效用与用在一件上衣的一元钱边际效用相等。此时消费者实现了消费者均衡,也可以说实现了消费(满足)的最大化。低于或大于 10 元钱,都没有实现消费者均衡。简单地说,在你收入既定,商品价格既定的情况下,花钱最少得到的满足程度最大就实现了消费者均衡。

前面讲到商品的连续消费边际效用递减,其实货币的边际效用也是递减的。在收入既定的情况下,存的货币越多,购买的物品就越少,这时货币的边际效用下降,而物品的边际效用在增加,明智的消费者就应该把一部分货币用于购物,增加其总效用;反过来,消费者则卖出商品,增加货币的持有,也能提高其总效用。通俗地说,假定你有稳定的职业收入,银行存款有 50 万元,但你非常节俭,吃、穿、住都处于温饱水平。实际上这 50 万元足以使你实现小康生活。要想实现消费者均衡,你应该用这 50 万元的一部分去购房、用一部分去买一些档次高的服装,银行也要有一些积蓄;相反如果你没有积蓄,购物欲望非常强,见到新的服装款式,甚至借钱去买,买的服装很多,而效用降低,如果遇到一些家庭风险,没有一点积蓄,生活便陷入困境。

经济学家的消费者均衡理论看似难懂,其实一个理性的消费者,他的消费行为已经遵循了消费者均衡的理论。比如你在现有的收入和储蓄额的条件下是买房还是买车,你会做出合理的选择。你走进超市,见到琳琅满目的物品,你会选择你最需要的。你去买服装肯定不会买回你已有的服装。所以说经济学是选择的经济学,而选择,就是在你资源(货币)有限的情况下,实现消费满足的最大化,使每一分钱都用在刀刃上,这样就实现了消费者均衡。

资料来源:http://online.njtvu.com.

两种商品均衡条件,用公式可解释。如果 $MU_1/P_1 > MU_2/P_2$,说明对于消费者,同样的一元钱购买商品 1 的边际效用小于商品 2 的边际效用。这样,理性消费者就会调整这两种商品的购买量,即减少商品 1,增加商品 2。这也会使总效用增加。直到两种商品的边际效用相等时,即 $MU_1/P_1 = MU_2/P_2$ 便获得最大效用。反之,亦然。

三、消费者剩余

消费者剩余就是消费者对于某种商品所愿意支付的最大总价格与实际支付的总价格之间的差额。由于消费者对于每一单位所愿意支付的价格取决于这一单位的边际效用,所以消费者所愿意支付的价格是逐步下降的。

下面以表 3-4 为例,进一步说明消费者剩余的内容。

表 3-4 某消费者的消费者剩余表

消费者愿付的价格/元	茶叶数量/50g	实际支付的市场价格/元	消费者剩余/元
8	1	4	4
7	2	4	3
6	3	4	2
5	4	4	1
4	5	4	0

如表 3-4 所示,消费者按价格 4 元购买 250g 茶叶,总效用为 30 单位(8+7+6+5+4),而为此实际支出了 20 单位(4×5);消费者剩余为 10 单位。对某个消费者来说,他愿意支付的价格取决于他对该物品效用的评价。边际效用递减决定了他所愿意付出的价格是随着该物品数量的增加而递减的。由此可见,消费者剩余是边际效用递减的直接结果。

消费者剩余是消费者的主观心理评价,反映消费者通过购买和消费商品所感受到的状态的改善,通常被用来度量和分析社会福利问题。

四、对需求曲线的推导

基数效用论以边际效用递减规律和建立在该规律上的消费者效用最大化的均衡条件为基础推导消费者的需求曲线。

在其他条件不变的前提下,随着消费者对某一种商品消费量的连续增加,该商品的边际效用是递减的,消费者为购买这种商品所愿意支付的最高价格即需求价格也是越来越低的,即消费者的需求曲线是向右下方倾斜的。

考虑消费者购买一种商品的情况,消费者效用最大化的均衡条件如下。

$$\frac{MU}{P} = \lambda \qquad (3\text{-}6)$$

式(3-6)意味着,随着需求量的不断增加,边际效用 MU 是递减的,为了保证式(3-6)均衡条件的实现,在货币的边际效用 λ 不变的前提下,商品的需求价格 P 必然应同比例于 MU 的递减而递减。

基数效用论在对消费者行为的分析中,运用边际效用递减规律的假定和消费者效用最大化的均衡条件,推导出了单个消费者的需求曲线(见图 3-2),同时解释了需求曲线向右下方倾斜的原因。

图 3-2 中的横轴表示商品的数量,纵轴表示商品的价格,需求曲线 $Q_d = f(P)$ 是向右下方倾斜的。它表示商品的需求量随商品价格的上升而减少,随着商品价格的下降而增加,即商品的需求量与商品的价格呈反方向的变动。

图 3-2　单个消费者的需求曲线

第三节　序数效用论

本章第二节用基数效用论分析了消费者效用最大化的条件,并推导出需求曲线。但序数效用论者认为,效用是一种心理活动或感觉,无法用具体数字衡量,只能用顺序或等级来表示。这里就用序数效用论的无差异曲线分析方法来讨论消费者行为,并在此基础上推导消费者的需求曲线。

一、无差异曲线

(一)无差异曲线的含义

无差异曲线是指 X_1、X_2 两种商品不同数量的各种组合却能给消费者带来相同效用的一条曲线,即处于同一条无差异曲线上的两个点。两种商品的组合不同,但效用水平相同。

无差异曲线的意义在于,在现实生活中,消费者在消费两种可相互替代的商品 X_1 和 X_2 时,可以多消费一点 X_1 而少消费一点 X_2,或少消费一点 X_1 而多消费一点 X_2,但得到的总效用水平不变。例如在对猪肉和羊肉、苹果和梨、咖啡和牛奶等替代品进行消费时,都可能出现这种情况。

现在假定消费者消费苹果和梨。该消费者原来消费 10 单位的梨和 1 单位的苹果,若梨的价格因某种原因上升而苹果的价格不变甚至下降时,该消费者会多买些苹果而少买些梨,但仍可得到同样程度的满足。假定梨和苹果有如表 3-5 所示的不同组合。

表 3-5　梨和苹果的不同组合

组　合	梨(X_2)	苹果(X_1)
A	10	1
B	6	2
C	4	3
D	2.5	4

表 3-5 给出了梨和苹果两种商品有 A、B、C、D 四种数量不同的组合,但是它们所提供的效用水平是相等的。我们把表 3-5 中所反映的内容在一坐标图上表现出来,即可得到一条无差异曲线,如图 3-3 所示。

可见,无差异曲线是表示能给消费者带来同等效用的两种商品的不同组合的曲线,即线上任何一点 X_1 与 X_2 的不同组合,给消费者所带来的效用相同。U_0 是个常数,表示某个效用水平。

(二)无差异曲线的基本特征

无差异曲线向右下方倾斜,斜率为负。该特征表明为实现同样的满足程度,增加一种商品的消费,必须减少另一种商品的消费。

无差异曲线凸向原点。无差异曲线不仅向右下方倾斜,而且是以凸向原点的形状向右下方倾斜。图 3-3 即显现出了这一点,图 3-4 更明显。

无差异曲线离原点越远,效用水平越高。在同一坐标平面上的任何两条无差异曲线之间,可以有无数条无差异曲线。同一条曲线代表相同的效用,不同的曲线代表不同的效用。离原点越远的无差异曲线代表的效用水平越高。

如图 3-4 所示,在 U_1、U_2、U_3 三条无差异曲线的 a、b、c 三点上,所消费的 X_2 商品数量是相等的,X_1 的商品数量却是逐步递增的,根据非饱和性假定,效用水平也应该是逐步递增的。

图 3-3　无差异曲线

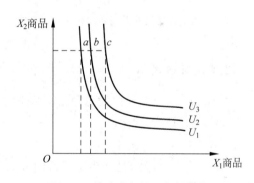

图 3-4　某消费者的无差异曲线

无差异曲线不相交。在偏好的完全性假定和非饱和性假定下,同一坐标平面图上的任何两条无差异曲线都不会相交。

假设两条无差异曲线相交,那么交点同时在两条不同的无差异曲线上。由于不同的无差异曲线表示不同的满足程度,这就意味着交点所代表的同一个商品组合对于同一个消费者来说有不同的满足程度,这显然是不合逻辑的。所以,无差异曲线不能相交。

(三)无差异曲线的特殊形状

无差异曲线的形状表明在维持效用水平不变的前提下,一种商品对另一种商品的替代程度。一般情况下,无差异曲线的形状是凸向原点的,但有时也存在一些极端情况,此时无差异曲线有着特殊的形状。

(1) 完全替代品的情况。完全替代品是指两种商品之间的替代比例是固定不变的。在这种情况下,两种商品的无差异曲线是一条斜率不变的直线。例如,在某消费者看来,一杯牛奶和一杯咖啡之间是无差异的,两者总是可以以 1∶1 的比例相互代替,相应的无差异曲线如图 3-5 所示。

(2) 完全互补品的情况。两种商品必须按固定不变的比例同时使用,它们之间完全不可以代替。因此,为了维持满足程度不变,就不能增加一种商品的数量以取代另一种商品,即减少另一种商品的数量。此时,无差异曲线呈直角形状。例如,一副眼镜架必须和两片镜片同时配合,才能构成一副可使用的眼镜,则相应的无差异曲线如图 3-6 所示。

图 3-5　完全替代品的无差异曲线

图 3-6　完全互补品的无差异曲线

(四) 边际替代率

一般情况下,无差异曲线总是凸向原点的,这是由边际替代率递减规律决定的,那么什么是商品的边际替代率?

1. 商品的边际替代率

边际替代率(MRS)是指为了保持同等的效用水平,消费者要增加一定数量(ΔX)的 X 物品就必须放弃一定数量(ΔY)的 Y 物品。X 对 Y 的边际替代率定义公式如下。

$$\mathrm{MRS_{XY}} = -\frac{\Delta Y}{\Delta X} \tag{3-7}$$

式中:ΔX 和 ΔY 分别为 X 物品和 Y 物品的变化量。由于 ΔX 是增加量,ΔY 是减少量,两者符号肯定是相反的,所以,为了使 $\mathrm{MRS_{XY}}$ 的计算结果是正值以便于比较,就在公式中增加了一个负号。

当商品数量的变化趋于无穷小时,则商品的边际替代率公式如下。

$$\mathrm{MRS_{XY}} = \lim_{\Delta X \to 0} -\frac{\Delta Y}{\Delta X} = -\frac{\mathrm{d}Y}{\mathrm{d}X} \tag{3-8}$$

显然,无差异曲线上某点的边际替代率就是无差异曲线在该点的斜率的绝对值。

知识对比

边际替代率与边际效用的关系（一般规律）

任意两商品的边际替代率等于该两种商品的边际效用之比，即

$$MRS_{XY} = \frac{MU_X}{MU_Y} \qquad (3-9)$$

2. 商品的边际替代率递减规律

西方经济学家认为，在维持效用水平不变的前提下，随着一种商品的消费数量的连续增加，消费者为得到每一单位的这种商品所需要放弃的另一种商品的消费数量是递减的。

出现这种现象的原因在于，随着一种商品的消费量逐步增加，消费者想要获得更多的这种商品的愿望就会递减，从而为了多获得一单位的这种商品而愿意放弃的另一种商品的数量就会越来越少。

知识对比

边际效用递减规律与边际替代率递减规律

（1）边际效用递减规律属于基数效用论的范畴。

（2）边际替代率递减规律属于序数效用论的范畴。

（3）两者都反映出这一消费本质，随着一种商品的消费量逐步增加，消费者在单位消费量上获得的效用降低，想要获得更多的这种商品的愿望也会降低。

二、预算线

（一）预算线的含义

预算线又称预算约束线、消费可能线和价格线，表示在消费者的收入和商品价格给定的条件下，消费者的全部收入所能购买到的两种商品最大数量的各种组合的轨迹。

预算线的意义在于，在现实生活中，对某一消费者来说，在一定时期内的收入水平和他所面对的两种物品的价格都是一定的，他不可能超越这一现实而任意提高自己的消费水平。也就是说，他的购买受到收入和价格的制约。

假定某消费者的一笔收入为 120 元，全部用来购买商品 X 和商品 Y。其中，商品 X 的价格 $P_X = 4$ 元，商品 Y 的价格 $P_Y = 3$ 元。那么，全部收入都用来购买商品 X 可得 30 单位，全部收入用来购买商品 Y 可得 40 单位。由此，作出的预算线为图 3-7 中的线段 AB。

如果以 I 表示消费者的货币收入，P_X 和 P_Y 分别表示商品 X 和商品 Y 的价格，以 X 和 Y 分别表示商品 X 和商品 Y 的数量，那么相应的预算线的公式如下。

$$P_X X + P_Y Y = I \qquad\qquad (3\text{-}10)$$

该式表示消费者的全部收入等于他购买商品 X 和商品 Y 的总支出。预算线的斜率为 $-P_X/P_Y$。

从图 3-7 中可以看到,预算线 AB 把平面坐标图划分为三个区域:预算线 AB 以外的区域中的任何一点,如 a 点,是消费者利用全部收入都不可能实现的商品购买组合;预算线 AB 以内的区域中的任何一点,如 b 点,表示消费者的全部收入在购买该点的商品组合以后还有剩余。唯有预算线 AB 上的任何一点,才是消费者的全部收入刚好花完所能购买到的商品组合点。

(二)预算线的变动

预算线是在收入和价格一定的条件下消费可能性曲线,如果收入或价格变了,预算线将发生变动。

预算线的变动可以归纳为以下四种情况。

(1) 两商品的价格 P_X 和 P_Y 不变,消费者的收入 I 发生变化。这时,相应的预算线的位置会发生平移,收入增加往右移,收入减少往左移。其理由是,P_X 和 P_Y 不变,意味着预算线的斜率 $-P_X/P_Y$ 保持不变。于是,I 的变化只能使预算线的横、纵截距发生变化,如图 3-8 所示。

图 3-7　预算线　　　　　　　图 3-8　预算线的平移

(2) 消费者的收入 I 不变,两种商品的价格 P_X 和 P_Y 同比例同方向发生变化。这时,相应的预算线的位置也会发生平移,价格下降往右移,价格上升往左移。其理由是,P_X 和 P_Y 同比例同方向的变化,并不影响预算线的斜率 $-P_X/P_Y$,而只能使预算线的横、纵截距发生变化,如图 3-8 所示。

(3) 当消费者的收入 I 不变,商品 X 的价格 P_X 发生变化而商品 Y 的价格 P_Y 保持不变。这时,预算线的斜率 $-P_X/P_Y$ 会发生变化,预算线的横截距 I/P_X 也会发生变化,但是,预算线的纵截距 I/P_Y 保持不变。那么仅由商品 1 价格的下降与提高,分别引起预算线由 AB 移至 AB_1 和 AB_2,如图 3-9 所示。类似情况,商品 Y 的价格 P_X 保持不变而商品 Y 的价格 P_Y 发生变化,预算线的变化如图 3-10 所示。

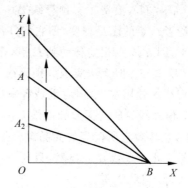

图 3-9 预算线的旋转(1)　　　　　　图 3-10 预算线的旋转(2)

(4) 消费者的收入 I 与两种商品的价格 P_X 和 P_Y 三者都同比例同方向发生变化。这时预算线不发生变化。其理由是,此时预算线的斜率 $-P_X/P_Y$,以及预算线的横截距和纵截距都不会发生变化。它表示消费者的全部收入用来购买任何一种商品的数量都未发生变化。

三、序数效用论的消费者均衡条件

序数效用论关于消费者均衡研究的是单个消费者如何在既定的收入水平、商品价格和偏好程度下进行商品组合的选择以获得最大的效用。

序数效用论关于消费者均衡的假设前提有:消费者的偏好(嗜好)既定;消费者的收入既定;商品的价格既定。

消费者均衡的基本情况(条件)有:把全部收入用完,即最优的商品组合必须位于给定的预算线上;效用最大化,即最优的商品组合必须是能给消费者带来最大效用的商品组合。

其具体的做法是,把消费者的无差异曲线和预算线结合在一起,来分析消费者追求效用最大化的购买选择行为。

消费者的收入和商品的价格既定,意味着给定了该消费者的一条预算线。同时,该消费者的偏好一定,意味着给定了一组(无数条)效用水平不同的无差异曲线。当把消费者的预算线置于无差异曲线图里,与无差异曲线的关系有以下三种情况,见图 3-11。

图 3-11 序数效用论的消费者均衡

（1）$U_1 < U_2$，浪费了。预算线 AB 与无差异曲线 U_1 相交于 a、b 两点。这两点虽代表着消费者一定的满足程度，但它们并没有达到消费者支出允许的范围内所获取的最大效用水平，因 a、b 点相向移动到 E 点，可以获得比 a、b 点更大的效用。

（2）$U_3 > U_2$，但无法实现。预算线 AB 与无差异曲线 U_3 既不相交，也不相切，虽然此时有较高的效用水平，但对消费者来说，已经超越其财力许可的范围。

（3）预算线 AB 与无差异曲线 U_2 相切于 E 点。E 点同时在预算线 AB 和无差异曲线 U_2 上，意味着它所代表的商品组合是消费者在既定的收入可以实现的，同时能给消费者带来最高水平的满足。显然，只要 E 点沿着预算线偏离原来的位置，它所代表的满足程度都将低于 U_2 水平。

综上所述，消费者效用最大化的均衡点发生在一条给定的预算线与无数条无差异曲线中的一条相切的切点 E 上，该点是在既定收入下能给消费者带来最大效用的商品组合，此时预算线的斜率等于无差异曲线在该点切线的斜率。

无差异曲线的斜率的绝对值就是商品的边际替代率 MRS_{XY}，预算线的斜率的绝对值可以用两商品的价格之比 P_X/P_Y 来表示。

由此，在均衡点 E 有

$$MRS_{XY} = \frac{P_X}{P_Y} \tag{3-11}$$

这就是序数效用论关于消费者效用最大化的均衡条件。它表示在一定的预算约束下，为了实现最大的效用，消费者应该选择最优的商品组合，使两商品的边际替代率等于两商品的价格之比，也等于两商品的边际效用之比。

由于 MRS_{XY} 一般性地等于 MU_X/MU_Y，在均衡点有

$$MRS_{XY} = \frac{P_X}{P_Y} = \frac{MU_X}{MU_Y} \tag{3-12}$$

四、价格变化对消费者均衡的影响及对需求曲线的推导

一种商品价格的变化可以得到价格—消费曲线。价格—消费曲线是在其他条件不变的情况下，与某一种商品的不同价格水平相联系的消费者效用最大化的均衡点的轨迹。图 3-12(a) 说明了价格—消费曲线的形成。

当商品 X 的价格从 P_{X1} 逐步下降到 P_{X2} 和 P_{X3}，预算线 AB 将绕 A 点向外逆时针方向转动到 AB_1 和 AB_2，并分别和三条无差异曲线相切，把这些切点联结起来形成一条价格—消费曲线。

由消费者的价格—消费曲线可以推导出消费者的需求曲线。

分析图 3-12(a) 中价格—消费曲线上的三个均衡点 E_1、E_2 和 E_3，可以看出在每一个均衡点上，都存在着商品 X 的价格与商品 Y 的需求量之间一一对应的关系。当价格由 P_{X1} 下降到 P_{X3} 时，均衡点由 E_1 到 E_3，随之商品 1 的需求量由 X_1 增加到 X_3。

根据一种商品的不同价格水平和相应的最优消费量即需求量之间的一一对应关系，把每一个 P_X 数值和相应的均衡点上的 X 数值描绘在同一坐标平面上，就可以得到消费者的需求曲线，如图 3-12(b) 所示。

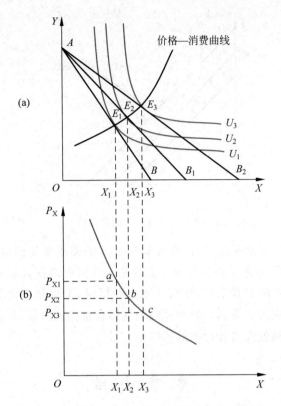

图 3-12　价格—消费曲线和消费者的需求曲线

　　显然,需求曲线是向右下方倾斜的,它表示商品的价格和需求量呈反方向变化。需求曲线上与每一价格水平相对应对商品需求量都是可以给消费者带来最大效用的均衡数量。

五、收入变化对消费者均衡的影响

　　在其他条件不变而仅有消费者的收入水平发生变化时,也会改变消费者效用最大化的均衡量的位置,并由此可以得到收入—消费曲线。收入—消费曲线是在消费者的偏好和商品的价格不变的条件下,与消费者的不同收入水平相联系的消费者效用最大化的均衡点的轨迹。

　　用图 3-13 来说明收入—消费曲线的形成。

　　在图 3-13 中,随着收入水平的不断增加,预算线由 AB 移至 A_1B_1,再移至 A_2B_2,于是形成了三个不同收入水平下的消费者效用最大化的均衡点 E、E_1 和 E_2。如果收入水平的变化是连续的,则可以得到无数个这样的均衡点的轨迹,这便是收入—消费曲线。收入—消费曲线是向右上方倾斜的,它表示随着收入水平的增加,消费者对商品 X 和商品 Y 的需求量都是上升的,说明这两种商品都是正常品。

　　也存在另外一种情况,随着收入水平的连续增加,可以描绘出另一条收入—消费曲线,是向后弯曲的。它表示随着收入水平的增加,消费者对商品 X 的需求量开始是增加

图 3-13　收入—消费曲线

的,但当收入上升到一定水平之后,消费者对商品 X 的需求量反而减少了。这说明,在一定的收入水平上,商品 X 由正常品变成了劣等品。我们可以在日常经济生活中找到这样的例子。例如,对某些消费者来说,在收入水平较低时,土豆是正常品;而在收入水平较高时,土豆就有可能成为劣等品。因为在他们变得较富裕的时候,他们可能会减少对土豆的消费量,而增加对其他肉类等食物的消费量。

本章小结

　　效用是消费者消费商品时所感受到的满足程度。在分析消费者行为时,有两种观点:一种是基数效用论;另一种是序数效用论。基数效用论用边际效用分析消费者行为;序数效用论用无差异曲线分析消费者行为。

　　边际效用是指某商品消费量改变一单位所引起的总效用的改变量。在一定时期内,其他条件不变的情况下,随着某商品消费量的连续增加,消费者所获得的边际效用是递减的。

　　消费者均衡研究单个消费者在既定收入、价格和偏好条件下获得最大的效用。

　　基数效用论中,消费者均衡的条件如下。

$$\frac{MU_1}{P_1} = \frac{MU_2}{P_2} = \cdots = \frac{MU_n}{P_n} = \lambda$$

即每一单位货币所购买到的任何商品的边际效用相等,并且都等于这一单位货币的边际效用。

　　无差异曲线是指消费者在一定的偏好、技术和资源条件下,满足程度相同的两种商品的所有组合。

　　预算线表示在消费者收入和商品价格既定时,消费者的全部收入所能够买到的两种商品的各种组合。

　　序数效用论中,消费者均衡的条件如下。

$$MRS_{XY} = \frac{P_X}{P_Y} = \frac{MU_X}{MU_Y}$$

即两种商品的边际替代率等于两种商品价格比率。

基数效用论与序数效用论之间的异同：①假设不同。基数效用论认为效用是可以用数字进行计量和比较的；而序数效用论认为效用无法用具体数字表示，只能有大小次序的区别。②分析方法不同。基数效用论采用边际效用分析法；序数效用论采用无差异曲线分析法。③均衡条件形式不同。基数效用论根据边际效用递减规律得到消费者均衡条件；而序数效用论根据边际替代率递减规律得到消费者均衡条件。

本章内容结构

综 合 练 习

一、名词解释

效用　总效用　边际效用　无差异曲线　预算线　消费者均衡　边际效用递减规律　边际替代率递减规律

二、选择题

1. 若消费者张某只准备买两种商品 X 和 Y，X 的价格为 10 元，Y 的价格为 2 元。若张某买了 7 单位 X 和 3 单位 Y，所获得的边际效用值分别为 30 单位和 20 单位，则（　　）。
   A. 张某获得了最大效用
   B. 张某应当增加 X 的购买，减少 Y 的购买
   C. 张某应当增加 Y 的购买，减少 X 的购买
   D. 张某要想获得最大效用，需要借钱

2. 若某消费者消费了两单位某物品之后，得知边际效用为零，则此时（　　）。

    A. 消费者获得了最大平均效用

    B. 消费者获得的总效用最大

    C. 消费者获得的总效用最小

    D. 消费者所获得的总效用为负

3. 如果商品 X 对商品 Y 的边际替代率 MRS_{XY} 小于 X 和 Y 的价格之比 P_X/P_Y，则（   ）。

    A. 该消费者获得了最大效用

    B. 该消费者应该增加 X 的消费，减少 Y 的消费

    C. 该消费者应该增加 Y 的消费，减少 X 的消费

    D. 该消费者要想获得最大效用，需要借钱

4. 同一条无差异曲线上的不同点表示（   ）。

    A. 效用水平不同，但所消费的两种商品组合比例相同

    B. 效用水平不同，两种商品的组合比例也不相同

    C. 效用水平相同，但所消费的两种商品的组合比例不同

    D. 效用水平相同，两种商品的组合比例也相同

5. 在同一条无差异曲线上，（   ）。

    A. 消费 X 获得的总效用等于消费 Y 获得的总效用

    B. 消费 X 获得的边际效用等于消费 Y 获得的边际效用

    C. 曲线上任意两点对应的消费品组合（X，Y）所能带来的边际效用相等

    D. 曲线上任意两点对应的消费品组合（X，Y）所能带来的总效用相等

三、计算题

1. 已知某消费者每年用于商品 X 和商品 Y 的收入为 540 元，两商品的价格分别为 $P_X=20$ 元和 $P_Y=30$ 元，该消费者的效用函数为 $U=3XY^2$，该消费者每年购买这两种商品的数量应各是多少？ 每年从中获得的总效用是多少？

2. 若某人的效用函数为 $U=4\sqrt{X}+Y$，原来他消费 9 单位 X，8 单位 Y，现在 X 减少到 4 单位，问需消费多少单位 Y 才能与以前的满足相同？

3. 若消费者张某的收入为 270 元，他在商品 X 和 Y 的无差异曲线上的斜率为 $dY/dX=-20/Y$ 的点上实现均衡。已知 X 和 Y 的价格分别为 $P_X=2$，$P_Y=5$，那么此时张某将消费 X 和 Y 各多少？

四、分析讨论题

1. 如果你有一辆需要四个轮子才能开动的车子的其中三个轮子，那么当你有第四个轮子时，这第四个轮子的边际效用似乎超过了第三个轮子的边际效用，这是不是违反了边际效用递减规律？

2. 钻石用处极小而价格昂贵，而生命必不可少的水却非常便宜。请用边际效用的概念加以解释。

推荐阅读

[1] 高鸿业.西方经济学(微观部分)[M].6 版.北京：中国人民大学出版社,2014：第三章.

[2] 卜洪运.微观经济学[M].北京：机械工业出版社,2009：第三章.

[3] 朱中彬,等.微观经济学[M].北京：机械工业出版社,2009：第三章.

[4] 尹伯成.西方经济学简明教程[M].8 版.上海：格致出版社,2013：第三章.

[5] 厉以宁.西方经济学[M].3 版.北京：高等教育出版社,2015：第三章.

[6] 郭万超,辛向阳.轻松学经济[M].北京：对外经济贸易大学出版社,2005.

[7] 梁小民.微观经济学纵横谈[M].3 版.北京：生活·读书·新知三联书店,2000.

[8] 卫志民.微观经济学[M].北京：高等教育出版社,2012

[9] 斯凯恩.一看就懂的经济常识全图解[M].上海：立信会计出版社,2014.

第四章

企业行为理论

【内容提要】

消费者行为是从需求角度入手的,并根据效用理论推导出需求曲线。然而,市场上的均衡价格与均衡数量是需求与供给共同作用的结果,因此本章将从供给的角度入手,分析生产者的行为,研究企业如何有效地利用各种投入要素从事生产活动(生产论),以及企业的生产成本与产量之间的关系问题(成本论)。

【学习目标与重点】

◆ 深刻理解等产量线、等成本线、边际技术替代率等一系列重要概念。

◆ 掌握生产函数的含义、典型的生产函数与图形,各种产量变动的规律与相互关系。

◆ 重点掌握短期生产理论中实现生产要素最佳组合的生产者均衡的条件。

◆ 深刻理解经济成本与会计成本的区别,掌握各种成本曲线之间的关系。

【关键术语】

等产量线　等成本线　边际技术替代率　生产者均衡　机会成本　规模经济

【引入案例】

2016 年王菲演唱会一票难求

休息了近六年的王菲要在 2016 年年底举办演唱会的消息一经传出,迅速引爆了话题。然而,这场名为"幻乐一场"的演唱会,除了加入时下最吸引眼球的 VR 与直播技术之外,最低 1 800 元、最高 7 800 元的票价也格外引人注目。

自从 2010 年在世界各地"巡唱"了 46 场之后,王菲便一直没有再举行个人演唱会,偶尔献声,也仅仅是影视主题曲。这六年里,关于王菲演唱会的传闻从未停止,直到"天后"在京召开新闻发布会,亲自将"幻乐一场"演唱会坐实。

据了解,此次演唱会的筹办费用高达 5 000 万元,由张亚东担任音乐总监,导演陈奕仁担任视像创作总监,从演唱会监制到形象设计无一不是业内大咖,相比制作上的不计成本,王菲本人对演唱会的精神内涵更为看重,演唱会选曲完全不假手于他人,首次一手包办歌单。她在发布会上表示,"幻乐一场"是通过丰富意念视像表达人生的一种演唱会,王菲希望观众能通过这幻乐时光,寻找心灵中最真实的自己。由于"幻乐一场"演唱会仅开一场,为了回馈歌迷,演唱会将引入直播与 360°VR 全景拍摄,一次向数十亿观众同步推送演唱会实况。

"观看演唱会直播和在现场看演唱会的体验是完全不一样的,在合理的票价范围内,我还是更愿意去现场看演唱会。"消费者曾女士说道。然而,王菲演唱会的票价显然给这些粉丝泼了冷水,王菲经纪人陈家瑛在发布会上表示,"幻乐一场"演唱会最贵的票价为 7 800 元,最便宜的票价为 1 800 元,而且为了照顾歌迷的消费能力,1 800 元的门票占全场近一半位置。

这个票价是周杰伦演唱会票价的 7 倍多,是张学友票价的 3 倍多,可以说"秒杀"了华语乐坛众多的"天王""天后"。对此,有部分歌迷表示,对于"天王""天后"级别的演唱会来说,1 800 元的票价其实不贵,但这如果是最便宜的座位,定价还是有些高了;但也有歌迷认为,王菲的演唱会向来都有质量保证,不管花多少钱都是值得的。

显然,再高的票价也不能阻挡"粉丝"的热情,而演唱会的"标配"——票务黄牛也开始有了动作。消息发布不久,在淘宝、豆瓣、微博等社交网络,已有"预订王菲演唱会门票"的黄牛出现。对此,王菲经纪人连续发布消息称,演唱会门票发售时间未定,没有委托机构和个人发售,提醒粉丝别上当。

王菲经纪人忙"打假"的背后,反映的是演唱会门票供求关系的失衡,人们一方面吐槽门票定价过高,另一方面又想方设法地从各种渠道获取门票,甚至明明知道是陷阱也愿意往里面跳。有业内人士指出,王菲的演唱会就是一场经典的饥饿营销,利用的就是"粉丝"被不断推高的期待值。

"值得注意的是,其实王菲的'粉丝'群体也在萎缩,如果这场演唱会多开几十场,效果肯定不如只开一场来得好,可以说,这场演唱会把王菲'粉丝'中忠诚度和价格承受力最高的歌迷集中起来,但是只开一场,'粉丝'群体被大量压缩,必然会出现一票难求的情况。"王毅强调。

除了消费群体与"粉丝"基础,王菲演唱会这个产品本身就是一种包装精致的稀缺资源,这种资源的消费号召力十分巨大。据了解,王菲演唱会的直播也是收费的,那些不能到现场和买不到票的"粉丝",必然不会错过付费直播,而通过这一次演唱会,王菲的"粉丝"经济也被集中挖掘。

"与其说我们在消费王菲,不如说我们在消费情怀,因为当下像王菲这样有水平的歌手已经不多了。""粉丝"陈先生认为,王菲演唱会票价定价如此之高,并不意味着她就比周杰伦或者张学友更厉害,如果他们两个也像王菲一样几年才开一次只有一场的演唱会,同样可以收获如此之高的溢价。目前华语乐坛正面临着青黄不接的尴尬境地,老将渐渐凋零,新人徒有虚名,而王菲演唱会的爆红,点燃了一个全新的高票价消费和互联网直播付费模式。

资料来源:卢扬,王嘉敏. 王菲演唱会最高票价 7 800 元,明星高价演唱会市场为何这么火[EB/OL]. 北京商报,[2016-09-22]. http://money.qq.com/a/20160922/007964.htm.

第一节　生产函数

一、生产函数的含义与具体形式

预备知识 4-1

企 业

　　在西方经济学中,生产者称企业或厂商,它是指能够做出统一的生产决策的单个经济单位。企业的目标是利润最大化。因此,在今后讨论中始终坚持的一个基本假设:实现利润最大化是一个企业竞争生存的基本准则。企业进行生产的过程就是从投入生产要素到生产出产品的过程。

　　企业和家庭一样是市场经济中的基本经济单位,它购买各种生产要素进行生产,向社会提供物品与劳务。企业也是经济人,它生产的目的是实现自己的利润最大化。当企业在实现这一目的时,遇到了三种限制:一是企业组织内部的效率。在现代社会中企业是一种组织,它的内部比家庭复杂得多,因此,它的内部组织是否协调,决定了效率的高低,这种效率对企业的利润最大化至关重要。二是企业所拥有的资源和技术水平。企业必须有效地配置自己的资源,实现资源配置效率。三是市场竞争。企业只有在市场竞争中把自己的产品卖出去才能实现利润最大化。前两个限制因素要在企业内解决。

　　资料来源:梁小民.经济学是什么[M].北京:北京大学出版社,2017.

(一) 生产要素

　　生产要素是指在生产中投入的各种经济资源。在西方经济学中,生产要素一般被划分为劳动、资本、土地和企业家才能四种类型。

　　劳动是人类为了进行生产或者为了获取收入而提供的劳务,包括体力劳动和脑力劳动;资本的实物形态是指机械、工具、厂房、仓库等,资本的货币形态通常称为货币资本;土地则是一个广义的概念,不仅包括土地,还包括山川、河流、森林、矿藏等地上、地下一切自然资源。除了以上三种传统的生产要素,还有一种生产要素即企业家才能。生产任何一种产品都需要投入这些生产要素,如图 4-1 所示。

$$\text{生产要素}\begin{cases}\text{劳动}(L):\text{体力和智力的总和}\\\text{资本}(K):\text{实物形态、货币形态}\\\text{土地}(N):\text{土地及地上、地下的一切自然资源}\\\text{企业家才能}(E):\text{建立企业与经营企业的才能}\end{cases}$$

图 4-1　生产要素

(二) 生产函数

　　生产函数是指在一定时期内,在同一技术水平下,生产中所使用的各种生产要素的数量与所能生产的最大产量之间的关系。

产量 Q 与生产要素 L、K、N、E 等投入存在着一定的依存关系,即生产函数

$$Q = f(L,K,N,E) \tag{4-1}$$

式中:土地 N 是固定的;企业家才能 E 难以估算。所以,简化为只使用劳动和资本两种生产要素,其公式为

$$Q = f(L,K) \tag{4-2}$$

式中:L 表示劳动投入的数量;K 表示资本的投入数量;f 表示函数关系。

研究生产函数一般都以特定时期和既定生产技术水平作为前提条件;这些因素发生变动,会形成新的生产函数。

(三)生产函数的典型形式

生产函数的具体形式是多种多样的,其中最常用的有三种。

1. 固定替代比例的生产函数

固定替代比例的生产函数也叫线性生产函数,表示在每一产量水平上任何两种生产要素间的替代比例是固定的。它的一般形式如下。

$$Q = aL + bK \tag{4-3}$$

式中:Q 表示产量;L 和 K 分别为劳动投入量和资本投入量;a 和 b 为常数且 a、$b>0$。假定劳动和资本之间的固定替代比例为 $1:1$,则相应的等产量曲线如图 4-2 所示。

2. 固定投入比例的生产函数

固定投入比例的生产函数通常被称为里昂惕夫生产函数,这一生产函数表示在每一个产量水平上任何一对生产要素投入数量的比例是固定的。它的一般形式如下。

$$Q = \min\left(\frac{L}{u}, \frac{K}{v}\right) \tag{4-4}$$

式中:Q 表示产量;L 和 K 分别为劳动投入量和资本投入量;u 和 v 为常数,分别为固定的劳动和资本的生产技术系数,且 u、$v>0$;min 表示取括号内两个比例中的最小者作为函数值。

在这种情况下,产量 Q 只取决于 $\frac{L}{u}$ 和 $\frac{K}{v}$ 这两个比值中较小的那一个,即使其中的一个比例数值较大,也不会提高产量 Q。例如,两个人抬一桶水是最合适的组合,如果再增加一个人则必然会导致人员的闲置;当然同样道理,再增加一个桶也是没有效率的。

如图 4-3 所示,横轴和纵轴分别表示劳动投入量和资本投入量,以 a、b 为顶点的两条直角线是两条等产量线,依次表示生产既定的产量 Q_1 和 Q_2 的各种要素组合情况。OR 表示这一固定投入比例生产函数的所有产量水平的最小要素投入量的组合。

一般又通常假定生产要素投入量 L、K 都满足最小的要素投入组合的要求,所以有

$$Q = \frac{L}{u} = \frac{K}{v} \tag{4-5}$$

图 4-2　固定替代比例的生产函数

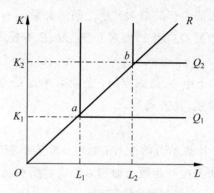

图 4-3　固定投入比例的生产函数

3. 柯布—道格拉斯生产函数

柯布—道格拉斯生产函数是 20 世纪 30 年代初,由美国数学家柯布和经济学家道格拉斯为了分析美国的经济状况一起提出来的经验性假说,这一生产函数被认为是一种很有用的生产函数,它的一般形式如下。

$$Q = AL^\alpha K^\beta \tag{4-6}$$

式中:Q 表示产量;L 和 K 分别为劳动投入量和资本投入量;A、α 和 β 为参数,$0<\alpha$、$\beta<1$。A 作为技术参数,表示给定的技术水平对总产出的效应,其数值越大,在既定投入的情况下所能生产的产量就越大。

α 和 β 分别代表增加 1% 的资本和劳动时产量增加的百分比,即分别反映了资本和劳动在生产过程中的相对重要程度。

此外,根据参数 α 和 β 之和,可以判断规模报酬的情况。若 $\alpha+\beta>1$,则为规模报酬递增;若 $\alpha+\beta=1$,则为规模报酬不变;若 $\alpha+\beta<1$,则为规模报酬递减。

图 4-4 给出了柯布—道格拉斯生产函数的等产量曲线。

图 4-4　柯布—道格拉斯生产函数

二、短期生产函数——一种可变要素的生产函数

预备知识 4-2

长期与短期

微观经济学的生产理论可以分为短期生产理论和长期生产理论。这里的"短期"和"长期"不是指一个具体的时间跨度,那么如何区分短期和长期呢?

"短期"是指生产者来不及调整全部生产要素的数量,至少有一种生产要素的数量是固定不变的时间周期;"长期"是指生产者可以调整全部生产要素数量的时间周期。在长期中,一切生产要素都是可以变动的;而在短期中,只有一部分要素是可变的,另一些生产要素是不变的。"短期"和"长期"的区分是相对的。

在有些生产部门中,如在钢铁工业、机器制造业等,所需资本设备数量多,技术要求高,变动生产规模不容易,则几年也许算是"短期";反之,有些行业如普通服务业、食品加工业,所需资本设备数量少,技术要求低,变动生产规模比较容易,也许几个月可算是"长期"。

(一) 一种可变生产要素的生产函数

由生产函数 $Q = f(L, K)$ 出发,假定资本的投入量是固定的,用 $\overline{K}$ 表示,劳动的投入量是可变的,用 L 表示,则生产函数可以写成

$$Q = f(L, \overline{K}) \tag{4-7}$$

这就是通常所采用的一种可变生产要素的生产函数的形式,也被称为短期生产函数。由于这时资本的投入量是固定不变的,所以这个生产函数还可以简写为

$$Q = f(L) \tag{4-8}$$

即产量完全取决于劳动的投入量。

(二) 总产量、平均产量和边际产量

式(4-7)表示,在资本投入量固定时,由劳动投入量的变化带来的最大产量的变化。为了探讨这个问题,需要从劳动的总产量、平均产量和边际产量这三个概念及其相互关系说起。

劳动的总产量简写为 TP_L (Total Product),是指与一定的可变要素劳动的投入量相对应的最大产量。其公式如下。

$$TP_L = f(L, \overline{K}) \tag{4-9}$$

劳动的平均产量简写为 AP_L (Average Product),是指平均每一单位可变要素劳动的投入量所生产的产量。其公式如下。

$$AP_L = \frac{TP_L}{L} \tag{4-10}$$

劳动的边际产量简写为 MP_L (Marginal Product),是指增加一单位可变要素劳动投入量所增加的产量。其公式如下。

$$MP_L = \lim_{\Delta L \to 0} \frac{\Delta TP_L}{\Delta L} = \frac{dTP_L}{dL} \tag{4-11}$$

类似地,可以得出:在劳动投入量固定时,由资本投入量的变化所带来的最大产量的变化,并得出资本的总产量、平均产量和边际产量的含义和公式。

为了说明上述三者之间的关系,假定只有一种可变要素劳动投入,生产一种产品其生产函数具体形式设为 $Q = f(L) = 27L + 12L^2 - L^3$,则

$$AP_L = \frac{Q}{L} = 27 + 12L - L^2$$

$$MP_L = \frac{dQ}{dL} = 27 + 24L - 3L^2$$

根据上面的计算公式,投入的劳动量与总产量、平均产量和边际产量可用表 4-1 表示。

表 4-1　投入的劳动量与总产量、平均产量和边际产量

L	TP_L	AP_L	MP_L
0	0		
1	38	38	48
2	94	47	63
3	162	54	72
4	236	59	75
5	310	62	72
6	378	63	63
7	434	62	48
8	472	59	27
9	486	54	0
10	470	47	—33

根据表 4-1,可画出劳动的总产量、平均产量和边际产量的曲线,如图 4-5 所示。从表 4-1、图 4-5 中可以看出以下情况。

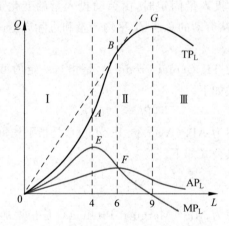

图 4-5　边际报酬递减规律的三个阶段

(1) 随着劳动量的增加,总产量、平均产量和边际产量这三个量都呈现出先升后降的特征。

(2) 当劳动量增加到 4 个单位时,从边际产量曲线 MP_L 线可以看出,这时 MP_L 达到最大,即在 E 点。

(3) 当劳动量增加到 6 个单位时,平均产量达到最大,即 $AP_L = MP_L$ 时,平均产量达到最大,也就是图中的 F 点。

(4) 当劳动量增加到 9 个单位时,总产量达到最大,也就是图中的 G 点,这时边际产量为零。这时若再增加劳动量,不会带来总产量的增加,只会使总产量减少。

由以上分析,可以得到这三个产量之间的关系如下。

（1）总产量和边际产量的关系。只要边际产量是正的，总产量总是增加的；只要边际产量为负的，总产量总是减少的；当边际产量为零时，总产量达到最大值 G 点。在边际报酬递减规律作用下，边际产量曲线先上升后下降，在 E 点达到最大值，所以相应的总产量曲线的斜率先是递增的，在 A 点为拐点，然后再递减。也就是说，劳动的边际产量曲线的最大值点和总产量曲线的拐点 A 是相互对应的。

（2）平均产量和总产量的关系。连接劳动的总产量曲线上任何一点和坐标原点的线段的斜率就是相应的劳动的平均产量值。正是由于这种关系，当平均产量曲线达到最大值 B 点时，总产量曲线必然有一条从原点出发的最陡的切线，其切点为 B 点。

（3）平均产量与边际产量的关系。当 $MP_L > AP_L$ 时，AP_L 曲线是上升的；当 $MP_L < AP_L$ 时，AP_L 曲线是下降的；当 $MP_L = AP_L$ 时，AP_L 曲线达极大值。

MP_L 与 TP_L 之间的关系如下。

（1）当 $MP_L > 0$，TP_L 曲线是上升的。

（2）当 $MP_L < 0$，TP_L 曲线是下降的。

（3）当 $MP_L = 0$，TP_L 最大，边际产量曲线与横轴相交。

MP_L 与 AP_L 之间的关系如下。

（1）当 $MP_L > AP_L$，AP_L 曲线是上升的。

（2）当 $MP_L < AP_L$，AP_L 曲线是下降的。

（3）当 $MP_L = AP_L$，AP_L 最大，边际产量曲线与平均产量曲线相交。

（三）边际报酬递减规律

边际产量表现出的先上升而最终下降的特征，称为边际报酬递减规律，有时也称为边际产量递减规律或边际收益递减规律。在一定技术水平条件下，若其他生产要素不变，连续增加一种要素投入，当这种生产要素小于某一数值时，边际产量递增；继续增加这种要素投入超过这一值时，边际产量会递减，甚至为负数。例如，一个面包房有两个烤面包炉为固定投入，当可变投入劳动从一个工人增加到两个工人时，烤面包炉得到充分利用，工人的边际产量递增，但如果增加到三个、四个，甚至更多工人时，几个人用一个烤面包炉，每个人的边际产量自然会递减，甚至为负数。1958 年，不少地方盲目推行水稻密植，结果引起减产，就是土地边际报酬递减的典型例证。通过合理密植可以提高亩产，但如果密植过度，反而使亩产下降。

个案研究 4-1

马尔萨斯与食品危机

经济学家马尔萨斯的人口论（1798 年）的一个主要依据便是边际报酬递减规律。他认为，随着人口的膨胀，越来越多的劳动力耕种土地，地球上有限的土地将无法提供足够的食物。最终劳动的边际产量与平均产量下降，但又有更多的人需要食物，因而会产生大的饥荒。幸运的是，人类的历史并没有按马尔萨斯预言发展（尽管他正确地指出了"劳动边际报酬"递减现象）。

　　在 20 世纪,科学技术飞速发展,改变了许多国家食物的生产方式,劳动的平均产量因而上升。这些进步包括高产抗病的良种,更高效的化肥,更先进的收割机械。在第二次世界大战结束后,世界上总的食物生产的增幅总是或多或少地高于同期人口的增长。这就告诉我们,劳动边际报酬递减的规律是基于劳动生产率不变的前提下发挥作用,一旦劳动生产率有了大幅的提升,就有可能大大延缓这个规律发挥作用的时间。

　　资料来源:平狄克,鲁宾费尔德.微观经济学[M].李彬,等,译.北京:中国人民大学出版社,2013.

　　边际报酬递减规律发生作用必须具备三个前提条件。

　　(1) 技术水平保持不变,其他生产要素投入不变。如果技术水平提高,在保持其他生产要素不变而增加某种生产要素时,边际收益不一定递减,可能会上升。同样,如果各种生产要素的投入量按原比例同时增加,边际收益也不一定递减。

　　(2) 并非一增加要素投入就会出现递减,只是投入超过一定量时才会出现。

　　(3) 要素在每个单位上具有相同的效率。先投入和后投入没有区别,只是量的变化。如果增加的第二个单位的生产要素比第一个单位的更为有效,则边际收益不一定递减。

　　边际报酬递减规律的 3 个阶段如下。

　　(1) 边际产量递增,总产量增加,上升加快。

　　(2) 边际产量递减,总产量增加,但增长趋缓。

　　(3) 边际产量为负,总产量开始减少。

　　总产量实际上是经历了一个逐渐上升加快→增长趋缓→最大不变→绝对下降的过程。

　　边际报酬递减规律的原因如下。

　　(1) 生产中,可变要素与不变要素之间在数量上都存在一个最佳配合比例,即最佳技术系数。

　　(2) 开始时,由于可变要素投入量小于最佳配合比例所需数量,随着可变要素投入量的逐渐增加,越来越接近最佳配合比例,边际产量呈递增趋势。

　　(3) 当达到最佳配合比例后,再增加可变要素的投入,可变生产要素的边际产量呈递减趋势。

知识对比

边际报酬递减规律与边际效用递减规律

　　边际报酬递减规律是短期生产的一条基本规律,是消费行为理论中边际效用递减规律在生产理论中的应用或转化形态。但边际效用递减规律不存在先升后降的问题,而边际报酬递减规律表现为先升后降、最终下降的趋势。

(四) 生产要素合理投入区域

　　现代西方经济学中,通常根据总产量曲线、平均产量曲线和边际产量曲线,把产量的变化分为三个区域,如图 4-6 所示。第一区域是平均产量递增阶段,第二区域是平均产量递减阶段,第三区域是负边际产量阶段。

第一区域,可变要素劳动量 L 投入的增加,会使平均产量增加,边际产量高于平均产量。这表明,和可变要素劳动量 L 相比,固定要素 K 投入太多,很不经济。在这一区域,增加劳动量投入是有利可图的,它不仅会充分利用固定要素,而且带来总产量以递增的比率增加,任何有理性的企业通常不会把可变要素投入的使用量限制在这一区域内。

第二区域,从平均产量最高点开始,随可变要素劳动量 L 投入的增加,边际产量虽递减但大于零,故总产量仍递增,但增速放慢,直到边际产量为零、总产量达到最大时为止。另外,平均产量开始递减,因为边际产量已小于平均产量。

第三区域,从总产量达到最高点开始,随着可变要素劳动量 L 投入的增加,边际产量成为负值,总产量开始下降,这时每减少一个单位的可变要素 L 投入反而能提高总产量,表明与固定要素 K 投入相比,可变要素投入太多了,也不经济。显然,理性的企业也不会在这一区域进行生产。

可见,理性企业必然要在第二区域进行生产。这一区域也是生产要素合理使用区域,又称经济区域。但是在第二区域的生产中,究竟投入多少可变要素,或生产多少,还无法解决,因为这不仅取决于生产函数,而且取决于成本函数,具体将在后面讨论。

单一要素连续投入的 3 个生产阶段分析,如图 4-7 所示。

图 4-6 单一要素连续投入的 3 个生产阶段

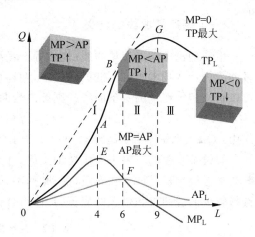

图 4-7 单一要素连续投入的 3 个生产阶段分析

知识对比

单一要素连续投入的三个生产阶段与边际报酬递减规律的三个阶段的区别

单一要素连续投入的三个生产阶段(见图 4-6)与边际报酬递减规律的三个阶段(见图 4-5)略有区别:主要表现Ⅰ和Ⅱ两个阶段的分界线,边际报酬递减规律的Ⅰ和Ⅱ两个阶段以 MP_L 的最高点为分界点,三个生产阶段的Ⅰ和Ⅱ两个阶段以 AP_L 的最高点为分界点。

三、长期生产函数——两种可变要素的生产函数

长期中,所有的要素都是可变的,通常以两种可变要素的生产函数来研究长期生产问

题。可变生产要素的长期生产函数可以写成

$$Q = f(X_1, X_2, \cdots, X_n) \tag{4-12}$$

式中：Q 为产量；$X_i(i=1,2,\cdots,n)$ 为第 i 种可变生产要素的投入数量；f 表示函数关系。

该生产函数表示：长期内在技术水平不变的条件下，由 n 种可变生产要素投入量的一定组合所能生产的最大产量。

与短期相对应，在这里企业可以根据企业的经营状况调整所有生产要素的投入量来改变产量。

为了简化分析，通常以劳动和资本两种可变生产要素的生产函数来考察长期生产问题。则长期生产函数可以写为

$$Q = f(L, K) \tag{4-13}$$

式中：L 表示可变要素劳动的投入数量；K 表示可变要素资本的投入数量。这时，劳动与资本之间的任意一种组合，都对应着一个产出水平，这些投入组合与它们所能生产的最大产量之间的对应关系，就是我们所要分析的长期生产函数。

四、等产量曲线

（一）等产量曲线的含义

生产理论中的等产量曲线（也称等产量线）与效用理论中的无差异曲线很相似。等产量曲线表示在技术水平不变的条件下，两种生产要素劳动 L 和资本 K 的不同数量的组合可以带来相等产量的一条曲线。则等产量曲线函数可以表示为

$$Q = f(L, K) = Q_0 \tag{4-14}$$

式中：Q_0 表示资本和劳动组合可以生产出的某一既定产量。

假设某乡镇的一家小型服装加工厂，计划每天加工 100 条休闲裤。其可以选择的生产要素有缝纫机（资本）和雇员（劳动）两种，既可以选择较多缝纫机和较少的雇员，也可以选择较少的缝纫机和较多的雇员，具体组合如表 4-2 所示。

表 4-2　生产要素的各种组合

要素组合	劳动投入量(L)	资本投入量(K)	总产量(Q_0)
A	10	80	100
B	20	40	100
C	40	20	100
D	60	13.3	100
E	80	10	100

将表 4-2 中的数据描绘在以两个要素投入量为坐标轴的坐标图上，可以得出一条生产函数为 $Q = KL/8$，这条曲线就是 $Q_1 = 100$ 的等产量曲线。如图 4-8 中的 Q_1 曲线，在这条曲线上的每一点都代表为生产 100 条休闲裤时，两种生产要素可能的各种组合。

假定产量由 $Q_1 = 100$ 增加到 $Q_2 = 200$，$Q_3 = 300$，$\cdots$，则在坐标图上可以给出无数条等产量曲线，如图 4-7 所示。等产量曲线位置越高，代表的产量越大。在图 4-8 中的三条等产量曲线中，$Q_3 > Q_2 > Q_1$。

（二）等产量曲线的特点

（1）等产量曲线向右下方倾斜，斜率为负。这说明两种生产要素之间具有一定的替代关系，要想维持相同的产量水平，在减少一种生产要素投入量的同时，必然要增加另一种生产要素的投入量。

（2）等产量曲线凸向原点。这说明两种生产要素之间不是简单的替代关系，呈现一种要素对另一种要素替代能力减弱的结果。

（3）等产量曲线离原点越远产量越高。这是因为离原点越远，则生产中投入的资本和劳动数量也越多，必然生产出的产量也越大。

（4）任意两条等产量曲线不能相交。如果两条等产量曲线相交，意味着相同的资源组合生产出了两种不同的最大产量。

知识对比

等产量曲线与无差异曲线

效用论中引进了无差异曲线的概念，即能给消费者带来同等效用的两种商品各种数量组合而形成的曲线。同样地，在生产论中引进了等产量曲线，说的是能给生产者带来同样产量的两种生产要素（劳动与资本）各种数量组合而形成的曲线。两者具有类似的基本特征：向右下方倾斜，斜率为负；凸向原点；离原点越远效用或产量越高；任意两条曲线不相交。

（三）边际技术替代率

从等产量曲线上一点向下做一定数量的移动，如图 4-8 中，A 点表示 $10L$ 和 $80K$ 可生产 100 条休闲裤，将劳动增加到 $20L$，资本减少为 $40K$ 的 C 点时，根据等产量曲线的特性，仍可生产 100 条休闲裤，增加劳动所得的产量恰恰弥补了因资本投入减少而损失的产量。

图 4-8　等产量曲线

产量不变，正是两种投入量相互替代的结果。为了表达两种要素相互替代的能力，经济学家提出了边际技术替代率的概念。

边际技术替代率（MRTS）是指在产量不变的情况下，当某种生产要素增加一单位时，与另一生产要素所减少的数量的比率。劳动对资本的边际技术替代率的定义公式如下。

$$\text{MRTS}_{\text{LK}} = -\frac{\Delta K}{\Delta L} \qquad\qquad (4\text{-}15)$$

式中：ΔK 和 ΔL 分别为资本投入量的变化量和劳动投入量的变化量。公式(4-15)中加一负号是为了使 MRTS 值在一般情况下为正值，以便于比较。

如果要素投入量的变化量为无穷小时，则边际技术替代率公式如下。

$$\text{MRTS}_{\text{LK}} = \lim_{\Delta L \to 0} -\frac{\Delta K}{\Delta L} = -\frac{\text{d}K}{\text{d}L} \qquad\qquad (4\text{-}16)$$

边际技术替代率还可以表示为两要素的边际产量之比。这是因为，对于任意一条给定的等产量曲线来说，当用劳动投入去代替资本投入时，在维持产量水平不变的前提下，由增加劳动投入量所带来的产量增加量和由减少资本量所带来的产量减少量必定是相等的，即 $|\Delta L \times \text{MP}_{\text{L}}| = |\Delta K \times \text{MP}_{\text{K}}|$，根据边际技术替代率的定义公式整理得出：

$$\text{MRTS}_{\text{LK}} = -\frac{\text{d}K}{\text{d}L} = \frac{\text{MP}_{\text{L}}}{\text{MP}_{\text{K}}} \qquad\qquad (4\text{-}17)$$

等产量曲线上任一点的边际技术替代率，从几何意义上看，是经过该点作等产量曲线的切线的斜率，即边际技术替代率等于等产量曲线中该点斜率的绝对值。

（四）边际技术替代率递减规律

在两种生产要素相互替代的过程中，普遍存在一种现象：在维持产量不变的前提下，当一种生产要素的投入量不断增加时，每一单位的这种生产要素所能代替的另一种生产要素的数量是递减的。这一现象被称为边际技术替代率递减规律。

边际技术替代率递减的主要原因在于，任何一种产品的生产技术都要求各要素投入之间有适当的比例，这意味着要素之间的替代是有限制的。以劳动和资本两种要素投入为例，在劳动投入量很少和资本投入量很多的情况下，减少一些资本投入量可以很容易地通过增加劳动投入量来弥补，以维持原有的产量水平，即劳动对资本的代替是很容易的。但是，在劳动投入增加到相当多的数量和资本投入量减少到相当少的数量的情况下，再用劳动去代替资本将是很困难的。

知识对比

边际技术替代率（MRTS）与边际替代率（MRS）

效用论中不仅引进了无差异曲线的概念，还导出了边际替代率及其递减规律；同样地，在生产论中不仅引进了等产量曲线，还导出了边际技术替代率及其递减规律。边际替代率与边际技术替代率两者具有类似的公式和相同的递减规律。

第二节　最优的生产要素组合

前面讨论了企业生产的三个阶段和合理的生产区域（经济区域），分析给出了生产者对生产投入的可选择范围，但并没有解决最优选择问题。这里我们要解决生产要素的最优组合问题,即生产者均衡。

在两种可变生产要素投入下,如何使要素投入量达到最优组合,以使既定成本下产量最大,或使既定产量下成本最小。

一、等成本线

在生产要素市场上,企业对生产要素的购买支付,构成了企业的生产成本。成本问题是追求利润最大化的企业必须要考虑的一个经济问题。而成本还依存于要素的价格,要讨论要素的最优组合,需要引入等成本线的概念。

等成本线又称企业预算线,是指在既定的成本和生产要素价格条件下,生产者可以购买到的两种生产要素的最大数量的各种组合的轨迹。

假定要素市场上给定的劳动的价格(即工资率)为 w,给定的资本的价格(即利息率)为 r,企业的既定成本支出为 C,则购买到的劳动和资本的数量组合可用公式表示如下。

$$C = wL + rK \tag{4-18}$$

该式即为企业的等成本方程。该方程可改写为

$$K = \frac{C}{r} - \frac{w}{r} \cdot L \tag{4-19}$$

根据式(4-19),即可得出等成本线,如图 4-9 所示。

图 4-9 中,等成本线在纵轴上的截距是 C/r,表示企业把全部成本支出都用来购买资本时所能购买的数量;在横轴上的截距是 C/w,表示企业把全部成本支出都用来购买劳动时所能购买的数量。连接这两点的线段就是等成本线。等成本线的斜率是 $-w/r$,它是两种生产要素价格之比的负值。

与消费者预算约束线相似,等成本线之内区域的 b 点,表示企业用既定的全部成本购买劳动和资本的组合以后还有剩余;而等成本线之外区域内的 a 点,则表示企业在现有预算限制情况下无法购买的劳动和资本的组合。等成本线上的点表示企业用既定的全部成本刚好可以购买到的劳动和资本的组合。

当要素价格不变,企业的成本支出增加($C_1 > C$)时,等成本线会向右平移;反之,当企业的成本支出减少($C_2 < C$)时,等成本线会向左平移,见图 4-10。

图 4-9 等成本线

图 4-10 等成本线的平移

知识对比

预算线与等成本线

预算线是指消费者的全部收入所能购买到的两种商品最大数量的各种组合。

等成本线是指企业在既定成本下所能购买到的劳动和资本两种生产要素最大数量的各种组合。

两者具有类似的特性。

二、既定成本条件下的产量最大化

要解决生产要素的最优组合问题,必须将等产量线和等成本线结合起来。要素的最优组合可以是产量一定时成本最低的要素组合,也可以是成本一定时产量最高的要素组合。这两种情况的要素组合点表现在图形上,都是等成本线和等产量线相切之点。

假定在给定技术水平条件下,企业用固定的成本支出 C_0 购买任何劳动和资本的组合,用以生产一种产品,如何才能使产量最大(劳动的价格 w 和资本的价格 r 已知)?把三条典型的等产量曲线和既定的一条等成本线画在同一平面坐标系中,如图 4-11 所示,就能确定企业在既定成本下实现最大产量的最优要素组合点 E,即生产的均衡点。

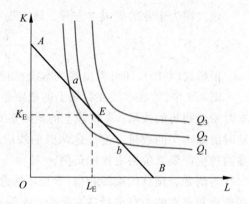

图 4-11　既定成本条件下产量最大的要素组合

其中,AB 为等成本线,Q_1、Q_2 和 Q_3 为等产量曲线。等成本线 AB 的位置和斜率取决于既定的成本量 C_0 和已知的两生产要素的价格比率 $-w/r$。由图 4-11 可见,既定的一条等成本线 AB 与其中一条等产量线 Q_2 相切于 E 点,该点就是生产的均衡点。它表示:在既定成本条件下,企业应该按照 E 点的生产要素组合进行生产,即劳动投入量和资本投入量分别为 L_E 和 K_E,这样,企业就会获得最大的产量 Q_2。

E 点是最优的生产要素组合点,这是因为,Q_1、Q_2、Q_3 是三条分别代表不同产量水平的等产量曲线,且 $Q_1 < Q_2 < Q_3$,AB 是企业的等成本线,代表企业固定的成本支出 C_0,等产量曲线 Q_3 位于等成本线 AB 以外的区域,根据前面对等成本线内外区域的分析,我们知道,AB 线以外的部分是企业在既定成本下无法实现的产量,而 AB 线以内的部分表示既定成本还有剩余的产量,因此并不是既定成本的最大产量。所以,只有在既定的等成本线 AB 和等产量曲线 Q_2 的相切点 E,才是实现既定成本条件下的最大产量的要素组合。

满足既定成本下要素投入最优组合的两个条件:要素投入的最优组合处在既定的等成本线上,这意味着企业必须充分利用资金,而不让其剩余下来;要素投入的最优组合发生在等产量线和等成本线相切之点,即要求等产量曲线的切线斜率与等成本线的切线斜率相等。用公式表示如下。

$$MRTS_{LK} = \frac{MP_L}{MP_K} = \frac{w}{r}$$

进而有

$$\frac{MP_K}{r} = \frac{MP_L}{w} \qquad\qquad (4\text{-}20)$$

式(4-20)表示：企业可以通过对两要素投入量的不断调整，使最后一单位的成本支出无论用来购买哪一种生产要素所获得的边际产量都相等，从而实现既定成本条件下的最大产量。

知识对比

生产者均衡与消费者均衡

两者都是在资源有约束的情况下，想要将手中有限的资源发挥最大效用时所采用的解决方法。

预算线和无差异曲线的切点是消费者效用最大化的均衡点。

等成本线和等产量曲线的切点是企业既定成本下产量最大化的均衡点。

三、既定产量条件下的成本最小化

假定企业在给定技术水平下，企业要生产一定的产量 Q_0，应如何选择劳动和资本两种生产要素的不同组合？劳动的价格 w 和资本的价格 r 已知。把既定的一条等产量曲线和三条典型的等成本线画在同一平面坐标系中。如图 4-12 所示，就能确定企业在既定产量下实现成本最小的最优要素组合点 E。

在图 4-12 中，Q_0 是代表既定产量的等产量曲线，A_1B_1、A_2B_2、A_3B_3 是企业的一组等成本线，分别代表不同的成本支出水平，且 $A_1B_1 < A_2B_2 < A_3B_3$。由图 4-12 可见，既定的一条等产量曲线 Q_0 与其中一条等成本线 A_2B_2 相切于 E 点，该点就是生产的均衡点。它表示：在既定的产量条件下，企业应该按照 E 点的生产要素组合(L_E, K_E)进行生产，这样企业就会花最小的成本实现既定的产量。

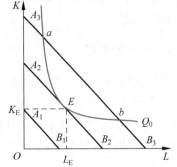

图 4-12　既定产量条件下成本最小的要素组合

之所以 E 点是最优的生产要素组合点，是因为 A_1B_1 与既定的等产量曲线 Q_0 既无交点又无切点，虽然所花成本低但却实现不了所需的产量；而 A_3B_3 与 Q_0 有两个交点 a 和 b，在这两点虽然可以实现所需产量但成本却不是最低的。当 a、b 两点相向运动时，成本逐步降低。所以，只有在切点 E，才是实现既定产量条件下最小成本的要素组合。

满足既定产量下要素投入最优组合的两个条件：要素投入的最优组合处在既定的等产量曲线上，这意味着企业必须恰到好处地生产出所需的产量，既不多也不少；要素投入的最优组合发生在等产量线和等成本线相切之点，即要求等产量曲线的切线斜率与等成本线的切线斜率相等。用公式表示如下。

$$\frac{MP_K}{r} = \frac{MP_L}{w} \qquad (4-21)$$

式（4-21）表示：为了实现既定产量条件下的最小成本，企业应该通过对两要素投入量的不断调整，使花费在每一种要素上的最后一单位的成本支出所带来的边际产量都相等。

知识对比

既定成本下产量最大的均衡分析与既定产量下成本最小的均衡分析

既定成本下产量最大的均衡分析是一条既定的等成本线与三条典型的等产量线之间。

既定产量下成本最小的均衡分析是一条既定的等产量线与三条典型的等成本线之间。

均衡时，均有 $\dfrac{MP_K}{r} = \dfrac{MP_L}{w}$。

四、等斜线与扩展线

在其他条件不变时，若生产的产量或成本发生了变化，企业则会重新选择最优的生产要素的组合，那么最优要素组合均衡点就会发生变化。扩张路径即扩展线涉及的就是这方面的问题。

（一）等斜线

等斜线是一组等产量曲线中两要素的边际技术替代率相等的点的轨迹，如图 4-12 所示。在图 4-13 中，Q_1、Q_2 和 Q_3 为三条等产量曲线，T_1、T_2 和 T_3 依次为 Q_1、Q_2 和 Q_3 的切线，且三条切线相互平行。这就表明，这三条等产量曲线各自在切点 A、B 和 C 三点上的两要素的边际技术替代率 $MRTS_{LK}$ 是相等的。连接这些点以及原点的曲线 OS 称为等斜线。

（二）扩展线

在生产要素的价格、生产技术和其他条件不变时，如果企业改变成本，等成本线就会发生平移，如果企业改变产量，等产量曲线就会发生平移。这些不同的等产量曲线将与不同的等成本线相切，形成一系列不同的生产均衡点，这些生产均衡点的轨迹就是扩展线，如图 4-14 所示。

图 4-13　等斜线

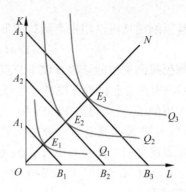

图 4-14　生产扩展线

ON 是一条扩展线,由于生产要素的价格保持不变,两要素的价格比例是固定的,生产均衡的条件是两要素的边际技术替代率等于两要素的价格比例。所以,在扩展线上的所有的生产均衡点上边际技术替代率都是相等的。也就是说,扩展线一定是一条等斜线。

扩展线表示:在生产要素的价格、生产技术和其他条件不变的情况下,当生产的成本或产量发生变化时,企业必然会沿着扩展线来选择最优的生产要素组合,从而实现变化的成本条件下的最大产量,或变化的产量条件下的最小成本。扩展线是企业在长期的扩张或收缩生产时所应遵循的路线。

五、规模报酬

起初产量的增加要大于生产规模的扩大;随生产规模扩大,超过一定的限度,产量的增加将小于生产规模的扩大;甚至使产量绝对地减少。这就使规模经济逐渐走向规模不经济。

规模报酬是指在技术水平和要素价格既定的条件下,企业内部各种生产要素按相同比例变化时所引起的产量的变动情况。规模报酬分析属于长期生产理论问题。

假定一个生产面包的企业,日产面包 100 万个,需要投入资本 10 单位,劳动 5 单位,资本与劳动的比例是 2：1,这时如果企业扩大生产,投入 20 单位资本和 10 单位的劳动,即各增加一倍,这时,每天生产面包的数量可能有三种情况:一是生产面包恰好 200 万个;二是生产面包数超过 200 万个;三是不足 200 万个。这就是三种不同的规模报酬。

通常来说,当要素投入同时按相同比率变动时,产量的变动会有三种情况:规模报酬递增、规模报酬递减和规模报酬不变。上述生产面包的企业增加一倍的资本和劳动投入,日产量为 200 万个则是规模报酬不变;日产量大于 200 万个则是规模报酬递增;日产量小于 200 万个则是规模报酬递减。

(一)规模报酬递增

规模报酬递增是指当各种要素投入量同时按同一比例变动时,产量增加的比例大于各种生产要素增加的比例,见图 4-15。假定企业的生产函数如下。

图 4-15　规模报酬递增

$$Q = f(L, K) \tag{4-22}$$

则规模报酬递增可以用生产函数的形式表示如下。

$$f(\lambda L, \lambda K) > \lambda f(L, K) \tag{4-23}$$

规模报酬递增的原因有以下三点。

（1）生产专业化程度提高。生产要素同时增加时,可提高生产要素的专业化程度,劳动分工更细了,这会提高生产效率。

（2）生产要素具有不可分的性质。有些要素必须达到一定的生产水平,才能更有效率。这表明原有生产规模中含有扩大生产的潜力。假如一个邮递员每天原来给某地段送100封信,现在有2 000封信要送时,也许只要增加2个或3个人就够了,并不需要配备20名邮递员。

（3）管理更合理。生产规模扩大时,容易实行现代化管理,造成一种新的生产力,更合理、先进的管理可以进一步充分发挥各要素的组合功能,带来更大的效率和收益。当一个生产经营单位规模过小时,就不能取得应有的效率,这种情况可称为规模不经济,通过扩大规模,可提高效率,以取得规模经济。

（二）规模报酬递减

规模报酬递减是指当各种要素投入量同时按同一比例变动时,产量增加的比例小于各种生产要素增加的比例,见图4-16。

规模报酬递减可以用生产函数的形式表示如下。

$$f(\lambda L, \lambda K) < \lambda f(L, K) \tag{4-24}$$

规模报酬递减的原因主要是规模过大造成管理效率的下降,表现在管理上内部机制难以协调,管理与指挥系统十分庞杂,一些重要问题只能一级一级反映给决策者,而重要的决定要由决策者一级一级传达给生产者,这样会贻误时机,造成规模报酬的递减。

（三）规模报酬不变

规模报酬不变是指当各种要素投入量同时按同一比例变动时,产量增加的比例等于各种生产要素增加的比例,见图4-17。

图4-16　规模报酬递减

图4-17　规模报酬不变

规模报酬不变用生产函数的形式表示为

$$f(\lambda L,\lambda K)=\lambda f(L,K)\tag{4-25}$$

规模报酬不变的原因,主要是由于规模报酬递增的原因吸收完毕,某种生产组合的调整受到了技术上的限制。假定一个生产面包的工人,操纵 2 台机器生产面包以达到最大效率,这时要增加产量,除非是改进机器,或采用新机器,如果只是同比例增加工人和机器产量只会与投入同比例变化,使规模报酬成为常数状态。

知识对比

规模报酬与生产要素报酬的区别

规模报酬论及的是一座工厂的规模本身发生变化时,产量如何变化;而要素报酬是指要素投入的边际产量收益。前者是企业根据经营规模设计不同的工厂,属长期分析;后者是在既定的生产规模中,增加可变要素导致相应产量的变化,属短期分析。

企业规模扩大时既可能出现规模报酬递增,也可能出现规模报酬递减。在长期通过扩大企业规模而实现技术效率就是要使企业实现适度规模,适度规模可以理解为规模报酬递增到最大时的企业规模。

知识链接 4-1

企业在什么时候能实现适度规模

在不同的行业中,适度规模企业的大小并不一样,甚至差别很大。到底"大的是美好的",还是"小的是美好的",取决于不同行业的特点。在钢铁、石化、汽车这类行业中,设备大而复杂、分工精细、技术创新需要大量投入,而产品又是标准化的,市场需求波动也小,因此,这些行业奉行"大就是好"的原则,企业规模越大越能实现技术效率。例如,钢铁厂的年产量都要达到 1 000 万吨以上,欧洲还建设有年产 5 000 万吨的钢铁厂。但在服装、餐饮这类轻工业或服务行业中,所用的设备并不复杂,产品的特点是多样化,要随变化的市场需求而变动,"船小"有好掉头的优势,奉行的原则是"小就是好"。这些企业过大反而会引起内部不经济,从而降低技术效率。可见规模多大能实现技术效率并没有一定之规,适度规模在不同的行业是不同的。该做大的企业不做大,没有技术效率,如我国的钢铁、汽车等行业就存在这类问题;该做小的企业盲目扩张也有损于技术效率,如一些民营企业盲目扩张就是犯了这种错误。

资料来源:梁小民.经济学是什么[M].北京:北京大学出版社,2017,第五章.

第三节　成本函数

本章第二节已初步介绍了等成本方程,并从产量的角度出发,阐述了如何在既定成本的约束下使产量最大,或是在既定产量的约束下使成本最小。这里将从成本的角度出发,进一步考察生产成本与产量之间的关系。

一、成本的概念

俗话说"世上没有免费的午餐",又说"天上不会掉下馅饼"。这都是说,要获得一分收获,取得一分成果,就得付出代价。正如古人说"不入虎穴,焉得虎子""一分辛劳,一分收获"。这里的"入虎穴"和"辛劳"都是付出的代价,这种代价在经济学里称为成本。前面我们讲到企业愿意按照一定的供给价格提供一定数量的商品,那么企业如何确定其产品的供给价格呢?最主要、最基本的决定因素就是产品的生产成本。

成本又称生产费用,是指生产一定产量所支付的要素费用。成本取决于产量 Q 和各种生产要素的价格 P。在经济学的分析中,成本分为机会成本、显性成本和隐性成本。

(一)机会成本

生产某种商品的机会成本是指生产者所放弃的使用相同的生产要素在其他生产用途中所能得到的最高收入。

机会成本的存在需要两个前提条件:生产要素是稀缺的;生产要素是具有多种用途的。如果一种生产要素既能用于生产航母又能用于生产黄油,那么一旦该要素被用于生产航母,它就无法用于生产黄油,也就损失了因生产黄油而可能取得的潜在的收益,这笔钱潜在的收益就构成了生产航母的机会成本。

从机会成本的角度考虑问题,要求我们把每种生产要素都用在能取得最佳经济效益的用途上,即做到人尽其才、物尽其用、地尽其利。否则,所损失的潜在收益将会超过所取得的现实收益,生产要素的配置不合理,将造成生产资源的浪费。

【课堂讨论】

请举出一些机会成本的例子。

(二)显性成本和隐性成本

经济学从稀缺资源配置的角度来研究生产一定数量某种产品所必须付出的代价,用机会成本来研究企业成本。企业的生产成本可以分为显性成本和隐性成本。显性成本和隐性成本之和才是企业经营的真实成本,在经济学里也称为经济成本,是经济分析和经济决策中常用的概念。其公式为

$$生产成本=经济成本=显性成本+隐性成本=会计成本+机会成本 \qquad (4-26)$$

显性成本简称显成本,是指企业在要素市场上购买或租用所需要的生产要素的实际支出。其包括雇员工资、购买原材料、燃料及添置或租用设备的费用、利息、保险费、广告费以及税金等。由于这些成本都在企业的会计账册上反映出来,又称会计成本。

隐性成本简称隐成本,是指对自己拥有的且被用于生产的要素应支付的费用。但实际上并没有支付,不在企业账目上反映。例如,用自有房屋作为厂房,在会计账目上并无租金支出。

这种成本称为隐性成本,是因为看起来企业使用自有生产要素是不用花钱的,即不发生货币费用支出,如使用自有设备不用计提折旧费、使用自有原材料或燃料不用花钱购买、使用自有资金不用付利息、企业主为自己企业劳动服务时不用付工资等;但是,不付费用使用自有要素不等于没有成本。因为这些要素若不自用,完全可以给别人使用而得

到报酬,这种报酬就是企业使用自有要素的机会成本。

(三)利润

企业的经济利润是指企业的总收益 TR 和总成本 TC 之间的差额,简称企业的利润。这里的总成本,即经济成本,是指显性成本和隐性成本之和。企业所追求的最大利润,指的就是最大的经济利润,经济利润也被称为超额利润。用公式表示如下。

$$经济利润 = 总收入 - 总成本 \qquad (4-27)$$
$$总成本 = 显性成本 + 隐性成本 = 会计成本 + 机会成本 \qquad (4-28)$$

经济学中的利润与会计利润不一样。会计利润是指总收益 TR 与会计成本的差额。用公式表示如下。

$$经济利润 = 会计利润 - 机会成本 \qquad (4-29)$$

在西方经济学中,还需区别经济利润和正常利润。正常利润是指企业对自己所提供的企业家才能支付的报酬。需要强调的是,正常利润是企业生产成本的一部分,它以隐性成本的形式计入经济成本。因此,经济利润中不包括正常利润。当企业的经济利润为零时,企业仍可以得到全部正常利润。

(四)成本函数

成本函数是表示成本与产出之间关系的函数,记作

$$C = \Phi(Q) \qquad (4-30)$$

式中:C 为成本;Q 为产量;Φ 为函数关系。

企业行为理论包括生产论和成本论,分别从实物量和价值量角度研究生产问题。成本理论是建立在生产理论的基础上的。成本函数与生产函数有着密切联系。我们已经知道,生产函数分为短期生产函数和长期生产函数,成本函数也分为短期成本函数和长期成本函数。

由于短期内企业根据其所要达到的产量,只能调整部分生产要素的数量而不能调整全部生产要素的数量,短期成本有不变成本和可变成本之分。但在长期内企业根据其所要达到的产量,可以调整全部生产要素的数量。所以,长期内所有的要素成本都是可变的;因此,长期成本没有不变成本和可变成本之分。

个案研究 4-2

读大学的成本与收益

读大学的成本是什么?一般大家会把一个大学生上四年大学的学费、书费、生活费加总起来,但这个总和并不是一个大学生上大学所付出的全部代价。读四年大学的学费、书费和生活费只是上大学的会计成本,而计算上大学的成本需要考虑机会成本。

从这个意义上讲,生活费并不是上大学的真正成本。一个人即使不上大学,也要有睡觉的地方,也要吃东西。只有在大学的住宿和伙食比其他地方贵时,贵的这一部分才是上大学的成本。

上大学最大的成本是时间。当你把四年的时间用于听课、读书和写文章时，你就不能把这段时间用于工作。对于大多数学生而言，为上大学而放弃工作的收入是接受大学教育最大的一项机会成本。所以在计算上大学的代价时，应该把显性成本和隐性成本都考虑在内。

那么，为什么还要上大学？是因为上大学带来的潜在收益，即一生可能拥有更好的工作机会，以及较高的收入，高学历带来的名誉和地位等效应。一般来说，每个人上大学的成本可能相差不大，但收益却可能相差很大。

但对一些特殊的人，情况就不是这样了。例如，一个有足球天才的青年，如果在高中毕业后去踢足球，每年可收入 200 万元人民币。这样，他上大学的机会成本就是 800 万元人民币。这远远高于一个大学生一生的收入。因此，有这种天才的青年，即使学校提供全额奖学金也不去上大学。这就是把机会成本作为上大学的代价，不上大学的决策就是正确的。

同样，有些具备当模特气质与条件的人，放弃上大学也是因为当模特收入高，上大学机会成本太大。又如，对于比尔·盖茨这种特殊的人才，弃学创办了微软，显然是正确的决定。当你了解机会成本后就知道为什么有些年轻人不上大学的原因了。可见机会成本这个概念对于我们日常生活决策是十分重要的。

在这里顺便纠正一个错误的说法，有人说教育是消费行为。其实，教育不是消费而是投资。消费与投资的区别是消费不会给你增值一分钱；但投资是为了增值，也是有可能增值的。但投资也是有风险的。如果一个家长不考虑孩子的实际情况，从小学到中学在教育上都是高投入，考不上大学或考上大学毕不了业，其投入与产出之比是可想而知的。

二、短期成本分析

短期成本理论是以短期生产理论为基础的。短期成本有以下七种：短期总成本、总固定成本、总可变成本、短期平均成本、平均固定成本、平均可变成本、短期边际成本。

（一）短期总产量与短期总成本

由企业短期生产函数出发，可以得到相应的短期成本函数。由企业的短期总产量曲线出发，也可以得到相应的短期总成本曲线。前面已经介绍短期生产函数如下。

$$Q = f(L, \overline{K}) \tag{4-31}$$

式(4-31)表示，在资本投入量固定的情况下，可变要素劳动投入量 L 与产量 Q 之间存在着相互依存的对应关系。该关系可以理解为，企业可以通过对劳动投入量的调整来实现不同的产量；也可以理解为企业根据不同的产量要求来确定相应的劳动投入量。

根据后一种理解，假定劳动的价格 w 和资本的价格 r 给定，则可以用公式表示每一产量水平上的短期总成本(STC)，公式如下。

$$STC(Q) = wL(Q) + r\overline{K} \tag{4-32}$$

式中：$wL(Q)$ 为可变成本部分（TVC，与 Q 有关）；$r\overline{K}$ 为不变成本部分，即固定成本部分（TFC，与 Q 无关）。短期中，资本为固定投入，L 为变动投入，L 投入量与产量 Q 有关。两部分之和构成企业的短期总成本。

$$STC(Q) = TVC + TFC(Q) \qquad (4\text{-}33)$$

如果以 $\varPhi(Q)$ 表示可变成本部分，以 b 表示固定成本部分，则上式可以写成

$$STC(Q) = \varPhi(Q) + b \qquad (4\text{-}34)$$

知识对比

不变成本与可变成本

在短期中，投入要素分为不变要素和可变要素。购买不变要素的支出就是不变成本，用 TFC 表示。它不随产量变动而变动，因而是个常数，即使企业停产，也要照样支付，包括借入资金的利息、租用厂房或设备的租金、固定资产折旧费、停工期间无法解雇的雇员（如总经理、总工程师、总会计师等）的薪金及保险费等。不变成本曲线是一条水平线，表明固定成本是一个既定的数量，不随产量的增减而改变。

购买可变要素的费用支出就是可变成本，用 TVC 表示，它随产量变动而变动，是产量的函数，包括可随时解雇的工人的工资、原材料和燃料的费用、水电费和维修费等。可变成本曲线形状主要取决于投入要素的边际生产率，是一条由原点出发向右上方倾斜的曲线。

由总产量 TP 曲线可以推导出总成本 TC 曲线：总产量曲线上，找到每一产量水平相对应的可变要素劳动的投入量，再用 L 去乘价格 w，便可得到每一产量的可变成本。将产量与可变成本的对应关系描绘在产量与成本的平面图中，即可得到可变成本曲线；加上固定成本，就得到 STC 曲线。

因此，总成本曲线的形状与可变成本曲线形状完全相同，只不过是由可变成本曲线向上平移一段相当于 TFC 大小的距离，即在任意产量上的总成本曲线与可变成本曲线垂直距离等于不变成本 TFC，见图 4-18。需要注意的是，STC 不从原点出发，而从固定成本 TFC 出发；即没有产量时，短期总成本最小也等于固定成本。

（二）平均固定成本、平均可变成本与短期平均成本

TFC、TVC、STC 分别除以产量 Q 就得到平均固定成本（AFC）、平均可变成本（AVC）和短期平均成本（SAC）。另外，可从总成本或可变成本中推导出短期边际成本（SMC）。

平均固定成本（AFC）是短期内平均生产每一单位产品所消耗的固定成本，等于总固定成本除以产量所得之商。其计算公式如下。

$$AFC = \frac{TFC}{Q} = \frac{b}{Q} \qquad (4\text{-}35)$$

AFC 随产量 Q 的增加一直趋于减少，表示在总不变成本固定的前提下，随着产量的增加，分摊到单位产品上的固定成本越来越少。但 AFC 曲线不会与横坐标相交，因为总固定成本不会为零，见图 4-19。

图 4-18　短期总成本曲线

图 4-19　平均固定成本曲线

平均可变成本(AVC)是指短期内平均生产每一单位产品所消耗的总变动成本,它等于总可变成本除以产量所得之商。其计算公式如下。

$$AVC = \frac{TVC}{Q} = \frac{\Phi(Q)}{Q} \qquad (4-36)$$

AVC 初期随着产量增加而不断下降,产量增加到一定量时,AVC 达到最低点;而后随着产量继续增加,开始上升。即 AVC 曲线形状为 U 形,表明平均可变成本随产量增加先递减后递增,其呈 U 形的原因是由于可变投入要素的边际报酬率呈递增后递减,见图 4-20。

图 4-20　平均可变成本曲线

短期平均成本(SAC)是指生产每一单位产品平均所需要的总成本,它等于短期总成本除以产量所得之商,也等于平均不变成本与平均可变成本之和。其计算公式如下。

$$SAC = \frac{STC}{Q} = \frac{\Phi(Q)+b}{Q}$$
$$= AVC + AFC \qquad (4-37)$$

SAC 曲线是一条二次曲线,是 AFC 曲线和 AVC 曲线的叠加。SAC 曲线的位置在 AVC 曲线之上,两条曲线之间的垂直距离即为平均固定成本(AFC)。由于 AFC 随产量增大而递减,SAC 曲线与 AVC 曲线的垂直距离也随产量增大而渐趋缩小。SAC 曲线的最低点与 AVC 曲线最低点不在同一条垂直线上,见图 4-21。

(三)短期边际成本

短期边际成本(SMC)是指每增加一单位产量所引起的总成本的增加,短期边际成本是短期总成本对产量的导数。其计算公式如下。

$$SMC(Q) = \frac{dSTC}{dQ} = \Phi'(Q) \qquad (4-38)$$

由于 TFC 是常数,因此 SMC 的变动与 TFC 无关(因为 dSTC＝dTVC＋dTFC,而 dTFC＝0)。SMC 实际上等于增加单位产量所增加的可变成本。

SMC 曲线也是条先下降而后上升的 U 形曲线,开始时,边际成本随产量增加而减少,其递减部分对应可变投入要素的边际产量的递增阶段。当产量增加到一定程度,就随产量的增加而增加,STC 曲线的拐点正好对应 SMC 曲线的极小值点,见图 4-22。

图 4-21　短期平均成本曲线

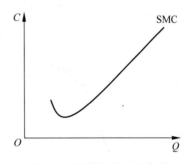

图 4-22　短期边际成本曲线

SMC 曲线呈 U 形的原因是边际收益递减规律。MP 上升,MC 下降;投入增加超过一定界限,MP 下降,所需 MC 上升。

(四)成本函数与产量函数之间的关系

1. 平均产量与平均可变成本

$$AVC = \frac{TVC}{Q} = w \cdot \frac{L(Q)}{Q} = w \cdot \frac{1}{AP_L} \qquad (4\text{-}39)$$

AP_L 与 AVC 成反比。AP_L 递减,AVC 递增;AP_L 递增,AVC 递减;当 AP_L 达最大时,AVC 最小。

AP_L 曲线顶点对应 AVC 曲线最低点。

SMC 曲线与 AVC 曲线相交于 AVC 最低点。

MP_L 曲线与 AP_L 曲线在 AP_L 顶点相交,所以 SMC 曲线在 AVC 曲线最低点相交。

2. 边际产量与边际成本

$$SMC(Q) = \frac{dSTC}{dQ}, \quad 且\ MP_L = \frac{dTP_L}{dL}, \quad 则\ SMC(Q) = w \cdot \frac{1}{MP_L} \qquad (4\text{-}40)$$

SMC 与 MP_L 成反比。MP_L 先上升后下降,所以 SMC 先下降,然后上升;且 SMC 的最低点对应 MP_L 的顶点。

TP_L 递增,STC 和 TVC 递减。

TP_L 递减,STC 和 TVC 递增。

TP_L 上的拐点对应 STC 和 TVC 上的拐点。

(五)短期产量曲线与各短期成本曲线之间的关系

短期产量曲线与各短期成本曲线之间的关系如图 4-23 所示。

这里要注意 STC 的两个特殊点 A 和 B。SMC 最低点对应 A 点。SAC 最低点对应 B 点。另外，TVC 上的 C 点对应 AVC 的最低点。SMC 与 SAC 和 AVC 相交于 SAC 和 AVC 的最低点。

图 4-23 短期产量曲线与各短期成本曲线关系

（1）SMC 与 AVC 相交于 AVC 最低点。

$$SMC < AVC，AVC\ 下降$$
$$SMC > AVC，AVC\ 上升$$
$$SMC = AVC，AVC\ 最低$$

M 点后，增加一单位产量所带来的边际成本，大于产量增加前的平均可变成本；在产量增加后，平均可变成本一定增加。

（2）SMC 与 SAC 相交于 SAC 的最低点。

$$SMC < SAC，SAC\ 下降$$
$$SMC > SAC，SAC\ 上升$$
$$SMC = SAC，SAC\ 最低$$

相交之前，边际成本＜平均成本。

相交之后，边际成本＞平均成本。

相交，边际成本＝平均成本，这时平均成本处于最低点。

（3）收支相抵点与停止营业点。

基于短期分析，M 点——停止营业点；N 点——收支相抵点。

在 MR＝MC＝P 原则下。

M 点之上，企业虽亏损，但仍可生产。因为价格大于平均可变成本 AVC，说明企业在补偿全部的可变成本外，尚可收回部分固定成本，使亏损总额减少。

M 点之下,连可变成本 AVC 都无法弥补,应停止生产。

M 点,企业亏损全部固定成本,生产只能补偿可变成本。企业停止生产也只亏损全部固定成本。所以,AVC 的最低点也称为停止营业点。当市场价格等于或低于 P_m 时,企业不再生产。

N 点之上,产品价格不仅能弥补 AVC,也能弥补 AFC,有盈余。

N 点之下,M 点之上,产品价格能弥补全部 AVC 和部分 AFC,生产可以减亏。

N 点,企业收益 P_n 刚好弥补全部 SAC,不亏不赢,收支刚好相抵。因此,SAC 的最低点 N 称为利润零点,也称为短期收支相抵点或扯平点。此时,企业按 MR＝MC 所确定的产量 Q_3 进行生产,在其他产量点上,企业都将出现亏损。

例 4-1 某企业的成本方程为 $STC=Q^3-10Q^2+17Q+66$。①指出可变成本和固定成本;②分别求 AVC、AFC、SAC、SMC;③求出停止营业点和收支相抵点。

解:① 由可变成本 $TVC=Q^3-10Q^2+17Q$,得固定成本 $TFC=66$。

②

$$AVC=TVC/Q=Q^2-10Q+17$$
$$AFC=TFC/Q=66/Q$$
$$SAC=Q^2-10Q+17+66/Q$$
$$SMC=\frac{dSTC}{dQ}=3Q^2-20Q+17$$

③ 停止营业点＝AVC 最低点,令 $AVC'=(Q^2-10Q+17)'=2Q-10=0$,则 $Q=5$。由收支相抵点＝SAC 最低点,令

$$SAC'=(Q^2-10Q+17+66/Q)'=2Q-10-66/Q^2=0$$

则

$$2Q^3-10Q^2-66=0,Q^3-5Q^2-33=0$$

得

$$Q\approx5.94$$

例 4-2 已知产量为 9 单位时,总成本为 95 元;产量增加到 10 单位时,平均成本为 10 元。由此可知边际成本为多少?

解:依题意,产量增加到 10 单位时,平均成本为 10 元,总成本为 $10\times10=100$(元)。增加 1 单位产量后,成本增加 $100-95=5$(元)。所以,边际成本是 5 元。

例 4-3 填写某企业的短期成本表,见表 4-3。

表 4-3　某企业的短期成本表

产量 （Q）	总　成　本			平均成本			边际成本 （MC）
	总固定成本 （TFC）	总可变成本 （TVC）	总成本 （TC）	平均固定 成本（AFC）	平均可变 成本（AVC）	平均成本 （AC）	
0	20	0					
1	20		50				
2	20	56					
3	20		95				

续表

产量（Q）	总 成 本			平 均 成 本			边际成本（MC）
	总固定成本（TFC）	总可变成本（TVC）	总成本（TC）	平均固定成本（AFC）	平均可变成本（AVC）	平均成本（AC）	
4	20	80					
5	20		125				
6	20	132					
7	20		202				
8	20	320					
9	20		740				

个案研究 4-3

大商场平时为什么不延长营业时间

节假日期间,天津劝业场和许多大型商场都延长营业时间,为什么平时不延长?下面用边际分析理论来回答这个问题。

从理论上说,延长时间一小时,就要支付一小时所耗费的成本,这种成本既包括直接的物耗,如水、电等,也包括售货员的加班费等。这种增加的成本就是本章中介绍的边际成本。假如延长一小时增加的成本是 1 万元,而由于多卖出了商品而增加的收益大于 1 万元,则企业家会延长这一小时;相反,如果在延长的一小时里增加的收益不足 1 万元,则不会延时,因为延长一小时的成本大于收益。

节假日期间,人们有更多的时间去旅游购物,使商场的收益增加,而平时,人们由于工作紧张、家务繁忙,没有更多时间和精力去购物,因此,即使商场延时服务也不会有更多的人光顾,增加的收益不足以抵偿延时所增加的成本。这就是节假日期间延长营业时间而在平时不延长营业时间的经济学道理。

无论边际收益大于边际成本还是小于边际成本,企业都要进行营业时间调整,说明这两种情况下都没有实现利润的最大化。只有在边际收益等于边际成本时,企业才不调整营业时间,这表明已把该赚的利润都赚到了,即实现了利润的最大化。

三、长期成本简要分析

在长期生产中,企业能根据产量调整全部要素,在每一个产量水平上总可以选择最优规模进行生产。因而,不存在固定的生产要素和不变的生产成本。为此,长期成本仅分为长期总成本(LTC)、长期平均成本(LAC)和长期边际成本(LMC)三项。

(一)长期总成本

长期总成本(LTC)是企业在长期内生产一定数量的产品所支付的费用总额,它是厂

商在长期中在每一个产量水平上通过选择最优的生产规模所能达到的最低总成本。长期总成本的函数形式为

$$LTC = LTC(Q) \tag{4-41}$$

长期总成本 LTC 是短期总成本曲线的包络线。所谓包络线,是指企业的长期总成本曲线把无数条短期总成本曲线(每条短期总成本曲线对应一个可供选择的生产规模)包围起来,每条短期总成本曲线与长期总成本曲线不相交但相切,如图 4-24 所示。若企业可任意选择生产规模,那么对于某个事先确定的产量水平,企业要计算在各种可供选择的工厂规模上的生产总成本,并选择总成本最小的那个规模。

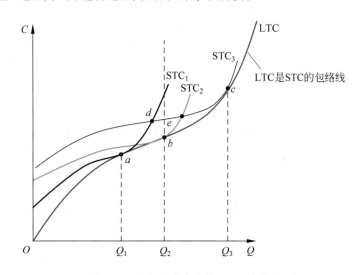

图 4-24　长期总成本曲线 LTC 的形成

(1) LTC 曲线的基本特征。由于无固定成本,LTC 从原点开始。LTC 的形状:陡峭—平坦—陡峭。

开始阶段,要素无法充分利用,成本增加幅度大于产量增加幅度,LTC 曲线较陡。中间阶段,要素充分利用,属于规模经济,LTC 曲线平坦。后面阶段,规模产量递减,成本增加幅度又大于产量增加幅度,LTC 曲线较陡。

(2) LTC 可以由 STC 线推导出。假设长期中只有三种可供选择的生产规模,分别由三条 STC 表示,三条 STC 截距不同。生产规模由小到大依次为 STC_1、STC_2、STC_3。

假定生产 Q_2 的产量,企业面临三种选择。

① STC_1 是较小规模,最低总成本在 d 点。

② STC_2 是中等规模,最低总成本在 b 点。

③ STC_3 是较大规模,最低总成本在 e 点。

其规模调整可得到 LTC。

长期中可以调整选择最优规模，以最低总成本生产。

在 d、b、e 三点中 b 点的成本最低，所以长期中企业在 STC_2 规模生产 Q_2 产量。

b 点是 LTC 曲线与 STC 曲线的切点，代表着生产 Q_2 产量的最优规模和最低成本。

同理，可以找出长期中每一产量水平上的最规模和最低长期总成本，也就是可以找出无数个类似的 b 点，连接即可得到 LTC。

知识对比

LTC 曲线与 STC 曲线的比较

LTC 曲线与 STC 曲线的形状一样，但它们有两点区别。一是 LTC 曲线从原点出发而 STC 曲线不从原点出发。这是因为，在长期不存在固定成本，所以产量为零时，长期总成本也为零。二是 STC 曲线和 LTC 曲线的形状的决定因素是不同的。STC 曲线的形状是由可变投入要素的边际收益率先递增后递减决定的，而在长期，由于所有的投入要素都是可变的，因此，这里对应的不是要素边际收益率问题而是要素的规模报酬问题，LTC 曲线的形状是由规模报酬先递增后递减决定的。

（二）长期平均成本

长期平均成本（LAC）表示长期内企业按产量平均计算的最低成本。其计算公式如下。

$$LAC(Q) = \frac{LTC(Q)}{Q} \tag{4-42}$$

与长期总成本曲线和短期总成本曲线关系一样，长期平均成本曲线也是短期平均成本曲线的包络线，见图 4-25。

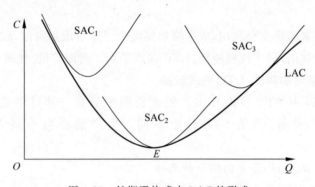

图 4-25　长期平均成本 LAC 的形成

LAC 与 SAC 的关系如下。三条短期成本曲线分别表示不同生产规模上平均成本的变化，越是往右，代表生产规模越大，在每一产量水平，都有一个 LAC 与 SAC 的切点，切点对应的平均成本就是生产相应产量水平的最低平均成本。由此，得到 LAC 曲线是无数条 SAC 曲线的包络线。

每条 SAC 与 LAC 不相交但相切,并且只有一个切点。在切点之外,SAC 高于 LAC;在其他条件相同的情况下,短期成本要高于长期成本。由于长期平均成本曲线和短期平均成本曲线的曲率不同,因此,在绝大多数情况下,不可能在两者最低点相切。

LAC 包络线的形状:长期平均成本 LAC 是先减少后增加的。因此,LAC 曲线是一条 U 形曲线,其最低点是 LAC 与 LMC 相等的点。其原因是规模经济。规模收益通常都是先上升,后下降,所以,LAC 曲线通常是 U 形。但包络线并不是短期平均成本曲线最低点的连接。

LAC 递减,处于生产规模递增阶段,与 SAC 最低点左端相切;LAC 递增,处于生产规模递减阶段,与 SAC 最低点右端相切;只有在 LAC 最低点,LAC 才与 SAC 最低点相切。

我们把短期平均成本曲线的最低点称为最优产出率,它意味着企业通过确定可变投入要素的最佳数量来使单位产品成本降到最低,这是在生产规模既定条件下企业所能选择的最佳点。我们把长期平均成本曲线的最低点称为最佳工厂规模,它意味着企业通过选择最适宜的生产规模来使单位产品成本降到最低。

在 E 点,长期和短期的两种状态重合在一起,使企业既做到 SAC 最低,又做到 LAC 最低,这是一种理想的状态。

(三)长期边际成本

长期边际成本(LMC)是指每增加一单位产量长期总成本的增量。长期边际成本是长期总成本对产量的导数,即

$$\text{LMC} = \lim_{\Delta Q \to 0} \frac{\Delta \text{LTC}}{\Delta Q} = \frac{\text{dLTC}}{\text{d}Q} \tag{4-43}$$

长期边际成本 LMC 是先减少后增加的,其最低点出现在 LTC 曲线拐点的对应处,LMC 曲线是一条类似 SMC 曲线的 U 形曲线。

LMC 曲线与 LAC 曲线的关系和 SMC 曲线与 SAC 曲线的关系一样,两者相交于 LAC 曲线的最低点。在该点左侧,是规模报酬递增的区域,在此区域中,每增加一单位产量所导致的长期总成本的增量小于每单位产品的长期成本,因此,LMC 曲线位于 LAC 曲线的下方;而在该点右侧,是规模报酬递减的区域,在此区域中,每增加一单位产量所导致的长期总成本的增量大于每单位产品的长期成本,因此 LMC 曲线位于 LAC 曲线的上方。

四、规模经济、外在经济与范围经济

(一)规模经济

规模经济和规模不经济是就一条给定的长期平均成本 LAC 曲线而言的。规模经济,也称作内在经济,是指企业由自身内部规模扩大所引起的经济效益的提高的情况,即随着生产规模扩大,产品平均成本下降的情况。其他情况不变,产量增加倍数大于成本增加倍数。

出现规模经济的原因：使用更先进的技术；实行专业化生产；提高管理效率；对副产品进行综合利用；要素的购买与产品的销售方面拥有更多的优势。

知识对比

规模经济与规模报酬

规模经济的形成与规模报酬递增的原因，基本上是相同的，也可以说规模报酬递增来自规模经济。假定多种要素投入量增加的比例是相同的，就是规模报酬问题。但两者不完全是一回事。规模报酬重点考察产品的数量与投入的数量变化之间的关系，重在实物形态；而规模经济重点考察产量变动过程中成本如何变动，重在价值形态。

规模不经济也称内在不经济，是指随着企业规模扩张到一定程度，由于本身规模过大而引起的经济效益的下降。其他情况不变，产量增加倍数小于成本增加倍数。

出现规模不经济的原因：企业内部合理分工被破坏，生产难以协调；管理阶层的增加；产品销售规模庞大、环节加长；获得企业决策的各种信息困难。

（二）外在经济与外在不经济

外在经济与外在不经济是用来解释长期平均成本 LAC 曲线的位置变化的原因。企业外在经济是由于企业的生产活动所依赖的外界环境得到改善而产生的。

外在经济是指由于整个行业生产规模的扩大和产量的增加，给个别企业带来产量与收益的增加。外在经济的原因如下。

（1）交通、通信等基础设施更为经济和更好地供给。

（2）行业信息和人才更容易流通和获得。

外在不经济是指由于整个行业生产规模过大和产量过多，给个别企业带来的产量与收益的减少。外在不经济的原因如下。

（1）竞争加剧，要素价格提高。

（2）环境污染。

（3）对基础设施的压力增加。

知识对比

规模经济与外在经济

规模经济与规模不经济是由企业变动自己的企业生产规模所引起的，所以也称为内在经济和内在不经济。规模经济和规模不经济是长期平均成本曲线 LAC 呈 U 形的主要原因。

外在经济与外在不经济是由企业以外的因素引起的，它影响企业的长期平均成本曲线的位置。外在经济使 LAC 下移，见图 4-26，外在不经济使 LAC 上移。

图 4-26　长期平均成本曲线的移动

（三）范围经济

企业在生产中往往不只是生产一种产品，有时这些产品在性质上密切相关，有时则毫不相关，然而，企业通常在生产两种以上产品时拥有生产和成本的优势。这些优势主要来源于生产要素的联合运用。

当企业以任意组合方式生产两种产品的成本能够低于两家企业各自单独生产同一数量的同一种产品的成本时，就产生了范围经济。范围经济是指若干种相关联的产品联合生产比分别生产各自的产品更有效率。范围不经济是指若干种相关联的产品联合生产效率低于分别生产各自的产品的效率。

知识链接 4-2

分工与专业化

亚当·斯密在其名著《国民财富的性质和原因的研究》中根据他对一个扣针厂的参观描述了一个例子。斯密所看到的工人之间的专业化和引起的规模经济给他留下了深刻的印象。他写道：

"一个人抽铁丝，另一个人拉直，第三个人截断，第四个人削尖，第五个人磨光顶端以便安装圆头；做圆头要求有两三道不同的操作；装圆头是一项专门的业务，把针涂白是另一项；甚至将扣针装进纸盒中也是一门职业。"

斯密说，由于这种专业化，扣针厂每个工人每天生产几千枚针。他得出的结论是，如果工人选择分开工作，而不是作为一个专业工作者团队，"那他们肯定不能每人每天制造出 20 枚扣针，或许连一枚也造不出来。"换句话说，由于专业化，大扣针厂可以比小扣针厂实现更高的人均产量和更低的平均成本。

斯密在扣针厂观察到的专业化在现在经济中普遍存在。例如，如果你想盖一个房子，你可以自己努力去做每一件事。但大多数人找建筑商，建筑商又雇用木匠、瓦匠、电工、油漆工和许多其他类型的工人。这些工人专门从事某种工作，而且，作为通用型工人时做得更好。实际上，运用专业化实现规模经济是现代社会经济繁荣的一个原因。

本 章 小 结

企业行为理论包括生产论和成本论,分别从实物量和价值量角度研究生产问题。成本理论是建立在生产理论的基础之上的。成本函数与生产函数有着密切联系。

企业的生产可以分为短期生产和长期生产。短期是指在生产中企业至少有一种生产要素来不及调整的时期;长期是指在生产中企业对于所有的生产要素都可以进行调整的时期。

短期生产的基本规律是边际报酬递减规律。该规律强调:在任何一种产品的短期生产中,在其他条件不变的前提下,任何一种可变要素的边际产量必然会从递增阶段发展为递减阶段。任何一种可变要素的短期边际产量曲线呈现出倒 U 形的特征。短期生产可分为三个阶段,企业生产的合理区间是第二阶段。

长期生产理论的主要分析工具是等产量曲线和等成本曲线。等产量曲线表示在技术水平不变的条件下生产同一产量的两种生产要素投入量的所有不同组合。等产量曲线的斜率可以用边际技术替代率来表示,边际技术替代率递减。

等成本曲线是在生产成本和要素价格给定的条件下生产者可以购买到的两种生产要素的各种不同组合的轨迹。等成本线的斜率可以用两要素的价格之比来表示。

规模报酬属于长期生产的概念。在企业扩大规模的长期生产过程中,一般会先后经历规模报酬递增、规模报酬不变和规模报酬递减三个阶段。

机会成本是指企业运用一定的生产要素进行生产时所放弃的运用相同生产要素在其他场合的生产中所能得到的最高收入。

短期成本有七种:短期总成本(STC)、总不变成本(TFC)、总可变成本(TVC)、短期平均成本(SAC)、平均不变成本(AFC)、平均可变成本(AVC)以及短期边际成本(SMC)。在理解七条短期成本曲线的各自特征及其相互之间的关系时,关键是抓住短期生产的基本规律,即边际报酬递减规律。

长期成本有三种:长期总成本(LTC)、长期平均总成本(LAC)和长期边际成本(LMC)。在理解三条长期成本曲线的各自特征及其相互之间的关系时,关键是抓住:在长期中,企业在每一个产量上都是通过对最佳生产规模的选择来将生产成本降到最低水平。

企业长期生产的规模经济和规模不经济决定了长期平均成本(LAC)曲线呈 U 形特征;企业长期生产的外在经济和外在不经济决定了长期平均成本(LAC)曲线位置的高低。

本章内容结构

综合练习

一、名词解释

生产函数　总产量　平均产量　边际产量　边际收益递减规律　等产量线　等成本线　规模报酬　机会成本　边际技术替代率　经济成本　经济利润　规模经济　外在经济　范围经济　收支相抵点　停止营业点

二、选择题

1. 当边际产量大于平均产量时,(　　)。
   A. 平均产量增加　　　　　　　B. 平均产量减少
   C. 平均产量不变　　　　　　　D. 平均产量达到最低点
2. 当劳动 L 的边际产量为负时,处于(　　)。
   A. L 的第一阶段　　　　　　B. L 的第二阶段

C. L 的第三阶段   D. 上述都不是

 3. 已知产量为 8 单位时,总成本为 80 元,当产量增加到 9 单位时,平均成本为 11 元,此时的边际成本为(　　)元。

  A. 1   B. 19   C. 88   D. 20

 4. 已知产量为 500 单位时,平均成本是 2 元,产量增加到 550 单位时,平均成本等于 3 元(平均成本最低点所对应的产量为 400 单位),在这个产量变化范围内,边际成本(　　)。

  A. 随着产量的增加而上升,并在数值上大于平均成本

  B. 随着产量的增加而上升,并在数值上小于平均成本

  C. 随着产量的增加而下降,并在数值上小于平均成本

  D. 随着产量的增加而下降,并在数值上大于平均成本

 5. 长期平均成本曲线成为 U 形的原因与(　　)。

  A. 规模报酬有关   B. 外部经济与不经济有关

  C. 要素的边际生产率有关   D. 固定成本与可变成本所占比重有关

三、计算题

1. 已知短期生产函数 $Q=2KL-0.5L^2-0.5K^2$,且 $K=10$。

(1) 写出在短期生产中该企业关于劳动的 TP、AP、MP 函数。

(2) 分别计算当 TP、AP、MP 各自达到最大值时的劳动投入量。

(3) 什么时候 MP＝AP?

2. 已知某企业的生产函数为 $Q=L^{2/3}K^{1/3}$,劳动的价格 $w=2$,资本的价格 $r=1$。求:

(1) 当成本 $C=3\,000$ 时,企业实现最大产量时的 L、K 和 Q 的均衡值。

(2) 当产量 $Q=800$ 时,企业实现最小成本时的 L、K 和 C 的均衡值。

3. 表 4-4 是一张短期生产函数产量表。

表 4-4　短期生产函数产量表

资本	劳动	总产量	平均产量	边际产量
12	1		2	
12	2			10
12	3	24		
12	4		12	
12	5	60		
12	6			6
12	7	70		
12	8			0
12	9	63		

(1) 填表。

(2) 该生产函数是否呈现出边际报酬递减? 如果是,从第几单位劳动投入量开始的?

四、简答题

1. 生产的三个阶段是如何划分的？为什么企业只会在第二阶段上生产？
2. 画图说明各短期成本曲线之间的关系如何。

推荐阅读

[1] 尹伯成.西方经济学简明教程[M].8版.上海：格致出版社,2013：第四章,第五章.
[2] 高鸿业.西方经济学(微观部分)[M].6版.北京：中国人民大学出版社,2014：第四章,第五章.
[3] 威廉·A.迈克易切恩.微观经济学[M].余淼杰,译.北京：机械工业出版社,2011：第七章.
[4] 克鲁格曼.克鲁格曼经济学原理[M].北京：中国人民大学出版社,2011：第七章.
[5] 范家骧,刘文忻.微观经济学[M].2版.大连：东北财经大学出版社,2007：第五章,第六章.
[6] 弗兰克.牛奶可乐经济学 2[M].北京：中国人民大学出版社,2009.
[7] 茅于轼.生活中的经济学[M].3版.广州：暨南大学出版社,2007.
[8] 梁小民.经济学是什么[M].北京：北京大学出版社,2017.
[9] 平狄克,鲁宾费尔德.微观经济学[M].李彬,等,译.北京：中国人民大学出版社,2013.

第五章

产品市场理论

【内容提要】

第三章和第四章分别从单一消费者行为和生产者行为的角度来分析,本章通过市场将二者结合起来进行分析。市场按照其不同的特点,可以分为完全竞争、完全垄断、垄断竞争和寡头垄断4种。本章从产品市场结构来分析市场的价格与产量的决定问题。企业在各种市场结构中如何决定产品价格和产量的理论被称为市场理论或市场论。

【学习目标与重点】

◆ 了解不同市场结构的划分及其划分依据,以及四类竞争市场组织形式的特点及成因。

◆ 掌握完全竞争企业的需求曲线与收益曲线和供给曲线与短期均衡的不同情况。

◆ 掌握垄断企业的定价策略,懂得各类不完全竞争企业的均衡分析和效率分析。

◆ 能结合实际对完全竞争市场的经济效率做出评价。

【关键术语】

完全竞争市场　垄断市场　垄断竞争市场　寡头垄断市场

【引入案例】

亚马逊电子书涉嫌滥用市场支配地位

亚马逊是目前欧盟市场上最大的电子书发行商。欧盟委员会(以下简称"欧委会")于2015年6月开始对亚马逊电子书销售业务启动了反垄断调查。欧委会发现在亚马逊和相关出版社签订的协议中的最惠国待遇条款(Most Favored Nation Clause,简称"MFN条款")会使其他电子书销售商难以与亚马逊展开竞争。根据亚马逊协议中的MFN条款,如果出版商和亚马逊的竞争对手签订更优惠的条款时,必须通知亚马逊并且给予亚马逊类似的优惠,以确保亚马逊可以获得和其他竞争者一样优惠的条款。

由于亚马逊是欧盟市场中最大的电子书销售商,因此欧委会担心该MFN条款会导致其他竞争者很难与亚马逊竞争,并且会限制购买电子书的消费者选择的空间。如果欧委会的疑虑成立,则亚马逊和出版商签订MFN条款的行为违反欧盟竞争法中滥用市场支配地位及限制性商业行为的规定。

2017 年 1 月,亚马逊向欧委会委递交和解承诺。亚马逊承诺:①不再强迫出版商遵守 MFN 条款相关规定;②允许出版商终止有折扣池条款(Discount Pool Provision)的合同;③不再将 MFN 条款相关规定以及折扣池条款放入新的电子书协议中。亚马逊上述的承诺将适用于 5 年内欧盟区的电子书协议。社会公众以及亚马逊的竞争者可以在 2017 年 2 月 24 日之前对亚马逊的承诺提出建议。

亚马逊电子书案中,欧委会主要关注的竞争问题在于亚马逊通过 MFN 条款要求出版商:①提供给竞争者更优惠条件时必须通知亚马逊;②必须给予亚马逊相同或更优惠的条件。

欧委会初步调查的重心主要放在亚马逊是否通过上述 MFN 条款滥用其市场支配地位和从事限制性商业行为。欧委会担心 MFN 条款会增加其他电子书销售商通过创新产品和服务与亚马逊进行竞争的难度,进而限制消费者的选择权利。

MFN 条款一般指的是交易一方承诺给予另一方不差于其他竞争者的最优惠条件或价格。MFN 条款既有促进竞争、增进消费者福利的方面,也有阻碍竞争、减少消费者福利的方面。

MFN 条款促进竞争的方面,包括以下 4 个方面:①MFN 条款使供应商的折扣普遍适用,压低价格惠及消费者;②趋同的售价降低了消费者的搜索成本;③激励各竞争者展开有特色的、非价格的竞争;④减少投机者搭便车,通过降低售价来抢占市场。

MFN 条款也有可能造成限制竞争的效果,主要包括以下三点:①MFN 条款强化了大企业的议价能力与定价能力,导致小企业难以和大企业竞争;②MFN 条款会压缩供应商的利润空间,从而减少供应商提供折扣的动力;③考虑到对有 MFN 条款的签订方都要给予最优惠的价格,造成供应商可能不敢或不愿向其他竞争者降低价格,则将导致价格凝固,甚至会有签订 MFN 条款双方共谋,协议提高价格等情形。

MFN 条款是否造成限制竞争或促进竞争的效果需进一步对案件事实进行分析并适用合理分析原则(Rule of Reason)。分析 MFN 条款潜在竞争影响的主要因素包括:①MFN 条款涉及的产品和市场;②MFN 条款是买方要求还是卖方要求的;③MFN 条款的类型和签订的动机;④MFN 条款订立是否为该行业的惯常形式等。同时,适用合理原则分析时还应考虑要求签订 MFN 条款方是否占有较大的市场份额。一般认为,MFN 条款通常情况下并不会造成限制竞争的影响,只有在买方或卖方有能力影响产品价格时才会造成限制竞争的效果。本案中亚马逊电子书经销业务在欧盟拥有最大的市场份额,符合上述限制竞争判断的标准。

资料来源:顾正平,吴桂慈,向文磊.亚马逊电子书涉嫌滥用市场支配地位案——兼评最惠国待遇条款的竞争分析[EB/OL].https://sanwen8.cn/p/8db0HKz.html.

思考题:

什么是垄断?为什么欧委会会对亚马逊电子书销售业务启动反垄断调查?垄断的危害都有哪些?

第一节　完全竞争市场

一、市场的类型与市场需求曲线

（一）市场的类型

什么是市场？市场一般是指一种货物或劳务买卖的场所，买卖双方在市场上决定商品交换的价格。

每一种商品有一个市场，商品在同一市场上通常只有一个价格。一个市场不一定是甚至通常不是一个单一的地点，而是一个区域。它有可能有固定场所，也可能通过电话、网络买卖成交。例如，黄金、宝石及政府担保的金边证券具有世界范围的市场，而一些价值低、重量大的商品如砂、石、砖等，其市场往往缩小到地区或地方范围。

从本质上讲，市场是物品买卖双方相互作用并得以决定其交易价格和交易数量的一种组织形式或制度安排。

市场可以按不同方法进行分类，西方经济学家通常按照竞争和垄断的程度将市场和市场中的企业分为四类：完全竞争、垄断竞争、寡头垄断和完全垄断。完全竞争市场是竞争程度最高的，垄断竞争次之；完全垄断市场是垄断程度最高的，寡头垄断次之。

影响竞争程度的主要因素有以下五点。

（1）卖者和买者的集中程度或数目。数目越多，集中程度越低，竞争程度就越高。

（2）不同卖者之间各自提供的产品的差别程度。各企业提供的产品越是相似，可以预料，竞争就越激烈。

（3）单个企业对市场价格控制的程度。单个企业越无法控制价格，表明市场竞争越激烈。

（4）企业进入或退出一个行业的难易程度。如果存在进入市场的障碍，意味着原有企业拥有了一些新加入者不具备的有利条件。

（5）市场信息畅通程度。当今社会，市场信息对竞争程度的影响越来越重要。

其中第一个因素和第二个因素是最基本的决定因素，第三个因素是前两个因素的必然结果，第四个因素是第一个因素的延伸。

关于四种市场类型的划分及其特征如表 5-1 所示。

表 5-1　市场类型的划分与特征

市场类型 市场特征	完全竞争	垄断竞争	寡头垄断	完全垄断
买者和卖者的数量	很多	较多	少数生产者	一个生产者
产品差别程度	无差别，同质替代品多	有些差别，轻微	有差别或同质	唯一产品，无替代品
对价格控制的程度	对价格无控制能力，企业只能接受市场价格	企业有一定的定价自由，但不大	有相当的控制能力，但对竞争者的反应十分敏感	对价格控制的程度很大，但经常受到政府管制

续表

市场特征 ＼ 市场类型	完全竞争	垄断竞争	寡头垄断	完全垄断
进出的难易程度	完全自由	比较自由	较多进入障碍	很困难，无新企业进入
市场信息畅通程度	买卖双方都掌握完备信息	条件优越的卖者掌握信息	信息不完全	企业控制
广告	很少有价值	普遍使用	普遍使用	不经常使用
现实中接近的行业	农产品	零售业	钢铁行业、汽车制造业	电力、自来水等公用事业

对表 5-1 的理解应该注意以下几点：一是理论上的竞争模式与现实中人们理解的似乎有些矛盾。如理论模式的竞争无需广告，而实际经商者把广告当作一种竞争武器，做广告是竞争激烈的表现；二是完全垄断市场下有一些行业，如公用事业（自来水、电力等）独家经营要比两家以上经营有更低的平均成本；三是寡头垄断市场上情况比较复杂，寡头因其产品是否同质可分为两类：无差别寡头或纯粹寡头和有差别寡头，前者如钢铁、水泥、制糖等行业，后者如汽车、家电等行业。

知识对比

行业、产业与市场

行业或产业是指制造或提供同一或类似产品或劳务的企业的集合，如纺织业、机器制造业、食品加工业等，而纺织业又可分为棉织业、针织业、丝织业等。企业与行业是成员与集体的关系，在经济分析中必须区分企业与行业。行业与市场这两个概念也要弄清楚，行业是生产或供给方面的概念，而市场则包括供求双方。

（二）市场需求曲线

市场的均衡价格和均衡数量取决于市场的需求曲线和供给曲线。消费者追求效用最大化的行为决定了市场的需求曲线，企业追求利润最大化的行为决定了市场的供给曲线。

第三章讨论了单个消费者对某种商品的需求曲线，本章将在此基础上进一步推导市场需求曲线。

一种商品的市场需求是指在一定时期内在各种不同的价格下市场中所有消费者对该种商品的需求数量。因而，一种商品的市场需求不仅依赖于每一个消费者的需求函数，还依赖于该市场中所有消费者的数目。

假定在某一商品市场上有 n 个消费者，他们都具有不同的个人需求函数 $Q_d = f_i(P)$（$i = 1, 2, \cdots, n$），则该商品市场的需求函数如下。

$$Q_d = \sum_{i=1}^{n} f_i(P) = F(P) \tag{5-1}$$

可见,一种商品的市场需求量是每一个价格水平上该商品所有个人需求量的加总。只要有了某商品市场的每个消费者的需求表或需求曲线,就可以通过相加汇总的方法,得到该商品市场的需求表或需求曲线。因此,市场需求曲线与单个消费者的需求曲线一样也是向右下方倾斜的。

从单个消费者的需求表到市场需求表见表 5-2。

表 5-2　从单个消费者的需求表到市场需求表

商品价格 (1)	消费者 A 的需求量 (2)	消费者 B 的需求量 (3)	市场需求量 (2)＋(3)
0	20	30	50
1	16	24	40
2	12	18	30
3	8	12	20
4	4	6	10
5	0	0	0

由于市场需求曲线是单个消费者的需求曲线的水平加总,所以,如同单个消费者的需求曲线一样,市场需求曲线一般也是向右下方倾斜的。市场需求曲线表示某商品市场在一定时期内在各种不同的价格水平上所有消费者愿意而且能够购买该商品的数量。

市场需求曲线上的每个点都表示在相应的价格水平上可以给消费者带来最大的效用水平或满足程度的市场需求量。

二、完全竞争市场的条件

个案研究 5-1

农村春联市场:完全竞争的缩影

贴春联是中国民间的一大传统,春节临近,春联市场红红火火,而在农村,此种风味更浓。在某春联市场中,需求者有 5 000 多农户,供给者为 70 多家零售商,市场中存在许多买者和卖者;供应商的进货渠道大致相同,且产品的差异性很小,产品具有高度同质性(春联所用纸张、制作工艺相同,区别仅在于春联所书写内容的不同);供给者进入退出没有限制;农民购买春联时的习惯是逐个询价,最终决定购买,信息充分;供应商的零售价格水平相近,提价基本上销售量为零,降价会引起利润损失。原来,我国有着丰富文化内涵的春联,其销售市场结构竟是一个高度近似的完全竞争市场。

春联市场是一个特殊的市场,时间性很强,仅在年前存在 10 天左右,供应商只有一次批发购进货物的机会。供应商对于该年购入货物的数量主要基于上年销售量和对新进入者的预期分析。如果供应商总体预期正确,则该春联市场总体商品供应量与需求量大致相同,则价格相对稳定。一旦出现供应商总体预期偏差,价格机制就会发挥巨大的作用,将会出现暴利或者亏损。

完全竞争市场又称为纯粹竞争市场，是指不包含任何垄断因素且不受任何阻碍和干扰的市场结构。它有以下四个特征，缺少其中任何一个，就不是完全竞争市场。

（1）市场上有大量的买者和卖者，从而单个企业的价格既定。由于市场上有无数相互独立的买者和卖者，他们购买和出售的产量只占市场总额中极小的一部分，因而任何一个企业或家庭只能按照既定的市场均衡价格销售和购买他们愿意买卖的任何数量而不致对价格产生明显的影响。市场价格只能由全体买者的需求总量和全体卖者的供给总量共同决定，每一个企业或消费者只是市场价格的接受者，而不是价格的制定者，竞争地位平等。

（2）市场上每一个企业提供的商品都是完全同质的，不存在产品差别。所有企业提供标准化产品，它们不仅在原料、加工、包装、服务等方面一样，完全可以相互替代，而且对买者来说，根本不在乎是哪家企业的产品。如果一个企业稍微提高其产品价格，所有的顾客将会转而购买其他企业的产品。

（3）所有的资源具有完全的流动性。完全竞争的市场要求所有的资源都能在行业之间自由流动，该行业的工厂规模和企业数目在长期内可以任意变动，不存在任何法律的、社会的或资金的障碍，以阻止企业进入或退出该行业。这样，任何一种资源都可以及时投向能获得最大利润的生产，缺乏效率的企业将被市场淘汰。

（4）市场信息是完全的、畅通的。所有买者和卖者都具有充分的知识，并完全掌握与自己经济决策有关的一切信息。因而不会有任何人以高于市场的价格进行购买，以低于市场的价格进行销售。排除了一个市场按照不同的价格进行交易的情况。

以上四个假设极为苛刻，尤其是第四条。现实中并不存在完全符合这些假设的市场，比较接近的是农产品市场，比如我国的大米市场，有上亿农户在生产，有数亿家庭在消费，某一个或某几个生产者或消费者不可能影响价格，无论是东北大米，还是西北大米，其不同之处要比奔驰汽车和桑塔纳汽车的差别小得多，因而价格也不会相差得像后者那样大。

市场价格会随着很多因素的改变而变化，比如气候的变化或大部分农户对市场预期的变化会影响农业产量，从而影响粮食价格。对于农户和消费者来说，当粮食价格发生变化时，只能接受变化后的价格。也就是说，如果你是完全竞争市场中的个体，市场会影响你的行为，而作为个体的你是不可能影响市场的。

为了分析的方便，我们有必要对行业进行界定。微观经济学里的行业是指互相竞争的，生产无差别产品的所有企业构成的集合，与人们理解的一般意义上的行业稍有区别。

就个案研究 5-1 中所提到的农村春联市场来看，春联产品的同质性、企业进入与退出市场没有障碍、买卖双方的数量很多以及信息很充分说明春联市场接近于一个完全竞争的市场。这种竞争的充分性主要来源于产品的同质性即产品之间的完全替代，而企业有无数个，因此可以保证单个企业不能控制产品的价格。在模型中要求参与者数量是无数个,他们的经济行为对价格没有影响。在现实中,尽管企业和消费者的数量很大,但总是有限的,也就不能满足个体行为对价格没有影响的条件。从信息的充分性与对称性来看,忽略了获取信息是有成本的,人们对信息的搜寻与获取也是建立在成本与收益的比较之上的。在现实中人们往往根据经验来做出产品相关性质的判断,所以在一些外观形状、颜色等较容易判断的低级产品上容易产生接近于完全竞争性质的市场,而在一些个体化的、对产品和服务需要更多信息的高级产品以及需要相关制度来保证交易的顺利进行的产品和劳务就不太容易形成接近于完全竞争性质的市场。

三、完全竞争企业的需求曲线与收益曲线

(一)完全竞争企业的需求曲线

处于完全竞争中的单个企业是市场价格的接受者,他在给定的市场价格下能出售任何数量的产品,或者说,他出售任何数量的产品不会影响市场价格,因此,完全竞争企业的需求曲线就是一条由既定市场价格出发的与横轴平行的水平线,见图 5-1(b)。

如图 5-1(a)所示,市场的需求曲线和供给曲线决定了市场的均衡价格 P_e,在这一价格下,单个企业可以卖出它能够生产的任何产品数量,因此企业所面对的市场对它的需求曲线是图 5-1(b)中与 E 点相对应的直线 d。直线 d 是水平的,意味着企业只能被动接受市场价格,而且既然在该价格下,企业可以卖出任何所能够出售的数量,企业也就没有必要以低于 P_e 的价格出售产品。

图 5-1 完全竞争企业的需求曲线

在完全竞争市场中,单个消费者和单个企业无力影响市场价格,他们中的每一个人都是被动地接受既定的市场价格,但这些并不意味着完全竞争市场的价格是固定不变的。当某些原因(比如干旱使全球粮食减产)导致供给曲线左移,就会形成新的均衡价格。这时,我们就会得到一条由新的均衡价格水平出发的水平线,见图 5-2。

在图 5-1 中,开始时的供给曲线为 S_1,市场的均衡价格为 P_1,相应的企业的需求曲线是由价格水平 P_1 出发的一条水平线 d_1。当供给曲线的位置由 S_1 移至 S_2 时,市场均衡价格上升为 P_2,于是企业的需求曲线是由新的价格水平 P_2 出发的另一条水平线 d_2。不难看出,企业的需求曲线可以出自各个不同的给定的市场均衡价格水平,但他们总是呈水平线的形状。

(a) 完全竞争市场价格的变动　　　　　(b) 厂商的需求曲线变动

图 5-2　完全竞争市场价格的变动和企业的需求曲线

（二）完全竞争企业的企业收益

企业收益就是企业销售其产品所取得的全部收入,而不是所赚取的钱。企业的收益分为总收益、平均收益和边际收益,英文缩写分别为 TR、AR 和 MR。

1. 总收益 TR

总收益是指企业出售一定数量产品时所得到的全部收入。用公式表示如下。

$$\mathrm{TR}(Q) = PQ \tag{5-2}$$

2. 平均收益 AR

平均收益是指企业销售每单位产品所得到的平均收入。用公式表示如下。

$$\mathrm{AR}(Q) = \frac{\mathrm{TR}(Q)}{Q} = \frac{PQ}{Q} = P \tag{5-3}$$

该式在任何市场条件下均成立。

3. 边际收益 MR

边际收益是指企业每增加一单位产品销售所引起的总收益的变动量。用公式表示如下。

$$\mathrm{MR}(Q) = \mathrm{MR} = \frac{\mathrm{dTR}}{\mathrm{d}Q} = (PQ)' = P \tag{5-4}$$

（三）完全竞争企业的收益曲线

企业的收益取决于市场上对其产品的需求状况,或者说,企业的收益取决于企业的需求曲线的特征。在不同的市场类型中,企业的需求曲线具有不同特征。

1. 完全竞争企业的收益特点

假定企业的销售量等于企业所面临的需求量,在每一销售量上,企业的销售价格是固定不变的,于是,必然会有 AR＝MR＝P。随着销售量的增加,由于产品价格保持不变,所以,总收益 TR 是以不变的速率上升的。

2. 完全竞争企业的收益曲线的特征

完全竞争企业的平均收益 AR 曲线、边际收益 MR 曲线和需求曲线 d 三条线重叠,都是由既定价格水平出发的水平线,即 AR＝MR＝P,见图 5-3。

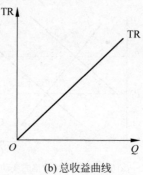

(a) 平均收益与边际收益曲线   (b) 总收益曲线

图 5-3   完全竞争企业的收益曲线

注意：AR＝P 在任何市场条件下均成立，但是 AR＝MR＝P 只有在完全竞争的市场中才能成立。因为只有在完全竞争市场上，企业才是价格的接受者，其产品的价格才是常数，因此企业每销售一单位产品所获得的边际收益才等于价格。

在每一个销售量水平，MP 值是 TR 曲线的斜率，在完全竞争市场 MR 值等于固定不变的价格水平 P，因此，完全竞争企业的总收益 TR 曲线是一条由原点出发的斜率不变的直线，且向右上方倾斜。

四、完全竞争企业的短期均衡

（一）企业实现利润最大化的均衡条件

图 5-4 是某完全竞争企业的一条短期生产的边际成本 SMC 曲线和一条由既定价格水平 P_e 出发的水平的需求曲线 d，这两条线相交于 E 点。E 点即是完全竞争企业实现最大利润的生产均衡点，相应的产量 Q^* 是企业实现最大利润时的均衡产量。

当产量小于 Q^* 时，如 Q_1，企业的边际收益大于边际成本，即有 MR＞SMC。这表明企业增加一单位产量所带来总收益的增加量大于所付出的总成本的增加量，也就是说，企业增加产量是有利可图的，可以使利润得到增加。因此，只要 MR＞SMC，企业就会增加产量。

随着产量的增加，企业的边际收益 MR 保持不变而企业的边际成本 SMC 是逐步增加的，当 MR＝SMC 时，企业得到了扩大产量所带来的全部好处，获得了其所能得到的最大利润。此时的产量为 Q^*。

当 MR＜SMC 时，如 Q_2，企业的边际收益小于边际成本，这表明企业增加一单位产量所带来的总收益的增加量小于所付出的总成本的增加量，也就是说，企业增加产量是不利的，企业会亏损。因此，只要 MR＜SMC，企业就

图 5-4   利润最大化

会减少产量。

随着产量的减少，企业的边际收益仍保持不变，而企业的边际成本 SMC 逐步下降，最后会逐步变成为 MR＝SMC，企业获得最大利润。

不管是增加产量，还是减少产量，企业都是在寻找能够带来最大利润的均衡产量，而这个均衡产量就是使 MR＝SMC 的产量。只有在 MR＝SMC 时，企业既不扩大，也不缩小产量，而是维持产量，表明该赚的利润都赚到，即实现生产者利润最大化。所以，边际收益 MR 等于边际成本 SMC 是企业实现利润最大化的均衡条件。

用数学方法证明如下。

用 π 表示企业的利润，则

$$\pi(Q) = TR(Q) - TC(Q) \tag{5-5}$$

满足利润最大化的条件为一阶导数为零，即

$$\frac{d\pi(Q)}{dQ} = \frac{dTR(Q)}{dQ} - \frac{dTC(Q)}{dQ} = MR(Q) - MC(Q) = 0 \tag{5-6}$$

得

$$MR(Q) = MC(Q) \tag{5-7}$$

MR＝SMC 的均衡条件有时也称为利润最大或亏损最小的均衡条件，能保证企业处于由既定的成本状况（由给定的成本曲线表示）和既定的收益状况（由给定的收益曲线表示）所决定的最好的境况中。

（二）完全竞争企业的短期均衡

企业均衡是指当企业的生产水平保持不变，既不扩大也不缩小时，企业处于均衡状态。

在完全竞争企业的短期生产中，市场的价格是给定的，而且生产中的不变要素的投入量是无法变动的，即生产规模也是给定的。在短期，企业是在给定的生产规模下，通过对产量的调整来实现 MR＝SMC 的利润最大化的均衡条件。

假设某企业的成本函数和价格分别如下。

$$TC = 2Q^3 - 5Q^2 + 10Q + 25, \quad P = 66$$

据此，可以求得下列函数：

$$MC = \frac{dTC}{dQ} = 6Q^2 - 10Q + 10$$

$$AC = \frac{TC}{Q} = 2Q^2 - 5Q + 10 + \frac{25}{Q}$$

$$TR = PQ = 66Q$$

$$\pi = TR - TC = -2Q^3 + 5Q^2 + 56Q - 25$$

$$TVC = 2Q^3 - 5Q^2 + 10Q$$

分别求出产量从 0 增加到 6 时的 TC、MC、AC、TR、π、TVC 等的具体数值，再由 MC＝P 的均衡条件，可求得利润最大化时的产量值及最大利润值，见表 5-3。

表 5-3　完全竞争企业的短期成本、收益与利润

产量 Q	价格 P	固定成本 TFC	变动成本 TVC	总成本 TC	边际成本 MC	平均成本 AC	总收益 TR	利润 π
0	66	25	0	25			0	−25
1	66	25	7	32	6	32	66	34
2	66	25	16	41	14	20.5	132	91
3	66	25	39	64	34	21	198	134
4	66	25	88	113	66	28.25	264	151
5	66	25	175	200	110	40	330	130
6	66	25	312	337	166	56	396	59

从表 5-3 可以看出，当 $Q=4$ 时，$SMC=MR=P=66$，利润 $\pi=151$ 最大。当 $Q<4$ 时，$SMC<MR$，扩大生产可以增加利润；$Q>4$ 时，$SMC>MR$，随着产量继续增加利润已经开始下降。进一步验证了前述企业实现利润最大化的均衡条件。

企业是盈利还是亏损，取决于市场价格与企业均衡产量时平均成本的对比。短期内，完全竞争市场由供求作用形成价格，可能高于、等于、低于企业的平均成本，企业可能处于盈利、盈亏平衡或亏损等不同状态。

当 $P>AC$ 时，$\pi>0$。

当 $P<AC$ 时，$\pi<0$。

当 $P=AC$ 时，$\pi=0$。

一般来说，完全竞争市场中由供求决定的市场均衡价格是变动的，而企业在短期内随价格变动而调整平均成本是困难的，因此 AC 与 P 常常不相等，也就是说企业在短期内既可能有盈余，也可能出现亏损。

(1) 行业供给小于需求，价格水平比较高。

利润最大化原则：$MR=SMC$，E 点为企业决策点，决定产量 OM 和价格 ON。$TR=OMEN>TC=OMKG$，存在超额利润 $GKEN=OMEN-OMKG$。$P=AR>SAC$，企业处于盈利状态，见图 5-5。

(2) 行业供给大于需求，价格水平比较低。

利润最大化原则：$MR=SMC$，E 点为企业决策点，决定产量 OM 和价格 ON。$TR=OMEN<TC=OMKG$，存在亏损 $GKEN=OMKG-OMEN$。$P=AR<SAC$，企业处于亏损状态，见图 5-6。

(3) 企业需求曲线切于 SAC 最低点。

$P=AR=SAC$，企业的经济利润恰好为零，处于盈亏平衡状态，见图 5-7。

图 5-5　盈利状态的企业短期均衡

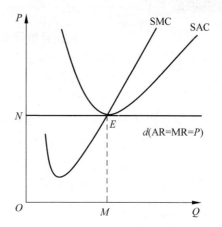

图 5-6　亏损状态的企业短期均衡　　　　图 5-7　盈亏平衡状态的企业短期均衡

（三）完全竞争企业的短期供给曲线

根据完全竞争企业的短期均衡条件,可以推导出其短期供给曲线。前面曾提到供给曲线的含义,对于任意一个价格水平,企业愿意并且能够生产和销售的产品数量,就是这一价格水平下的供给量;而供给量与价格水平之间的对应关系就是供给曲线。

根据上述分析,给定任意一个市场均衡价格,只要高于企业的平均可变成本最低点,企业就会根据其利润最大化原则,确定一个使自己的边际成本等于市场均衡价格的产量水平,从而可以断定,企业的决策点总在边际成本曲线上变动。因此,完全竞争企业的短期供给曲线为该企业停止营业点以上($P \geqslant AVC$)的边际成本曲线。

完全竞争企业短期供给曲线的推导见图 5-8。当市场均衡价格为 P_1 时,企业根据 $MR = SMC$ 的利润最大化原则确定的产量水平为 Q_1;当市场均衡价格为 P_2 时,确定的产量水平为 Q_2。以此类推,显然,企业的短期供给曲线就是其平均可变成本曲线 AVC 最低点以上的边际成本曲线。

图 5-8　由完全竞争企业的短期边际成本曲线到短期供给曲线

知识扩展 5-1

完全竞争行业的短期供给曲线

完全竞争行业的短期供给曲线为所有企业的短期供给曲线之叠加,即由所有企业的停止营业点以上部分的 SMC 曲线在水平方向相加而成,表示相对于各种价格水平来说,行业内所有企业将提供产量的总和。

完全竞争行业的短期供给曲线保持了完全竞争企业的短期供给曲线的基本特征,即曲线也是向右上方倾斜的,它表示市场的产品价格和市场的短期供给量呈同方向的变动。而且,行业的短期供给曲线上与每一价格水平相对应的供给量都是可以使全体企业在该价格水平获得最大利润或最小亏损的最优产量。

(四)生产者剩余

生产者剩余是指企业在提供一定数量的某种产品时实际接受的总支付和愿意接受的最小总支付之间的差额。它通常用市场价格线以下、企业的供给曲线以上的面积来表示。

由于所有边际成本的总和必然等于可变成本的加总。因而,生产者剩余也可由企业的收入与其可变总成本的差额定义。

知识对比

生产者剩余与消费者剩余

二者定义类似,只不过生产者剩余是从企业供给的角度出发,而消费者剩余则是从消费者消费的角度出发。消费者剩余就是消费者对于某种商品所愿意支付的最大总价格与实际支付的总价格之间的差额。

(五)完全竞争企业的长期均衡

这里的长期,既指企业可根据市场需求变化而调整生产规模的时期,也指企业有时间进入或退出行业的时期。就是说,一个行业在长期中可通过两种方式进行调整:一是行业中企业数量变动;二是企业经营规模变动。

1. 行业中企业数量变动

假定某行业有经济利润,就会吸引新企业进入,于是该行业供给增加,在需求没有变化的情况下,产品价格会下跌,一直跌到经济利润消失时企业停止进入。反之,若某行业产品价格使企业经营有亏损,则企业会退出行业,该行业供给就减少,在需求不变情况下,产品价格会上升,直到不亏损时企业停止退出。因此,企业进入退出的结果必然是企业只能获得正常利润而经济利润为零,即产品价格等于平均成本。

2. 企业经营规模变动

假如企业扩大规模可降低成本并获得经济利润,企业就会扩大规模。当所有企业都这样做时,行业供给就会扩大,在市场需求不变时,产品价格会下降,直到经济利润消失时,企业变动规模的行动才会停止。这时候,产品价格也等于长期平均成本。企业收缩规模的情况,同样如此。

可见,在一个完全竞争市场上,长期均衡就是既无经济利润又无亏损的状态。这时,再没有企业进入或退出该行业,再没有企业扩大或收缩经营规模。

完全竞争市场简评

1. 完全竞争市场的优点

(1) 完全竞争市场最理想,资源得到最优配置。

(2) 供给与需求相等,不会有生产不足或过剩,需求得到满足。

(3) 长期均衡时,平均成本最低,要素作用最有效。

(4) 平均成本最低决定了产品价格最低,对消费者有利。

2. 完全竞争市场的缺点

(1) 企业平均成本最低不一定是社会成本最低。

(2) 产品无差别,消费者多种需求无法得到满足。

(3) 生产者规模可能都很小,无力去实现重大科技突破。

(4) 实际中完全竞争很少,且竞争一般必然引起垄断。

3. 研究完全竞争市场的积极意义

尽管完全竞争市场在现实经济生活中几乎是不存在的,但是,研究完全竞争市场类型仍有其积极的意义。分析研究完全竞争市场形势,有利于建立完全竞争市场类型的一般理论,当人们熟悉掌握了完全竞争市场类型的理论及其特征以后,就可以用其指导自己的市场决策。

例如,生产者可以在出现类似情况时(如作为价格的接受者)做出正确的产量和价格决策。更重要的是分析研究完全竞争市场类型理论,可以为我们分析研究其他市场类型提供借鉴。例如,在对有关垄断市场、垄断竞争市场和寡头垄断市场中竞争与效率问题进行比较研究的过程中,完全竞争市场类型理论可以作为一个衡量标准起到借鉴作用。

第二节　垄断市场

垄断企业的行为与第一节完全竞争市场中企业的行为全然不同。竞争性企业只是价格接受者,而垄断企业则是价格制定者。

一、垄断市场的条件及成因

垄断市场也称完全垄断市场,是指整个行业中只有唯一的一个企业提供市场全部供给的市场结构。具体来说,垄断市场具有以下条件与特征。

(1) 本行业中只有单个生产者面对众多的消费者。

(2) 本行业存在进入障碍,使其他企业难以进入,即缺乏潜在的进入者。

（3）垄断企业提供的产品不存在任何相近的替代品，因此，不会受到任何竞争的威胁。例如，电厂在照明能源上具有垄断地位，因为蜡烛或煤油灯虽然是电灯的替代品，但不是相近的替代品。

（4）垄断企业是价格的制定者，它可以自行决定其产量和销售价格，以期使自己利润最大化。

（5）垄断企业可以根据获取利润的需要在不同销售条件下实行不同的价格，即实行差别定价。

垄断市场的存在，主要是由于其他企业认为这个市场是无利可图的或者无法进入这个市场。归纳起来，形成垄断的原因主要有以下四个方面。

（1）对特种资源的控制。某一企业可能控制着某些稀缺资源，使其他企业无法参与，与之竞争。如对于全世界的动物园来说，中国是熊猫的垄断提供者，华盛顿的美国国家动物园每年需要支付100万美元从中国租一对熊猫。

（2）专利权。一旦某个企业拥有了生产某种产品或生产某种产品关键技术的专利权，并且不存在可替代的技术，由于专利禁止了其他人生产这种产品或使用这种技术，那么该企业在一段时期内就会成为垄断者，该商品的市场也就相应地成为垄断市场。如微软垄断了计算机操作系统市场。

（3）市场特许权。垄断还可能因为企业拥有某种商品或劳务的专卖权而产生。如烟草专卖，城市中独家经营的自来水公司、煤气公司、电力公司等。

（4）规模经济形成的自然垄断。如果一个行业内，由一家企业供给时的平均成本低于两家或两家以上企业同时供给时的平均成本，就会形成由规模经济引起的垄断，一般被称为"自然垄断"，如自来水、煤气、电力供应和污水处理等行业都存在明显的规模经济性，很容易形成自然垄断。

如同完全竞争市场一样，垄断市场的假设条件也很严格。在现实生活中，完全垄断市场也几乎是不存在的。

二、垄断市场的需求曲线与收益曲线

（一）垄断企业的需求曲线

由于垄断市场上只有一家企业，因此市场的需求曲线就是垄断企业所面临的需求曲线，它是一条向右下方倾斜的曲线。假定企业的销售量等于市场的需求量，于是，垄断企业的需求曲线表示：垄断企业可以用减少销售量的办法来提高市场价格，也可以用增加销售量的办法来压低市场价格。即垄断企业可以通过改变销售量来控制市场价格，而且，垄断企业的销售量与市场价格呈反方向的变动。

（二）垄断企业的收益曲线

垄断企业所面临的需求状况直接影响企业的收益。垄断企业的需求曲线是向右下方倾斜的，其相应的平均收益曲线 AR、边际收益曲线 MR 和总收益曲线 TR 的一般特征如图 5-9 所示。

垄断企业收益曲线的特征如下。

（1）企业的平均收益曲线 AR 与市场需求曲线 D 重叠，同时曲线 D 也就是垄断企业的需求曲线。

（2）边际收益曲线 MR 位于平均收益曲线的下方，且呈向右下方倾斜的趋势。

（3）总收益曲线 TR 呈先升后降的形态。

垄断企业的需求曲线 D 可以是直线型的，也可以是曲线型的。无论企业的需求曲线是否为线性，以上的三个特征都能满足。

而当企业需求曲线为直线型时，MR 曲线还有一些重要特征。

当垄断企业的需求曲线 D 为线性时，MR 曲线也为线性；D 曲线和 MR 曲线在纵轴上的截距相等；MR 曲线在横轴上的截距是 D 曲线在横轴上截距的一半，如图 5-9（a）所示。

图 5-9　垄断企业的收益曲线

（三）边际收益、价格和需求的价格弹性

当企业所面临的需求曲线向右下方倾斜时，企业的边际收益、价格和需求的价格弹性三者之间的关系为

$$\mathrm{MR} = P\left(1 - \frac{1}{e_{\mathrm{d}}}\right)$$

式中：e_{d} 为需求的价格弹性。

当 $e_{\mathrm{d}} > 1$ 时，MR > 0。此时，TR 曲线斜率为正，表示企业总收益 TR 随着销售量 Q 的增加而增加。

当 $e_{\mathrm{d}} < 1$ 时，MR < 0。此时情况与 $e_{\mathrm{d}} > 1$ 时相反。

当 $e_{\mathrm{d}} = 1$ 时，MR $= 0$。此时，表示企业的总收益达到极大值点。

三、垄断企业的短期均衡

垄断企业的生产目的与完全竞争企业是一样的，都是追求利润最大化。因此，垄断企业的决策依据也是 MR $=$ SMC 的原则。在短期内，垄断企业无法改变固定要素投入量，垄断企业是在既定的生产规模下通过对产量和价格的调整来实现 MR $=$ SMC 的利润最大化的原则。垄断企业的短期均衡有三种情况，分别是盈利、收支相抵和亏损。下面一一进行分析。

（一）垄断企业盈利的情形

如图 5-10 所示，总收益为平均收益（价格）与产量的乘积，即 $OMKN$；总成本为平均成本与产量的乘积，即 $OMFG$；总收益$>$总成本，$GFKN$ 为超额利润。

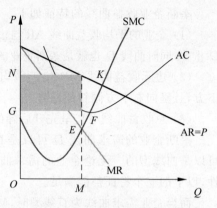

图 5-10 垄断企业盈利时的短期均衡

【课堂讨论】

为什么垄断企业只有在 MR＝SMC 的均衡点上才能获得最大的利润呢？

（二）垄断企业收支相抵的情形

如图 5-11 所示，总收益＝总成本，即 OMKN，企业只有正常利润。

（三）垄断企业亏损的情形

如图 5-12 所示，总收益（OMKN）＜总成本（OMFG），GFKN 为亏损。这时，已经亏损的企业是否还会继续生产呢？与完全竞争企业一样，在目前情况下企业还是会继续生产的，因为继续生产能弥补企业的全部可变成本和一部分固定成本，而如果停止生产则会损失全部固定成本。如果垄断企业面临的平均可变成本曲线即市场需求曲线 AR(D) 低于其平均可变成本曲线 AVC，继续生产的收益将不足以弥补平均可变成本，则企业会停止生产。

图 5-11 垄断企业收支相抵时的短期均衡

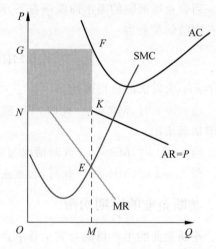

图 5-12 垄断企业亏损时的短期均衡

四、垄断企业的长期均衡

垄断企业在长期内可以调整全部生产要素的投入量即生产规模，从而实现最大的利润。同时，垄断行业排除了其他企业进入的可能性，垄断企业在长期内时可以保持利润。

在长期内，垄断企业根据市场需求水平，调整生产规模，使短期成本降低到长期成本的水平。企业根据市场需求曲线确定其平均收益曲线 AR 和边际收益曲线 MR，根据边际成本等于边际收益的原则选择产量水平,并对应市场需求曲线确定所要的价格。

前面提到,垄断企业在短期可能面临三种情况:赢利、收支相抵和亏损。如果短期企业能够赢利,那么,在长期,通过扩大生产规模,垄断企业能够获得更多利润。

在达到长期均衡时,长期边际成本等于边际收益,并与短期边际成本相等,垄断企业的长期均衡条件为

$$MR = LMC = SMC$$

长期平均成本曲线 LAC 与短期边际成本曲线相切。由于不存在直接的竞争对手,垄断者的经济利润可以长期保持。

最后,由于垄断企业所面临的需求曲线就是市场的需求曲线,垄断企业的供给量就是全行业的供给量,所以,本节所分析的垄断企业的短期和长期均衡价格与均衡产量的决定,就是垄断市场的短期和长期的均衡价格与均衡产量的决定。

五、垄断企业的供给曲线

供给曲线表示在每一个价格水平生产者愿意而且能够提供的产品数量。它表示产量和价格之间一一对应的关系。在完全竞争市场下,每一个企业都是价格的接受者,它们按照给定的市场价格,根据 $P = SMC$ 的均衡条件来确定唯一能够带来最大利润或最小亏损的产量。由于所确定的均衡产量是唯一的,而且,每一个确定的产量只对应一个给定的价格。因此,产量和价格之间就存在一一对应的关系,这样,也就得到了完全竞争企业的短期供给曲线,由此可以进一步推出行业的供给曲线。

然而,垄断市场却不一样。垄断企业作为价格的制定者,可以控制和操纵价格。垄断企业通过对产量和价格的同时调整来实现 MR = SMC 的原则,而且,P 总是大于 MR 的。随着企业所面临的向右下方倾斜的需求曲线位置的移动,企业的价格和产量之间必然不再存在像完全竞争条件下的那种一一对应的关系,而是有可能出现一个价格水平对应几个不同的产量水平,或一个产量水平对应几个不同的价格水平的情形。

因此,在垄断市场下,企业的供给曲线是不存在的。由此可以得到更一般的结论:凡是在或多或少的程度上带有垄断因素的不完全竞争市场中,或者说,凡是在单个企业对市场价格具有一定的控制力量,相应地,单个企业的需求曲线向右下方倾斜的市场中,是不存在具有规律性的企业和行业的短期和长期供给曲线的。这一结论同样适用于下面两节将要分析的垄断竞争市场和寡头市场。

六、垄断者的定价原则与策略

完全垄断企业是市场价格的制定者,垄断者为获得更大利润,会根据市场情况选取不同的定价策略确定市场价格,即差别定价。

差别定价也称价格歧视,是指垄断者在同一时间内对同一成本产品向不同购买者收取不同的价格,或是对不同成本的产品向不同的购买者收取相同的价格。

垄断企业实行差别定价，必须具备以下的基本条件。

（1）市场的消费者具有不同的偏好，且这些不同的偏好可以被区分开。这样企业才有可能对不同的消费者或消费群体收取不同的价格。

（2）不同的消费者群体或不同的销售市场是相互隔离的。这样就排除了中间商由低价处买进商品，转手又在高价处出售商品而从中获利的情况。

价格歧视具体可分为：一级价格歧视、二级价格歧视、三级价格歧视。这三种价格歧视产生的条件不同，影响也不同，其中三级价格歧视最为普遍。

（一）一级价格歧视

一级价格歧视是指垄断企业能够对不同支付意愿的每个消费者（或每单位商品）分别收取不同的价格，又被称为完全价格歧视。此时，垄断企业就不必担心由于向低支付意愿消费者出售商品而减少较高支付意愿消费者支付的价格。

这样，垄断企业就会不断提供产品，对每一单位产品索取可以得到的最大价格，直到消费者对最后一单位产品的支付意愿等于生产的边际成本为止。这也正好是社会最优的产量。

垄断企业实行完全价格歧视时，每一产量都将按市场支付意愿来收取价格。一级价格歧视的企业将所有消费者剩余榨光，转化为生产者的垄断利润。

完全价格歧视在现实中很少，因为这需要垄断的生产者对不同消费者的支付意愿了解得一清二楚。

（二）二级价格歧视

二级价格歧视又称为成批定价、分段定价或数量折扣，是指垄断企业对某一特定的消费者，按其购买商品数量的不同制定不同的价格，以此获利的一种方法。如根据产品销量定价，对成批购买者实行优惠。在二级价格歧视下，垄断企业剥夺了部分消费者剩余。

如图 5-13 所示，AB 为某电力公司面临的市场需求曲线。为了鼓励家庭多用电，当用电量为 Q_1 时，每千瓦价格为 P_1；用电量为 Q_2 时，每千瓦价格为 P_2；用电量为 Q_3 时，每千瓦价格为 P_3。

实行这样的价格歧视之后，电力公司的总收益显然超过全部按照 P_3 收费的总收益。如果不存在价格歧视，全部按照 P_3 的价格收费，消费者剩余为图中三角形 P_3AE_3 的面积，而如果实行二级价格歧视，则垄断企业即电力公司的总收益的增加量刚好是消费者剩余的损失量，消费者剩余减少为图示阴影面积。

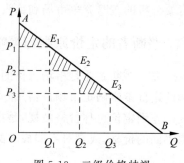

图 5-13　二级价格歧视

由此可见，实行二级价格歧视的垄断企业利润会增加，部分消费者剩余转化为垄断利润。此外，垄断企业有可能达到或接近 $P = MC$ 的有效率的资源配置产量。

（三）三级价格歧视

三级价格歧视是指垄断企业把不同类型的购买者分割开来，形成各子市场；然后把总销量分配到各子市场出售，根据各子市场的需求价格弹性分别制定不同的销售价格。三级价格歧视在现实经济生活中最为普遍。

例如，对同一种产品，在富人区的价格高于在贫民区的价格；同样的学术刊物，图书馆购买的价格高于学生购买的价格；对于同一种商品，国内市场和国外市场的价格不一样；同一班飞机上的头等舱、公务舱和经济舱的机票价格就不一样，等等。下面具体分析三级价格歧视的做法。

假设垄断企业拥有两个独立的市场（且只拥有这两个市场），这两个市场上的消费者需求不同。那么，企业如何决定两个市场上的销售量和价格呢？

首先，企业应该根据 $MR_1 = MR_2 = SMC$ 的原则来确定产量和价格。其中，MR_1 和 MR_2 分别表示两个市场的边际收益，SMC 表示产品的边际成本。原因在于：①就不同的市场而言，企业应该使各个市场的边际收益相等。只要市场之间的收益不相等，企业就可以通过不同市场之间的销售量的调整，把产品从边际收益较低的市场转移到边际收益较高的市场出售，以实现利润最大化。②企业应该使生产的边际成本 SMC 等于各市场相等的边际收益。只要两者不等，企业就可以通过增加或减少产量来获得更大的收益，直至实现 $MR_1 = MR_2 = SMC$ 的条件。

其次，企业应该在需求价格弹性小的市场上制定较高的产品价格，在需求价格弹性大的市场上制定较低的产品价格。如果两个市场具有相同的需求弹性，则垄断企业就不可能实现价格歧视。

个案研究 5-2

麦当劳的价格歧视

麦当劳一直采取向消费者发放折扣券的促销策略。他们对来麦当劳就餐的顾客发放麦当劳产品的宣传品，并在宣传品上印制折扣券。为什么麦当劳不直接将产品的价格降低呢？回答是折扣券使麦当劳公司实行了三级差别价格。

麦当劳公司知道并不是所有的顾客都愿意花时间将折扣券剪下来保存，并在下次就餐时带来。此外，剪折扣券意愿和顾客对物品支付意愿与他们对价格的敏感度相关。富裕而繁忙的高收入阶层到麦当劳用餐弹性低，对折扣券的价格优惠不敏感，不可能花时间剪下折扣券并保存，随时带在身上，以备下次就餐时用；而且对折扣券所省下的钱也不在乎。

但低收入的家庭到麦当劳用餐弹性高，他们更可能剪下折扣券，因为他们的支付意愿低，对折扣券的价格优惠比较敏感。麦当劳通过只对这些剪下折扣券的顾客收取较低价格，吸引了一部分低收入家庭到麦当劳用餐，成功地实行了价格歧视，并从中多赚了钱。如果直接将产品价格降低，那些从不带折扣券的高收入阶层的消费而多得的收入就会流失。

知识扩展 5-2

两 部 收 费

两部收费又称双重收费。垄断企业要求消费者先付费以获得商品的购买权,然后再要求为每一单位该商品支付额外的费用。

两部收费不完全等同于价格歧视,但目的都是攫取消费者剩余。

垄断企业面临如何确定进入费(用 T 表示)和使用费(用 P 表示)的问题。进入费 T 为固定价,与消费量无关;而使用费 P 是不固定的,它与消费量的变化有关。

如出租车的起步价和所走路程的价格,手机的月租费和话费等。

知识扩展 5-3

捆 绑 销 售

捆绑销售是指企业要求客户购买其某种产品的同时,也必须购买其另一种产品。在顾客偏好存在差异而企业又无法实施价格歧视的条件下,使用这一决策,可以增加企业的利润。

捆绑销售一般适用于需求负相关。如果客户对两种产品的需求是正相关的,则捆绑销售不会给企业带来额外的收益。

七、政府对垄断行业的调节

政府对垄断有如下的调节措施。

(一)立法

反托拉斯法为美国政府打击垄断提供了法律依据。美国政府可以根据反托拉斯法来阻止导致市场垄断的企业合并或收购行为,也可以对垄断企业进行拆分。日前,美国司法部对微软的反托拉斯诉讼使微软公司放弃了对一家主要的软件竞争者的收购。

历史上,美国政府对 AT&T(美国电话电报公司)的拆分也是政府成功运用反托拉斯法的一个著名案例,在这个占有 96% 的长途电话市场份额和 80% 以上本地电话市场份额的电信巨头被拆分为 8 个公司之后,美国的电话设备、服务质量以及价格都有了革命性的变化。

中国的垄断行业多由国有企业占据。近年来,中国政府推动的电信拆分、电力改革、民航重组等改革措施无不以打破行业垄断为目标。2008 年中国的《反垄断法》开始实施。在引入案例中,商务部裁定禁止可口可乐并购汇源果汁案,就是我国《反垄断法》实施以来首例未通过审查的案例。

(二)管制

对自然垄断造成的低效率需要由政府的管制来加以改进。由于垄断的低效率由产量偏低导致,因此通过政府管制让垄断企业按边际成本等于市场的边际支付意愿(由需求曲线表示)来决定产量是一个首先会被想到的做法。

然而,自然垄断行业低边际成本与高固定成本(平均成本)的特点会使按此原则定产后的市场价格很低,不能弥补企业的总成本,使企业面临亏损的困境。

此时,一个可能的办法是要求企业在边际成本定价的同时由政府对其进行补贴。然而,现实中政府通常并不清楚自然垄断行业的真实成本状况,这就为实行价格管制以及补贴带来了极大的困难。

另一种更为常见的管制方式是对自然垄断行业实行收益率管制,即把企业的资本收益率控制在一个合理的水平之上。然而,这样的措施同样面临信息不足的问题。由于行业只有一家企业,因而对于怎样的收益率才算合理没有一个可比的参照。

另外,对收益率进行规定不仅使企业没有积极性降低成本,甚至会使企业借助于增加工资成本的方法来为本企业内部的员工谋取利益。事实上,管制部门掌握信息的不足以及与之相联系的激励问题才是管制需要解决的核心问题。

然而,如果就此认为垄断就绝对不如完全竞争,那就错了。

首先,大企业垄断市场的局面有利于发挥规模经济的优势,因而使产品价格下降而不是提高。大批量生产的企业与小批量生产的企业相比,成本更低,质量更稳定,这是众所周知的。

其次,技术进步的需要也许是垄断存在的一个更重要的理由。正如美国经济学家约瑟夫·熊彼特所说,经济发展的本质在于创新,而垄断实际上是资本主义经济技术创新的源泉。这是因为,投资于开发和研究常常有很大风险,只有大企业才能承担这种风险,才有能力筹措投资所需的巨额资金。

当然,他们必须有权利在一段时间内独享技术创新的成果,这就是专利权之所以成为导致垄断存在的一个重要因素。在熊彼特看来,垄断的缺陷——产量不足,完全可以通过用垄断利润来进行的研究与开发所带来的好处得到弥补。

可见,对垄断和竞争的利弊得失及功过是非问题,不能做过分简单的评论,具体问题还应具体分析。

个案研究 5-3

2016 海外并购之"堵"

入主西部数据流产、并购美光科技遇阻,紫光股份海外并购接连遭遇美国外资投资委员会(CFIUS)阻止。紫光的失意不是孤例。德国政府在 2016 年 10 月撤回了已经颁发的批准令,以重新评估中国宏芯投资基金对该国半导体企业爱思强价值超过 7 亿美元的并购案。两个月后,时任美国总统奥巴马发布行政令叫停了这一交易,理由是"涉及(美国)国家安全"。2016 年中国企业在科技领域的海外并购频频受阻。

2016 年 2 月 24 日,紫光股份拟入主纳斯达克上市公司西部数据的计划正式宣布流产。据紫光股份公告,该收购事项由于需要履行美国外资投资委员会的审查程序,公司董事会决议终止收购。加上此前并购美光科技遇阻,紫光已经两度遭 CFIUS 阻止。"再次凸显了中国企业在美国寻求投资时面临的严格的政策审批挑战。"业内人士称。

紫光的失意不是孤例。有报告显示,根据 CFIUS 最新披露的 2014 年提交安全审查的案件情况,中国企业遭受审查数量连续三年名列榜首,有 24 起(英国有 21 起,加拿大有 15 起)。涉及的行业包括计算机、电子产品、运输设备、化学用品等。

而今年以来,中国企业在赴美并购半导体行业的获批难度表现突出。除了紫光收购 WD 案,近来因担心无法通过 CFIUS 审查而被拒绝的中资企业收购案例还包括:被誉为半导体产业"西点军校"的美国仙童半导体拒绝了央企华润集团子公司中国华润微电子和北京清芯华创联合提出的收购要约;飞利浦公司停止向金沙江创投主导的投资基金出售旗下 Lumileds(芯片和车灯公司)80.1% 股份,等等。

CFIUS 的担心是什么?业内一致的观点是:CFIUS 一贯担忧中国企业通过并购,获得敏感技术,尤其是国有企业。

对比今年以来受阻 CFIUS 的案子,华润集团原拟收购的仙童半导体是 IGBT(绝缘栅双极型晶体管)器件的全球五强企业之一,而 IGBT 属技术难度最大的晶体管之一,目前我国 90% 以上都需要进口;金沙江基金主导收购的飞利浦 Lumileds 公司,据美国本土媒体报道认为是否决是因为一种名叫氮化镓(GaN)的半导体材料,美国反弹道导弹雷达和美国空军用来追踪空间碎片的雷达系统太空篱笆(Space Fence)均使用了氮化镓芯片。虽然 Lumileds 掌握的氮化镓基 LED 半导体材料技术仅用于照明领域,但 CFIUS 仍小题大做,将中资财团收购 Lumileds 后将获得的氮化镓技术与军工领域微芯片应用相关联。

由于我国正在加强芯片产业,并且 2015 年以来紫光在半导体行业频频收购,尽管紫光集团的掌门人赵伟国明确表示"我们实际是市场导向的公司",可是,"获得政府支持的清华控股"仍是美国投行们给紫光钉上的背景标签。国内并购专家俞铁成认为"紫光背景"也成了这里的"敏感词"。

而据香港《南华早报》2017 年 4 月 12 日报道,中国科学院和中债资信评估有限责任公司发布的《对外投资与风险蓝皮书》指出,中国企业的海外并购引起了西方国家的警觉,各国可能设置更多障碍干预并购行为,防止高端技术外流。

《蓝皮书》说,海外并购是获取高端技术的高效途径。近年来,中国企业大量收购美国、欧洲的高新技术公司,希望以此获取更多的尖端技术,从而实现中国经济从依赖低端制造业到高附加值产业的转型。去年,中国的对美投资首次超过美国的对华投资,其中大部分资金被用于企业并购。

《蓝皮书》指出,全球经济增长放缓可能激发了西方的贸易保护情绪。各国担心中国的海外并购可能会使自己丧失技术优势,因此呼吁收紧对中国对外投资的审查力度。

另外,由于人民币对美元贬值,中国政府也收紧了对海外投资的限制,以防止更多资金流向海外,这也会造成中国企业海外并购步伐放缓。

鉴于中国海外并购不断遭遇东道国或第三国"国家安全"理由造成的阻碍,社科院工业经济研究所研究院曹建海建议,中国应"通过获得市场经济地位,以解除非公平贸易的歧视"。

资料来源:

[1] 李小兵. 海外并购之"堵"[N]. 上海证券报,2016-02-25.

[2] 江晓川. 中企海外并购频频受阻,困境何解? [EB/OL]. [2017-01-13]. http://finance. qq. com/a/20170113/032991. htm.

[3] 张倩. 西方国家警惕技术外流 中国企业海外并购受阻[EB/OL]. [2017-04-14]. http:// tech. huanqiu. com/it/2017-04/10474837. html.

第三节　垄断竞争市场

完全竞争市场和完全垄断市场是理论分析中两种极端的市场形态。比较现实的市场是既存在竞争因素又存在垄断因素,即介于完全竞争和完全垄断之间,竞争和垄断混合在一起的市场。根据竞争因素和垄断因素的程度,这种市场又可区分为垄断竞争市场和寡头垄断市场。前者竞争的因素多一些,是比较接近于完全竞争的市场结构,而后者垄断的因素多一些,是比较接近于完全垄断的市场结构。

一、垄断竞争市场的条件及形式

垄断竞争是一种商品有许多买卖者且卖者商品之间有一定差别从而形成不完全竞争格局的市场结构。在现实经济生活中,垄断竞争市场是非常普遍的,它广泛出现在各种零售业、轻工业和服务业中。如彩电、洗涤剂、牙膏、饮料、快餐等。

(一)垄断竞争市场的条件

具体地说,垄断竞争市场的条件主要有以下三点。

(1)最基本条件:同种产品之间存在差别,是同类但不同质的市场。在这里,产品差别不仅指同一种产品在质量、构造、外观、销售服务条件等的差别,还包括商标、广告方面的差别和依消费者的想象为基础的任何虚构的差别。例如,在两家拉面馆出售的同一种拉面在实质上没有差别,但是,消费者却认为一家拉面馆的拉面比另一家的好吃。这时,即存在着虚构的产品差别。

一方面,由于市场上的每种产品之间存在着差别,因此,每个企业对自己的产品价格都具有一定的垄断力量,从而使生产带有垄断的因素。一般来说,产品的差别越大,企业的垄断程度就越高。另一方面,由于有差别的产品之间又是很相似的替代品,因此,市场中又具有竞争的因素。如此,便构成了垄断因素和竞争因素并存的垄断竞争市场的基本特征。例如,不同品牌的饮料、化妆品和香烟。

（2）市场中有众多的企业生产和销售该产品。由于企业数目众多，以至于每个企业都认为自己的行为对市场的影响极小，而不会引起其他企业的注意和反应，因而自己也不会受到竞争对手的任何报复性措施的影响，如理发、快餐行业等。

（3）企业的规模比较小，进出该市场不存在太大的困难，基本属于自由进出。由于市场不存在竞争壁垒，因此，新企业带着同种商品进入市场，以及已有企业在无利可图时退出市场是比较容易的。

（二）垄断竞争市场的形式

垄断竞争市场的特点决定了垄断竞争企业之间的竞争形式是多样的。一般来说，它们往往会采用以下三种形式来扩大商品销售量或增加利润。

（1）价格竞争。垄断竞争企业对商品的价格有一定的控制力，它们可以通过降低价格来吸引更多的消费者。

（2）品质竞争。由于价格竞争有可能会降低垄断企业的利润，因此大部分企业一般不会轻易变动价格，而转向采取非价格竞争。垄断竞争企业通过创建和维护自身商标、树立品牌、提高产品质量和服务等手段，巩固自己的产品在消费者心目中的特殊地位，而达到扩大产品销售量、增加利润的目的。

（3）广告竞争。广告宣传是另外一种非价格竞争方式，是形成产品差别化的一个重要原因，垄断竞争市场最需进行广告宣传。在完全竞争市场中，广告宣传是没有必要的，但在垄断竞争市场，对扩大销售量却起着重大的作用，它能够使消费者的需要适应产品的差别。

二、垄断竞争企业的需求曲线

根据垄断竞争市场的特征，一方面，由于每个企业提供的产品在消费者看来具有差别，因而对某一企业生产的产品，存在着一批"忠实的"消费者，他们特别偏爱这一企业的产品。对这些消费者而言，这家企业就具有垄断的性质。也就是说，企业供给的产量具有一定的影响价格的能力，因而垄断竞争企业面临着一条向右下方倾斜的需求曲线。另一方面，垄断竞争市场又区别于垄断市场。垄断竞争市场上单个企业生产的产品不仅具有替代品，而且行业中随时都有企业进入和退出。正因为如此，当企业试图提高产品价格时，其损失的需求量必然比垄断企业更大；相反，当垄断竞争企业降低价格时，其争取到的需求量又必然比完全竞争企业大。

综合以上两方面的因素，垄断企业面临着一条向右下方倾斜的需求曲线，其相对于完全竞争企业而言要更陡一些，即更缺乏弹性；相对于垄断企业来讲需求曲线要更缓，即更富有弹性。

作为有差别的同类产品，对某企业产品的需求不仅取决于该企业的价格，还取决于其他企业是否采取对应措施。

单个企业降价：如果其他企业不降价，则该企业的需求量上升多；如其他企业也采取降价措施，则该企业的需求量不会增加很多。

d 曲线：单个企业改变价格，其他企业保持不变时，该企业的需求曲线斜率较小，又被称为主观需求曲线。

D 曲线：单个企业改变价格，其他企业为了保持自己的市场，跟着降价，该企业需求量的上升不会如想象的那么多。这就存在着另外一条需求曲线，又被称为客观需求曲线。

垄断竞争企业面临的两条需求曲线的关系如下。

（1）当垄断竞争市场中的所有企业都以相同的方式改变产品价格时，整个市场价格的变化会使单个垄断竞争企业的 d 需求曲线的位置沿着 D 需求曲线发生平移。

（2）由于 d 需求曲线表示单个垄断竞争企业单独改变价格时所预期的产品销售量，D 需求曲线表示每个垄断竞争企业在每个市场价格水平实际所面临的市场需求量，所以，d 需求曲线和 D 需求曲线相交意味着垄断竞争市场的供求相等状态。

（3）很显然，d 需求曲线的弹性大于 D 需求曲线，即前者较之后者更平坦一些。

三、垄断竞争企业的均衡

（一）短期均衡

垄断竞争企业在进行产量或价格决策时不必考虑行业内其他企业的反应，也就是说，在短期内，企业认为自己所面临的是一条不变的向右下方倾斜的市场需求曲线。于是，和通常一样，企业总是根据边际收益等于边际成本的原则确定利润最大化的产量。

垄断竞争企业短期均衡的条件如下。

$$MR = SMC$$

在短期均衡的产量上，必定存在一个 d 曲线和 D 曲线的交点，它意味着市场上的供求是相等的。此时，垄断竞争企业可能获得最大利润，利润可能为零，也可能蒙受最小亏损。

在企业亏损时，只要均衡价格大于 AVC，企业在短期内总是继续生产的；只要均衡价格小于 AVC，企业在短期内就会停产。

由于垄断竞争企业也对自己的产品价格具有一定的影响力，因此，与垄断企业一样，垄断竞争企业在短期内也没有明确的供给曲线。

（二）长期均衡

在长期内，垄断竞争企业的内外部都会进行调整。

首先，从内部来看，企业可以调整生产规模，使企业提供的每一个产量所花费的成本都是现行生产技术水平下的最小成本。因而，长期内企业依据长期成本进行决策。在长期中，如果企业面临的需求不发生变动，企业将根据边际收益等于长期边际成本的原则决定产量，并且只有在盈利或收支相抵时才会提供产出。

其次，从外部来看，其他行业中的企业可以自由进入该行业，而行业中已有的企业可以自由地退出。正是这种进入或退出使单个垄断竞争企业面临的状况发生变动。这是垄断竞争市场上长期与短期最重要的区别,也是其与垄断市场最重要的区别。

在长期内,如果垄断竞争企业能够盈利,其他行业中的企业受到利润的吸引会进入该行业,新企业的加入提供了相替代的产品与行业中原有的企业竞争,使原有企业的市场份额下降,产品价格也相应下降,直到正的经济利润消失为止。反之,如果行业中的垄断竞争企业亏损,一部分企业便会逐渐退出,从而未退出的企业市场份额增加,产品价格也相应上升,直到不再亏损为止。这种情形与完全竞争市场类似。

如图5-14所示,垄断竞争企业长期均衡时,不但要求 MR＝LMC,而且要求 P＝LAC,而对于垄断企业来说,完全有可能在价格高于平均成本的情况下实现长期均衡,因为它独占整个市场。

注意图中 E 点,它是平均收益曲线和长期成本曲线的切点,由于平均收益曲线向右下方倾斜,该点必然位于长期平均成本曲线最低点的左侧,也就是说,企业的生产成本并未达到最低水平,从而说明垄断竞争企业是存在闲置生产能力的。

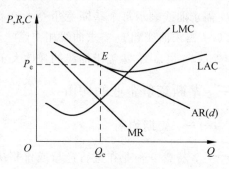

图 5-14　垄断竞争企业的长期均衡

多余的生产能力是为得到多样化的产品而必须付出的成本。在现实经济生活中,垄断竞争市场所存在的多余的生产能力,往往表现为市场里小规模的企业数量过多。

比如,城市里分布密集的杂货店就大大超过了实际需求。因此,在垄断竞争市场中,减少企业数量,扩大单个垄断竞争企业的规模,可以提高经济效率和增进社会福利。

综上所述,垄断竞争企业的长期均衡条件如下。

$$MR＝LMC＝SMC,\quad AR＝LAC＝SAC$$

即企业的产量由边际收益等于长期边际成本决定,而对应于平均收益上的价格恰好等于其长期平均成本。

四、非价格竞争

在垄断竞争市场上,企业之间既存在价格竞争,也存在非价格竞争。就价格竞争而言,它虽然能使一部分企业得到好处,但从长期看,价格竞争会导致产品价格持续下降,最终使企业的利润消失。因此,非价格竞争便成为垄断竞争企业普遍采取的另一种竞争方式。

在垄断竞争市场上,由于每一个企业生产的产品都是有差别的,所以,垄断竞争企业往往通过改进产品品质、精心设计商标和包装、改善售后服务以及广告宣传等手段,来扩大自己产品的市场销售份额,这就是非价格竞争,也就是我们经常会在各种媒体上看到大量的牙膏、洗发水、休闲食品等产品广告的原因。

产品变异就是非价格竞争的重要手段之一。产品变异是指变换产品的颜色、款式、质地、做工和附带的服务等来改变原有的产品,以形成产品差别,影响市场均衡。产品变异会影响产品成本和产量,但关键要看经过变异能否形成较大的需求而给垄断竞争企业带来更大的超额利润。如果经过变异之后,在新的均衡条件下超额利润高于原来均衡时的超额利润,这种变异就是优化的变异。

推销活动的竞争是又一种非价格竞争的重要手段。推销活动会引起销售成本的变化。销售成本是用来增加产品需求的成本,包括广告开支、各种形式的推销活动,如送货上门、陈列样品、举办展销、散发订单之类的开支,其中以广告最为重要。

与完全竞争和完全垄断市场不同,广告对垄断竞争企业具有十分重要的作用。它是垄断竞争企业扩大产品销路的重要手段。广告一方面会增加产品的销量,但另一方面会增加销售成本,因此,是否做广告以及花费多少费用做广告是垄断竞争企业必须充分考虑的事情。

在完全竞争市场,由于每一个企业生产的产品都是同质的,所以,企业之间不可能存在非价格竞争。而在垄断竞争市场,短期中,每个企业都可以在部分消费者中形成自己的垄断地位,处于完全垄断状态。

垄断竞争企业进行非价格竞争,仍然是为了获得最大利润。进行非价格竞争是需要花费成本的。例如,改进产品性能会增加生产成本,增设售后服务网点需要增加投入,广告宣传的费用也是相当巨大的。

企业进行非价格竞争所花费的总成本必须小于由此所增加的总收益,否则,企业是不会进行非价格竞争的。很显然,边际收益等于边际成本的利润最大化原则,对于非价格竞争仍然是适用的。

知识链接 5-1

产品差异化

产品差异化是垄断竞争市场上常见的一种现象,不同企业生产的产品或多或少存在相互替代的关系,但是它们之间存在差异,并非完全可替代的。垄断竞争企业的产品差异化包括产品本身的差异和人为的差异,后者包括方位的差异、服务的差异、包装的差异、营销手法的差异等,企业往往希望通过产品差异化来刺激产品的需求。

(1) 产品的原材料——"农夫山泉有点甜"强调的是选取天然优质水源。

(2) 产品的手感——TCL 通过李嘉欣告诉大家"手感真好",因为手感好也是消费者自己判断开关质量简单而又重要的标准。

(3) 产品的颜色——高露洁有一种三重功效的牙膏,膏体由三种颜色构成,给消费者以直观感受:白色的在洁白我的牙齿,绿色的在清新我的口气,蓝色的在清除口腔细菌。

(4) 产品的味道——牙膏一般都是甜味的,可是 LG 牙膏反而是咸味的,大家觉得这牙膏一定好。

(5) 产品的造型设计——摩托罗拉的 V70 手机,独特的旋转式翻盖成为其最大的卖点。

（6）产品功能组合——组合法是最常用的创意方法。许多发明都是据此而来，海尔的氧吧空调在创意上就是普通空调与氧吧的组合。

（7）产品构造——南孚电池通过"好电池底部有个环"给消费者一个简单的辨别方法，让消费者看到那个环就联想到了高性能的电池。

（8）新类别概念——建立一个新的产品类别概念。最经典的当属"七喜"的非可乐概念。

（9）隐喻的概念——瑞星杀毒软件用狮子来代表品牌，以显示其强大"杀力"；胡姬花通过隐喻概念"钻石般的纯度"来强化其产品价值。

（10）事件概念——相信全国人都知道海尔的"砸冰箱"事件，该事件为海尔的"真诚到永远"立下了汗马功劳，可见事件概念的传播也是威力巨大。事件营销要注意把握时机，如能与社会上的热点话题联系起来，则会起到事半功倍的效果。

（11）广告传播创意概念——"农夫果园摇一摇""金龙鱼1：1：1"都属此类型。

（12）专业概念——专业感是信任的主要来源之一，也是建立"定位第一"优势的主要方法。很多品牌在塑造专业感时经常直称专家：方太——厨房专家。

（13）建立"老"概念——时间长会给人以信任感，因此，诉求时间的概念也是一种有效方法。而且，时间的概念感觉越老越好，如玉堂酱园——始于1714年。

（14）产地概念——总有许多产品具有产地特点，如北京烤鸭、新疆葡萄，还有我们常说的川酒云烟等。

（15）具体数字概念——越是具体的信任感越强。因此，挖掘产品或品牌的具体数字也是常用的方法。如"乐百氏27层净化"等都是该方法的应用。

（16）服务概念——同样的服务，但如果有一个好的概念则能加强品牌的美好印象。比如，海尔提出的"五星级服务"也为其"真诚到永远"做出不少的贡献。

第四节　寡头市场

一、寡头市场的特征及分类

（一）寡头市场的特征

寡头市场又称寡头垄断市场，是指只有少数几家企业控制某种商品的绝大部分乃至整个市场的一种市场结构。我们所熟悉的寡头企业包括：中石油与中石化、中国移动与中国联通等。与其他市场组织形式相比，寡头市场通常具有以下特征。

（1）企业数目极少，因此，每一家企业都占有较大的市场份额。

（2）企业生产的产品既可同质，也可有差别，由此分为无差别寡头垄断市场和有差别寡头垄断市场。企业之间存在的激烈竞争可以是价格竞争，也可以是产量竞争。

（3）企业之间相互依存，各个企业的决策会相互影响，每一个企业的价格和产量变动都会影响其对手的销售量和利润水平。因而每家企业做出决策之前都必须考虑这一决策会对其对手产生什么样的影响。这就产生了企业行为的不确定性，从而使企业的决策面临着很大的困难，也使寡头垄断企业的均衡产量和价格很难有确定的解。

（4）存在进入的障碍，其他企业无法顺利进入。行业存在规模经济；相互勾结，构筑进入壁垒；采用收购、兼并一些小企业等形式来减少企业的数目；政府的产业政策所致（企业数目较稳定）。

（二）寡头市场的成因

形成寡头市场的原因主要有：首先，规模经济，在有些行业中，除非一个企业的产量在整个市场中占较大的比重，否则它不可能取得较低的成本，其结果，在这样的行业中，企业的数目将变得非常少；其次，行业中几家企业对自然资源的控制或者拥有受法律保护的专利权；最后，政府的扶持和支持，比如中国的电信业。由此可见，寡头市场的成因与完全垄断市场的成因很相似，只是程度上有所差别而已。

（三）寡头垄断市场的分类

寡头行业可按不同方式分类。

（1）根据寡头垄断行业的企业数目，可分为双头垄断（一个行业由两个企业组成）、三头垄断（一个行业由三个企业组成）和多头垄断。

（2）根据产品特征，可分为纯粹寡头行业和差别寡头行业。在纯粹寡头行业中，企业生产的产品是没有差异的，如钢铁、石油和水泥等；在差别寡头行业中，企业生产的产品是有差别的，如汽车、计算机等。

（3）从行为方式上，寡头可分为独立行动寡头和勾结性寡头。前者是指同一行业内各个企业彼此独立，互不合谋；后者是指同一行业内的企业相互勾结，联合行动。

个案研究 5-4

中海油、中石油和中石化三分天下

2004 年，中海油公司一位高层分析说，大亚湾炼油厂的建成将打破目前的垄断局面，与中石油、中石化市场竞争格局形成。

就当时的广东而言，主要是与茂名石化、广州石化的竞争，当时茂名石化具有 1 800 万吨的年加工能力，而广州石化不到 700 万吨，大亚湾炼油厂加工出来的原油 60%～70%供制造乙烯用，另一部分从成本最低原则出发，约有 30%或 40%的产品就地消费于广东、香港地区。

大亚湾炼油厂建在珠三角的口上，对于中石油、中石化是一个更大的威胁，因为中石油原油从北方运来，成本相对较高。

二、非勾结性寡头垄断模型

前面提到寡头企业之间的竞争可以是产量竞争,也可以是价格竞争。下面介绍几个典型的寡头模型来分析寡头企业的行为。

在寡头市场中,单个企业的产量变化将明显影响整个市场上的产量,从而影响市场价格。由于市场价格是由全部企业的产量决定的,在不知道其他企业产量的情况下,单个企业就无法确定他所面临的价格与其产量的关系。

当一个企业增加产量时,市场价格如何变化取决于其他企业的行为。要想确定市场价格如何变化,必须假定其他企业的行为。可是,关于其他企业的行为,可选择的假设有多个。不同的假设给出不同的结论。所以,西方经济学家关于寡头的分析模型众多。

这些模型可以分为两大类:一类是非勾结性的模型,其中最主要的是古诺模型、斯威齐模型;另一类是勾结性的模型,其中最主要的是卡特尔和价格领导模型。

(一)古诺模型

古诺模型又称古诺双寡头模型或双寡头模型、双头垄断理论或双头模型,是一个只有两个寡头企业的简单模型。该模型假定一种产品市场只有两个卖者,并且相互间没有任何勾结行为,但都知道对方将怎样行动,从而各自确定最优的产量来实现利润最大化。

古诺模型是早期的寡头模型,它是由法国经济学家古诺于 1838 年提出的,是纳什均衡应用的最早版本。古诺模型通常被作为寡头理论分析的出发点,其结论可以很容易地推广到三个或三个以上的寡头企业的情况中。

该模型有以下基本假定。

(1) 有两个相同的矿泉在一起,一个为 A 企业占有,一个为 B 企业占有。

(2) 两个矿泉是自流井,因此企业生产矿泉水的成本为零。

(3) 两个企业面对相同的线性市场需求曲线,并采取相同的市场价格。

(4) 两个企业都是在已知对方产量的情况下,各自确定能给自己带来最大利润的产量,即每一个企业都是消极地以自己的产量去适应对方已确定的产量。

(5) 两个企业独立进行决策,不存在勾结行为。

(6) 两个企业同时做出决策。

古诺均衡解:只要一个企业变动产量,另一个企业也必须跟着变动自己的产量。市场均衡意味着两家企业都没有变动产量的意愿。两企业均衡的产量都是市场容量的 1/3,两个寡头企业的总产量实际只有市场总容量的 2/3。剩余的 1/3 的市场容量是寡头垄断的市场所无法满足的,因而可以看作寡头垄断给社会造成的损失。

推论

$$寡头企业提供的产量 = \frac{市场容量 \times 1}{企业数目 + 1}$$

该模型的不足：古诺模型通过对双寡头行为的基本假定，得到了均衡价格和数量。但这一模型也存在着一些缺陷。最重要的问题是，在古诺模型中，企业的最优行为是以竞争对手的产量不变为前提的，这显然不完全符合现实中寡头的行为。正是基于这一原因，古诺模型并不是寡头行为的一般分析。

（二）斯威齐模型

斯威齐模型是美国经济学家保罗·斯威齐于1939年提出的用以说明一些寡头市场价格刚性现象的寡头模型。价格刚性表明当需求或成本发生适度变动或两者都发生适度变动时，价格却保持不变。

斯威齐断言，寡头企业推测其他企业对自己价格的态度是：跟跌不跟涨，即预期自己降价时，其他企业也会采取同样的降价行为，以免丧失自己的市场；而自己涨价时，其他企业却不跟着涨价，以夺取客户。因此，寡头垄断企业的需求曲线是弯折的需求曲线。

斯威齐模型对寡头市场的价格刚性作了一定的解释，但由于其他企业价格"不跟涨"的假设在现实中难以成立，也由于其对如何确定价格没有做出解释，因此受到了一些经济学家的批评。斯威齐模型只能是关于寡头定价行为的未完成的模型。

三、勾结性寡头垄断模型

前面介绍了非勾结性模型的几种主要模型，下面接着分析一些公开和不公开勾结的行为模型。

（一）卡特尔——寡头企业的公开勾结

卡特尔是指寡头企业正式公开地相互勾结，采取协议形式共同确定价格、产量、市场划分等而形成的合作组织。由于卡特尔可以像一个完全垄断企业那样行事，有些国家制定了反托拉斯法，来反对这种公开的勾结行为。

个案研究 5-5

欧佩克的限产保价

1960年，阿拉伯主要产油国组成了石油输出国组织（The Organization of Petroleum Exporting Countries，OPEC，欧佩克）是典型的卡特尔。

石油输出国组织压缩产量，抬高价格，对世界石油市场有很大影响。

卡特尔制定统一价格的原则是使整个卡特尔的利润最大化，因此，必须使边际成本等于边际收益，即 $SMC = MR$。为此，卡特尔要根据有关资料确定在每一可能的价格水平上对该行业产品的需求量，以确定卡特尔的需求曲线，从中计算出边际收益曲线。同时，将各企业的边际成本曲线水平加总形成卡特尔的边际成本曲线。从而，根据二者的交点确定卡特尔的利润最大化的产量和价格。

如图 5-15 所示，D 是卡特尔的需求曲线，MR 和 SMC 分别是从各企业的边际收益曲线和边际成本曲线求出的卡特尔的边际收益和边际成本曲线。MR 和 SMC 的交点确定了卡特尔的总产量 Q_e 和统一价格 P_e。

卡特尔的价格和产量的决定同完全垄断企业的价格和产量的决定是完全一样的。实际上，也可以将卡特尔看成一个完全垄断企业。

卡特尔确定了总产量之后，会按照事先达成的协议向各个成员分配产量配额。由于各个

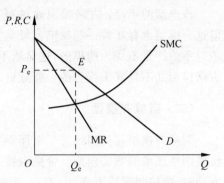

图 5-15　卡特尔的价格和产量的决定

成员的经济实力不完全相同，因此，获得产量配额的机会也不均等。正是因为卡特尔各成员之间的产量分配受到各企业地位、争议能力、生产能力、销售规模等的影响，并且，卡特尔的各成员还可以通过广告、信用、服务等非价格竞争手段拓宽销路、增加产量。

成员单独违背合同，偷偷扩产独享限产好处，导致卡特尔的不稳定性。因此，卡特尔本身是不稳固的。

在现实生活中，成功的卡特尔并不多见。原因之一是在大多数国家，卡特尔都是违法的。即使没有法律限制，要建立成功的卡特尔，还必须具备如下条件。

(1) 市场需求缺乏弹性。只有在市场需求缺乏弹性的情况下，限制产量才能有效地提高价格，从而增加利润。

(2) 只有少数企业。企业们就产量配额和价格的谈判是有成本的，企业个数太多，谈判和组织成本就会太高，甚至无法达成协议。

(3) 整个行业中有愿意担当发起人的大企业。大企业从成功卡特尔中得到的利益最大，从而愿意担当发起人，而且，大企业一般来说也比较有号召力。

(4) 存在进入这个行业的障碍。当现有企业联合起来限制产量和提高价格后，如果其他企业可以轻易进入这个行业，那么，卡特尔就不可能成功。所以，一个行业要建立成功的卡特尔，必须有进入这个行业的障碍。这些障碍可以是天然的，也可以是人为的。

(5) 必须能够有效地监督和惩罚违背协议者。当卡特尔有效地提高价格后，价格会远远高于单个企业的边际成本。这时，单个企业会有强烈的作弊动机，即突破产量配额。如果没有有效的监督和惩罚手段，所有企业都会突破产量配额，最终导致卡特尔名存实亡。

对于成功的卡特尔，上述条件缺一不可。这就可以解释，为什么现实中成功的卡特尔很少。在上述条件中，尤其难以做到的是防止其他企业进入，有效监督和惩罚作弊者。所以，在没有任何暴力的纯粹自由市场中，几乎不可能有成功的卡特尔。这也意味着，现实中，每个成功的卡特尔背后都有某种形式的暴力（包括强制和威胁暴力）。

（二）价格领导模型

在某些寡头领导市场，一家大企业拥有总销售量的主要份额，而其他较小的企业供给市场的其余部分。此时大企业可能会领先制定价格，其他小企业则把该价格当作市场给定的，并据此安排生产。这就是价格领导模型。

在该模型中，领导企业可以根据利润最大化的原则来制定价格和产量，而跟随企业则与完全竞争市场中的企业一样，被动地接受领导企业制定的价格，安排自己的利润最大化产量。

在本模型中，领导企业和小企业的规模相差较大是一个重要的前提。如果企业规模类似，就不会有企业被动接受其他企业制定的价格。

本 章 小 结

在经济学研究中，根据市场上企业和消费者的数量、行业中企业各自生产的产品的差异程度、单个企业对市场价格的控制程度以及企业进入或退出一个行业的难易程度等将市场结构分为四类，它们是完全竞争市场、垄断竞争市场、寡头市场和垄断市场。

在一个完全竞争市场中，有大量的买者和卖者；市场上每一个企业生产的商品是无差异的；所有的经济资源可以在各企业之间和行业之间完全自由流动且信息完全。在完全竞争市场上的每一个消费者和每一个生产者都是既定的市场价格的接受者，而且，企业在长期均衡时经济利润等于零。

在完全竞争市场上，企业的平均收益曲线、边际收益曲线和企业的需求曲线三线重叠，都是由既定价格水平出发的水平线，即 $AR=MR=P$。$AR=P$ 在任何市场条件下均成立，但是 $AR=MR=P$ 只有在完全竞争的市场中才能成立。

因为只有在完全竞争市场上，企业才是价格的接受者，其产品的价格才是常数，因此企业每销售一单位产品所获得的边际收益才等于价格。

完全竞争企业实现利润最大化或亏损最小化的均衡条件是：边际收益等于边际成本，即 $MR=SMC$。此原则对于所有不同市场结构条件下的企业的短期生产和长期生产都是适用的。

在短期，完全竞争企业是在既定的生产规模下，通过对产量的调整来实现 $MR=SMC$ 的利润最大化原则的。在企业 $MR=SMC$ 的短期均衡点上，其利润可以大于零，或者小于零，或者等于零。

当企业亏损时，企业需要根据平均收益 AR 与平均可变成本 AVC 的比较，来决定是否继续生产。当 $AR>AVC$ 时，则企业虽然亏损，但仍继续生产；当 $AR<AVC$ 时，则企业必须停止生产；$AR=AVC$ 时，则企业处于生产与不生产的临界点等。

完全竞争企业的短期供给曲线是向右上方倾斜的,表示企业供给量与商品价格成同方向的变化,企业在每一价格水平上的供给量都是可以给他带来最大利润或最小亏损的最优产量。

将完全竞争企业的短期供给曲线水平加总,便可以得到完全竞争行业的短期供给曲线。在完全竞争市场上,行业的短期供给曲线保持了企业的短期供给曲线的基本特征与性质:完全竞争行业短期供给曲线也是向右倾斜的,它表示整个行业的供给量与商品价格呈同方向的变化。

生产者剩余表示生产者提供一定数量的产品时,他所得到的实际总支付与他所愿意接受的最小总支付之间的差额。

完全竞争条件下,达到均衡就不存在任何形式的超额(经济)利润。垄断企业要获得垄断利润,必须实现产品的差异化。

垄断是指行业内只有一家企业,且该企业生产的产品缺少相近的替代品,该行业也缺乏潜在的进入者。法律或政策造成的进入壁垒、企业对关键资源的独占以及行业的规模经济特征都会导致垄断。

与竞争性企业相比,垄断企业面临向下倾斜的需求曲线。这使垄断企业的边际收益小于产品价格。征收单一价格的垄断企业根据边际收益等于边际成本的原则确定利润最大化的最优产量。然而,与竞争性行业相比,垄断行业的产量偏低,价格偏高。

垄断企业偏低的产量使市场上消费者的支付意愿仍然高于生产的边际成本,这就导致了垄断的无谓损失。政府能够通过立法或管制来克服垄断的低效率,然而信息与激励才是问题的关键所在。

垄断竞争使企业既有竞争的因素,又有垄断的因素。垄断竞争企业有两条向右下方倾斜的需求曲线:d 需求曲线是单个企业独自变动价格时的需求曲线;D 需求曲线是市场上所有企业都以相同的方式改变价格时的单个企业的需求曲线。两条需求曲线的交点意味着商品市场的供求相等。

在寡头市场上,寡头企业之间的行为是相互影响的。古诺模型说明了寡头市场上每一个寡头都消极地以自己的行动来适应其他竞争对手行动时的均衡,斯威齐模型利用弯折的需求曲线和间断的边际收益曲线解释了寡头市场上的价格刚性。

四类市场综合比较见表5-4。

表 5-4　四类市场综合比较

市场类型	新企业加入	超额利润		均衡条件	
		短期	长期	短　期	长　期
完全竞争	容易	有	无	MR＝SMC	MR＝SMC＝AR＝AC
垄断竞争	较易	有	无	MR＝SMC	MR＝SMC,AR＝AC
寡头垄断	不易	有	有	—	—
完全垄断	不可能	有	有	MR＝SMC	MR＝LMC＝SMC

本章内容结构

综 合 练 习

一、名词解释

完全竞争市场　完全竞争企业　市场　市场需求　生产者剩余　垄断市场　垄断竞争市场　寡头市场　古诺模型　斯威齐模型　差别价格　非价格竞争

二、选择题

1. 在完全竞争市场,企业短期内继续生产的最低条件(　　)。
    A. AC=AR
    B. AVC<AR 或 AVC=AR
    C. AVC>AR 或 AVC=AR
    D. SMC=MR

2. 在完全竞争的条件下,市场价格处于企业的平均成本的最低点,则企业将(　　)。
    A. 获得超额利润
    B. 不能获得最大利润
    C. 亏损
    D. 获得正常利润

3. 在完全竞争市场上,已知某企业的产量是 500 单位,总收益是 500 元,总成本是 800 元,总不变成本是 200 元,边际成本是 1 元,按照利润最大化原则,他应该(　　)。
    A. 增加产量
    B. 停止生产
    C. 减少产量
    D. 以上任一个措施都采取

4. 随着产量的增加,平均固定成本(　　)。
    A. 在开始时下降,然后趋于上升
    B. 在开始时上升,然后趋于下降
    C. 一直趋于上升
    D. 一直趋于下降

5. 完全垄断企业的总收益与价格同时下降的前提条件是商品的需求价格弹性(　　)。
    A. 大于1
    B. 小于1
    C. 等于1
    D. 等于0

6. 在短期,完全垄断企业(　　)。
    A. 收支相抵
    B. 盈利
    C. 亏损
    D. 以上任何一种情况都可能出现

7. 在斯威齐模型中,拐点左、右两边需求弹性的特点是(　　)。
    A. 左边弹性大,右边弹性小
    B. 左边弹性小,右边弹性大
    C. 左右两边弹性一样大
    D. 以上都不对

8. 在完全垄断企业的最好或最优产量处(　　)。
    A. $P=SMC$
    B. $P=SAC$ 的最低点的值
    C. P 最高
    D. MR=SMC

9. 超额利润(　　)。
    A. 能为垄断企业在短期内获得
    B. 能为垄断企业在长期内获得
    C. 能为完全竞争企业在短期内获得
    D. 能为完全竞争企业在长期内获得

三、简答题

1. 完全竞争市场必须具备哪些特征？

2. 为什么完全竞争企业的短期供给曲线是 SMC 曲线上等于和高于 AVC 曲线最低点的部分？

3. 导致完全垄断的原因是什么？

4. 什么是差别价格（价格歧视）？垄断企业实行差别价格的市场条件是什么？

5. 根据斯威齐模型，寡头企业的需求曲线为什么是弯折的？

四、分析讨论题

1. 为什么完全竞争的企业不愿意为产品做广告而花费任何金钱？

2. 小王的剪草中心是利润最大化的完全竞争性企业。他每剪一块草坪 27 元。他每天的总成本是 280 元，其中 30 元是固定成本。他一天剪 10 块草坪。你对他的短期停止营业决策和长期退出决策有什么建议？

3. 农民老李和农民老王在同一块地方放牧。如果这块地上有 20 头牛，每头牛一生可以产价值 40 000 元的牛奶。如果这块地上有更多的牛，那么每头牛能吃的草就少了，而且它的牛奶产量也减少了。这块地上有 30 头牛时，每头牛产价值 28 000 元的牛奶；有 40 头牛时，每头牛生产价值 18 000 元的牛奶。一头牛本身价值 10 000 元。

（1）假设二人每人既可以买 10 头牛，也可以买 20 头牛，但当一方购买时并不知道对方买多少头牛。计算每种结局的获利（用报酬矩阵表示）。

（2）这个博弈最可能的结局是什么？最好的结局是什么？为什么？

五、计算题

1. 如果完全竞争市场的需求函数为 $Q = 50\,000 - 2\,000P$，供给函数为 $Q = 40\,000 + 3\,000P$。

（1）求市场均衡价格和均衡数量。

（2）企业的需求函数是怎样的？

2. 完全竞争行业中某企业的成本函数为 $TC = Q^3 - 6Q^2 + 30Q + 40$，成本用人民币计算，假设产品价格为 66 元。

（1）计算利润最大化时的产量及利润总额。

（2）由于竞争市场供求发生变化，新价格为 30 元，在新价格下，企业是否会发生亏损？最小亏损额为多少？

（3）企业在什么情况下会退出该行业（停止生产）？

3. 垄断企业的总收益函数为 $TR = 100Q - Q^2$，总成本函数为 $TC = 10 + 6Q$，求企业利润最大化的产量和价格。

4. 假设垄断者的产品的需求曲线为 $P = 16 - Q$，P 以美元计。

（1）求垄断者出售 8 单位产品的总收益是多少？

（2）如果垄断者实行一级价格歧视，垄断者的收益为多少？他掠夺的消费者剩余为多少?

（3）如果垄断者实行二级价格歧视，对前 4 单位的商品定价为 12 美元，后 4 单位的商品定价为 8 美元，垄断者的收益为多少？垄断者掠夺的消费者剩余为多少？

推荐阅读

[1] 高鸿业.西方经济学（微观部分）[M].6 版.北京：中国人民大学出版社，2014：第六章，第七章.

[2] 尹伯成.西方经济学简明教程[M].8 版.北京：机械工业出版社，2013：第六章，第七章.

[3] 弗兰克.牛奶可乐经济学 2[M].北京：中国人民大学出版社，2009.

[4] 威廉·A.迈克易切恩.微观经济学[M].余森杰，译.北京：机械工业出版社，2011：第八章，第九章，第十章.

[5] 卜洪运.微观经济学[M].北京：机械工业出版社，2009：第五章，第六章，第七章.

[6] 朱中彬，等.微观经济学[M].北京：机械工业出版社，2007：第六章，第七章.

[7] 范家骧，刘文忻.微观经济学[M].2 版.大连：东北财经大学出版社，2007：第七章，第八章.

第六章

要素价格理论

【内容提要】

前几章无论是消费者行为分析，还是生产者行为分析，都是围绕产品市场展开的，那么生产产品使用的生产要素——劳动、资本、土地的市场又是如何运作的呢？本章将简要介绍要素市场的价格决定。在社会上，每个人都是消费者，也是生产要素的所有者，生产要素的价格就是一个人的收入，因此，生产要素价格如何决定的问题也就是国民收入如何分配的问题，这就是微观经济学所要回答的为谁生产的问题。

【学习目标与重点】

◆ 理解和掌握引致需求的含义，掌握完全竞争企业使用生产要素的原则。

◆ 掌握企业和行业的要素需求曲线和供给曲线，掌握要素市场均衡的确定。

◆ 了解基尼系数的基本含义及与居民收入分配差异程度的关系。

【关键术语】

引致需求　要素需求曲线　要素供给曲线　工资率　地租　利息　利润

【引入案例】

"漂亮"的收益

美国经济学家丹尼尔·哈莫米斯与杰文·比德尔在 1994 年第 4 期《美国经济评论》上发表了一份调查报告。根据这份调查报告，"漂亮的人"的收入比长相一般的人高 5% 左右，长相一般的人又比丑陋一点的人收入高 5%～10%。为什么"漂亮的人"收入高？

经济学家认为，人的收入差别取决于人的个体差异，即能力、勤奋程度和机遇的不同。"漂亮程度"正是这种差别的表现。

个人能力包括先天的禀赋和后天培养的能力，长相与人在体育、文艺、科学方面的才能一样是一种先天的禀赋。漂亮属于天生能力的一个方面，它可以使漂亮的人从事其他人难以从事的职业（如当演员或模特）。漂亮的人少，供给有限，自然市场价格高，收入高。

漂亮不仅仅是脸蛋和身材，还包括一个人的气质。在调查中，漂亮由调查者打分，实际是包括外形与内在气质的一种综合。这种气质是人内在修养与文化的表现。因此，在漂亮程度上得分高的人,实际往往是文化高、受教育程度高的人。两个长相接近的人,也会由于受教育不同而表现出不同的漂亮程度。所以,漂亮是反映人受教育水平的标志之一,而受教育是个人能力的来源。因此,受教育多,文化高,收入水平高就是正常的。

漂亮也可以反映人的勤奋和努力程度。一个工作勤奋、勇于上进的人,自然会打扮得体,举止文雅,有一种朝气。这些都会提高一个人的漂亮得分。漂亮在某种程度上反映了人的勤奋,与收入相关也就不奇怪了。

最后,漂亮的人机遇更多。有些工作,只有漂亮的人才能从事,漂亮往往是许多高收入工作的条件之一。就是在所有的人都能从事的工作中,漂亮的人也更有利。漂亮的人从事推销更易于被客户接受,当医生会使病人觉得可亲,所以,在劳动市场上,漂亮的人机遇更多,雇主总爱优先雇用漂亮的人。有些人把漂亮的人机遇更多、更易受雇称为一种歧视,这也不无道理。但有哪一条法律能禁止这种歧视?这是一种无法克服的社会习俗。

漂亮的人的收入高于一般人。两个各方面条件大致相同的人,由于漂亮程度不同而得到的收入不同。这种由漂亮引起的收入差别,即漂亮的人比长相一般的人多得到的收入称为"漂亮贴水"。

资料来源:梁小民.微观经济学纵横谈[M].北京:生活·读书·新知三联书店,2000.

要素市场理论又被称为收入分配理论,主要研究市场的全部收入(产出)是如何在各种生产要素之间进行分配的,也就是说,通过本章的分析,我们试图回答以下的问题:为什么人们的收入不同——有的人月薪2万元,有的人年收入2000元?是什么决定了一个人的工作时间?销售产品的收入按什么比例分配给生产过程中使用的劳动和资本?

在分析开始之前,有两个问题是需要首先说明的。

(1)要素市场也像产品市场一样,有生产者和消费者,不同的是要素市场上的生产者是要素供给者——提供资本的出资人和提供劳动的劳动者;而要素市场上的消费者是要素需求者——企业,细心的读者会发现,要素市场上的角色刚好与产品市场上的相反。

(2)要素市场也像产品市场一样,有完全竞争和不完全竞争之分,即完全竞争的要素市场、买方垄断的要素市场——要素购买者具有垄断势力的市场结构、卖方垄断的要素市场——要素出售者具有垄断势力的市场结构。

先简要介绍完全竞争要素市场的价格决定。像完全竞争的产品市场一样,完全竞争的要素市场也有以下特征。

(1)市场上有大量的生产要素需求者和供给者,由于没有单个需求者或供给者可以影响要素价格,因此,每个人都是要素价格的接受者。

(2)要素是同质的,没有差异。

(3)要素可以自由流动。

(4)要素供求双方具有完全信息。

要素市场上的价格同样是由要素的需求和供给决定的。因此,我们仍将从需求和供给两方面来分析。

知识链接 6-1

生 产 要 素

19世纪的西方经济学家们习惯于把生产要素分为三类,即土地、劳动和资本。这三类生产要素的价格,则被分别称作地租、工资和利润。因此,那时的生产要素价格理论就是地主、工资收入者和资本家这三个主要社会经济阶级之间的收入分配理论。到19世纪末,第四种生产要素——企业家才能被"发现"。于是,利润被看作企业家才能的收益,而资本所有者的收益被看作"利息"。

第一节　要素需求理论

一、引致需求与共同需求

要素的需求与产品的需求具有不同的性质,这种差别主要体现在两个方面。

(一)对生产要素的需求是引致需求(Derived Demand)

在产品生产市场上,对产品的需求来自消费者的购买行为。消费者之所以购买面包、衣服、电视机等产品是因为这些产品能够直接满足他们的相关需求,也称直接需求,是指消费者为了直接满足自己的吃、穿、住、行等需要而购买产品的需求。

对要素的需求却与此不同,在要素市场上,对劳动、资本等要素的购买并非来自消费者,而是企业。企业对这些生产要素的需求,不是要直接消费这些要素,而是为生产消费者所直接需要的汽车、冰箱等,并从中获得收益。这种由消费者对最终产品的需求而引发的企业对生产要素的需求,称为引致需求,也称派生需求。

(1)在要素市场上,企业成为要素的需求方,消费者成为要素的供给方。

(2)企业购买要素不是为了自己的直接需要,而是为了生产和出售产品以获得收益。

(3)企业之所以对生产要素产生需求,是因为消费者对产品有需求,企业为了满足消费者对产品的需求,就要使用生产要素来生产出产品。

个案研究 6-1

软件公司对办公场地的引致需求

软件公司要为其编程人员、管理人员和其他雇员租用办公室,这就是对办公场地的需求。在每一个地区,都有一条斜率为负的办公面积的需求曲线,它将土地所有者所要求的租金与公司想要的办公面积的数量联系起来——价格越低,公司愿意租用的面积就越大。

软件公司租用办公场地并不是像消费者购买产品时获得效用那样直接从中得到满足,而是将办公场地投入生产中,从而获得收入。如果追根溯源,不难发现这样的现象:消费者从软件中获得的满足决定了软件公司能卖出多少软件,决定了需要多少软件设计、编程与销售人员等,从而决定了必须租用多少办公场地。

该软件越是成功,办公场地需求曲线就越向右移动。因此,要准确地分析投入需求,必须认识到消费者对产品的需求最终决定了企业对办公场地的需求。

(二)对生产要素的需求是共同需求(Joint Demand)

要素需求不仅是一种引致需求,也是一种联合需求。在研究生产理论时,我们知道生产过程是靠各种要素的综合作用完成的。威廉·配第爵士曾经用过这样一个形象而深刻的比喻:劳动是产品之父,而土地则是产品之母。我们不好说生孩子时,父亲重要还是母亲重要。同样,一般也不好说多种要素中究竟哪一种要素"单独"创造了多少产出。这就是劳动、资本和土地在生产中的相互依赖性。

共同需求也称联合需求,是指对生产要素的需求是共同的、相互依赖的需求。对某种要素的需求,不仅取决于本身价格,也取决于其他要素价格。如果人工很便宜,使用昂贵的机器不如用人工合算,企业就会更多地使用人力来代替机器,反之亦然。

知识链接 6-2

中间生产要素

中间生产要素是指企业生产出来又投入生产过程中去的产品。所有者是企业,目的是实现利润最大化。对某一个企业来说是中间产品的东西,对另一个企业来讲可能就是产品。比如,钢铁对于汽车厂来讲是中间产品,但它对于钢铁厂来讲就是产品。本章所说的生产要素,指的都是原始生产要素。

知识链接 6-3

边际生产力理论

要素价格决定:在其他条件不变和边际生产力(边际收益)递减的前提下,一种生产要素的价格取决于其边际生产力。

当使用要素的边际成本和要素的边际生产力相等时,企业才能在要素使用上达到利润最大化。

要素的市场价格由其需求和供给决定。具有不同于一般商品的需求和供给的特点,不同要素均衡价格决定具有不同特点。

知识链接 6-4

生产要素有两种价格

源泉价格：买卖生产要素的服务"载体"(或称源泉)的价格，如土地所有权。

服务价格：买卖要素提供的服务的价格，如土地租金。

土地、资本具有两种价格；劳动、企业家才能只有服务价格。

本章所讲要素价格除非特别指明，指的都是要素的服务价格。

要素价格构成企业成本，也构成要素所有者的收入，要素价格决定也是国民收入在要素所有者之间的分配问题。

二、完全竞争企业对生产要素的使用原则

对产品市场进行分析时，我们曾作过一个重要假定，即企业以追求自身利润最大化为目标。利润最大化的条件是边际收益等于边际成本。这一结论不仅适用于前面对产品市场的分析，同样也适用于本章对生产要素市场的分析。

为了使说明便于理解，现假定企业只使用劳动和资本两种生产要素进行生产，并假定资本数量不变，从而企业只需选择劳动的数量。一方面，企业是要素市场上的消费者，它们花费生产成本购买劳动；另一方面，企业又是产品市场上的生产者，它们使用劳动生产产品，并出售产品获取收益。

当增加一单位劳动投入时，若该单位劳动投入所增加的产品为企业带来的收益的增加量大于企业为该单位劳动支付的成本，那么增加该单位劳动会增加企业的利润，则企业会使用它；反之，若该单位劳动投入所增加的产品为企业带来的收益的增加量小于企业为该单位劳动支付的成本，那么增加该单位劳动会减少企业的利润，则企业不会使用它。因此，企业使用生产要素的原则仍是"边际成本"等于"边际收益"。

有所不同的是，我们要从另一个角度对边际收益和边际成本进行定义——"使用要素的"边际收益和"使用要素的"边际成本，即边际产品价值和要素价格。完全竞争市场要素投入价格和产品产出价格都为常数。

（一）边际要素成本（要素价格）

边际要素成本（Marginal Factor Cost，MFC）是指企业增加一单位要素的使用所增加的成本。

$$\text{MFC} = \frac{\Delta C}{\Delta F} \tag{6-1}$$

根据前面的假定，成本与生产要素劳动的函数关系式如下。

$$C = wL \tag{6-2}$$

式中：w 表示工资率即劳动要素的价格；L 为劳动的数量。

因为在完全竞争的条件下，任何一家企业单独增加或减少其要素购买量都不会影响

要素价格,即工资 w 固定不变。现在对函数进行求导可得到要素的"边际成本"。

图 6-1　完全竞争市场劳动的边际成本

$$\text{MFC} = \frac{\text{d}C(L)}{\text{d}L} = w \qquad (6\text{-}3)$$

它表示完全竞争企业增加使用一单位劳动的边际成本恰好等于工资率 w,见图 6-1。

(二) 边际产品收益

边际产品收益(Marginal Revenue Product,MRP)是指企业增加一单位的要素所能增加的收益,又称边际生产力。

$$\text{MRP} = \frac{\Delta \text{TR}}{\Delta F} \qquad (6\text{-}4)$$

企业的收益取决于产量,企业的产量又取决于生产要素,因此,

$$\text{MRP} = \frac{\Delta \text{TR}}{\Delta F} = \frac{\Delta \text{TR}}{\Delta Q} \cdot \frac{\Delta Q}{\Delta F} = \text{MR} \cdot \text{MP} \qquad (6\text{-}5)$$

式中:MR 为边际收益;MP 为边际产量。

(三) 企业使用要素的一般原则

假定企业使用一种要素、生产一种产品,追求最大利润 π。

$$\pi = \text{TR}(F) - \text{TC}(F) \qquad (6\text{-}6)$$

令

$$\frac{\text{d}\pi}{\text{d}F} = \frac{\text{dTR}(F)}{\text{d}F} - \frac{\text{dTC}(F)}{\text{d}F} = \text{MRP} - \text{MFC} = 0 \qquad (6\text{-}7)$$

得

$$\text{MRP} = \text{MFC} \qquad (6\text{-}8)$$

式(6-8)即为企业使用要素的一般原则。

(1) 如果 MRP>MFC,增加一个要素所增加的收益要大于增加的成本,利润将增加,为追求利润最大化,肯定会不断地增加要素,从而增加利润。

(2) 随着产量增加,边际产量下降而边际收益下降或不变,从而边际产品收益也是下降的,最终会达到 MRP=MFC。

(四) 边际产品价值(Value of Marginal Product,VMP)

在产品市场中,收益只被看作产量的函数与生产要素无关,即 $R(Q) = Q \cdot P$。一旦转入要素市场,则应进一步看到,产量本身又是生产要素的函数,根据前面的假定,产量与生产要素劳动的函数关系 $Q = Q(L)$。则有收益与生产要素劳动的函数关系式为

$$R(L) = Q(L) \cdot P \qquad (6\text{-}9)$$

在完全竞争条件下,式(6-9)中价格 P 为既定常数,不会随着企业产量的变化而变化。由于价格固定不变,所以企业的总收益实际上是产量的函数,随着产量的变化而变化。

对收益与产量的函数求导可以得到边际收益（MR）。同样，现在对要素市场的要素与产量之间的函数求导则就可以得到要素的边际产品收益（MRP）。

$$MRP = \frac{dQ(L)}{dL} \cdot P = MP \cdot P = VMP \qquad (6\text{-}10)$$

它表示在完全竞争的条件下，企业增加使用一个单位劳动要素所增加的收益。应特别注意 MRP 与 MR 的区别。边际收益 MR 是对产量而言的，是产品的边际收益。边际产品收益 MRP 是对要素而言的，是要素的边际产品收益。

显然 VMP 只是 MRP 的一个特例，即在完全竞争市场，当 MR 为常数 P 时，产品价格与要素的边际产量的乘积。

（五）完全竞争企业使用要素的原则

在完全竞争市场，由于边际成本要素等于工资率 w，所以完全竞争企业使用生产要素的原则如下。

$$VMP = w \qquad (6\text{-}11)$$

完全竞争企业使用要素的原则是：边际产品价值等于该要素的市场价格。

（1）如果 $MRP > w$，这意味着企业投入的最后一单位要素生产出的产品的收益大于为购买这一要素而付出的成本，净所得（边际利润）大于零，继续增加要素投入还可以增加利润，直到 $MRP = w$ 为止。

（2）若 $MRP < w$，说明投入的最后一个单位要素的所得已经小于为购买这一单位的要素而付出的成本了，减少要素的使用尽管可能导致总产量和总收益下降，但可以使净所得（边际利润）增加，因而，企业因此减少要素购买量是符合利润最大化目标的理性行为，直到 $MRP = w$ 为止。

三、完全竞争企业对生产要素的需求曲线

与研究产品市场的需求一样，我们想要分析的企业对生产要素的需求曲线是研究企业对生产要素的需求量如何随要素价格的变化而变化，企业对要素的需求量与要素价格之间的关系称为要素需求函数。

完全竞争企业对生产要素 L 的需求函数反映的是在其他条件不变时，完全竞争企业对要素 L 的需求量与要素价格 W 之间的关系。现在假设某企业在完全竞争市场上销售产品，可变要素 L 的投入量与边际产品、产品价格和边际产品价值如表 6-1 所示。

表 6-1　完全竞争企业的要素 L 的需求表

要素数量（L）	边际产品（MP）	产品价格（P）	边际产品价值（VMP＝MP·P）
1	18	10	180
2	16	10	160
3	14	10	140
4	12	10	120
5	10	10	100

续表

要素数量（L）	边际产品（MP）	产品价格（P）	边际产品价值（VMP＝MP·P）
6	8	10	80
7	6	10	60
8	4	10	40

　　将表 6-1 所反映的情况用图形表示出来，即是企业的边际产品价值曲线，也就是企业对要素（比如劳动）的需求曲线，见图 6-2。

　　在前面的描述中我们知道在完全竞争的要素市场条件下，企业想要达到利润的最大化就必须保持要素的边际成本与要素的边际收益相等，即 VMP＝MFC＝w。根据这个公式可以推导出完全竞争企业的要素需求曲线。

　　根据 VMP＝MP·P 可得 MP(L)·P＝w。下面来说明这个函数的特点。

　　当 w 变大时，就有了 w＞MP(L)·P，厂家为了利润的最大化必须对生产做出调整，由于完全竞争状态下企业不能改变市场价格 P，

图 6-2　完全竞争企业对生产要素的需求曲线

只能对要素的使用量 L 进行增加或减少来调整平衡，根据第四章边际报酬递减规律，因为 w 变大所以要素的使用量 L 减少了，反之亦然。

　　这样便可以得到以下结论：随着要素价格的上升，企业对要素的最佳使用量即需求量将下降。因此，完全竞争企业的要素需求曲线向右下方倾斜。

　　利用公式 MP(L)·P＝w 还可以说明，在完全竞争条件下，企业对单一要素的需求曲线 D 将与其边际产品价值曲线 VMP 完全重合，见图 6-2。

　　从利润最大化出发，企业应该按照曲线 VMP 与 w 水平线的交点来决定要素的使用量 L，当 w 变动时，其要素 L 数量就会沿着 VMP 曲线随之变动。如果 w 上升到 W_1 相应的利润最大化的 L 应变为 L_1，如果 w 下降到 W_2，则 L 将变为 L_2，因此，对要素市场的任意价格，企业的 VMP 曲线确定的 L 使用量可以使企业的利润达到最大化。所以，企业的边际收益曲线 VMP 就是企业的要素需求曲线。

知识扩展 6-1

从企业需求曲线到市场的需求曲线

　　单个企业要素需求曲线不能横向加总得到市场需求曲线。原因是企业需求曲线的推导都附加了一定前提。假定要素价格变动时，其他企业的要素使用量不变。

　　劳动价格下降，企业都会增加劳动使用，产品市场供给曲线右移，产量上升，产品价格下降。导致边际产品价值曲线的移动，从而企业的要素需求曲线也会发生变动。

　　劳动价格上升，所有企业都会减少使用量，产品的市场供给曲线会向左移动，产品价格上升，要素的边际产品价值曲线也会发生移动，要素的需求曲线跟着移动。

第二节　要素供给理论

一、要素的供给问题

马歇尔的"四位一体"：劳动—工资；资本—利息；土地—地租；企业家的才能—利润。

（一）要素所有者

要素所有者具有非单一性，既可以是生产者，也可以是消费者；可以是"中间要素（投入）"所有者——向生产过程再次投入的中间要素的生产者，也可以是原始要素所有者——向市场提供诸如劳动等要素的所有者。本章涉及的是原始要素所有者。

要素所有者及其行为目标的不一致自然会影响到对要素供给的分析。生产者使用生产要素的目的是追求利润的最大化；而作为生产要素供给者的消费者，其目的是效用的最大化。根据生产者的利润最大化行为讨论其对中间要素的供给，根据消费者（或资源所有者，如劳动、土地和资本等的所有者）的效用最大化行为讨论其对原始要素的供给。

（二）要素供给数量的特点

消费者拥有的要素数量有限，消费者的决策只能在这有限的资源范围内进行。如消费者拥有的时间一天只有 24 小时，其可能的劳动供给不可能超过这个数；再如消费者拥有的收入每日 500 元，则他不可能储蓄（供给资本）比这更多。

由于资源是既定的，消费者只能将其拥有的全部既定资源的一部分作为生产要素来提供给市场，从而获得租金、工资、利息等收入；剩余的部分可称为"保留自用"（或简称为"自用"）的资源。

因此，所谓要素供给问题可以看作消费者在一定的要素价格水平下，将其全部既定资源在"要素供给"和"保留自用"两种用途上进行选择分配以获得最大效用。

（三）要素供给原则

消费者要素供给的原则＝实现效用最大化的条件：提供给市场的要素的边际效用和消费者"保留自用"的要素的边际效用相等。

如果该要素供给市场的边际效用大于保留自用的边际效用，那么消费者增加要素的供给减少，保留自用的资源数量将能够使他的总效用增加；如果该要素提供给市场的边际效用小于保留自用的要素边际效用，那么理性的消费者将会减少提供给市场的要素，增加保留自用的要素，从而提高自己的总效用。

二、劳动供给曲线与工资率的决定

（一）劳动供给

劳动供给是指劳动者在不同劳动价格水平上愿意并能够提供的劳动数量。劳动价格通常用工资率加以衡量。工资率是指单位劳动(如每小时劳动)的工资。劳动价格水平高低实际上是指工资率高低。

一国或一地区在一定时期的劳动供给状况是由多种因素决定的,主要有人口及年龄结构、劳动力参与率和工作意愿等。一国或一地区中如果人口基数大,年轻人比重又大,劳动供给超过需求,即使工资水平较低,也会有不少人失业。因此,控制劳动供给首先要控制人口增长。

劳动力参与率是指想工作的劳动者在劳动年龄人口的比重。影响劳动力参与率的因素很多,政府的有关政策是其中的重要因素,如完善的、丰厚的退休金制度会使许多健康老年人不想继续工作,重视学历的政策会使许多年轻人延长学习年份而暂不工作等。

劳动供给涉及消费者对其拥有的既定时间资源的分配,或者说,是如何决定其全部资源在闲暇和劳动供给两种用途上的分配以达到效用的最大化。劳动者工作意愿很大程度上取决于他对工资和闲暇效用的比较。

劳动可得到工资收入,工资收入给劳动者带来效用,闲暇也给劳动者带来效用。劳动作为闲暇的牺牲会给劳动者带来负效用,即痛苦和不舒适的感觉,劳动得多,工资收入也多;但闲暇会减少,可见收入和闲暇之间存在着替代关系。

劳动供给主要取决于劳动成本。劳动成本包括以下两类。

(1) 实际成本:维持本人及其家庭生活必需的费用。

(2) 心理成本:补偿劳动者心理负效用的费用。劳动以牺牲闲暇享受为代价,会给劳动者心理上带来负面效应。

消费者选择一部分时间作为闲暇来享受,选择其余时间作为劳动供给。前者即闲暇直接增加了效用;后者带来了收入,这些收入用于消费也增加了消费者的效用。因此,就实质而言,消费者并非是在闲暇和劳动之间进行选择,而是在闲暇和劳动收入之间进行选择。

知识链接 6-5

劳动与闲暇

闲暇时间包括除必需的睡眠时间和劳动供给之外的全部活动时间。例如,用于吃、喝、玩、乐等,即用于各种消费活动的时间。在现实生活中,闲暇时间也可用于非市场活动的"劳动",例如干家务活。

在时间固定不变的情况下劳动与闲暇之间存在着一种此消彼长的关系,当劳动增加就意味着闲暇的减少;当劳动减少就意味着闲暇的增加,这里产生了替代效应与收入效应。

随着工资的提高:从替代效应来看,闲暇变得更贵,劳动者想用工作代替闲暇;从收入效应来看,工资更高,收入更多;劳动者会购买更多的商品和服务,还想有更多的闲暇。

哪种效应更加有利,这取决于个人。

钟鸣是否加班？

在一家物流公司上班的钟鸣月薪 5 000 元。如果周六加班的工资是 200 元，钟鸣周六从来不加班，而是在家休息或约朋友钓鱼。现在经理让他周六加班，加班工资是一天 500 元，他接受了这一要求。尽管 500 元收入的代价是每周放弃一天的休息，但他觉得很划算。以前他周六休息的代价是放弃 200 元的收入，而现在，如果周六休息，他将为此付出 500 元的收入代价。如果他不接受这一要求，在他的朋友看来，钟鸣所消费的"周六在家休息和钓鱼"这些商品简直就是奢侈品（价格高达 500 元一天）。显然，这就是替代效应，由于替代效应，闲暇的需求量与闲暇的价格（工资）反方向变化，如果工资上涨，就应该用便宜的"劳动"代替贵的"闲暇"，这一点上，与其他商品没有区别。

上面所讲到的替代效应与以前的商品没有太大的区别，但收入效应与以前所讲的就有一些区别，需要特别注意。对于一般的商品而言，价格上升后，消费者买到的商品数量将减少，消费者的实际收入是下降的。而这里讲到的"闲暇"商品与一般的商品恰恰相反，闲暇的特殊性在于，它的价格上升可以提高消费者的收入，在不减少对闲暇消费的情况下得到更多的收入。为此，他可以更多地劳动，也可以增加对闲暇的消费。

接着拿上面的例子来说明。由于钟鸣干得很出色，经理多次提高他的工资，年底时他的工资已经涨到了 10 000 元，工作时间由每天的 8 小时增加到了 9 小时，周六的加班工资涨到了每天 600 元。

由于业务增加，但经理又不想增加新员工，要求钟鸣增加工作时间，工资也可以增加，但钟鸣不但不愿意继续增加加班时间，甚至还要求找新员工，并将他周六的加班也取消。他为什么不愿意加班了呢？这就是收入效应的作用。

简单地说，当工资富足时，达到人的满意程度后，人们就会更加珍惜闲暇、减少劳动，即使现在的劳动能换取更多的钱。

（二）劳动供给的特殊规律与劳动供给曲线

初期，工资增加，劳动会增加。到一定程度后，劳动的供给曲线向后弯曲；即工资高过一定限度，货币收入的边际效应不足以抵补劳动的负面效应，劳动的供给量反而减少，见图 6-3。

（三）劳动市场的供给曲线和均衡工资的决定

将所有单个消费者的劳动供给曲线水平相加，就会得到整个市场的劳动供给曲线。尽管许多消费者的劳动供给曲线可能会向后弯曲，但劳动的市场供给曲线却不一定也是如此。在较高的工资水平上，现有的劳动者也许提供较少的劳动，但高工资也会吸引新的劳动者进来，因而总的市场劳动供给一般还是随着工资的上升而增加，从而市场供给曲线仍是一条向右上方倾斜的曲线。

前面已经学过,均衡点是供给曲线与需求曲线的交点,这里也不例外,劳动的供给曲线与劳动的需求曲线的交点就是均衡工资点,它会随着劳动的供给曲线和劳动的需求曲线变动而变动,见图6-4。而产生以上两种曲线的变动有很多种原因,这里不多解释。

图6-3　消费者个人的劳动供给曲线

图6-4　均衡工资的决定

三、土地的供给曲线与地租的决定

（一）土地的供给与供给曲线

在经济学中已经对土地进行了界定,经济学上的土地不仅仅是土地,还包括水、森林、矿产等一切自然资源,其特点被描述为"原始的和不可毁灭的"。说它是原始的,因为它不能被生产出来;说它是不可毁灭的,因为它在数量上不会减少。

土地数量既不能增加也不能减少,因而是固定不变的。或者说,就一个国家或一个地区而言,土地的"自然供给"是固定不变的,它不会随着土地价格的变化而变化。因此,土地的供给曲线是一条垂直直线,见图6-5。

既然土地的数量是固定不变的,作为一个理性的土地所有者,他将会使自己的土地效应达到最大,或自己的土地收益达到最大。

土地的配置分为两种用途:自用和供给市场。自用没有收入,但可以直接带来效应,比如养花种草等。供给市场可以带来收入。土地通过购买的行为可以转化为商品,最终给所有者带来效用。

图6-5　土地的供给曲线

土地所有者在土地用途选择上所面临的效用函数可以记作

$$U = U(X,Y) \tag{6-12}$$

式中:U 表示效用;X 表示自用土地数量;Y 表示供应市场上的土地数量。其中,$X + Y = Q$,Q 为固定的土地供给量。

在劳动供给中,时间的消费性使用占去全部时间的一个较大部分,工资对于闲暇的消费具有较大的影响。与劳动供给不同的是,土地的自用通常只占其所有者拥有土地量的很小一部分,这部分可以忽略不计,从而效用函数可以简化为

$$U = U(Y) = U(Q) \tag{6-13}$$

也就是说,土地所有者的效用只取决于土地收入而与自用土地数量大小无关。在这

种情况下,为了获得最大效用就必须使土地收入达到最大,而为了使土地收入达到最大就要求尽可能多的供给土地。

知识扩展 6-2

行业土地的供给可变

倘若从某行业的角度来看土地供给,则土地的使用量或供给量是会随着地租水平的变化而发生变化的。例如,当土地用来建筑住宅可以产生较高的报酬,即可以支付较高的地租时,用于种植或其他用途的土地就会被转用于建筑用途。因此,从一个行业来说,土地的供给是可变的。土地的供给与使用土地的机会成本有关。从一个特定行业看,地租的上升可以引起土地供给量的增加。

(二)土地的需求曲线与地租的决定

前面以劳动的需求为代表分析了生产要素需求曲线,而劳动的需求曲线就是劳动的边际产品价值曲线,劳动的边际产品价值曲线因为劳动的边际产量的递减而向右下方倾斜,因此,劳动的需求曲线向右下方倾斜。据此可推出土地的需求曲线也向右下方倾斜。

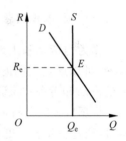

图 6-6　土地的均衡价格

地租是土地这一生产要素的收益或价格,地租是由土地供给和土地需求共同决定的。将土地的供给曲线与需求曲线相结合,就能得到土地的均衡价格 R_e,见图 6-6。

在图 6-6 中,土地的供给曲线和需求曲线两条曲线的交点决定了社会均衡地租。由于土地的供给是固定不变的,是一条垂直的直线 S,不随价格的变化而变化,故地租完全由土地的需求曲线决定,而与土地的供给曲线无关。地租随着需求的上升而上升,随着需求的下降而下降。一般情况下,城镇的地租比较高,农村的地租比较低。

(三)租金、准租金和经济租金

按照上面的分析,地租是土地这种供给固定不变的要素的服务价格,因而地租只与固定不变的土地有关。但在现实中,不仅土地可以被看作固定不变的,而且有许多其他资源在某些情况下,也可以被看作固定不变的。这种供给数量固定不变的一般资源的服务价格叫作"租金"。地租是当所考虑的资源为土地时的租金,而租金则是一般化的地租。

租金和地租都是针对供给固定不变的生产要素的服务价格,这里的固定不变显然是长期和短期都适用。但是,在现实生活中,有些生产要素尽管在长期中可变,但在短期中却是固定的。

例如,由于企业的生产规模在短期内不能变动,其固定生产要素对企业来说就是固定供给的,既不能从现有的用途中退出转到收益较高的其他用途中,也不能从其他相似的生产要素中得到补充。这些要素的服务价格在某种程度上类似于租金,被称为"准租金"。所谓"准租金",就是对供给量暂时固定的生产要素的支付,即固定生产要素的收益。

有许多要素的收入尽管从整体上看不同于租金,但其收入的一部分却可能类似于租金,即如果从该要素的全部收入中减去这一部分并不会影响要素的供给。我们将这一部分要素收入叫作"经济租金"。

经济租金的大小取决于要素供给曲线的形状,供给曲线越陡峭,经济租金就越大,特别是当供给曲线为垂直线时,全部要素收入均变为经济租金,它恰好等于租金或地租。由此可见,租金实际上是经济租金的一种特例,即当要素供给曲线垂直时的经济租金,而经济租金则是更为一般的概念,不仅适用于供给曲线垂直的情况,也适用于不垂直的一般情况。如果供给曲线为水平线,则经济租金完全消失。

四、资本的供给曲线与利息的决定

(一)资本和利息

作为与劳动和土地并列的一种生产要素,资本具有如下特点:①资本的数量可以改变,可以通过人们的经济活动生产出来;②它之所以被生产出来,是为了以此获得更多的商品和劳务;③资本作为投入要素,通过用于生产过程来得到更多的商品和劳务。

根据以上三个特征,资本可以被定义为:由经济制度本身生产出来并被用作投入要素,以便进一步生产更多的商品和劳务的物品。

知识对比

资本与劳动和土地的区别

由于第一个特点,资本便与其他两个要素即土地和劳动区别开了。因为土地和劳动均是"自然"给定的,不能由人们的经济活动生产出来。由于第二个和第三个特点,资本便与一切非生产要素的东西区别开来。

利息是企业在一定时期内为利用资本的生产力所支付的代价,或者说是资本所有者在一定时期内因让渡资本使用权,承担风险所索取的报酬。利息与本金的比率就是利息率,用 r 表示,利息率就是资本的使用价格。利息率也是由使用资本的供求关系决定的。

(二)资本的供给

当资本市场的利率变动后,对消费者的跨期消费决策来说,会产生两种效应:替代效应与收入效应。替代效应是指利率越高,对牺牲当前消费的补偿就越大,消费者就愿意减少当前的消费,增加储蓄以获得更多的消费。

收入效应是指利率越高,消费者就越有可能在维持未来消费水平下增加现有的消费,从而减少储蓄。因此,利率的提高带来的替代效应与收入效应是相反的。这种情况与劳动者工资的提高所带来的变化类似,利率的提高有可能会使消费者增加当前的储蓄,也有可能减少当前的储蓄,最终的结果取决于利率水平的高低及消费者当前收入的大小与对未来收入的预期。

一般来说,当低利率水平时,利率的提高使储蓄增加的财富较少,其替代效应会大于收入效应,消费者会减少当前的消费而增加储蓄;而在高利率水平,利率增加使储蓄增加的财富较多,其收入效应会大于替代效应,消费者会减少当前的储蓄而增加消费。

所以,消费者的利率储蓄关系与行动者的工资劳动关系类似。消费者个人的资本供给曲线也是一条向里弯曲的曲线,而市场的资本供给曲线则为一条向右上方倾斜的供给曲线,见图6-7。

(三) 利率的决定

利率 r 的决定取决于对资本的需求与供给。资本需求曲线 D(投资)与供给曲线 S(储蓄)相交于 E,决定利率水平 r_e 和资本量 K_e,见图6-8。

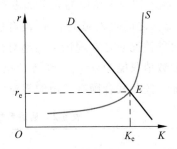

图6-7 消费者个人的资本供给曲线　　　　图6-8 市场利率的决定

五、企业家才能与利润理论

利润分为正常利润和超额(经济)利润。

(一) 正常利润

正常利润即企业家才能的价格,是一种特殊的工资。正常利润的决定与工资类似,取决于"企业家才能"的供求关系。

由于企业家才能需求很大,而企业家才能供给很少;所以,企业家才能的供求曲线的交点所决定的正常利润就会远远高于一般劳动者的工资。

正常利润包括在经济学分析的成本之中,所以收支相抵就是获得了正常利润。在完全竞争中,利润最大化就是获得正常利润。超过正常利润以后的超额利润在完全竞争时并不存在。

(二) 超额利润

超额利润即超过正常利润部分的利润。在完全竞争条件下,达到均衡就不存在任何形式的超额(经济)利润。

企业获得超额利润的途径。

（1）创新。创新是指企业家对生产要素实行新的组合，这是合理且应予以鼓励的。

（2）垄断。垄断对经济的长远发展不利，这是不合理的途径。

（3）承担风险。对某项事业可能失败的补偿。

六、收入分配与基尼系数

（一）基尼系数

基尼系数（Gini Coefficient）系意大利经济学家基尼（Corrado Gini，1884—1965）于1912年根据劳伦茨曲线所定义的判断收入分配公平程度的指标所提出的，定量测定收入分配差异程度，是国际上用来综合考察居民内部收入分配差异状况的一个重要分析指标。

其经济含义是：在全部居民收入中，用于进行不平均分配的那部分收入占总收入的百分比。基尼系数最大为1，最小等于0。等于1表示居民之间的收入分配绝对不平均，即100%的收入被一个单位的人全部占有了；而等于0则表示居民之间的收入分配绝对平均，即人与人之间收入完全平等，没有任何差异。

但这两种情况只是在理论上的绝对化形式，在实际生活中一般不会出现。因此，基尼系数的实际数值只能为0～1。经济学家们通常用基尼系数来表现一个国家和地区的财富分配状况。按照联合国有关组织规定，基尼系数对应分配差异程度如表6-2所示。

表 6-2　基尼系数与分配差异程度的关系

低于 0.2	收入绝对平均
0.2～0.3	收入比较平均
0.3～0.4	收入相对合理
0.4～0.5	收入差距较大
0.5 以上	收入差距悬殊

数值越低，表明财富在社会成员之间的分配越均匀；反之亦然。通常把0.4作为收入分配差距的"警戒线"，根据黄金分割律，其准确值应为0.382。

目前，国际上用来分析和反映居民收入分配差距的方法和指标很多。基尼系数由于给出了反映居民之间贫富差异程度的数量界限，可以较客观、直观地反映和监测居民之间的贫富差距，预报、预警和防止居民之间出现贫富两极分化，因此得到世界各国的广泛认同和普遍采用。

（二）收入分配政策

在现实生活中，人们占有要素的状况不同。效率的发挥建立在承认差别或者说不平等的基础上，有差别才有运动。效率来自个人努力和勤奋，不重视和不承认有差别，就是鼓励懒惰，那样的平等只能成为普遍贫困。

然而，如果差距过大，贫富悬殊，也会造成严重的社会问题。无法生活下去的人们必然铤而走险，造成社会动荡。因此，有必要通过政府的收入分配政策来缓解收入分配的不公平现象。

（1）税收

① 个人所得税。根据收入的高低确定不同的税率，对高收入者按高税率征税，对低收入者按低税率征税。

② 遗产税、赠予税、财产税等。纠正财产分配的不平等。

③ 消费税。

（2）社会福利政策

① 给穷人提供补助来实现分配的均等化。

② 社会保障与社会保险。

③ 保护劳动者的各种立法，包括最低工资法和最高工时法以及环境保护、食品和医药卫生等法。

④ 各种福利设施和公共工程的建设。

本 章 小 结

直接需求是指消费者为了直接满足自己的衣、食、住、行等需要而购买产品的需求。而引致需求，也称派生需求，是指由消费者对最终产品的需求而引发的企业对生产要素的需求。对生产要素的需求是引致需求，也是共同需求。

要素市场也像产品市场一样，有生产者和消费者，不同的是要素市场上的生产者是要素供给者——提供资本的出资人和提供劳动的劳动者；而要素市场上的消费者是要素需求者——企业。要素市场上的角色刚好与产品市场上相反。

生产要素分为土地、劳动、资本和企业家才能四类。这四类生产要素的价格，则被分别称作地租、工资、利息和利润。

边际要素成本（要素价格，MFC）是指企业增加一单位要素的使用所增加的成本。边际产品收益（MRP）是指企业增加一单位的要素所能增加的收益，又称边际生产力。企业使用要素的一般原则：MRP＝MFC。

边际产品价值 VMP 是 MRP 的一个特例，即在完全竞争市场，当 MR 为常数 P 时，产品价格与要素的边际产量的乘积。完全竞争企业使用要素的原则：VMP＝w。在完全竞争的要素市场条件下，企业想要达到利润的最大化就必须保持要素的边际成本与要素的边际收益相等，即 VMP＝MFC＝w。企业的边际收益曲线 VMP 就是企业的要素需求曲线。

要素所有者具有非单一性，既可以是生产者，也可以是消费者。消费者拥有的要素数量有限，消费者的决策只能在这有限的资源范围内进行。由于资源是既定的，消费者只能将其拥有的全部既定资源的一部分作为生产要素来提供给市场，从而获得租金、工资、利息等收入；剩余的部分"保留自用"。

消费者要素供给的原则＝实现效用最大化的条件：提供给市场的要素的边际效应和消费者"保留自用"的要素的边际效应相等。

劳动供给涉及消费者对其拥有的既定时间资源的分配，或者说，是如何决定其全部资源在闲暇和劳动供给两种用途上的分配以达到效用的最大化。劳动者工作意愿很大程度上取决于他对工资和闲暇效应的比较。

劳动供给的特殊规律与劳动供给曲线：初期，工资增加，劳动会增加。到一定程度后，劳动供给曲线向后弯曲。即工资高过一定限度，货币收入的边际效用不足以抵补劳动的负效应，劳动的供给量反而减少。

就一个国家或一个地区而言，土地的"自然供给"是固定不变的，它不会随着土地价格的变化而变化。因此，土地的供给曲线是一条垂直直线。与劳动供给不同的是，土地的自用通常只占其所有者拥有土地量的很小一部分，这部分可以忽略不计。

由于土地的供给是固定不变的，是一条垂直的直线 S，不随价格的变化而变化，故地租完全由土地的需求曲线决定，而与土地的供给曲线无关：地租随着需求的上升而上升，随着需求的下降而下降。一般情况下，城镇的地租比较高，农村的地租比较低。

资本是由经济制度本身生产出来并被用作投入要素以便进一步生产更多的商品和劳务的物品。消费者的利率储蓄关系与行动者的工资劳动关系类似。消费者个人的资本供给曲线也是一条向里弯曲的曲线，而市场的资本供给曲线则为一条向右上方倾斜的供给曲线。

正常利润，即企业家才能的价格，是一种特殊的工资。正常利润的决定与工资类似，取决于"企业家才能"的供求关系。超过正常利润部分的利润，叫超额利润。在完全竞争条件下，达到均衡就不存在任何形式的超额（经济）利润。企业获得超额利润的途径有创新、垄断以及承担风险等。

基尼系数是国际上用来综合考察居民内部收入分配差异状况的一个重要分析指标。实际数值为 $0\sim1$，数值越低，表明财富在社会成员之间的分配越均匀；反之亦然。通常把 0.4 作为收入分配差距的"警戒线"。

本章内容结构

要素价格理论

要素需求理论
- 引致需求
- 共同需求
- 边际要素成本（要素价格）（MFC）
- 边际产品收益（MRP）
- 企业使用要素的一般原则：MRP＝MFC
- 边际产品价值（VMP）
- 完全竞争企业使用要素的原则：VMP＝w
- 要素供给原则＝实现效用最大化的条件

要素供给理论
- 劳动市场的供给曲线和均衡工资的决定
- 土地的供给曲线与地租的决定
- 资本的供给曲线与利息的决定
- 企业家才能与利润理论
- 基尼系数

收入分配政策
- 税收
- 社会福利政策

综合练习

一、名词解释

引致需求　边际要素成本　边际产品收益　正常利润　工资　地租　经济租金　边际产品价值　基尼系数　超额利润　租金　利息　准租金

二、选择题

1. 假定在完全竞争的要素市场上各种生产要素的价格、产品的价格和边际收益均等于 4 美元,且此时企业得到了最大利润,则各种生产要素的边际物质产品为(　　)。
　　A. 2　　　　　　　　B. 1　　　　　　　　C. 4　　　　　　　　D. 不可确知

2. 工资率的上升所导致的替代效应是指(　　)。
　　A. 工作同样长的时间可以得到更多的收入
　　B. 工作较短时间也可以得到同样的收入
　　C. 工人宁愿工作更长时间,用收入带来的享受代替闲暇带来的享受
　　D. 以上均对

3. 准租金与企业的总利润相比(　　)。
　　A. 相等　　　　　　B. 前者大　　　　　　C. 后者大　　　　　　D. 均有可能

4. 正常利润是(　　)。
　　A. 经济利润的一部分　　　　　　　B. 经济成本的一部分
　　C. 隐含成本的一部分　　　　　　　D. B 和 C 都对

5. 假设某歌唱家的年薪为 10 万元,但若她从事其他职业,最多只能得到 3 万元,那么她所获的经济地租为(　　)万元。
　　A. 10　　　　　　　　B. 7　　　　　　　　C. 3　　　　　　　　D. 不可确知

三、计算题

1. 假设劳动市场的需求曲线为 $D_L = -10W + 150$,供给曲线为 $S_L = 20W$,式中: S_L、D_L 分别为劳动市场供给、需求的人数,W 为每日工资。

(1) 在这一市场中,劳动与工资的均衡水平为多少?

(2) 假如政府希望把均衡工资提高到 6 元/日,其方法是将钱直接补给企业,然后由企业给工人提高工资。为使职工平均工资由原来水平提高到 6 元/日,政府需补贴给企业多少? 新就业水平是多少? 企业付给职工的总补贴将是多少?

2. 设某企业只把劳动作为可变要素,其生产函数为 $Q = -0.01L^3 + L^2 + 36L$,式中: Q 为企业每天产量,L 为工人的日劳动小时数。所有市场均为完全竞争的,单位产品价格为 0.10 元,小时工资率为 4.80 元。

试求当企业利润最大化时:

(1) 企业每天将投入多少小时劳动?

（2）如果企业每天支付的固定成本为 50 元，企业每天生产的纯利润为多少？

3. 一企业生产某种商品，其单价为 10 元，月产量为 100 单位，每单位产品的平均可变成本为 5 元，平均不变成本为 4 元。试求其准租金和经济利润。两者相等吗？

四、分析讨论题

1. 劳动供给曲线为什么向后弯曲？资本的供给曲线呢？

2. 为什么土地的供给曲线可以看作垂直的？

推荐阅读

[1] 高鸿业.西方经济学（微观部分）[M].6 版.北京：中国人民大学出版社，2014：第八章，第九章.

[2] 卜洪运.微观经济学[M].北京：机械工业出版社，2009：第八章.

[3] 朱中彬，等.微观经济学[M].北京：机械工业出版社，2007：第八章.

[4] 尹伯成.西方经济学简明教程[M].8 版.上海：格致出版社，2013：第八章.

[5] 厉以宁.西方经济学[M].4 版.北京：高等教育出版社，2015：第八章.

[6] 郭万超，辛向阳.轻松学经济[M].北京：对外经济贸易大学出版社，2005.

[7] 梁小民.微观经济学纵横谈[M].北京：三联书店，2000.

第七章

市场失灵与微观经济政策

【内容提要】

理想市场，追求个体利益最大化能够导致资源有效配置。当条件不能满足时，就会出现资源配置的失当，即市场失灵。导致市场失灵的原因主要有市场势力、外部影响、公共物品和非对称信息等。本章将分析市场失灵的原因，并阐述在出现市场失灵的情况下，政府如何通过微观经济政策对其加以有限的弥补和矫正，并引出宏观政策的必要。本章是学习微观经济学与宏观经济学的承上启下篇。

【学习目标与重点】

◆ 掌握市场失灵的概念及表现；掌握导致市场失灵的主要原因。

◆ 领会市场势力、外部影响、公共物品、非对称信息的后果与应对策略。

◆ 领会经济运行中的微观经济政策；理解出现"政府失灵"的原因。

【关键术语】

市场失灵　市场势力　外部影响　公共物品　不完全信息　微观经济政策

【引入案例】

2016 年市场失灵——"蒜你狠"

2016 年广州蒜头价格再次暴涨，出现零售价 20 元/千克的情况："蒜你狠"。

"有车有房？那还算不上是'壕'，得有大蒜！"这是近来市民对大蒜价格上升的调侃。

记者昨日走访广州部分市场了解到，2010 年、2013 年红极一时的"蒜你狠"现象，又有"卷土重来"的势头。在江南果菜批发市场，昨日蒜头批发价已经飙升至 20 元/千克，创了 6 年来新高；在东川新街市，蒜头零售价则涨至 22 元/千克，接近历史顶峰。

记者查询农业部有关信息，统计显示，大蒜批发价已比巴西咖啡豆要贵，街坊开玩笑称，看来大蒜才是当下小资的标配食品。

"怎么短短一个月，蒜头价格就涨了那么多？中小个头的蒜头都一元一个，大一点的接近 2 元，吃不起！"昨日，逛市场一圈后，街坊钟女士向记者报料称，近期的蒜头很贵，"荷包"压力大。

在江南果菜批发市场，记者了解到，蒜头价格在 8.0～13.0 元/千克，均价则为 10.5 元/千克，比零售终端便宜约一半的价格。然而去年同期，即 2015 年 4 月 17 日，该市场蒜头价格仅 3.8～6.0 元/千克，均价 4.7 元/千克。一年以内，价格增加了 1.23 倍。

东川新街市经理徐健生告诉记者,这一轮"蒜你狠"涨势来得太凶猛了,短短3周,蒜头价格就从16元/千克涨至22元/千克。而一个月前,甚至去年同期,2015年4月17日,蒜头也不过12元/千克。这就是说,蒜头同比价格涨了83.3%。

　　得知这一消息,有街坊坦言看不明白。有街坊就调侃说,"蒜你狠"一月内涨逾八成,恐怕几个大城市的房价都有点"相形见绌"。

　　是什么因素导致了这一轮"蒜你狠"的暴涨呢?卓创资讯农产品分析师崔晓娜表示,这轮大蒜价格上涨有三个原因:一是产量下降;二是内需及出口等需求不减甚至增加;三是炒作。

　　江南市场的邓先生不时要到山东采购蒜头,2017年春节后不久,他曾怀揣百万元资金到山东买蒜,却因价格高没买到多少。到了当地他才发现,那100万~200万元根本不算多少钱,原来自己是彻头彻尾的"小鱼虾"。"有大老板手上可以动用的资金是几十亿元甚至上百亿元,能控制一个地方的蒜头价格,要涨就涨要跌就跌。"

　　2017年洛阳蒜价回落明显,回落幅度超50%——"蒜你完"。

　　洛阳市价格监测中心数据显示,2017年5月25日洛阳市大蒜均价为6.34元/千克,较月初15.28元/千克的价格相比,回落幅度超50%。

　　2016年年底洛阳市大蒜均价涨至全年最高的16元/千克左右,同比上涨86.75%。进入2017年,洛阳市大蒜价格继续高位运行,较2016年继续上涨,均价维持在18元/千克左右。进入2017年5月,洛阳市大蒜价格开始明显回落。

　　其实,往年每个村庄都种植大蒜,但自从去年大蒜价格暴涨之后,不少农民纷纷跟风,盲目扩大了种植面积。2017年5月中旬是大蒜的收获时节,不少农民紧张地在地里挖蒜。由于这几天气温迅速攀升,农民顶着酷暑在地里挖蒜。今年大蒜价格风光已逝,价格的低迷已是不可避免。

　　猪肉价格在下滑、鸡肉价格落底、蒜薹无人要、现在连大蒜也遭受"连坐",价格出人意料地一落千丈;让农民措手不及,望着满田丰收的大蒜,农民却怎么也笑不起来。

　　蒜头价格大"跳水",大家戏称"蒜你狠",一夜之间成了"蒜你完"。纵观这几年,大蒜和生姜年年唱双簧,价格和中国股市一样,说涨就涨,说落就落,神秘莫测,可苦了种蒜、种姜的农民!

　　不仅如此,鸡蛋价格跌回10年前,山东省部分地区红蒜薹价格大幅下降……近期农产品价格的大幅下跌引起市场广泛关注。记者走访多地发现,除季节性因素外,农产品周期性供需失衡以及游资炒作等因素是导致此轮农产品价格变化的重要原因。专家认为,稳定农产品价格,既要引导农民规范生产,做好信息服务,也要警惕游资对农产品的炒作,政府可通过"有形之手"抑制过度投机炒作,保障农产品产业链健康发展。

思考题:

(1) 市场是不是总是有效的?大蒜价格暴涨、鸡蛋价格跌回10年前是否正常?

(2) 市场如果失灵了怎么办?政府在维护广大农民的切身利益时应如何发挥作用?

前面各章用了大量的篇幅论证市场机制在调节社会资源配置与产品产量中的作用。分析表明，在完全竞争市场条件下，社会有可能运用既定的资源实现帕累托最优。然而，如果完全竞争的条件受到破坏，或者即使存在完全竞争条件，市场机制仍然可能出现失灵。造成市场失灵的因素主要有市场势力、外部影响、公共物品和非对称信息等。

第一节　微观经济的市场失灵

一、市场失灵及其表现

理想市场，追求个体利益最大化能够导致资源有效配置。当条件不能满足时，就会出现资源配置的扭曲。

（一）市场失灵

市场失灵是指市场机制（价格调节市场的机制）不能实现资源的有效配置，即市场机制造成资源的配置失当。

知识回顾 7-1

第一章　经济学导论

微观经济学的本质：市场有效，市场万能。

宏观经济学的基本假设是市场失灵，市场不完善，政府有能力。

按照前面所讲的内容，在完全竞争的条件下，不仅单个商品和要素市场能处于供求相等的均衡状态，而且所有的市场可以同时处于均衡状态。但是，完全竞争的市场经济是以一系列假设为前提的，是一种远离现实的"理想状态"。

关于微观经济运行机制所做的三个基本假设，即市场出清、完全理性和完全信息至少存在着以下缺陷。

1. 市场出清

市场出清是指依靠市场上价格机制的调节就可以实现充分就业下的供求平衡。然而从多次重复的经济周期中，经济学家认识到仅靠价格调节是难以实现市场出清的。这是因为，价格调节是一种自发调节，因而也是一种盲目的、事后的调节。这种调节只有经过一系列失衡后才会达到均衡，而且这种均衡也不是稳定的。在这种调节过程中经济难免会受到破坏。

2. 完全理性

完全理性是指经济活动的主体——无论是消费者还是企业都以追求个人利益最大化为目的。他们自觉地对价格信号做出反应，并按利益最大化原则行事。这是价格机制发挥作用的基本前提之一。但是实际上人无完人，就经济行为而言，不可能每个人都具有完备的经济学知识，了解各种经济变量之间的关系及其规律；也不可能具备完全市场信息，永远做出正确的判断，更不可能在任何时候都能自觉地按最大化原则行事。

3. 完全信息

完全信息是价格调节经济的重要前提，即每个人都能得到充分的信息，而且获取这种信息是免费的。然而现实中信息的获取、收集、整理、分析，都需要付出代价，因而只有当利益大于代价时，人们才愿意去获取信息。此外，并不是每个人都能获得完全而准确的信息。因此，现实中的个人往往不是处于完全信息的状态，而是处于信息不对称的状态。信息的不完全性同样会影响价格机制发挥作用。

（二）市场失灵的三大表现

（1）微观经济缺乏效率。市场经济中的调节机制不能促使微观经济提高效率，具体表现为：首先，市场不能满足公共物品的有效供给。其次，价格体系受到外部影响，存在没有经济报偿的经济交易。再次，自然垄断市场的存在，导致只有少数企业供给商品，如果它按经济上有效率的水平来生产，其利益就会受损；若按垄断价格出售商品就会导致低效率，生产能力过剩，社会资源不能得到最优配置。

（2）宏观经济的不稳定性。在经济周期的作用下，国民经济仅靠市场来调节，犹如"孤帆航海"。在市场经济的汪洋大海中，天有不测风云，一旦面临狂风暴雨般的经济危机时，给予国民经济的打击就可能是致命的。这种不稳定性有时也表现为重复出现的通货膨胀和失业，或消费和投资不平衡。1929—1933年美国的经济大萧条正是长期执行自由放纵政策，任其自行发展的恶果。爆发于1997年的东南亚金融危机使一些国家至今还心有余悸。2008年始自美国的全球金融危机与经济衰退目前还在持续。

（3）社会分配缺乏与效率相适应的公平性。一个国家在经济发展过程中始终存在着怎样把"蛋糕做大"和怎样"合理分割蛋糕"这两个涉及全局的重要问题，即效率与公平的问题。市场失灵不仅会引起效率低下问题，也可能引起分配不公问题。

二、市场失灵的原因

造成市场失灵的因素主要有市场势力、外部影响、公共物品和不完全信息等。

（1）市场势力（Market Power）是指少数经济主体不适当地影响市场价格的能力，即由少数市场的参与者影响或决定市场价格。

（2）外部影响（Externality）是指一种消费或生产活动对其他消费或生产活动所产生的不反映在市场价格中的直接效应。

（3）公共物品（Public Goods）是指使所有消费者都得益而市场不能供给或供给不足的物品。

（4）不完全信息是指信息成本高昂，信息不能均匀分配，信息不完全可能造成垄断力量，以影响消费者福利为代价谋取垄断利润。

以上因素中只要其中一种因素存在，就会导致资源配置效率的损失。下面将会具体分析这些因素的影响。

三、市场势力

（一）影响价格的市场势力普遍存在

一个市场要有效运转，就要求生产者和消费者都是价格的接受者，而不是价格的操纵者。实际中完全竞争很少，且竞争一般必然引起垄断。如果某些人和企业是价格制定者，那么资源配置一般是低效率的。

一个拥有市场势力的企业可能通过减少供应的方式，将价格提高，这样用于生产的资源变得不充分。帕累托生产最优遭到破坏，出现市场失灵问题。

（二）市场势力的负面作用

市场势力对整个经济是一种损害，致使生产无效率。

（1）垄断企业通过控制产量、提高价格来获取高额利润，导致资源配置的无效率，还带来收入分配的不公平。交易价格大于平均成本。

（2）导致管理松懈。缺乏尽可能降低成本的动力。

（3）导致寻租行为。如果垄断来自政府规则，可以被游说，产生寻租。

（4）造成研发费用的减少。

（三）制约市场势力的公共政策

1. 公共管制

公共管制的原因：市场势力导致缺乏效率。自然垄断行业具有自然垄断性，具有规模经济特征；资本的专用性强；自然垄断行业往往面对低需求弹性；企业可以通过提高价格来获得暴利。

公共管制的措施：①价格管制，防止垄断定价；②市场准入和退出管制；③微观管制，企业质量、安全要求。

国有化政策：国家直接从事生产活动，或者把某些过去由私人从事的生产活动转归国家。①对国家利益重大的行业；②私人不愿意经营，或者无力经营的行业；③投入高、风险大的新兴行业。

2. 反垄断措施

反托拉斯法：①政府采取措施，促进竞争；②禁止合并、分解公司；③限制贸易的协议和共谋；④限制企图垄断市场和价格歧视。

垄断的积极作用：①公司合并，没有减弱竞争，而是更有效率地降低成本；②虽然可以垄断国内市场，但却在国际竞争中保持优势。

区别对待不同产业：①重工业，适当垄断；②轻工业，竞争。

第二节　外部影响

一、外部影响及其分类

（一）外部性的含义

所谓外部性,是指一个经济行为主体(个人或企业)的行为对其他经济行为主体的福利产生影响,但其他个人和企业并未因此而承担成本或获得补偿的情形,也称为外部影响或外部效应。

这种影响是"非市场性的"影响,是指一种活动所产生的成本或利益未能通过市场价格反映出来,而是无意识强加于他人的。施加这种成本或利益的人并没有为此付出代价或得到收益。私人成本或收益与社会成本或收益的不一致,导致实际价格不同于最优价格。

（二）外部性类型

外部性分为正外部性和负外部性。

(1) 正外部性(外部经济)是指社会收益大于私人收益。一个经济单位的经济活动对社会和其他经济单位产生积极的外部影响,无偿为他人带来利益,这时就产生了正外部性。最典型的正外部性的例子是发明创造。

> **个案研究 7-1**
>
> **发明创造带来的正外部性**
>
> 　　发明人在一定时间内可以利用专利或奖金等获得收益,但发明给他人和社会带来的利益绝不仅限于此。一项发明创造给社会带来的财富有时是不可估量的,比如电灯的发明,其经济效益就无从估量。相当数量的人们从发明中获取利益而无须向发明人支付费用或是支付较少费用就可享受到极大好处,这就是正外部性。
>
> 　　再如,受教育者从教育中得到私人利益:能得到较理想的工作,较丰厚的报酬,能较好地享受文化生活等。此外,教育还产生许多积极的社会影响。

(2) 负外部性(外部不经济)是指社会收益小于私人收益。某些个人或企业的行为给其他个人或企业造成坏的消极的影响,使其利益受损,这就是负外部性。

> **个案研究 7-2**
>
> **化工厂带来的负外部性**
>
> 　　某地区有一条河流,河流的上游建有一个大型的化工厂,化工厂的生产污水不经处理就直接排入了这条河流,造成了严重的污染。水污染对农业生产产生了严重的破坏作用,它造成下游农业减产,甚至颗粒无收;造成农作物有毒物质富集,降低农产品质量,甚至丧失价值;造成渔业损失,污水所到之处鱼虾绝迹,重污染水体养殖鱼价低甚至卖不掉。污染还直接威胁着下游农村居民饮用水安全。这就是负外部性。

从生产和消费两个方面来考虑正、负外部性。

(1) 生产的正外部性。生产者的经济行为产生了有利于他人的良好影响，而却不能从中取得报酬。如蜜蜂采花酿蜜，传播了花粉。上游居民种树，保护水土，下游居民的用水得到保障。

(2) 消费的正外部性。消费者采取的行动对于他人产生的有利影响。如养花观赏的人，给养蜂人和邻居带来了好处。

(3) 生产的负外部性。生产者的行为给他人造成了损害，但没有给予补偿。如造纸厂的"三废"；木工装修房子产生的噪声；上游伐木造成洪水泛滥和水土流失，对下游的种植、灌溉、运输和工业产生不利影响。

(4) 消费的负外部性。消费者的行为给他人造成了损害，但没有给予补偿。如吸烟者在公众场合吸烟，某人在三更半夜时大声唱卡拉 OK 影响他人休息。

(三) 外部性的特征

外部性的特征主要表现在以下几个方面。

(1) 外部性独立于市场机制之外。外部性的影响不是通过市场发挥作用而产生的结果，不属于交换关系的范畴，因而市场机制无法对产生外部性的企业给予惩罚，如果市场机制有能力自动地惩罚产生污染的工厂，补偿污染的受害者，那么，市场机制就不会产生这种外部性的缺陷了。

(2) 外部性产生于决策范围之外，具有明显的伴随性。对于排放污染的工厂来说，工厂进行决策的动机并不是为了排污，排污只是生产过程中的伴随现象，而不是故意制造的效应。就污染的排放而言，并不是因为污染本身能够使总收益超过总成本，而是因为生产者在这样处理废物时的收益超过了他所负担的那部分成本。在这种情况下，创造负外部性的企业的产出水平有可能超过最优水平。外部性是伴随着生产或消费而产生的某种副作用，它是市场机制容许生产者或消费者在做出决策时可以忽视的行为结果。

(3) 外部性与受损者之间具有某种关联性。外部性所产生的影响并不一定能明确表示出来，但它必定要有某种正的或负的福利意义。当受损者对外部性不是漠不关心的时候，它就是相关的，否则就不是相关的。例如，邻居听音乐时把音响的声音开得很大，影响了你的正常休息，于是便产生了外部性；但如果你并不介意，那就不能说有外部性存在。

(4) 外部性具有某种强制性。在很多情况下，不管人们是否愿意，外部性会强加在承受者身上。如住宅附近飞机场的轰鸣声，附近工厂烟囱排放的废气污染等。这种强制性是不能由市场机制来解决的。

(5) 外部性很难完全消除。例如，一般来说工业污染是不可能完全消除的。即使对于政府来说，其作用也只能是限制污染，使之达到人们能够接受的某种标准。百分之百地消除是难以做到的。

二、外部影响与资源配置失当

（一）外部性存在的原因

外部性存在的根本原因在于私人成本和社会成本之间存在差异。所谓私人成本,是指一个经济单位从事某项经济活动所需要支付的费用。社会成本是指全社会为这项活动需要支付的费用,包括从事该项经济活动的私人成本加上这一活动给其他经济单位施加的成本。

如果一项活动产生负的外部经济影响,那么该项活动对其他经济单位施加正成本,从而社会成本大于私人成本;反之,如果经济活动给其他经济单位带来正的经济效应,即存在外部经济现象时,社会成本小于私人成本。

社会成本与私人成本之间的差异导致资源配置低效率的机制可以通过图 7-1 说明。

图 7-1 中 SMC 为边际成本曲线,水平直线 D(MR) 是某竞争企业的需求曲线和边际收益曲线,例如上例中化工厂生产造成水污染,由于存在着生产上的负外部性,所以社会边际成本 SMC 高于私人的边际成本 PMC,从而社会边际成本曲线位于私人边际成本曲线的左上方。

图 7-1　资源配置低效率的机制

由于 PMC 小于 SMC,如果生产者只按私人成本来决定纸张生产的数量,那么他会生产私人成本与边际收益曲线的交点决定的数量 Q_2;但是如果把污染造成的成本计算进来,应按社会成本与边际收益曲线的交点来决定生产的情况,即只能按产量 Q_1 来生产。

由于社会并没有向化工厂收取因污染形成的成本,所以,生产者最终会按照实际成本即 PMC 与 MR 的交点决定产量为 Q_2,而社会实际需要量为 Q,企业多生产出 Q_2-Q_1 数量的产品,社会资源的配置因为外部性的存在而出现资源配置失当。

（二）外部性的经济后果

从上例可以看出,由于外部性的存在,其经济后果是产品的过量供给。考虑到社会成本,按照边际收益等于边际社会成本的原则安排生产时,产量应从 Q_2 压缩到 Q_1,从上一段的分析可知压缩产量使社会的总体福利增加了。换言之,产量从 Q_2 压缩到 Q_1 的行为就是帕累托改进。

既然负的外部性造成的后果是产品的过度供给,那么我们猜想正的外部性造成的经济后果就是产品的供给不足了。图 7-2 反映的是具有正的外部性的产品,比如在自家庭院种植花草,这样的活动给社会带来正面效应,因而边际社会收益大于边际私人收益,边际社会收益曲线 SMR 位于边际私人收益曲线 PMR 之上。

图 7-2　正外部性对产量和价格的影响

企业按边际私人收益与边际成本（私人成本 SMC）的交点决定的均衡产量进行生产，只生产 Q_1 数量的产品，产品价格为 P_1。由于产品具有正的外部性，社会边际收益较大，所以社会对该产品需求的均衡数量应当为 Q_2，产品价格为 P_2。也就是说，社会对该产品的需求量大于企业实际生产出来的数量，其差额为 Q_2-Q_1。同样，社会资源的配置因为外部性的存在而出现资源配置失当。

知识对比

外部影响与资源配置失当

由于外部经济对外带来的好处无法得到回报，导致外部经济的物品供应不足，如教育和新技术。

（1）物品消费或生产的收益＜应当得到的收益（社会收益）。

（2）物品消费或生产的成本＞应当支付的成本（社会成本）。

由于外部不经济对外带来的危害没有进行补偿，导致外部不经济的物品供应过多，如乱扔或乱倒垃圾。

（1）物品消费或生产的收益＞应当得到的收益（社会收益）。

（2）物品消费或生产的成本＜应当支付的成本（社会成本）。

三、外部影响的解决途径

前面已经列举了很多例子来考察外部性对经济社会的各种影响。无论外部性给经济带来怎样的影响（正面的或是负面的），都会带来资源配置失当，造成效率的损失。那么怎样才能减轻或消除外部性所造成的影响呢？可以通过采取经济措施、行政措施或明确所有权等方式来纠正外部性。

（一）政府的反外部性计划

1. 经济措施：庇古税与补贴

庇古（Arthur Cecil Pigou，1877—1959）（见图 7-3）是英国著名经济学家，剑桥学派的主要代表之一。主要作品：《财富与福利》(1912)、《福利经济学》(1920)。

政府可以采取税收和补贴的方法，对造成负外部性的企业征税，对造成正外部性的企业发放补贴。许多经济学家认为，这比政府制定规章制度进行行政干预有效得多，并且更符合社会经济的需要。

有人把税收和补贴比喻成大棒和胡萝卜的关系，两者综合作用，其目的都是对私人成本进行调整，使之接近于社会成本。

（1）征税。数额等于该企业给社会其他成员造成的损失，使企业的私人成本等于社会成本。企业私人成本提高，产量就会减少。抑制外部性的常见税种是消费税，但它是以货物税的形式出现的。

图 7-3　英国著名经济学家庇古

这种征税的对象和目的非常明确：主要对烟、酒、石油产品这三种货物征税，因为它们对个人、家庭和社会都有一定的外部性影响。

（2）发放可交易的污染排放许可证。政府确定污染水平，将排放额度在企业中间进行分配。

（3）给予补贴。政府给予具有正外部性的企业相应补贴，以减少其边际私人成本来增加产量。补贴通常存在于下述三种情况：第一，对于外部不经济中的受损者给予补偿。第二，对产生外部经济的企业或公共产品提供者给予补偿，如对考古队、博物馆、医院等。第三，给外部不经济的产生者提供补贴。有人将这类补贴称为"向污染者行贿"。

税收与补贴的不足在于政府对各种经济行为的外部性难以逐个做出精确的测量，也就是说对产品的社会边际成本无法精确计量，因而也就无法制定出合理的税收与补贴的标准。

【课堂讨论】

为什么要"向污染者行贿"？

2. 行政措施：管制与指导

当采用经济措施难以纠正由于外部性造成的资源配置低效问题时，政府通过采用行政手段来干预和调节资源配置活动就是有必要的。

政府能够制定经济主体从事经济行为所必须遵循的规章制度。规定科学具体的环境指标和排放标准，对有害气体、污水、尘埃、噪声的排放，根据生态环境的要求，以立法或行政法规的形式确定排放的上限，排放超标则给予罚款。

但是，这种行政干预的实施效果依赖于政府组织体系、官员效率等各方面的综合作用，如果管制不严或是执行不力都会使政府干预失败，比如政府关于在公共场合禁止吸烟的规定，就需要各级人员严格执行才能落实。

另外，政府规章制度的制定需要确定资源的最优配置，从行政上给生产者或消费者提供最优的产量组合、消费组合。这需要政府在制定政策规章时具备相当的科学性、准确性，以保证其干预的正确性，但是，这在实际操作中存在相当大的难度。

（二）自愿协商：科斯定理与权利界定

罗纳德·哈里·科斯（Ronald H Coase）（见图7-4）是英国经济学家，新制度经济学的鼻祖。因其对经济的体制结构取得突破性的研究成果，荣获1991年诺贝尔经济学奖。代表作为《企业的本质》(1937)，该文独辟蹊径地讨论了企业存在的原因及其扩展规模的界限问题，创造了"交易成本"这一重要概念来予以解释。其思想被概括为"在完全竞争条件下，私人成本等于社会成本"，并命名为"科斯定理"。

图7-4　英国著名经济学家科斯

1. 外部性内部化

企业合并：多个相关企业合并成一个企业，此时的外部影响就"消失"了，即被"内部化"了。

个案研究 7-3

外部性的内部化

某条河流沿岸有两个企业。在上游的是一个钢铁厂,居下游的是一个渔场。钢铁厂在生产过程中排放的废水,污染了河水,使渔场的产量大为减少。这样,钢铁厂给渔场造成损失,产生了负外部性。现在,可以把两个企业合并成一家企业。合并以后,为了自己的利益,合并在一起的企业会把钢铁产量推进到使上游炼钢厂的边际利益等于下游渔场的边际损失时为止。这样可以使经济处于最有效率的状态。这种办法被称为"外部性内部化"。

2. 规定产权

规定产权:如果产权是完全确定的并得到充分保障,有些外部影响就可能不会发生。

在许多情况下,外部影响会导致资源配置失当是由于产权不明确。1960 年,科斯发表了《社会成本问题》一书,提出了通过所有权的明确化来解决外部性问题的思想。

这里所说的所有权不仅仅限于传统意义上的资源所有权或物的所有权,还包括其他许多法定权利,例如按某种方式使用土地的权利、避免土地受污染的权利、对事故进行赔偿的权利、按照契约行事的权利等。

所有权学派经济学家指出,只要明确界定所有权,经济行为主体之间的交易行为就可以有效地解决外部性问题。著名的科斯定理概括了这一思想。

所谓科斯定理,是指在没有交易成本(或交易成本很低),并且对财产权做出明确规定与实施条件时,外部经济效果不影响资源的有效配置。它也可以表述为只要财产权明确,并且交易成本为零或者很小,则无论财产权最初赋予谁,市场均衡的最终结果都是有效率的。

如果给下游用水者使用一定质量水源的产权,则上游的污染者将因把下游水质降到特定水平以下而受罚。

科斯定理告诉人们,在产生外部性的场合,并不一定需要政府的干预,只要明确外部性的所有权,同样可以解决外部性问题,达到资源有效配置。但是忽略了交易成本问题。

交易成本是指围绕自由交易而发生的任何谈判或使契约强制执行的成本。交易成本不同于生产中所耗费的资源成本,比如劳动力成本、资本或土地成本等。交易成本包括信息成本、谈判成本、订立或执行契约的成本、防止交易的参与者在议价时进行欺骗的成本、维持所有权的成本、监督和执行成本等。

如果交易成本太大,通过市场也许无法有效地解决外部性问题,使资源达到有效的配置。我们应当认识到:产权的明确能够解决一部分外部性问题,但对于大多数外部性问题,特别是与环境有关的外部性问题,还是需要政府从中进行积极的干预和管制。同时,涉及产权确定和变更的问题在实际中是一个利益分配的问题,不可能轻易解决。

3. 其他方案

利益各方协商谈判、道德规范和社会约束等,如不乱扔垃圾、捐款等。

第三节　公共物品

一、公共物品及其分类

（一）产品的划分

社会产品可分为两类：私人物品和公共物品。

（1）私人物品：既具有排他性，也具有竞用性的物品。例如，用于吃的食物、用于穿的服装以及用于日常生活的个人用品等。

注：这里的竞用性（Rivalness）过去常常被译为"竞争性"。本书采用竞用性以便与一般意义上的"竞争"（Competition）相区别。

（2）公共物品：与私人物品相反，既无排他性，也无竞用性的物品，即具有非竞用性和非排他性的物品。

① 排他性：不付费，就会被排除在消费之外。

② 竞用性：一旦某人消费了某个物品，其他人就不能再消费该商品。比如，一件服装我买走了，你就不能穿了。

③ 非排他性：一旦被提供，便可以由任何消费者进行消费。无法排除一些人"不付费便可消费"，或者排他成本过高。

④ 非竞用性：不需增加成本，即可增加对它的消费；增加消费者，并不影响他人。比如，一盏公路上的路灯并不会因为路过的车辆和行人增加而需要更多的费用。

（二）公共物品的特征

除了非排他性和非竞用性外，与公共物品生产相联系的还有两个特点。

（1）规模性。即产品的生产只有达到一定的规模，其平均成本才能降到一定的水平，即在长期平均成本曲线的最低点处的规模最佳，如城市供应水、电、煤气等的基础设施。

（2）自然垄断性。公共物品的规模性决定了它的自然垄断性。如城市基础设施这一类公共商品，市场上的竞争将导致效率低下、资源浪费，通常因垄断产生的高额利润则由于政府介入并控制价格而受到限制。

（三）公共物品的分类

不同公共物品的非竞用性和非排他性的程度是不同的。根据非竞用性与非排他性的程度，公共物品又被进一步划分为纯公共物品和准公共物品。

（1）纯公共物品具有完全的非竞争性和完全的非排他性，它包括国防、外交、警察、法律、法规、灯塔、港口、太空探索等。

（2）准公共物品只具有局部的非竞争性和局部的非排他性，也可以说排他性、竞用性两者只具其一。准公共物品也可以分为两类。

一类是与规模经济有联系的产品，称为自然垄断型公共物品，如下水道系统、供水系统、铁路运输系统、公路交通系统、天然气煤气系统、电力输送系统、电话电信系统、道路照明与桥梁涵洞设施、基础科学研究工作等。这类公共物品一般来说都属于社会基础设施。

另一类称为优效物品,即那些不论人们的收入水平如何都应该消费或应该得到的公共物品。这类优效产品的典型例子包括社会卫生保健、住房、义务教育、传染病免疫措施、必要的娱乐设施、必要的社会安全保障条件等。现实中纯公共物品种类较少,准公共物品种类较多。以下讨论中,无论是纯公共物品,还是准公共物品,统称为公共物品。

个案研究 7-4

公地悲剧——公共物品的典型案例

公地悲剧(The Tragedy of Commons)是指对具有公共品特征的自然资源,如海洋、湖泊、草场等,资源可能被滥用。

① 公共捕鱼:假设一大湖,内有鱼虾无数,每个钓鱼者的钓鱼边际成本为零。在"自利"假设下,钓鱼者自由进入,每个人竞相捕鱼,最终导致"鱼虾"资源的滥用。

② 过度放牧:一块公共草场,虽然每个人放羊不影响其他人放羊。然而一旦放羊数大于草地容纳的头数,结局只能是公共草场被滥用,最终导致大家都放不成羊。

二、公共物品与市场失灵

通过对公共物品特征的分析,消费者可能做一个"免费乘车者",免费享用公共物品。例如,国防保护了一个公民,同时也保护了另一公民,最终保护了每一个公民。然而,国防虽然必要,但是人们却都想避免为国防纳税,都想做一个"免费乘车者"。

搭便车(Free Riding)是指即使不付费也能享受到有关利益的行为。搭便车的存在,使市场不能到达帕累托最优的供给水平。

市场机制只有在同时具备排他性和竞用性两个特点的私人物品场合才能真正起作用,才有效率。

公共物品带有共享的含义,具有非排他性,导致虽有需求但供给太少甚至没有,即私人不愿意提供这种物品。但这种物品又是必需的,如国防、公墓、公园等。

公共物品影响到几乎所有居民,但靠市场机制却无法解决,只能通过政府的干预和组织来供给公共物品。政府要尽可能地正确估计社会对公共物品的实际需求,按照社会福利最大化的原则确定比率,并用税收收入购置公共物品,为公众提供服务。

根据前面所讲的原理,如果已知公共物品的需求曲线和供给曲线,就可以求出公共物品的均衡价格和均衡数量。这样,公共物品生产的问题就会像私人物品一样得到解决。

但是,西方学者认为,关于公共物品的供求分析并没有多少实际意义。原因在于公共物品的需求曲线是虚拟的,是建立在许多不可能做到的假设条件之上的。其中之一是,消费者能准确地说出他对公共物品价格和需求量的关系。

这一假设显然不符合事实。问题在于谁也不清楚一个人是否具有"如实显示"其偏好的动机；相反，按照个人效用最大化的理性行为，出于"搭便车"的相同动机，人们更是只有不说实话的动机。

这是因为，如果一个人知道税收将根据自己报告的愿付数额征收，而不会改变社会建造路灯的数量，那么他就会尽量少报、以便做到少花钱多享用；如果一个人知道税收是给定的，无论自己报多少都不改变，那么他会多报，这样可以提高公共物品的消费量，而不必自己多花钱。

这种个人不报告自己的真实效应，企图不花钱或少花钱享用公共物品的现象，是"搭便车"问题的具体表现。而这种个人的"理性行为"的最终结果，便是公共物品的实际消费量偏离最优消费量，导致整个社会的"无效率"配置。

三、公共物品的集体选择政策

私人产品的均衡取决于市场机制运行。对公共产品的供给做出公共选择，取决于政治运行机制。

(一) 阿罗不可能定理

阿罗不可能定理：依靠简单多数的投票原则，要在各种个人偏好中选择出共同一致的顺序，是不可能的；即公共产品的提供要想借助于投票过程来达到协调一致的集体选择结果，是不可能的。

阿罗不可能定理认为"多数投票"原则的选举制度无效，强调了确立政府的权威性。公共选择是由政府对公共物品的提供做出的选择。

(二) 公共选择理论

布坎南等公共选择理论认为，只要在个人选择的基础上形成有效的公共选择机制，就可以避免阿罗不可能定理的出现。公共选择理论的几种投票机制如下。

(1) 一致性规则(Unanimity Rule)：在全体投票人都认可的情况下实施。

优点：按这个原则通过的方案，实现了帕累托最优，满足了全体投票人的偏好。

缺点：决策成本太高，很多情况下无法达成协议。

(2) 多数票规则(Majority Voting Rule)：超过半数的人同意。

优点：多数规则协商成本低，易达成协议，能增进多数人福利。

缺点：多数规则使少数人福利受损，不能满足全体成员的偏好。赞成的多数给反对的少数增加了负担。赞成者净福利增加；反对者净福利减少。

① "认可"：意味着明确赞成或至少不反对；如果有一个反对，则相关议案即被否决。

② 简单多数规则，超过总数的一半，方案就算通过。

③ 比例多数规则，要求赞成票要占总数的 2/3 以上，才算有效。

(三) 政府对于公共物品的干预

(1) 建立公营企业，提供公共物品。

(2) 委托私人企业生产公共产品。

① 签订合同，让私人公司经营公共产品，如基础设施等。

② 授予经营权，委托私人公司经营，如自来水、电话电力等。

③ 经济资助，对私营的公共物品给予经济资助，如科技、教育卫生等。

④ 政府参股，如桥梁、水坝、公路、铁路等公私合营。

（3）法律保护私人进入。采取法律手段，允许私人适当进入。

第四节　不完全信息

一、信息的不完全与不对称

（一）完全信息

完全信息（Complete Information）是指市场参与者具有对某种经济环境状态的全部知识，即消费者与企业在任何时点都能了解市场各种商品的供求状态。完全竞争模型假定消费者和企业对于市场销售的商品具有完全的信息。

例如，企业应当具有的信息包括：最合适的生产技术、工人的生产率；每一种可能的投入要素的价格以及所有投入品的特征、产品的市场价格及消费者对产品需求的信息；现在的价格，以及将来在每种可能条件下的价格等。

消费者需要具有的信息包括：市场上所有产品的价格和质量，产品的性能和用途；自己的偏好，以及怎样达到效用最大化等。这些条件对于完全竞争市场是不可缺少的。

然而，传统的新古典经济学关于市场参与者拥有完全信息的假设与现实情况是相违背的。在现实经济中，信息的传播和接收都需要成本，市场通信系统的局限和市场参加者施放市场噪声等主客观因素，会严重地阻碍市场信息交流和有效的传播，市场参与者只能拥有不完全信息。

企业无法准确预测市场上各种产品需求和要素供给变动的情况，消费者也无法了解所有商品市场上待售商品的质量和价格情况。例如，求职者并不知道所有空缺职位的信息，而雇主也无法了解每一位雇员的才能和潜力；汽车的卖者一般比买者更了解汽车的性能；药品的生产者和销售者比买者更了解药品的功效等。

但在另一些市场买方所掌握的信息多于卖方，保险市场与信用市场往往就是这种情况。医疗保险的购买者显然比保险公司更了解自己的健康状况；信用卡的购买者当然比提供信用的金融机构更了解自己的信用状况。

上述这些情况，即市场上买方与卖方所掌握的信息是不对称的，一方掌握的信息多一些，另一方所掌握的信息少一些，就叫作不对称信息。一旦供求双方所掌握的信息不对称，市场将出现问题，在此情况下所导致的均衡结果对社会来讲将是一种无效率的状况。

（二）不完全信息

不完全信息（Incomplete Information）是指在现实经济中信息常常是不完全的，即由于知识能力的限制,人们不可能知道在任何时候、任何地方发生和将要发生的任何情况。而且,在相对意义上,市场经济本身不能生产出足够的信息并有效地配置它们。

市场参与者拥有价格的不完全信息,价格不可能灵敏地反映市场供求,市场机制因此失灵,市场出清不能通过价格体系达到。

市场出清主要是通过实物形式的调节机制,即商品数量的调整。

(三)不对称信息

不对称信息(Asymmetric Information)是指不同经济主体拥有的信息量存在差异,不相等或不平衡(至少有一个当事人的信息不完全)。信息不对称有以下两个基本含义。

(1)有关交易的信息,在交易双方之间的分布不对称,即一方比另一方占有较多的信息。

(2)交易双方对各自信息占有方面的相对地位是清楚的。处于信息劣势的一方缺乏相关信息,但可以知道相关信息的概论分布,并据此对市场形成一定的预期。

信息不对称会严重降低市场运行效率,在极端情况下甚至会造成市场交易的停顿。而分工、专业化和获取信息需要成本,使社会成员之间的信息差别日益扩大。

对称信息和不对称信息是完全信息和不完全信息的一种结构的延伸,不对称信息是不完全信息的一种特殊表现形式,体现为信息在非对称结构上的不完全。

信息不对称发生在市场交易合同签订之前,导致市场交易产生"逆向选择",存在交易风险。发生在交易合同签订之后,会产生道德风险。

二、逆向选择与道德风险

(一)逆向选择

逆向选择(Adverse Selection)有以下两种。

(1)消费者掌握的信息不对称时,出现违背需求定理的现象:价格下降,需求量减少。

(2)生产者掌握的信息不对称时,出现违背供给定理的现象:价格上升,供给量减少。

"逆向选择"导致低质量产品把高质量产品逐出市场,即"劣币驱良币",意味着市场的低效率和市场的失灵,如信贷市场、旧车市场、保险市场、劳动市场等。

> **个案研究 7-5**
>
> **信 贷 市 场**
>
> 贷方(如银行)在信息方面处于劣势,而借方(企业和个人)处于优势,因为借方了解所选投资项目的风险程度。风险是决定利率(借用资金的价格)的一个重要因素,风险越大,利率就应当越高。
>
> 如果贷方对项目风险知之甚少,风险因素便不能通过供求关系反映到价格上,价格就难以起到平衡供求的作用。比如两个贷款企业的盈利率即投资回报率高低不

同,这是明显的公开信息,而盈利率高的企业风险也大,但风险因素只有该企业自己知道。

当银行调整利率以排斥低质量投资项目时,盈利率低的企业当然先退出市场。结果利率高了,风险却增大了。银行的利润率可能反而下降,资金的供给也会跟着下降。结果是随着利率的提高,借贷资金需求下降,供给也下降,仍不能实现均衡。

个案研究 7-6

旧 车 市 场

刚买了一辆新轿车,但由于一个突发事件急需用钱,于是你决定把这辆车卖掉。会发现,尽管车还非常新,但却不得不以大大低于其实际价值的价格出售它。

原因就在于买卖双方存在着质量信息上的不对称。

旧车市场,卖者的信息多于买者。买者可能怀疑其质量有问题,卖者也可能为了把"次品"推销出去而不愿意告诉买者具体的质量状况。

从而质量不同的车可能按相同价格出售,买者只会按一个平均质量支付价格。高质量的旧车就不愿意出售,低质量的旧车充斥在市场,导致买者进一步压低价格。高质车所占比重更少。

个案研究 7-7

保 险 市 场

在保险市场中,买方比卖方具有更多信息。保险购买者清楚自己的情况,但保险公司对投保人的情况难以全面了解。

健康的人知道自己风险低,不愿为保险支付高价;不健康的人,愿意接受较高的费用。保险公司为弥补损失被迫提高保险价格。

随着保险价格上升,投保人结构发生变化,健康好的投保人所占比例越来越小,若保险公司继续提高价格,投保人结构会急剧恶化。

因此可能出现所有想购买保险的人都是不健康的人的现象。这样保险公司出售保险无利可图,保险市场消失。

个案研究 7-8

劳 动 市 场

劳动市场上存在信息不对称。雇主为信息劣势方,雇员为信息优势方。

在雇用前,雇主不知道谁的能力强。雇主只好按照相同的工资招聘所有的雇员。

如果雇主降低工资,能力强的人就会离开。随着工资降低,雇员人数在减少,能力结构发生变化,低效率的雇员所占比重越来越高。

（二）道德风险

1. 道德风险的含义

信息不完全产生的另一问题是道德风险（Moral Hazard），又称败德行为，也就是交易双方在签订协议后，一方利用占有信息多于另一方的优势，有可能采取有悖于合同规定的行为，有目的地损害另一方利益而增加自己利益的行为。

在信息不对称的情况下，达成协议的另一方无法准确地核实对方是否按照协议办事，这会破坏市场的运作。在严重的情况下，会使某些服务的私人市场难以建立。

交易双方在签约时信息是对称的。但在签约后，一方对另一方的某些信息不完全了解，就有可能会引起道德风险。

2. 道德风险的分类

（1）隐藏行动的道德风险模型。签约后，代理人拥有私人信息，委托人只能观测到结果，不能完全观测到代理人的行为过程和自然状态本身。这时，代理人容易采取危害委托人的行动。决定代理人的行为结果的，不仅仅有行动，还有其他自然原因。委托人无法确定这个结果是不是由代理人的行动所导致。

（2）隐藏信息的道德风险模型。签约后，委托人可以观测到代理人的行为，但代理人比委托人拥有信息优势，可能隐藏或利用独占的信息，做出损害委托人的事。建立委托—代理关系之后，委托人无法观察到代理人的某些私人信息，尤其是代理人努力程度的信息。

（3）委托人的道德风险。签约后，委托人可以观测到产出结果并据此支付给代理人报酬。但是，在许多雇佣关系中，关于产出结果的度量带有很大的主观随意性。代理人可能无法证实委托人观测到的东西。在这种情况下，委托人可能故意低估产出从而降低给代理人的支付报酬。

个案研究 7-9

委托人的道德风险

比如某软件公司 A，雇用程序员李某，开发大型操作系统软件中的一个子模块。当李某按照合同要求设计出合格程序后，A 公司可能借口该子模块与其他模块冲突而降低给李某的报酬，而由于商业秘密的保护，李某无法证实 A 公司的理由是否真实。

个案研究 7-10

保险市场的道德风险

保险市场，对于投保人来说，在个人没有购买家庭财产保险的情况下，个人会采取多种防范措施，如安装防盗门以防止家庭财产失窃，家庭财产失窃的概率较小。但是，在购买了全额保险之后，人们的行为可能会变得不合情理。

由于家庭财产失窃后由保险公司负责赔偿，个人有可能不再采取防范性措施，如购买了家庭财产盗窃险的人不愿花钱加固门锁；买了汽车偷盗保险的车主不再愿意安装先进的防盗装置等，所有这些行为都是保险市场上的败德行为，从而损害保险公司利益。此外，还有如买了医疗保险的人会让医生多开一些不必要的贵重药品等。

三、市场信号及其传递

（一）市场信号

市场信号有两种：信息优势方发出，证明自己商品质量的信号；信息劣势方给出，甄别不同类型信息优势方的信号。

两种信号传递方式：信号传递模型，信息优势方为了信誉而首先披露自己的信息；信息甄别模型，信息劣势方发出信号以诱使优势方披露信息。

（二）信号传递模型

迈克尔·斯宾塞，1943年生于美国新泽西州，因其在不对称信息市场分析方面所做出的开创性研究并提出信号传递模型，获得2001年诺贝尔经济学奖，历任美国哈佛大学经济学系主任、艺术与科学院院长，斯坦福大学商学院研究生院院长等。

在信号传递模型里，信息劣势方可以等待信息优势方主动传递信息。

由于信息不对称，信息优势方的信息难以被信息劣势方完全了解。信息优势方为了信誉，选择某种信号，首先将自己的信息披露出来，以便信息劣势方识别。劣势方在观察到优势方的信号后，与优势方签订合同。

中介服务业、猎头公司等，掌握更多信息的一方可以通过传递可靠性信息而在市场上获益。

个案研究 7-11

劳动市场里的教育

斯宾塞在哈佛大学读博士时，观察到一个很有意思的现象：很多MBA的学生在进哈佛之前很普通，但经过几年哈佛的教育再出去，就能比教授多挣几倍甚至几十倍的钱。哈佛的教育难道真有这么厉害吗？

斯宾塞研究的结果是：教育不仅仅具有生产性，更重要的是教育具有信号传递的作用。教育程度方面，低能力雇员选择较低教育水平；高能力雇员选择较高教育水平。雇员把教育程度作为高生产率的信号，向企业传递，以获得与生产率相匹配的工资。

个案研究 7-12

产品质量与标准

高质量产品的销售者建立声誉，来向购买者传达产品信息，让购买者相信他们产品的高质量。日常生活中，消费者常根据企业声誉做出购买决策。

解决企业信息不对称：当一项生意很难建立或根本没有机会扩大声誉时，生产一种标准化产品，以连锁经营方式或其他方式提供给顾客，如麦当劳、肯德基等。

价格信号能缓解逆向选择问题，卖方通过价格信号向买方传达产品质量信息。企业可以通过签订内容广泛的保证书来向消费者传递质量信号。

（三）信号甄别模型

由于信息不对称，信息劣势方给出某种信号以诱使信息优势方披露信息，使信息劣势方能够甄别不同类型的信息优势方。信息劣势方提问，通过对方回答加以甄别，但在专业性约束下，并不能必然实现信息均衡。

在保险市场中，保险公司作为信息劣势方，可以设计两类保单，差别保险合同，分别适用于高低两类投保人。

在信贷市场中，银行是信息劣势方，对于不同风险程度的企业进行信贷配给，利率高低有别。

在劳动市场中，雇主作为信息劣势方，制定不同工资和贡献的劳动合同，供雇员选择。

四、委托—代理问题与激励机制

（一）委托—代理问题

委托—代理关系在当今社会普遍存在，股东与经理、经理与员工、房东与房客、选民与人大代表、公民与政府官员、诉讼委托人与律师、土地所有者与佃农、雇主与雇工，甚至买者与卖者、债权人与债务人之间的关系都可以归结为委托人与代理人的关系。

委托—代理是指一个人（代理人）以另一个人（委托人）的名义来承担和完成一些事情，这样就形成了委托—代理关系。由于委托—代理关系是普遍存在的，所以，代理人活动的质量直接影响到经济活动的效率。

当代理人为委托人工作时，工作的成果由代理人的努力程度和各种客观因素共同决定，而委托人无法完全区分这两方面原因时，就会产生代理人的"道德风险"，即"委托—代理问题"。委托—代理问题实际上是隐藏行为问题。

委托—代理问题有三个重要特征：①委托人利益的实现取决于代理人的行为；②委托人的目标不同于代理人的目标；③有关代理人行为的信息是不对称的。代理人的信息明显要多于委托人的信息，代理人的行为不易直接被委托人观察到。

代理人不利于委托人的行为包括：①偷懒，即经营者所付出的努力小于其获得的报酬。②机会主义，即经营者付出的努力是为了增加自己而不是所有者的利益，也就是说其努力是负方向的。

个案研究 7-13

无处不在的委托—代理问题

例如，由于农作物的收成既取决于农民付出的劳动，也取决于天气等不可控制的因素。如果一位农场主雇用几位农民耕种土地，在某年收成不佳，这位农场主很难判断产量较低的主要原因到底是风雨不调还是雇用的农民偷懒少干，只要农场主无法监督雇用者整个劳动过程、不能准确断定产量低下的具体原因，雇用者就会产生偷懒动机，损害农场主的利益。

同样，雇人维修家电时，雇主和修理人之间也是委托人和代理人的关系，雇主希望修理人只收取被更换的零件的钱,但事实上这一点很难做到,修理人总是虚开一些并未更换的部件的费用,或是更换并没有坏的部件,让雇主多掏些钱。

(二)激励机制的基本原理

现代企业的所有权与经营权分离,企业实际上是一系列委托—代理关系的总和。所有者事先要制定一个契约来限制经营者,将经营者的利益尽可能地整合到所有者的利益里,在两者之间建立正相关关系,即构建一个所有者和经营者基本一致的目标利益函数,并最终接近对称信息的最优状态。委托人使代理人从自身效用最大化出发,自愿或不得不选择与委托人目标和标准相一致的行动的机制。

(三)激励机制的具体设计

委托人与代理人之间的差异如下。

(1)利益不相同,追求的目标不一致。委托人追求的是资本收益最大化,而代理人追求的是自身效应最大化。

(2)责任不对等。代理人掌握着企业的经营控制权,但不承担盈亏责任;委托人失去经营控制权,但最终承担责任。

激励机制的具体设计如下。

(1)经营者分享部分剩余索取权。

(2)设计最优激励方案,以合作和分担风险为中心。

(3)充分利用市场竞争机制。

第五节 微观经济政策与政府失灵

一、政府的微观经济政策

(一)政府的经济职能

上述分析中导致市场失灵的每一个问题都能成为政府干预经济活动的理由,即依靠政府确立法律体制和运用经济政策来克服市场机制本身的种种缺陷。政府对经济活动的干预本质上体现了政府的经济职能。这种经济职能主要包括以下几种。

1. 确定法律体制

这种职能不属于经济学考虑的范围,但其对经济行为的影响却是极其深刻的。法律体制构成企业、消费者以及政府参加的经济比赛的"游戏规则"。

2. 实现宏观经济的稳定

宏观经济的基本问题包括如何实现国民收入的稳定增长、物价水平稳定、充分就业、国际收支平衡等。这些问题不可能完全通过市场来解决。

3. 制定微观经济政策

如果说宏观经济稳定主要解决资源利用的问题,那么微观经济政策则主要解决资源配置的问题,即有关生产什么和怎样生产的问题。例如,价格管制政策的特点是针对某些物品的价格而不是针对整个物价水平。这就是微观经济政策。

4．再分配

如果说"看不见的手"在市场经济中是有效率的,那么它对于国民收入如何做出公正和平等的分配却是盲目的。没有理由认为收入分配应该听从于自由放任。在现代社会中,政府除了为穷人提供最低生活标准以外,还通过税收和转移支付在公民中进行收入再分配。

（二）解决市场失灵的微观经济政策

1．反垄断

在经济发展的历史上,政府为了促进生产集中,获得规模效益,曾采取过某些有利于垄断形成的政策。但是垄断也带来了许多弊端,如垄断企业通过控制产量、提高价格的办法获取高额利润,导致资源配置和收入分配不合理,造成经济和技术停滞等。为此,政府要限制垄断,推动竞争,尽量发挥市场的作用。

2．外部性的矫正措施

如在本章第二节里介绍的税收和补贴办法、企业合并、明确产权等措施。

3．有效率地提供公共物品

随着社会经济的迅速发展,世界各国公共物品的绝对量有较快增长,占国民生产总量的比重也有很大的增长,如何有效率地提供公共物品,已成为当前社会一个日益引起关注的问题。由于公共物品的特殊性,因而,政府在提供公共物品方面必须发挥重大的作用。

需要指出的是,政府的职能是"提供"而不是"生产"公共物品。"政府提供"与"政府生产"这两个概念之间存在着一定的区别。后者是指政府建立企业对公共产品直接进行生产,前者则不仅包括政府直接生产公共物品,而且包括政府通过预算安排或政策安排等以某种适当方式将公共物品委托给私人企业进行间接的生产。

二、政府失灵及原因

通过政府管制来干预经济活动从而弥补市场失灵是否就没有问题了呢?结论同样是不确定的。在现实经济运行过程中,人们期望政府能够办好市场办不好的事,结果却发现政府不仅未能补救市场失灵,相反却降低了社会效益。这就是20世纪六七十年代以来产生的政府失灵论。

由于现实经济社会极其复杂,用来弥补市场经济缺陷的政府职能本身并不是完美无缺的。在许多情况下,政府未能发挥作用,或者因这种干预而引发了不良的副作用,我们称为政府失灵。

政府对市场的调节受到很多因素的限制。

（1）信息不完全,市场信息的不足是造成市场失灵的一个因素,政府往往要承担起提供信息的职能,但由于现实生活是相当复杂而难以预计的,政府也很难做到掌握充分信息。

（2）政府部门生产公共物品往往会缺乏效率和动力。这是由于政府部门在生产公共物品时没有受到私人部门的竞争；同时政府部门是非营利机构，因而缺乏一种动力去实现成本的最小化和利润的最大化；此外，不同的政府部门为了各自的利益，往往都强调本部门所生产的公共物品的重要性，希望获得尽可能多的预算。其结果是造成公共物品的过度供给，损害了效率。

（3）时滞限制。政府的公共政策从决策到执行都受到时滞的限制。比如从问题产生到被纳入政府考虑日程的这一段时间会产生认识时滞，从政府已认识到某一问题到政府最后得出解决方案的这一段时间会产生决策时滞等。

基于上述原因，政府失灵论认为政府在提高经济效率方面的作用将是十分有限的。政府如果能起积极作用，也主要是在社会财富再分配领域。市场在经济效率方面的失灵现象并不能成为把问题交给政府去处理的充分条件，相反许多情况可以通过市场本身解决。

但是，就像不能因为市场可能失灵就否定市场机制，我们也不能因为政府可能失灵就否定政府对市场经济活动的调节控制作用。事实上，在今天无论是西方资本主义还是我国社会主义的市场经济制度无不受到国家和政府机制的调控。

市场失灵论和政府失灵论的意义在于告诉人们，只有国家调控与市场的结合才能形成完善的市场经济。市场经济的历史和现实表明了这样一种趋势，即市场经济越发达，国家调控就越重要。毫无疑问，国家的作用是任何个人和集团都不能代替的。

本 章 小 结

市场失灵是指市场机制（价格调节市场的机制）不能实现资源的有效配置，即市场机制造成资源的配置失当。市场失灵有三大表现：一是微观经济缺乏效率；二是宏观经济的不稳定性；三是社会分配缺乏与效率相适应的公平性。

导致市场失灵的原因主要有市场势力、外部影响、公共物品和非对称信息等。

影响价格的市场势力普遍存在。一个拥有市场势力的企业可能通过减少供应的方式，将价格提高，这样用于生产的资源变得不充分。帕累托生产最优遭到破坏。

外部性也称外部影响，是指一个经济行为主体（个人或企业）的行为对其他经济行为主体的福利形成影响，这种影响是"非市场性的"影响，是无意识强加于他人的。由于私人成本或收益与社会成本或收益的不一致，导致实际价格不同于最优价格。

由于外部经济对外带来的好处无法得到回报，导致外部经济的物品供应不足。同样，由于外部不经济对外带来的危害没有进行补偿，导致外部不经济的物品供应过多。

物品的差别在于它们是否具有排他性和是否具有竞用性。如果排除某个人使用某种物品是可能的，这种物品就具有排他性。而如果一个人对某种物品的享用排除了其他人享用同一物品，这种物品就具有竞用性。

市场运行最适于既有排他性又有竞用性的私人物品。市场运行不适于其他类型的物品。

公共物品既无竞用性又无排他性。由于不能对使用公共物品的人收费，所以在私人提供这种物品时,就存在搭便车的激励。

搭便车:即使不付费也能享受到有关利益的行为。搭便车的存在,使市场不能到达帕累托最优的供给水平。

非排他性:某一公共物品一旦被提供,便可以由任何消费者进行消费,其中任何一个消费者都不会被排斥在外。

非竞争性:某一公共物品一旦被提供,多一个消费者的加入并不影响其他人对该公共物品的消费。为实现对公共物品的消费,消费者之间不必要展开竞争或争夺。

公共物品带有共享的含义,具有非排他性,导致虽有需求但供给太少甚至没有,即私人不愿意提供这种物品,但这种物品又是必需的。只能通过政府的干预和组织来供给公共物品。

新古典经济学关于市场参与者拥有完全信息的假设与现实情况是相违背的。在现实经济中,信息常常是不完全的,即由于知识能力的限制,人们不可能知道在任何时候、任何地方发生将要发生的任何情况。而且,在相对意义上,市场经济本身不能生产出足够的信息并有效地配置它们。

不同经济主体拥有的信息量存在差异,不相等或不平衡(至少有一个当事人的信息不完全)。一是有关交易的信息,在交易双方之间的分布不对称,即一方比另一方占有较多的信息。二是交易双方对各自信息占有方面的相对地位是清楚的。

一个人(代理人)以另一个人(委托人)的名义来承担和完成一些事情,就形成了委托—代理关系。由于委托—代理关系是普遍存在的,所以,代理人活动的质量直接影响到经济活动的效率。

当代理人为委托人工作时,工作的成果由代理人的努力程度和各种客观因素共同决定,而委托人无法完全区分这两方面原因时,就会产生代理人的"道德风险",即"委托—代理问题"。

导致市场失灵的每一个问题都能成为政府干预经济活动的理由,即依靠政府确立法律体制和运用经济政策来克服市场机制本身的种种缺陷。政府对经济活动的干预本质上体现了政府的经济职能。

如果说宏观经济稳定主要解决资源利用的问题,那么微观经济政策则主要解决资源配置的问题,即有关生产什么和怎样生产的问题。例如,价格管制政策,其特点是针对某些物品的价格而不是针对整个物价水平。这就是微观经济政策。

由于现实经济社会极其复杂,用来弥补市场经济缺陷的政府职能本身并不是完美无缺的。在许多情况下,政府未能发挥作用,或者因这种干预而引发了不良的副作用,称为政府失灵。

市场失灵论和政府失灵论的意义在于告诉人们,只有国家调控与市场的结合才能形成完善的市场经济。市场经济的历史和现实表明了这样一种趋势,即市场经济越发达,国家调控就越重要。毫无疑问,国家的作用是任何个人和集团都不能代替的。

本章内容结构

综合练习

一、名词解释

市场失灵　市场势力　外部影响　公共物品　不完全信息　科斯定理　排他性　竞
用性　逆选择　道德风险　委托—代理　政府失灵　非排他性　非竞用性　搭便车

二、选择题

1. 市场失灵是指（　　）。
    A. 市场价格机制的运行不再具有灵活性
    B. 商品需求对价格变化的敏感程度下降
    C. 市场对稀缺性资源配置的无效率
    D. 收入分配不均

2. 某生产活动存在外部经济性质时，其产量（　　）帕累托最优产量。
    A. 大于　　　　　B. 小于　　　　　C. 等于　　　　　D. 大于、小于或者等于

3. 某人的行为给其他人带来利益，但其他人并没有为此利益支付费用，这种现象称为（　　）。
    A. 公共物品　　　B. 搭便车　　　C. 外部经济　　　D. 外部不经济

4. 卖主比买主知道更多关于商品生产和质量信息的情况称为（　　）。
    A. 道德风险　　　B. 搭便车　　　C. 排他性　　　D. 不完全信息

5. "搭便车"现象源于（　　）问题。
    A. 公共物品　　　B. 私人物品　　　C. 社会福利　　　D. 不完全信息

6. 如果上游工厂污染了下游居民的饮水，按科斯定理（　　），问题即可妥善地解决。
    A. 不管财产权是否明确，只要交易成本为零
    B. 只要财产权明确，且交易成本为零
    C. 只要财产权明确，不管交易成本有多大
    D. 不论财产权是否明确，交易成本是否为零

三、分析讨论题

1. 一个胶水厂和一个钢铁厂排放烟雾，这种烟雾中含有一种大量吸入有害健康的化学物质。政府对这种外部性做出反应的方法有哪些？每一种方法的优缺点是什么？学生可以自愿组成讨论小组，分别模拟××市政府进行现场办公，分析问题、解决问题。

2. 设想你是一个与吸烟者同住一间房的不吸烟者。根据科斯定理，什么因素决定了你的室友是否在房间里吸烟？你和你的室友如何达成这种解决方法？

3. 概括说明下面对话的含义。

苹果园主："你们家的蜜蜂真好，不仅自己采到了蜂蜜，还替我们家的苹果传了花粉，是我们家苹果园的一大功臣啊！"

养蜂人："你们家的苹果也替我们家的蜜蜂提供了蜂蜜，也是采蜜的功臣啊！"

四、实训项目

通过团队调研，了解当地政府提供了哪些公共物品与劳务。政府是否还提供了不是公共物品的东西？

推荐阅读

[1] 高鸿业.西方经济学(微观部分)[M].6版.北京：中国人民大学出版社,2014：第十一章.

[2] 厉以宁.西方经济学[M].4版.北京：高等教育出版社,2015：第十章.

[3] 克鲁格曼.克鲁格曼经济学原理[M].北京：中国人民大学出版社,2011：第十章.

[4] 卜洪运.微观经济学[M].北京：机械工业出版社,2009：第十章.

[5] 尹伯成.西方经济学简明教程[M].8版.上海：格致出版社,2013：第十章.

[6] 范家骧,刘文忻.微观经济学[M].2版.大连：东北财经大学出版社,2007：第十四章,第十五章.

[7] 梁小民.微观经济学纵横谈[M].北京：三联书店,2000.

第八章

国民收入核算理论

【内容提要】

从本章起介绍宏观经济学的基本原理。宏观经济学把社会总体的经济活动作为研究对象,所研究的是经济中的总量。国民收入就是衡量整个经济活动的一个重要指标。本章将着重介绍国民收入的核算体系与基本核算方法。

【学习目标与重点】

◆ 理解并掌握国内生产总值(GDP)及其名义量和实际量的区别。

◆ 了解其他几个国民收入指标。

◆ 掌握国民收入核算的支出法和收入法,了解核算的生产法。

【关键术语】

国内生产总值 国民生产总值 支出法 收入法

【引入案例】

亚太经济的机遇与挑战

多年以来,亚太发展中国家的总体 GDP 增长占全球 GDP 增长的 60% 以上。2016 年,亚太发展中国家的国民生产总值 GDP 增长速度为 5.8%。在中国 GDP 增速下降的情况下,亚太 45 个经济体中的 30 个仍保持着良好的增长趋势,主要原因为较大的外部需求刺激了贸易增长以及全球商品价格上升带来的收入增加。

在强劲的消费需求及全球商品价格回升的大背景下,2016 年亚太发展中国家的通货膨胀率为 2.5%。预计通货膨胀将继续增加,部分亚太中部国家的大幅度货币贬值也是亚太整体通货膨胀水平上升的原因之一。通货膨胀整体水平较为合理,上升速度温和,低于亚太十年平均值 3.9%,预计不会影响亚太相对稳定的物价水平。

中国的出口开始减少,经济增长更多依靠内需,中国经济结构转型持续,经济增长的重心从工业转向服务业,经济增速逐渐放缓。中国政府将把维持经济和财政的稳定放在第一位,并接受 GDP 增速缓慢下降的代价。中国在"十九大"前对金融监管机构的反腐行动产生的效果尤为明显,长期来看利于中国经济的发展和经济结构的转型。中国货币供应量同比均呈下降趋势,和中国去杠杆及抑制金融和房地产泡沫的政策一致,而这也是中国经济增速下降的原因之一。

第一节　国民收入核算体系

一、GDP 和 GNP

宏观经济学研究整个社会的经济活动,首先要有定义和计量总产出或总收入的一套方法,国民收入核算就研究这套方法。核算国民经济活动的核心指标是国内生产总值(简称 GDP),因此首先要弄清什么是 GDP。

假设某企业在某年生产和销售 500 万美元制成品。能否说这 500 万美元产品价值都是这个企业生产的或者说创造的呢?不能,因为生产中必须消耗原材料、能源等。假定这个消耗是 200 万美元,则该企业新生产的价值充其量只有 300 万美元(其实这 300 万美元价值中还没有扣除厂房设备消耗即折旧的部分,这一点以后再说)。这 300 万美元的价值是该企业产品价值与从别的企业购进的原材料、能源等价值之间的差额。这个差额称为价值增值。这一增值部分才被认为是该企业在该年真正所生产的,真正贡献给社会的。因此该企业在某年的产出,是指价值增值。

举个例子来说,假定一件上衣从生产到消费者最终使用共要经过 5 个阶段:种棉、纺纱、织布、制衣、销售。假设棉花价值 15 美元,并假定不再包含肥料、种子等价值(事实不可能,为说明问题需做这样的假定)。再假定棉花纺成纱售价 20 美元,于是纺纱厂生产的价值是 5 美元,即增值 5 美元。20 美元纱织成布售价 30 美元,于是织布厂生产的价值是 10 美元,即增值 10 美元。30 美元布织成成衣卖给售衣商为 45 美元,于是制衣厂生产的价值是 15 美元,即增值 15 美元。售衣商卖给消费者为 50 美元,于是售衣商在售卖中增值 5 美元。可见,这件上衣在 5 个阶段中的价值创造即增值共计 $15+5+10+15+5=50$(美元),正好等于这件上衣的最后售价。像这种在一定时期内生产的并由其最后使用者购买的产品和劳务就称为最终产品,而棉花、纱、布等则称为中间产品,中间产品是指用于生产别种产品用的产品。

国内生产总值是指经济社会(一国或一地区)在一定时期内运用生产要素所生产的全部最终产品(物品和劳务)的市场价值。其包含以下几点含义。

(1) GDP 是一个市场价值的概念。各类最终产品的价值都是用货币加以衡量的。每个国家一年生产许多种产品,单一用产量来表示产出是没有任何意义的。例如,500 万台机器加上 100 万辆小轿车代表多少产出呢?如果用各自的产量乘以各自的单价,这样就可以加总各种产品的价值以衡量产出了。

(2) GDP 测度的是最终产品的价值。在一定时期内生产的并由其最后使用者购买的产品和劳务被称为最终产品,那么用于再出售而供生产别种产品用的产品就是中间产品。因为最终产品的价值已经包含其生产过程中消耗的中间产品的价值,所以如果将所有产品价值加总,中间产品的价值就会被重复计算而高估实际产出水平。

（3）GDP是一定时期内（往往为一年）所生产而不是所售卖的最终产品价值。若某企业年生产100万美元产品，只卖掉80万美元，所剩20万美元产品可看作企业自己买下来的存货投资，也应计入GDP；相反，如果生产100万美元产品，却卖掉了120万美元产品，则计入GDP的仍是100万美元，只是库存减少了20万美元而已。

（4）GDP是计算期内（如2011年）生产的最终产品价值，因而是流量而不是存量。流量是一定时期内发生的变量，存量是一定时点上存在的变量。GDP只计入在计算期新生产的最终产品的价值，例如某人花了200万美元买了一幅凡·高的《向日葵》，包括198万美元的油画价值和2万美元的经纪人费用，那么这198万美元不能计入GDP，因为它在生产年份已经计算过了，但2万美元的经纪费用可以计入，因为这笔费用是经纪人在买卖旧画过程中提供的劳务报酬。

（5）GDP是一国范围内生产的最终产品的市场价值，是地域概念，只要在计算期内，在该地域范围内，不管是否为本国国民所创造的，利用生产要素生产的所有最终产品和服务的价值都要计入该地域的GDP。例如，一个在日本工作的美国公民的收入要计入日本的GDP。而与此相联系的GNP是国民概念，指一个国家所拥有的全部生产要素在一定时期内所生产的所有最终产品和服务的市场价值总和。按照国民原则，凡是本国国民（指常住居民，包括本国公民以及常住外国但未加入外国国籍的居民）所创造的收入，不管生产要素是否在国内，都要计入该国的GNP，例如联想美国分公司所生产的价值要计入中国的GNP中。在按国民原则计算国民生产总值时，要在国内生产总值的基础上加上国外要素支付净额（本国国民和企业在国外取得的要素收入减去外国国民和企业在本国取得的要素收入，用字母NFP表示）。

（6）GDP一般仅指市场活动导致的价值，非市场活动不计入GDP中。因为只有市场活动才有价格，才可以衡量其价值。例如，一位知名厨师在一家五星级酒店工作，提供一顿晚餐的价格5 000美元，这5 000美元要计入当年的GDP；而在周末，他请好友到家里品尝他做的晚餐，那么这顿晚餐的价值就不能计入GDP中。

上述例子不仅说明了产出是指增值，或者说产出等于新增价值，而且说明产出总是等于收入，以及产出总是等于支出。从上述分析中可知，总产出等于总支出，因此，GDP也可以通过核算整个社会在一定时期内购买最终产品的支出总和来求得。这种方法称为支出法。从上述分析中还知道，总产出等于总收入，因此，GDP还可通过核算整个社会在一定时期内获得的收入来求得。这种方法叫作收入法。在下节中会有详细介绍。

二、名义与实际

由于GDP是用货币来计算的，因此，一国GDP的变动由两个因素造成：一是所生产的物品和劳务的数量的变动；二是物品和劳务的价格的变动。当然，两者也常常会同时变动。为弄清国内生产总值变动究竟是由产量还是由价格变动引起，需要区分名义国内生产总值和实际国内生产总值。

名义 GDP(或货币 GDP)是用生产物品和劳务的当年价格计算的全部最终产品的市场价值。实际 GDP 是用从前某一年作为基期价格计算出来的全部最终产品的市场价格。举个简单的例子,2009 年一斤苹果卖 4 元,那么 2009 年这一斤苹果所核算出的名义 GDP就是 4 元。但如果以 2000 年作为实际 GDP 的基年,当时一斤苹果卖 2 元,那么即是说2009 年这一斤苹果核算出的实际 GDP 就是 2 元。

假设一套 100 平方米住宅在 2000 年的售价是 20 万元,而 2009 年与其各种条件都相似的一套 100 平方米的住宅售价是 100 万元。

那么同类型的一套住宅,在 2009 年,它的名义 GDP 是 100 万元,而它的实际 GDP 是20 万元。对于国家经济而言,看似 2009 年 GDP 比 2000 年 GDP 增长了 400%,而实际上经济根本就没有增长。因为国家无论是在 2000 年还是在 2009 年都建造了同样的一套住宅,经济并没有任何增长。

这个例子中如果售价不变,但在 2009 年国家盖了两套这样的住宅,那么 2009 年相对于 2000 年的名义 GDP 增长率是(100×2−20×1)/(20×1)=900%,而实际 GDP 增长率是(20×2−20×1)/(20×1)=100%。

GDP 折算指数(或 GDP 消胀指数、GDP 平减指数)是名义的 GDP 和实际 GDP 的比率。如果知道了 GDP 折算指数,就可以将名义的 GDP 折算为实际的 GDP,其公式如下。

$$实际\ GDP = \frac{名义\ GDP}{GDP\ 折算指数} \tag{8-1}$$

由于价格变动,名义 GDP 并不反映实际产出的变动。因此,如果不作特殊说明,以后各章中所讲的产出,总是指实际 GDP,并以英文小写字母来表示实际 GDP 以及其他变量。例如,用 y、c、i、g 分别表示实际的产量(收入)、消费、投资和政府支出。

个案研究 8-1

中国和印度的经济增长比较

中国和印度的经济增长表现均非常抢眼,两国的飞速发展让世界感觉到了世界经济全球化在迅速推进。这两个国家成为世界上发展最快的经济体……以美元计算,1999—2003 年,中国和印度的名义 GDP 增长平均速度分别为 8.3% 和 7.0%,而除了中国和印度外的世界其他地区的经济增长只有 4%。

2003—2011 年,中国 GDP 年均实际增长 10.7%,其中有六年实现了 10% 以上的增长速度,在受国际金融危机冲击最严重的 2009 年依然实现了 9.2% 的增速。这一时期的年均增速不仅远高于同期世界经济 3.9% 的年均增速,而且高于改革开放以来9.9% 的年均增速。2011 年,中国的名义 GDP 增长 9.2%,2010 年印度 GDP(FC)实际增长率 9.0%,大大高于世界其他地区的经济增长率。

(1) 两国在很多方面相似,但中国已把印度甩得很远

这两个亚洲国家的相似处很多,包括超过 10 亿的人口和多年来作为传统的贫穷

的农业经济体。在1982年,中国人均名义GDP以美元计算只有275.4美元,稍稍低于印度的人均280美元。然而21年之后,中国经济的增长速度远远超过了印度。在这段时期,中国实际GDP的增长率年平均超过了9.7%,而印度只有5.7%。

在2003年,作为强劲增长的结果,中国的GDP总量达到1.4万亿美元,是印度的5750亿美元的2.5倍;中国的人均收入是1087美元,是印度人均收入的两倍。此外,如果以美元计算各国的名义GDP,中国占据了世界GDP总额的3.9%,而印度只占据了1.6%的份额;如果以购买力平价计算各国GDP,中国是12.6%,而印度为5.7%。

到了2011年,二者差距进一步加大,中国GDP总量达到7.3万亿美元,是印度1.7万亿美元的4.3倍;中国人均GDP达5414美元,是印度1389美元的3.9倍。

(2)追赶的游戏:印度落后中国15年

如果印度的实际GDP增长能够维持目前9%的水平,印度的人均GDP将在15年后达到目前中国的水平,印度的GDP将在16年后达到目前中国的水平。如果印度和中国均保持8%的平均增长率长达10年,到2020年,两国以美元计算的名义GDP将分别达到4万亿美元和17.3万亿美元。

第二节　国民收入核算的基本方法

核算GDP可以从三个不同角度或者说三种不同的方式来计算国内生产总值指标。

第一种是从生产的角度出发,可以把一个国家在一定时期内所生产的所有产出和服务的价值总和减去生产过程中所使用的中间产品的价值总和,获得GDP指标,用这种方法统计出来的价值总和反映的是一个国家在这一时期所有新创造的价值。这种方法被称为生产法。

第二种方法是从支出的角度出发,因为所有这些产出和服务都是提供给市场的,市场上的需求者(家庭、企业、政府和国外购买者)购买这些产出时就会有支出,因此又可以从总支出的角度测算国内生产总值,这种方法被称为支出法。

第三种方法是从收入的角度出发,因为所有产出都是通过货币计量的,并构成各生产单位所雇用的各种生产要素所有者的收入,因此可以从生产要素收入角度对GDP进行计量,这种方法被称为收入法。

下面就从这三个角度分别来讨论GDP的测算问题。

一、生产法核算国民收入

生产法核算的国民收入就是一个国家在一个给定的时期内所生产的最终产品和服务的市场价值总和,也就是把一个国家在一定时期内所生产的所有产出和服务的价值总和减去生产过程中所使用的中间产品的价值总和,它的实质是把各生产阶段上所增加的价值相加来求得国民收入。以服装为例来说明这一问题,见表8-1。

表 8-1　生产法核算国民收入（以服装为例）

生产阶段	产品价值	中间产品成本	增值
棉花	8	——	8
棉纱	11	8	3
棉布	20	11	9
服装	30	20	10
合计	69	39	30

在上例中，只有服装是最终产品，其余均为中间产品，在计算国民收入时，只记服装的价值 30，或计算在各生产阶段的增值（8＋3＋9＋10），同样也是 30。如果按全部产品的价值计算则会有 39（8＋11＋20）的重复计算。

二、支出法核算国民收入

下面再从一个国家在一定时期内对最终产品和服务的总需求（总支出）角度来测算 GDP 的数值，从支出角度测算 GDP，实质上是把实际经济生活中四大类对最终产品和服务的需求进行相加，包括个人消费支出、投资支出、政府对产品和服务的购买以及产品和服务的净出口。

个人消费（家庭消费）支出（用字母 C 表示）包括购买耐用消费品（如小汽车、电视机、洗衣机等）、非耐用消费品（如食物、衣服等）和劳务（如医疗、旅游、理发等）的支出。建造住宅的支出则不包括在内，尽管它类似耐用消费支出，但一般将它包括在固定资产投资中。

投资支出（用字母 I 表示）是增加或替换资本资产（包括厂房、住宅建筑、购买机器设备以及存货）的支出。投资可分为固定资产投资和存货投资两大类，其中固定资产投资是用来增加新厂房、新设备、营业用建筑物即非住宅建筑物以及住宅建筑物的支出，也可将其划分为商业固定资产投资和住宅投资两类。同消费支出一样，投资支出也包括对国外生产的投资品的购买。存货投资是指企业持有的存货价值的增加（或减少），当然，有时候并不是企业主动增加存货，而是因为企业不能成功地出售其产品而使存货增加。

投资是一定时期增加到资本存量中的新的资本流量，而资本存量则是经济社会在某一时点上的资本总量。若 2011 年某国家投资是 800 亿美元，该国 2011 年年末资本存量可能是 9 000 亿美元。由于机器、设备、厂房等会不断磨损，这 9 000 亿美元资本存量中也许每年都要消耗 300 亿美元，因此这 800 亿美元投资中就有 300 亿美元要用来补偿旧资本的消耗，新增加的投资实际上有 500 亿美元，这 500 亿美元被称为净投资，而另外的 300 亿美元因为是用来重置资本设备的，故称为重置投资。净投资与重置投资的总和为总投资，用支出法计算 GDP 时的投资指的是总投资。一个钢铁厂若用 40 年，则每年都要耗费部分价值，40 年后全部耗费完。

政府对物品和劳务的购买(用字母 G 表示)是指各级政府购买商品和劳务的支出,如政府花钱设立法院、提供国防、建筑道路、开办学校等方面的支出,这些支出都作为最终产品计入国民收入。政府通过这些购买为社会提供服务,由于这些服务不是典型地卖给最终消费者,在计入 GDP 时,不是根据购买政府服务所费成本,而是根据政府提供这些服务所费成本计入。政府购买只是政府支出的一部分,政府支出的另一些部分如转移支付、公债利息等都不计入 GDP。

净出口(用字母 NX 表示)是指出口额减去进口额以后的差额。用 X 表示出口,用 M 表示进口,则 $X-M$ 就是净出口。本国购买的有些产品是别的国家生产的,这些进口产品应从本国总购买中减去;相反国内有些产品是卖到国外去的,这些出口产品应当加到本国总购买中。因此,只有净出口才应计入总收入,它可能是正值,也可能是负值。

把上述四个项目加总,用支出法计算 GDP 的公式如下。

$$GDP = C + I + G + NX = C + I + G + (X - M) \tag{8-2}$$

三、收入法核算国民收入

收入法即通过把参加生产过程的所有生产要素的所有者的收入相加来获得 GDP,也就是从企业生产成本看社会在一定时期内生产了多少最终产品的市场价值。但严格来说,产品的市场价值中除了生产要素收入构成的生产成本,还有间接税、折旧、公司未分配利润等内容,因此用收入法核算国内生产总值应当包括以下一些项目。

(1) 工资、利息和租金等这些生产要素的报酬。工资包括所有对工作的酬金、补助和福利费,其中包括工资收入者必须缴纳的所得税及社会保险税(费)。利息在这里指人们给企业所提供的货币资金在本期的净利息收入,如银行存款利息、企业债券利息等,但政府公债利息及消费信贷利息不包括在内。租金包括个人出租土地、房屋等租赁收入及专利、版权等收入。

(2) 非公司企业主收入,如医生、律师、农民和小店铺主的收入。他们使用自己的资金,被自我雇用,其工资、利息、利润、租金常混在一起作为非公司企业主收入。

(3) 公司税前利润,包括公司所得税、社会保险税、股东红利及公司未分配利润等。

(4) 企业转移支付及企业间接税。这些虽然不是生产要素创造的收入,但要通过产品价格转嫁给购买者,故也应视为成本。企业转移支付包括对非营利组织的社会慈善捐款和消费者呆账,企业间接税包括货物税或销售税、周转税。

(5) 资本折旧。这是资本的耗费,也不是生产要素收入,但包括在应回收的投资成本中,故也应计入 GDP。

这样,按收入法核算所得的国民总收入=工资+利息+利润+租金+间接税和企业转移支付+折旧。它和支出法记得的国内生产总值从理论上说是相等的。但实际核算中常有误差,因而还要加上一个统计误差。

四、从国内生产总值到个人可支配收入

（一）国内生产总值

国内生产总值含义在第一节中已说过，它计量一定时期内一个国家的所有的生产活动的价值。"某年某国产出多少？"就是指国内生产总值（GDP）。国内生产总值中的"总"字意指在计算各个生产单位的产出时，未扣除当期的资本耗费即折旧，如果扣除资本耗费，那就是国内生产净值。

（二）国内生产净值

国内生产净值（NDP）是指国内生产总值扣除了生产过程中的资本消耗即折旧以后的价值。"总"和"净"对于投资也具有类似意义。总投资是一定时期内的全部投资，即建设的全部厂房设备和住宅等，而净投资是总投资中扣除了资本消耗或者说重置投资部分。例如，某企业某年购置 10 台机器，其中 2 台用来更换报废的旧机器，则总投资为 10 台机器，净投资为 8 台机器。

（三）国民生产净值

国民生产净值（NNP）是国民生产总值扣除资本消耗即折旧以后的价值（而国民生产总值又等于国内生产总值加来自国外的要素净支付）。

（四）国民收入

国民收入（NI）是指按生产要素报酬计算的国民收入，是一国生产要素在一定时期内提供服务所获得的报酬的总和，即工资、利息、租金和利润的总和。从国内生产净值中扣除间接税和企业转移支付加政府补助金，就得到这一国民收入。企业间接税和企业转移支付虽构成产品价格，但不成为要素收入；相反，政府给企业的补助金虽不列入产品价格，但成为要素收入。故前者应扣除，后者应加入。

（五）个人收入

个人收入（PI）是指个人实际得到的收入。一方面，生产要素报酬意义上的国民收入并不会全部成为个人的收入。例如，利润收入中要给政府缴纳公司所得税，公司还要留下一部分利润不分配给个人，只有一部分利润才会以红利和股息形式分给个人，职工收入中也有一部分要以社会保险费的形式上缴有关机构。另一方面，人们也会以各种形式从政府那里得到转移支付，如退伍军人津贴、工人失业救济金、职工养老金、职工困难补助等。因此，从国民收入中减公司未分配利润、公司所得税及社会保险税（费），加入政府给个人的转移支付，大体上就得到个人收入。

（六）个人可支配收入

个人收入不能全归个人支配，因为要缴纳个人所得税，税后的个人收入才是个人可支

配收入(DPI),即人们可用来消费或储蓄的收入。

第三节 国民收入核算中的问题与纠正

一般来说,一个国家的 GDP 数量,尤其是人均 GDP 数量(把一个国家的 GDP 总量除以人口数量,就获得人均 GDP 数量)是衡量一个国家居民富裕程度的指标,同时也作为衡量一个国家居民经济福利水平的指标,但是有些经济活动难以用 GDP 指标被统计,而有些被统计的经济活动在另一方面可能会对人类经济福利带来负面影响,所以使用 GDP 来衡量一个社会的经济福利水平并不是完美无缺的,甚至有很大缺陷。

事实上,人均 GDP 水平不是反映一个社会的经济福利水平的完美指标,也不是反映一个社会的福利水平和生活质量的完美指标。

知识链接 8-1

GDP 不是万能的,但没有 GDP 是万万不能的

从 GDP 的含义到它的计算方法不难看出,GDP 只是用来衡量那些易于度量的经济活动的营业额,不能全面反映经济增长的质量。美国罗伯特·肯尼迪(美国总统约翰·肯尼迪之弟)说"GDP 衡量一切,但不包括使我们的生活有意义的东西"。这句话就是他在竞选总统的演说中对 GDP 这个经济指标的批评。他不是经济学家,但他的这段话颇受经济学家的重视。

越来越多的人包括非常著名的学者,对 GDP 衡量经济增长的重要性产生了怀疑。斯蒂格利茨曾经指出,如果一对夫妇留在家中打扫卫生和做饭,这将不会被列入 GDP 的统计之内,假如这对夫妇外出工作,另外雇人做清洁和烹饪工作,那么这对夫妇和佣人的经济活动都会被计入 GDP。说得更明白一些,如果一名男士雇用一名保姆,保姆的工资也将计入 GDP。如果这位男士与保姆结婚,不给保姆发工资了,GDP 就会减少。

德国学者厄恩斯特·冯·魏茨察克和两位美国学者艾莫里·洛文斯、亨特·洛文斯在他们合著的《四倍跃进》一书中对 GDP 在衡量经济增长中的作用提出了质疑,他们生动地写道:"乡间小路上,两辆汽车静静驶过,一切平安无事,他们对 GDP 的贡献几乎为零。但是,其中一个司机由于疏忽,突然将车开向路的另一侧,连同到达的第三辆汽车,造成了一起恶性交通事故。'好极了,'GDP 说。因为,随之而来的是:救护车、医生、护士、意外事故服务中心、汽车修理或买新车、法律诉讼、亲属探视伤者、损失赔偿、保险代理、新闻报道等,所有这些都被视为正式的职业行为,都是有偿服务的。即使任何参与方都没有因此而提高生活水平,甚至有些还蒙受了巨大损失,但我们的'财富'——所谓的 GDP 依然在增加。"

1998 年,湖北遭遇水灾,湖北的经济增长速度却提高了 13%。基于以上的分析,

三位学者深刻地指出："平心而论，GDP 并没有定义成度量财富或福利的指标，而只是用来衡量那些易于度量的经济活动的营业额。"

尽管 GDP 存在着种种缺陷，但这个世界上本来就不存在一种包罗万象、反映一切的经济指标，在我们现在使用的所有描述和衡量一国经济发展状况的指标体系中，GDP 无疑是最重要的一个指标。正因为有这些作用，所以说，GDP 不是万能的，但没有 GDP 是万万不能的。

(1) 由于绝大多数产品通过市场进行交易，所以通常用市场价格来测度产品和投入品的市场价值。但在有些情况下，许多物品或服务的市场交易价格难以获得或根本不存在，如政府行政部门、军事部门、警察部门、海关、司法系统所提供的服务，在这种情况下只能用提供这些服务的成本来代替它的市场价格，但这样做会低估这类非市场经济活动的市场价值。

(2) GDP 指标没有将所有非市场的经济活动都统计进来，但这类活动对一个国家居民的生活质量的好坏来说，显得十分重要，从而造成对实际经济活动规模的低估，如家务劳动、子女对父母的照顾等。

(3) 由人均 GDP 表示的经济福利使用产出的市场价格来表示，因此两个国家同样的人均 GDP 水平，却可能由于两个国家的价格水平不同，实际经济福利水平也不同。例如，在美国和中国，月收入同样为 2 000 美元的两个家庭，由于美国的物价普遍高于中国，在中国的家庭比美国的家庭要生活得好。因此，在这种情况下，人均 GDP 指标并不能完全反映不同国家居民生活水平的实际差异。

(4) GDP 指标无法反映由于闲暇时间和舒适程度的提高而带来的好处，这一缺陷极大地损害了 GDP 作为生活质量衡量标准的准确性。人们工作所带来的产出被计入了GDP，但享受的闲暇却无法计入 GDP。闲暇对于人们来说同工作一样重要，否则就会完全用工作来取代闲暇。如果一个国家的人民每天工作 6 小时就能够生产出另外一个国家的人民每天工作 12 个小时才能生产出来的 GDP，那么，这两个国家的人均 GDP 虽然一样，但生活质量却有本质的差别。与上一代人相比，今天人们的劳动强度更小，工作环境更舒适，但这一点却无法完全体现在 GDP 的增长中。

(5) 增加 GDP 的一些经济活动常常也是为了避免或遏止那些诸如犯罪或危害国家安全的"坏事"发生，并不能够提高社会的总体福利水平和生活质量。但是，防盗窗、大铁锁和警察保安这些方面的支出却能够预防和阻止生活质量的恶化。

(6) GDP 指标无法反映产出构成的变化，从而也无法反映产出构成的变化对社会福利的影响。例如，在 GDP 没有发生变化的情况下，更多的粮食和更少的航母对社会福利的影响究竟意味着增加、减少还是不变呢？

(7) GDP 无法反映社会的分配问题。人均 GDP 是一个平均数，它并不反映一个国家国民收入的分配情况。如果一个国家是十分富有的，人均 GDP 很高，但是这个国家的收入分配极不平均，即少数人拥有这个国家的大部分财富和收入，贫富差距很大，那么这个国家居民的经济福利水平是比较低的。

（8）GDP无法反映一个国家的自然资源拥有情况以及在环境保护等方面的工作，而这些对于一个国家居民的经济福利水平的影响也是十分重要的。针对传统GDP指标在价值计算上忽视和扭曲资源环境作为人类生存和社会经济活动物质基础的缺陷，有的环境经济学家提出了绿色GDP的概念。

所谓绿色GDP，是指各国用以衡量扣除了自然资产（包括自然资源和环境）损失之后真实的国民财富的总量核算指标。大体上，绿色GDP＝GDP－自然资源消耗和环境退化损失－（预防环境损害的支出＋资源环境恢复费用的支出＋由于优化利用资源而进行调整计算的部分）。绿色GDP揭示了经济增长过程中的资源环境成本，成为新的发展观指引下经济增长模式转变的一个重要概念和指标。

知识链接 8-2

"绿色GDP"警示中国经济

2004年3月5日，在第十届全国人民代表大会第二次会议的政府工作报告中，温家宝总理提出，我国要积极实施可持续发展战略，按照统筹人与自然和谐发展的要求，做好人口、资源、环境工作。2004年国民经济的增长目标为7%左右。

2003年，我国国民生产总值增长率为9.1%。此前几年，中国经济年均增长也超过了8%。2004年中国为何调低了经济增长速度？全国政协委员、北京大学可持续发展研究中心主任叶文虎教授认为，这与中央政府重视可持续发展有直接关系，表现出了我国调整经济增长方式的决心和行动。

叶文虎教授介绍，"可持续发展"也称"持续发展"，即"满足当代人的需要，又不对后代人满足其需要的能力构成危害的发展"。这一定义得到广泛的认同，并在1992年联合国环境与发展大会上取得共识，可持续发展问题成为世界各国普遍关注的问题。为了量化可持续发展的经济指标，1993年联合国有关统计机构正式出版的《综合环境与经济核算手册》中，提出了生态国内产出EDP的概念，EDP就是"绿色GDP"，即从现行GDP中扣除环境资源成本和对环境资源的保护服务费用。

叶文虎教授说，现有的经济核算和统计方法中，没有把对环境的投入（包括自然资源的投入、生态系统的投入和环境保护的投入）计算在内，由此得出的经济数据是不准确的，远远高于实际。我国各省市、各部门乃至全国公布的GDP数字中，存在着很大的误差，很可能使我们对全国的经济形做出偏高、偏乐观的估计。根据GDP所做的政策决策，很可能会发生较大的偏差。为了从根本上缓解经济发展和保护环境之间的矛盾，为了促进企业、行业乃至全社会生产力的更新和发展，我们必须尽快推行"绿色GDP"制度，摒弃不将环境投入计入成本的现行GDP的核算和统计制度。

绿色GDP指标，实质上代表了国民经济增长的正效应。绿色GDP占GDP的比重越高，表明国民经济增长的正面效应越高，负面效应越低，反之亦然。据统计，1985—2000年，中国GDP年均增长率8.7%。但如果扣除损失成本和生态赤字，这期间中国的"真实国民财富"仅为名义财富的78.2%。这意味着，中国GDP的实际年均增长率只有6.5%。

> 还有学者提出更惊人的观点：中国社会科学院李培林认为,中国的人口密度是世界平均值的 3 倍,国土严重超载;人均自然资源约是世界平均值的 1/2;人均水资源量只有 2 500 立方米,是世界人均水量的 1/4。同时,单位产值的矿产资源消耗与能源消耗却是世界平均值的 3 倍;单位产值的废物排放量是世界平均值的数倍,而单位面积污水负荷量是世界平均数的 16 倍多;中国工人的劳动生产率约为发达国家的 1/35。通过这种测算,中国的绿色 GDP 增长是负数。

(9) GDP 无法反映地下经济部门的经济活动和地上经济部门的地下经济活动。一般认为地下经济由那些逃避法律限制、政府管制、税收、摊派和政府部门低效率的经济活动和由此获得的收入所构成。地下经济很难衡量,却很容易对其进行描述,如洞穴经济、影子经济、非正式经济、隐蔽经济、平行经济、黑市经济等,也可以被理解为"全部未记录的经济活动"。

本 章 小 结

国内生产总值(GDP)和国民生产总值(GNP)这两大指标都是对国民经济在某一特定时期特定区域所生产出来的最终产品和服务进行市场价值加总而成,区别在于:GDP是以地域、GNP 是以国民所创造出来的市场价值为统计口径的,体现在国外要素支付净额(NFP)这一项目上。

GDP 最常用的测算方式有三种:生产法、支出法和收入法。从理论上讲,这三种方法测算出来的 GDP 是一致的,只是从经济运行的各个不同角度加以观察而已。

除了 GDP、GNP,我们还介绍了国内生产净值(NDP)、国民生产净值(NNP)、国民收入(NI)、个人收入(PI)以及个人可支配收入(DPI)等重要统计指标。

在经济活动中,还有名义和实际之分。经济变量的名义值就是用当期市场价格水平来衡量的价值,实际值就是以一种不变价格来衡量的价值。

本 章 内 容 结 构

国民收入核算理论
├─ 国民收入核算体系
│   ├─ GDP 和 GNP
│   └─ 名义和实际
├─ 国民收入核算方法
│   ├─ 生产法:国民收入＝各生产阶段中增加的价值的加总
│   ├─ 支出法:国民收入＝$C＋I＋G＋NX$
│   ├─ 收入法:国民收入＝工资＋利息＋利润＋租金＋间接税和企业转移支付＋折旧
│   └─ 其他重要统计指标
└─ 国民收入核算中的问题与纠正

综 合 练 习

一、名词解释

国内生产总值　国民生产总值　国内生产净值　GDP 折算指数　最终产品　中间产品　总投资　净投资　国民收入　个人收入　个人可支配收入

二、选择题

1. 今年的名义国内生产总值大于去年的名义国内生产总值,说明(　　)。
   A. 今年的物价一定比去年高了
   B. 今年生产的物品和劳务的总量一定比去年增加了
   C. 今年的物价和实物产量水平一定都比去年提高了
   D. 以上三种说法都不一定正确

2. 下列选项计入 GDP 的是(　　)。
   A. 购买一辆用过的旧自行车
   B. 购买普通股票
   C. 汽车制造厂买进 10 吨钢板
   D. 银行向某企业收取一笔贷款利息

3. 已知某国的资本品存量在年初为 10 000 亿美元,它在本年度生产了 2 500 亿美元的资本品,资本消耗折旧是 2 000 亿美元,则该国在本年度的总投资和净投资分别是(　　)。
   A. 2 500 亿美元和 500 亿美元
   B. 12 500 亿美元和 10 500 亿美元
   C. 2 500 亿美元和 2 000 亿美元
   D. 7 500 亿美元和 8 000 亿美元

4. 在下列项目中,(　　)不属于政府购买。
   A. 地方政府办三所中学
   B. 政府给低收入者提供一笔住房补贴
   C. 政府订购一批军火
   D. 政府给公务人员增加薪水

5. 如果个人收入等于 570 美元,而个人所得税等于 90 美元,消费等于 430 美元,利息支付总额为 10 美元,个人储蓄为 40 美元,个人可支配收入则等于(　　)美元。
   A. 500　　　　　　B. 480　　　　　　C. 470　　　　　　D. 400

三、简答题

1. 许多人认为,国内生产总值不能反映出一国的国民福利水平,因此提出了类似"绿色 GDP"等概念。请问如何理解 GDP 与福利水平之间的关系?

2. 如果一个国家的 GDP 为零,这是否意味着在这个国家不存在任何生产活动?

推荐阅读

[1] 卫志民.宏观经济学[M].北京:高等教育出版社,2011:第一章.

[2] 尹伯成.西方经济学简明教程[M].8 版.上海:格致出版社,2013:第十二章.

[3] 高鸿业.西方经济学(宏观部分)[M].6 版.北京:中国人民大学出版社,2014:第十二章.

[4] 梁小民.西方经济学导论[M].3 版.北京:三联书店,2003:第七章.

[5] 袁志刚,欧阳明.宏观经济学[M].上海:格致出版社,2003:第二章,第三章.

第九章

国民收入决定与调节理论

【内容提要】

宏观经济学研究经济中各个总量之间的关系,其核心是国民收入决定、均衡的国民收入的实现等问题。本章以两部门经济中国民收入决定的基本原理为基础,推导国民收入决定理论的一般化,并初步介绍了国民收入的变动与调节。

【学习目标与重点】

◆ 理解两部门经济的收入流量循环模型的前提条件。

◆ 重点掌握两部门经济中国民收入决定的原理。

◆ 理解影响国民收入变动的因素和调节国民收入的措施。

【关键术语】

两部门经济 总供给结构 总需求结构 注入 漏出

【引入案例】

凯恩斯革命

20 世纪 30 年代的全球性经济危机,使世界各工业国家在一百多年里积累的社会财富损失近半。这对传统的西方经济理论提出了严重的挑战。之前的经济学界大都认为市场机制能够保证社会经济的均衡发展和社会财富的稳定增长,经济波动只是一种自然现象,无须担忧,因此推崇经济自由主义和反对政府干预经济的政策。

经济危机的严重危害,使经济学界不得不对危机给予高度关注。正是在此背景下,约翰·梅纳德·凯恩斯(1883—1946)于 1936 年出版《就业、利息和货币通论》,提出了他的国民收入决定理论,即从宏观的角度,从国民财富价值总量循环的角度审视价值的决定问题,使我们看到了价值决定问题的全貌。

凯恩斯还通过探讨危机和失业的原因,提出了政府应该干预经济运行,承担起保证国民经济稳定增长责任的思想。凯恩斯的崭新理论思想掀起了一场著名的"凯恩斯革命"。

资料来源:薛治龙.微观经济学[M].北京:经济管理出版社,2009.

第一节　两部门经济中国民收入的决定

一、两部门经济的收入流量循环模型

（一）模型前提假定

国民收入流量循环模型中最简单的是假定一个社会只有两种经济单位或者说两个经济部门：企业（或者说企业）和家庭（或者说居民户）两部门。家庭部门拥有全部生产要素，家庭部门的收入是向企业出售生产要素的服务所得到的。

研究两部门经济中国民收入决定的假定条件是：①两部门是一个封闭经济，对外贸易与外国资本不起作用；②政府对国民收入决定不起作用；③国民收入循环流量是顺畅的，没有经济危机或生产过剩等存在；④价格水平不变。

在这些假定前提下，收入和产品流动循环不已。两部门经济收入流量循环是一种最简单的模型，它虽不现实，但却是分析三部门、四部门经济收入流量循环模型以及进而说明国民收入均衡条件的出发点，所有分析国民收入决定和均衡的模型都是从两部门开始的。

（二）收入流量循环模型

在两部门经济中，家庭向企业提供各种生产要素并得到相应的收入，用这些收入消费各种商品与劳务。企业购买家庭提供的各种生产要素进行生产并向家庭出售各种商品与劳务，两部门经济中的收入流量循环模型如图 9-1 所示。

图 9-1　两部门经济中的收入流量循环模型

在图 9-1 中，循环内圈是实物形式的流动。外圈是货币形式的流动。这是两个封闭的循环，是两次交换。如果家庭得到收入以后，不全部用作消费，而是将一部分收入储蓄起来，企业在家庭的消费支出之外又获得了其他来源的投资，那么，收入流量循环模型就增加了储蓄和投资两个因素。

储蓄是家庭收入用作消费后的扣除，或者说是收入中不用作当前消费的部分，因此对于经济运行来说具有收缩作用，对经济循环流动是一种漏出（用 W 表示）因素。投资意味着企业在获得家庭支付的收入之外，又获得了另外的收入，对于经济运行来说具有扩张作用，对经济循环流动是一种注入（用 J 表示）因素。

考虑存在注入与漏出，为了保证国民收入的循环流动顺利进行，可以作这样一个假定：家庭将储蓄存入银行或其他金融机构中，银行或其他金融机构又将这些储蓄转变为贷款贷给企业,企业用贷款作为投资,那么漏出量(储蓄)就变成注入量(投资)又回到了循环流动的路径中。

如果家庭用储蓄购买企业发行的有价证券,企业用证券销售的收入作为投资,其结果也是一样的。这些行为都是通过金融市场进行的。如果家庭不将储蓄存入银行或其他金融机构,也不去购买企业的有价证券,同时银行或其他金融机构也不将家庭的储蓄贷给企业,那么在经济运行中的漏出量便找不到循环流动之路,这时除非企业能从其他方面获得注入量,否则生产将不可能按原有的规模进行下去。

二、两部门经济中国民收入构成与均衡

(一)两部门经济国民收入构成

1. 两部门经济的总供给(AS)

从产品生产方面看,一国的国民收入是由各种生产要素生产出来的,可以用各种生产要素供给的总和来表示,但由于各种生产要素在量上的单位不同,很难相加。在实际计算中,可以用各种生产要素得到的报酬进行加总,即用货币来度量计算。各种生产要素在生产中得到的报酬是工资、利息、地租、利润,生产要素所有者得到这些报酬以后,用作消费和储蓄两个部分,所以:

$$
\begin{aligned}
总供给 &= 各种生产要素的供给 \\
&= 各种生产要素得到的报酬总和 \\
&= 工资 + 利息 + 地租 + 利润 \\
&= 消费 + 储蓄
\end{aligned}
\tag{9-1}
$$

如果以 Y 表示国民收入,以 C 表示消费,以 S 表示储蓄,从总供给角度来看,国民收入可以表示为:$AS = C + S$ 或 $Y_s = C + S$。

2. 两部门经济的总需求(AD)

从总需求角度看,一国的国民收入是消费需求与投资需求的总和,消费需求与投资需求均表现为一种欲望,在量上也是无法加总求和的,但可以分别用货币形式的消费支出与投资支出来表示。消费支出即为消费,投资支出即为投资,所以:

$$
\begin{aligned}
总需求 &= 消费需求 + 投资需求 \\
&= 消费支出 + 投资支出 \\
&= 消费 + 投资
\end{aligned}
\tag{9-2}
$$

如果以 Y 表示国民收入,以 I 表示投资,从总需求角度来看,国民收入可以表示为:$AD = C + I$ 或 $Y_d = C + I$。

(二)两部门经济国民收入均衡

总供给与总需求是决定国民收入均衡的力量,如果总需求小于总供给,表明社会上需求不足,产品卖不出去,造成价格下降,生产收缩,从而总供给减少,国民收入减少,失业增加。如果总需求大于总供给,表明社会上供给不足,促使价格上升,生产扩大,从而总供给增加,国民收入增加,容易出现通货膨胀。如果总需求等于总供给,则生产既不会增加也不会减少,国民收入实现均衡,这时也就确定了在总供求平衡下的国民收入。所以,国民

收入实现均衡的条件是：

$$总供给＝总需求，或 AS＝AD，或 Y_s＝Y_d \tag{9-3}$$

根据上面的分析，可以写作

$$消费＋储蓄＝消费＋投资，或 C＋S＝C＋I \tag{9-4}$$

即 $I＝S$。

$I＝S$ 是凯恩斯理论中最关键的命题，是宏观经济学的理论基础，同时也是国家管理宏观经济的重要目标。

在国民经济中，如果 AS＜AD，即 $S＜I$，说明总需求大于总供给，或供给不足。这时在国民经济中容易导致超前消费，物价上涨，出现需求拉动的通货膨胀。出现这种情况时，就需要政府进行干预，促使企业增加生产，使国民收入扩张，实现 AD＝AS。

如果 AS＞AD，即 $S＞I$，说明总需求小于总供给，或供给过剩。这时在国民经济中容易出现物价下降，产品滞销，企业开工不足和设备闲置，出现失业。出现这种情况时，就需要政府进行干预，促使企业减少生产或刺激消费者增加消费，使国民收入收缩，实现 AD＝AS。

所以，一国在一定时期内的总支出要能恰好买尽该国在同时期内生产的全部产品，以实现国民收入的均衡，必须是总供给等于总需求，即 $I＝S$，这时才不会出现通货膨胀和失业问题。

可以用图 9-2 来表示两部门经济中国民收入的均衡。在图 9-2 中，横轴表示收入 Y，纵轴表示消费、投资。消费曲线 C 加投资曲线 I 就得到总支出曲线 $C＋I$，因投资为自发投资，自发投资为常数，故总支出曲线 $C＋I$ 与消费曲线 C 是平行的，两条曲线在任何收入水平上的垂直距离都等于自发投资。总支出曲线与 45°线相交于 E 点，总供给等于总需求，即 E 点为均衡点，E 点决定了在既定的消费与投资水平下的均衡国民收入 Y_e。

在图 9-2 中，45°线上任一点都有国民收入等于总需求 AD＝Y。在 A 点，$C＋I＞Y$，说明国民收入要扩张，并增加至 Y_e；在 B 点，$C＋I＜Y$，说明国民收入要收缩，并减少至 Y_e。在总需求和总供给诸因素增加和收缩的调整中，使均衡的国民收入得以实现。

还可以用储蓄—投资曲线图来说明国民收入的均衡。在图 9-3 中，横轴表示国民收入 Y，纵轴表示投资和储蓄。I 为投资曲线，由于投资为自发投资，自发投资又不随收入变化而变化，故投资曲线是一条平行线；S 为储蓄曲线，由于储蓄随收入增多而增多，故储蓄曲线向右上方倾斜。如图 9-3 所示，只有储蓄增加，才能有更多的货币转化为投资，才能促使国民收入增加。

图 9-2　两部门经济中国民收入的决定

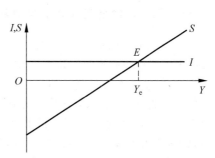

图 9-3　储蓄—投资曲线

在图 9-3 中，I 与 S 线相交于 E 点，有 $I=S$，决定了均衡的国民收入。在 E 点左边，$I>S$，说明国民收入要扩张，并增加到 Y_e；在 E 点右边，$I<S$，说明国民收入要收缩，并减少到 Y_e。只有在 E 点上，$I=S$，才能实现均衡的国民收入。

知识对比

消费函数与储蓄函数

　　消费函数是指消费支出与决定消费的各种因素之间的依存关系。影响消费的因素很多，收入水平、商品价格水平、利率水平、收入分配状况等，但凯恩斯认为收入是最主要的因素，所以，消费函数一般以收入为自变量，反映收入和消费之间的依存关系。一般来说，在其他条件不变的情况下，消费随收入的变动而呈现同方面的变动，即收入增加，消费增加；收入减少，消费减少。但消费与收入并不一定按同一比例变动。

　　储蓄函数是指储蓄与决定储蓄的各种因素之间的依存关系。影响储蓄的因素很多，同样凯恩斯认为，收入是最主要的因素，所以，储蓄函数主要反映收入与储蓄之间的依存关系。一般而言，在其他条件不变的情况下，储蓄随收入的变动而同方向变动，即收入增加，储蓄增加；收入减少，储蓄减少。

　　以上用图 9-2、图 9-3 从不同角度说明了国民收入的均衡，它们得出的结论是一致的。

　　在国民收入均衡中，储蓄可以看作经济中一部分货币的暂时离开，对国民收入具有收缩作用，是漏出因素，有 $W=S$；投资对经济增长具有刺激作用，能使国民收入扩张，是注入因素，有 $J=I$，所以，从注入与漏出对国民收入扩张与收缩的作用看，如果 $W>J$，说明注入小于漏出，国民收入要收缩；如果 $W<J$，说明注入大于漏出，国民收入扩张；$W=J$，说明注入等于漏出，国民收入实现均衡。

第二节　国民收入决定理论一般化

　　两部门经济是理论分析的简化与抽象化，在现实的社会中，国民收入循环流量应该是三部门乃至四部门。三部门仍是封闭经济循环，四部门则是开放经济循环。

一、三部门经济中国民收入的决定

（一）三部门经济的收入流量循环模型

　　三部门经济是包括企业、家庭与政府的经济，政府在经济中主要通过收入与支出起作用。政府通过税收获得收入，用收入去购买商品和劳务，同时用于支付转移支付。三部门经济收入流量循环模型如图 9-4 所示。

　　在图 9-4 表示的三部门经济收入流量循环模型中，虚线箭头指向表示货币流向，此时政府从企业与家庭得到税收，是政府收入。政府用其支出的一部分向企业购买商品和劳务，这部分货币流入企业手中；

图 9-4　三部门经济收入流量循环模型

政府支出的另一部分以转移支付方式给予居民户,这部分货币流入家庭手中。

(二)三部门经济国民收入构成与均衡

在三部门经济中,从总供给方面看,在两部门经济各种生产要素的供给之外增加了政府供给,政府供给得到了税收;从总需求方面看,在两部门经济的消费需求与投资需求之外加了政府需求,政府需求表现为政府支出。此时:

$$总供给 = 各种生产要素的供给 + 政府供给$$
$$= 各种生产要素的报酬 + 政府的报酬$$
$$= 工资 + 利润 + 利息 + 地租 + 税收$$
$$= 消费 + 储蓄 + 税收 \tag{9-5}$$

如果用 T 表示税收,三部门经济的总供给可以写为

$$AS = C + S + T \quad 或 \quad Y_s = C + S + T \tag{9-6}$$

$$总需求 = 消费需求 + 投资需求 + 政府需求$$
$$= 消费支出 + 投资支出 + 政府支出$$
$$= 消费 + 投资 + 政府支出 \tag{9-7}$$

如果用 G 表示政府支出,三部门经济的总需求可以写为

$$AD = C + I + G \quad 或 \quad Y_d = C + I + G \tag{9-8}$$

要使三部门经济国民收入实现均衡,应有总供给=总需求,或 AS=AD,即 $C+I+G=C+S+T$。两边同时消去 C,移项整理后有

$$I - S = T - G \tag{9-9}$$

式中:$I-S$ 是投资储蓄差;$T-G$ 是政府收支差。三部门经济实现均衡,应有投资储蓄差等于政府收支差,当两边不相等时,可以通过调节政府收支差与投资储蓄差来使之相等。

可以用图 9-5 和图 9-6 来说明三部门经济中国民收入的决定。在图 9-5 中,$C+I+G$ 表示总需求曲线,它与 45°线相交于 E_2 点,总供给等于总需求,决定了均衡的国民收入为 Y_2。在图 9-6 中,$I+G$ 表示总需求曲线,$S+T$ 表示总供给曲线,它们相交于 E_2 点,说明 $S+T=I+G$,决定了均衡的国民收入为 Y_2。

图 9-5 和图 9-6 说明了三部门经济中消费、投资与储蓄的均衡情况。当总需求因素增加时($C+I+G$),曲线向右上方移动,均衡点 E_2 高于两部门的 E_1 点。当总供给因素增加时($S+T$),曲线向左移动,均衡点 E_2 表示的国民收入小于均衡点 E_1 表示的国民收入。

图 9-5 三部门经济中国民收入的决定(1)

图 9-6 三部门经济中国民收入的决定(2)

从图9-6和图9-7中可以看出：如果 $C+I+G>C+S+T$，说明总需求大于总供给，经济中容易出现过度需求，引起通货膨胀。如果 $C+I+G<C+S+T$，说明总需求小于总供给，经济中容易出现需求不足，引起失业。

三部门经济中，税收是收缩力量，有 $W=C+S+T$；政府支出是扩张力量，有 $J=C+I+G$。$C+I+G>C+S+T$，就是 $J>W$，说明国民收入要扩张；$C+I+G<C+S+T$，就是 $J<W$，说明国民收入要收缩。当 $C+I+G=C+S+T$ 时，有 $J=W$，均衡的国民收入得以实现。

二、四部门经济中国民收入的决定

(一)四部门经济的收入流量循环模型

一个现实的社会经济应是开放经济，即除了家庭、企业和政府三个部门在国民经济生活中起作用外，还有国际贸易与国际资本运动。一个国家是否采取开放经济政策，能否参与到世界经济中，对一个国家的经济发展起着重大作用。所以，一个国家的整体国民经济运行必然是四部门的循环模型。

四部门经济循环除了企业、家庭、政府外，还有世界市场。世界市场对本国经济的影响是：作为国外生产要素的供给者，向本国提供商品与劳务，对本国来说是进口；国外对本国商品与劳务的需求者，向本国进行购买，对本国来说是出口。本国与国外的进出口商，在进出口时，向本国政府缴纳关税，同时，政府作为商品与劳务的消费者，也在国外市场进行购买。四部门经济收入流量循环模型如图9-7所示。

在图9-7表示的四部门经济收入流量循环模型中，虚线箭头指向表示货币流向，此时政府从企业、家庭、进出口商那里得到税收，是政府收入。政府用其支出的一部分向企业购买商品和劳务，一部分以转移支付方式给予家庭，一部分进口自己所需要的外国商品和劳务。

图9-7　四部门经济收入流量循环模型

此时，从总供给方面看，是在三部门经济各种生产要素和政府的供给之外，又加进了国外的供给。国外供给对本国是进口，货币流向国外，所以用进口来表示国外的供给。从总需求方面看，是在三部门经济消费需求、投资需求和政府需求之外，又加进了国外需求，国外需求对本国是出口，货币流向国内，所以用出口表示国外需求。

(二)四部门经济中国民收入的构成与均衡

四部门经济中国民收入的构成与均衡，从总供给与总需求方面来看为下列情况。

总供给＝各种生产要素的供给＋政府供给＋国外供给

　　　　＝各种生产要素的报酬＋政府的报酬＋国外提供的商品和劳务的报酬

　　　　＝工资＋利润＋利息＋地租＋税收＋进口

$$=消费＋储蓄＋税收＋进口 \tag{9-10}$$

如果用 M 表示进口,四部门经济的总供给可以写成:

$$AS＝C＋S＋T＋M \quad 或 \quad Y_s＝C＋S＋T＋M \tag{9-11}$$

$$总需求＝消费需求＋投资需求＋政府需求＋国外需求$$

$$＝消费支出＋投资支出＋政府支出＋国外支出$$

$$＝消费＋投资＋政府支出＋出口 \tag{9-12}$$

如果用 X 表示出口,四部门经济的总需求可以写成:

$$AD＝C＋I＋G＋X \quad 或 \quad Y_d＝C＋I＋G＋X \tag{9-13}$$

要使四部门经济的国民收入实现均衡,应有:

$$总供给＝总需求 \quad 或 \quad AS＝AD$$

即 $C＋I＋G＋X＝C＋S＋T＋M$ 两边同时消去 C:

$$I＋G＋X＝S＋T＋M \tag{9-14}$$

在四部门经济中,假定政府能够做到收支均衡,即 $T＝G$,上列均衡公式为: $I＋X＝S＋M$,移项整理后为: $I－S＝M－X$。

$I－S$ 是投资储蓄差,$M－X$ 是进出口差,这时应有投资储蓄差等于进出口差。当两边不相等时,政府可以通过调节投资储蓄差与进出口差来使之相等。

知识链接 9-1

两缺口模型

$I－S＝M－X$ 是著名的"两缺口模型",它由发展经济学家钱纳里和斯特罗特于 1966 年在《国外援助和经济发展》一书中提出。这个模型说明,在发展中国家的经济发展过程中,如果国内存在着投资储蓄差($I－S$),则投资不足;对外存在着进出口差($M－X$),则外汇不足。这时发展中国家可以引进外资。引进外资后,首先弥补了国内资金的不足,生产扩大,出口增加,从而进一步弥补了外汇不足,"两缺口模型"曾经是所有发展中国家利用外资的基本理论依据。

(三) 四部门经济中国民收入均衡的图形

可以用图 9-8 和图 9-9 来说明四部门经济中国民收入均衡的决定。在图 9-8 中,$C＋I＋G＋X$ 表示总需求曲线,它与 45°线相交于 E_3 点,总供给等于总需求,决定了均衡的国民收入为 Y_e。在图 9-9 中,$I＋G＋X$ 表示总需求曲线,$S＋T＋M$ 表示总供给曲线,它们相交于 E_3 点,$S＋T＋M＝I＋G＋X$,决定了均衡的国民收入为 Y_e。

图 9-8 和图 9-9 说明了四部门经济中消费、投资、储蓄、进出口的均衡情况。当总需求因素增加时($C＋I＋G＋X$),曲线向右上方移动,均衡点 E_3 高于两部门的 E_1 和三部门的 E_2 点。当总供给因素增加时($S＋T＋M$),曲线向左移动,均衡点 E_3 表示的国民收入小于均衡点 E_1 和 E_2 表示的国民收入。

如果 $C＋I＋G＋X＞C＋S＋T＋M$,说明总需求大于总供给,经济出现过度需求,但这时原因比较复杂,除了容易引起通货膨胀外,还有可能因出口过大而造成的国内经济不均衡。如果 $C+I+G+X<C+S+T+M$，说明总需求小于总供给，经济中出现需求不足，原因也是比较复杂的，除了容易引起失业外，还有可能因进口过大对国内经济产生冲击。

图 9-8　四部门经济中国民收入的决定(1)

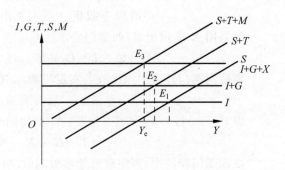

图 9-9　四部门经济中国民收入的决定(2)

　　四部门经济中，进口是收缩力量，有 $W=C+S+T+M$；政府支出是扩张力量，有 $J=C+I+G+X$。$C+I+G+X>C+S+T+M$，就是 $J>W$，说明国民收入要扩张；$C+I+G+X<C+S+T+M$，就是 $J<W$，说明国民收入要收缩；当 $C+I+G+X=C+S+T+M$ 时，有 $J=W$，均衡的国民收入得以实现。

第三节　国民收入的变动与调节

　　国民收入决定理论不仅要说明是什么因素决定了国民收入的大小，而且要说明这些因素如何影响国民收入的变动。本节介绍决定国民收入的各种因素如何影响国民收入并使其发生变动，以及变动后的主要调节措施。

一、国民收入的变动

（一）注入变动对国民收入的影响

　　以四部门经济为例，注入包括投资 I、政府支出 G、出口 X，注入因素对国民收入是一种扩张性的力量，因此，注入的变动将引起国民收入向同方向变动，即注入增加将提高国民收入水平，注入减少将降低国民收入水平，图 9-10 说明了这一问题。

　　在图 9-10 中，纵轴表示注入，45°线表示从总需求角度来看的国民收入均衡。J_1、J_2、J_3 为三条不同水平的注入线。当 J_1 与 45°线交于 E_1 时，决定了均衡的国民收入为 Y_1。当注入由 J_1 减少到 J_2

图 9-10　注入变动对国民收入的影响

时,J_2 与 45°线相交于 E_2,决定了国民收入为 Y_2,$Y_2 < Y_1$,说明随着注入减少,国民收入减少。当注入由 J_2 增加到 J_3 时,J_3 与 45°线相交于 E_3,决定了国民收入为 Y_3,$Y_3 > Y_1$,说明随着注入增加,国民收入增加。由此可以看出,在 $AD = C + I + G + X$ 中,每一项因素的增加都会使国民收入增加,要使国民收入扩张,可以增加注入因素,如增加投资、政府支出或出口;反之,要使国民收入收缩,可以减少注入,如减少投资、政府支出或出口。

(二)漏出变动对国民收入的影响

以四部门经济为例,漏出因素包括储蓄 S、税收 T、进口 M,漏出因素对国民收入是一种收缩性的力量。因此,漏出的变动将会引起国民收入反方向变动,即漏出的增加将使国民收入减少,漏出的减少将使国民收入增加,图 9-11 说明了这一问题。

在图 9-11 中,纵轴表示注入与漏出,J 为注入线。在分析漏出对国民收入的影响时,假定 J 不变,是一条平行于横轴的线。W_1、W_2、W_3 为三条不同水平的漏出线。W_1 与 J 相交于 E_1 点,这时决定了国民收入为 Y_1。当漏出由 W_1 减少至 W_2 时,W_2 与 J 相交于 E_2,决定了国民收入为 $Y_2 > Y_1$,说明随着漏出的减少,国民收入增加;当漏出由 W_1 增加至 W_3 时,W_3 与 J 相交于 E_3,决定了国民收入为 Y_3,$Y_3 < Y_1$,说明随着漏出的增加,国民收入减少。由此可以看出,在 $AD = C + S + T + M$ 中,每一项因素的增加都会使国民收入减少,如果要增加国民收入,就要减少漏出因素,如减少储蓄、政府税收或进口;反之,如果要减少国民收入,就要增加漏出因素,如增加储蓄、政府税收或进口。

图 9-12 说明了漏出因素增加的原因以及漏出曲线 W 向左上方移动的问题。如果假定国民收入是既定的,为 Y 线并垂直于横轴,在同一国民收入水平上比较不同的漏出水平 W_1、W_2、W_3,会有 $W_1 > W_2 > W_3$,很明显,其中 W_1 漏出水平最高,W_3 漏出水平最低。所以,W 线向左移动说明漏出水平提高,国民收入要减少;W 线向右移动,说明漏出水平降低,国民收入要增加。这一证明同时说明了 S、T、M 线向左移动和向右移动的问题。

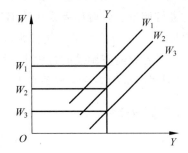

图 9-11　漏出变动对国民收入的影响　　　　图 9-12　漏出曲线

根据注入与漏出对国民收入影响的分析,凯恩斯主义经济学家得出了这样的推论:节俭,即储蓄,对个人来说是件好事,但对整个社会来说却是坏事,因为它属于漏出,会使国民收入减少;相反,消费,即支出,对个人来说可能是坏事,但对整个社会来说却是好事,因为它属于注入,可以使国民收入增加,他们将这种情况称为"节约的悖论"。

> **个案研究 9-1**
>
> ### 蜜蜂的寓言
>
> 　　凯恩斯曾引用 18 世纪英国哲学家孟迪维尔的讽喻诗《蜜蜂的寓言》来说明"节约的悖论"。这首诗叙述了一群蜜蜂的兴衰史。最初蜜蜂们追求豪华奢侈的生活,大肆挥霍浪费,结果社会兴旺,百业昌盛,后来,它们改变了原有的习惯,放弃奢侈的生活,崇尚节俭朴素,结果社会凋敝,经济衰落,最后被敌人打败而逃散。这一结论在凯恩斯理论中,成为运用赤字财政政策刺激总需求的依据。

二、国民收入的调节

　　根据上述分析,当漏出与注入不相等时,可以调节漏出与注入中的各项因素使之相等,从而实现国民收入的均衡。

(一)三部门经济调节

　　在三部门经济中,因为 $C+I+G=C+S+T$,整理移项后有 $I-S=T-G$。$I-S$ 为投资储蓄差额,$T-G$ 为政府收支差额。当国民收入均衡时,投资储蓄差等于财政收支差,如果公式两端不相等,则可以通过调节投资储蓄差和财政收支差来使之相等,从而使国民收入达到均衡。

　　当 $I-S<T-G$ 时,可以从不同的方面进行调整,使国民收入实现均衡。

　　(1)调整投资储蓄差,包括减少储蓄、增加投资以及同时增加投资,减少储蓄。

　　(2)调整财政收支差,包括减少税收、增加政府支出以及同时减少税收和增加政府支出。

　　(3)同时调节四个因素。在实际经济生活中,政府可以对投资、储蓄、税收和政府支出同时进行调节。政府如果采用紧缩经济政策,即鼓励漏出量,抑制注入量,则会压缩总需求增长;反之,政府如果采用扩张经济政策,即鼓励注入量,抑制漏出量,则会刺激总需求增长。在宏观经济调控的过程中,个人和企业的储蓄、投资以及政府开支和税收方面的政策,对国民经济的兴衰成败关系十分重大。这是宏观经济学研究的主要内容。

> **个案研究 9-2**
>
> ### 4 万亿元解困中国经济
>
> 　　2008 年 11 月,中国政府出台了进一步扩大内需、促进经济增长的十项措施,在之后两年时间内投资 4 万亿元人民币。该方案在国内经济增长环境明显恶化的背景下显示了中国政府抗击金融危机、防范经济增长下滑的信心。4 万亿元资金投入的效果是明显的。
>
> 　　(1)投资意愿加大。在金融危机时期,由于民间投资意愿降低,此时,通过加大政府投资从而维持经济发展的投资需求,即中央政府通过财政政策向市场注入资本,激活生产、消费、金融整个链条。4 万亿元投资适时地给经济发展补充了动力。

（2）促进产业结构调整。4万亿元投资计划中明确提出支持高新技术产业化建设和产业技术进步,支持服务业发展,旨在加快自主创新和结构调整。

（3）内需拉动明显。4万亿元的巨大资金可以提振各行各业的消费和投资信心,促进诸多行业的实际增长,创造更多的就业岗位。

资料来源：中央电视台《中国财经报道》栏目组.中国经济十年螺旋[M].北京：机械工业出版社,2009.

（二）四部门经济调节

在四部门经济中,因为 $C+I+G+X=C+S+T+M$,假定政府收支均衡,即 $T=G$,则整理移项后有：$I-S=M-X$,$I-S$ 为储蓄投资差额,$M-X$ 为进出口差额。当国民收入均衡时,储蓄投资差应等于进出口差。如果公式两端不相等,则可以通过调节储蓄投资差和进出口差来使之相等,使国民收入实现均衡。

当 $I-S>M-X$ 时,可以从不同的方面进行调整,使国民收入实现均衡。

（1）调整进出口差,包括增加出口、减少进口以及同时增加出口,减少进口。

（2）调整投资储蓄差,包括减少储蓄、增加投资以及同时增加投资和减少储蓄。

（3）同时调节四个因素。政府可以对四个因素同时进行调节,即减少储蓄,增加投资,增加进口和减少出口。四部门经济是开放经济,因此调节比三部门要复杂得多。首先它与国际市场、世界经济波动相联系；其次涉及国家的汇率政策、货币政策、国际收支平衡等很多问题。

本 章 小 结

两部门经济分析是研究国民收入均衡的出发点,所有分析国民收入决定和均衡的模型都从两部门开始。两部门经济收入流量循环模型为企业与家庭的两次交换过程。在两部门国民收入循环模型中,注入应等于漏出。

两部门经济国民收入构成包括总供给和总需求,两部门经济国民收入均衡为总供给＝总需求,或 AS＝AD,或 $Y_s=Y_d$,或 $I=S$。$I=S$ 是凯恩斯主义最关键的命题,是宏观经济学的理论基础。$S<I$,容易出现通货膨胀；$S>I$,容易出现失业。

三部门经济收入流量循环包括企业、家庭与政府。三部门经济国民收入构成为总供给和总需求,三部门经济国民收入均衡为总供给＝总需求,或 AS＝AD,即 $C+I+G=C+S+T$,整理后有 $I-S=T-G$,$I-S$ 是投资储蓄差,$T-G$ 是政府收支差。三部门经济实现均衡,应有投资储蓄差等于政府收支差。当两边不相等时,可以通过调节政府收支差与投资储蓄差来使之相等。

四部门经济收入流量循环除了家庭、企业和政府外,还有国际贸易与国际资本运动。四部门经济国民收入构成为总供给和总需求,四部门经济国民收入均衡为总供给＝总需求,或 AS＝AD,即 $C+I+G+X=C+S+T+M$,整理有 $I-S=M-X$,$I-S$ 是投资储蓄差,$M-X$ 是进出口差,这时应有投资储蓄差等于进出口差。当两边不相等时,政府可以通过调节投资储蓄差与进出口差来使之相等。$I-S=M-X$ 也称为"两缺口模型",

是所有发展中国家利用外资的基本理论依据。

　　注入变动会引起国民收入同方向变动,注入增加将提高国民收入水平,注入减少会降低国民收入水平。漏出的变动将会引起国民收入反方向变动,漏出的增加会使国民收入减少,漏出的减少会使国民收入增加。

　　三部门经济调节可以调整投资储蓄差和财政收支差。政府如果采用紧缩经济政策,鼓励漏出量,抑制注入量,则会压缩总需求增长;反之,政府如果采用扩张经济政策,鼓励注入量,抑制漏出量,则会刺激总需求增长。四部门经济可以调整进出口差和投资储蓄差。

本章内容结构

综 合 练 习

一、名词解释

注入　漏出　总供给　总需求　投资储蓄差　政府收支差　进出口差　两缺口模型

二、选择题

1. 均衡的国民收入是指(　　　　)。

　　A. 一国每年所生产出的产品的货币价值

　　B. 总需求大于总供给时的收入

C. 总需求小于总供给时的收入

D. 总需求等于总供给时的国民收入

2. 凯恩斯主义的关键命题是（　　）。

A. $I=S$　　　　　B. $I\neq S$　　　　　C. $G=T$　　　　　D. $X=M$

3. 根据简单的国民收入决定模型，引起国民收入减少的原因是（　　）。

A. 消费减少　　　　　　　　　B. 储蓄减少

C. 消费增加　　　　　　　　　D. 政府支出减少

4. $J>W$ 表明（　　）。

A. 注入大于漏出　　　　　　　B. 注入小于漏出

C. 投资大于储蓄　　　　　　　D. 投资小于储蓄

5. 四部门经济中的注入因素包括（　　）。

A. 储蓄、投资和政府支出　　　B. 税收、政府支出和进口

C. 投资、政府税收和出口　　　D. 投资、政府支出和出口

三、简答题

1. 两部门经济条件下的国民收入有哪些影响因素？请用图形表明各影响因素的影响过程和结果。

2. 凯恩斯国民收入决定理论的假定条件是什么？

推荐阅读

[1] 高鸿业.西方经济学（宏观部分）[M].5版.北京：中国人民大学出版社，2011：第十三章.

[2] 凯恩斯.就业、利息和货币通论[M].高鸿业，译.北京：商务印书馆，2007.

[3] 魁奈.魁奈经济表及著作选[M].晏智杰，译.北京：华夏出版社，2005.

[4] 胡代光.凯恩斯主义的发展和演变[M].北京：清华大学出版社，2004.

第十章

失业与通货膨胀

【内容提要】

失业和通货膨胀是宏观经济问题中常见的经济现象，许多宏观经济政策都是用来应对这两种经济现象的。失业与通货膨胀理论也是宏观经济学的重要组成部分。本章围绕失业、通货膨胀问题，系统介绍失业、通货膨胀的原因和相互关系以及主要治理对策。

【学习目标与重点】

◆ 了解失业的分类及影响，掌握通货膨胀的含义、产生的原因以及对经济的影响。
◆ 了解政府治理失业与通货膨胀的政策措施。
◆ 理解失业与通货膨胀的关系。

【关键术语】

失业　自然失业率　通货膨胀　菲利普斯曲线　适应性预期

【引入案例】

2016 年全球失业人口数增加[①]

2016 年，全球失业人口将会增加，新兴市场出现的问题将使全球失业率无法回到危机前的水平。联合国(UN)国际劳工组织(International Labour Organisation)预测，未来两年，新兴国家和发展中国家的失业人口将增加 480 万人。

该组织表示，尤其需要指出的是，中国、巴西、俄罗斯和其他国家的失业人口增长将抵消欧美失业人口的减少。该组织的年度就业报告警告称，这些问题将阻碍中产阶级的壮大并可能会加剧社会不满情绪。

2016 年，全球失业人口将从 2015 年的 1.97 亿人增至 1.99 亿人，由于总人口的增长，2016 年全球失业率将保持在 5.8％的水平，与过去两年持平。

2009 年，全球失业率触及 6.2％的峰值，原因是本次金融危机导致数百万劳工失业。全球失业率尚未回落到 2007 年的危机前低点 5.5％。

国际劳工组织预测，2016 年，中国失业率将从去年的 4.6％升至 4.7％。该组织还预测，一些阿拉伯国家的失业率将上升。但也有一些国家似乎正处于稳步转好的趋势中。未来两年，日本失业率预计将继续下滑，将从去年的平均 3.3％降至 2017 年的 3.1％。日本的失业率目前已在全球最低之列。美国失业率预计将从 5.3％降至 4.7％，与危机前水平持平，但现在美国的劳动参与率要低于以前。欧洲劳工的前景似乎也在逐渐变得光明

---

① 英国记者萨拉·奥康纳于 2016 年 1 月 20 日在伦敦报道，此文载于英国《金融时报》。

起来。到 2017 年,欧盟(EU)失业率将从去年的 9.4% 降至 9.1%。

失业与通货膨胀是各国宏观经济中两个最重要的问题。各国都在努力达到美国经济学家托宾提出的低通货膨胀和低失业率的目标。但现实并不是像托宾所期望的那样美好。美国 20 世纪 90 年代实现了这一目标,但 20 世纪 70 年代却是高通货膨胀和高失业率并存的滞胀状态。在另一些年份或其他国家,或者是高失业率低通货膨胀,或者是低失业率高通货膨胀。为什么同时实现低失业率和低通货膨胀不容易?如何才能实现托宾的理想目标?要解决这一问题,必须对失业与通货膨胀进行更为深入的分析。

第一节 失业理论

古典经济学认为,市场机制可以进行自动调节,能够解决各种经济矛盾,保证充分就业。但事实证明,失业是经常存在的。特别是 20 世纪 30 年代的经济大萧条,彻底打破了古典经济学家对宏观经济自动趋于充分就业的美好愿望。从此,失业就成为西方宏观经济学研究的主要问题之一。

一、失业及失业率

失业是指达到就业年龄、具备工作能力、谋求工作但未得到就业机会的状态。因此失业主体(失业者)必须具备三个条件:①有劳动能力;②愿意在现行工资水平下就业;③现在没有工作。

衡量经济中失业状况的最基本的指标是失业率。失业率是失业人数占劳动力总数的百分比,劳动力总数是失业人数与就业人数之和,用公式表示如下。

$$失业率 = \frac{失业人数}{劳动力人数} \times 100\% \tag{10-1}$$

各国失业率统计方法略有不同,对工作年龄和失业范围也有不同的规定。例如,在美国,劳动力的年龄范围是 16~65 岁,由劳工统计局采用抽样调查的方法,通过对近 60 000 户居民进行访问而估计出失业数字,并在每个月的第一个星期五发布前一个月的失业率估计数字。

知识链接 10-1

农业户口将纳入统计指标——中国失业率统计将与国际接轨

中国沿用多年的唯一失业率指标——"城镇登记失业率",由于强调"非农业户口"和"在当地就业机构登记",并不能反映失业的真实状况。国家统计局从 2005 年 11 月开始进行"调查失业率"的抽样统计,其中农民首次被纳入调查范围。在可预见的时间内,官方将定期公布调查数据。这意味着人们将能获知中国真实的失业水平,失业率将真正发挥宏观经济的风向标作用。

城镇登记失业人员的定义,是指拥有非农业户口、在一定的劳动年龄内(16 周岁至退休年龄)、有劳动能力、无业而要求就业,并在当地就业服务机构进行求职登记的人员。凡是没有非农业户口,或者有非农业户口,但是没有进行求职登记的都不算失业者。这个概念中所强调的"非农业户口"统计,对于类似深圳这类高比例移民城市已经完全不适合了。

以往概念认为,农民因为拥有土地保障,所以不能算是失业。而今工业化与城市化进程以始料未及的方式使大批农民失去土地。由于土地征用的法律制度严重滞后、征地补偿安置费低,造成 2006 年前后与此相关的上访事件以及恶性冲突明显增多,失去土地而又未得到妥善安排、公正补偿的农民能算就业吗?

许多学者认为城镇登记失业率很大程度上不能反映失业率这一宏观经济中的重要指标,纷纷提出了自己的研究结果,有人称真实的失业率应为 8%,有人提出了20%。因此,有关各方都呼吁中国政府应该尽快建立和国际接轨的失业率调查制度并定期发布调查失业率,使这一调查成为中国劳动力就业与失业基础统计信息的基本来源。

二、失业的分类及原因

(一)自愿失业与非自愿失业

失业有很多种类,根据劳动者的主观就业意愿,失业分为自愿失业与非自愿失业。

所谓自愿失业,是指工人所要求的实际工资超过其边际生产率,或者不愿意接受现行的工作条件和收入水平而未被雇用造成的失业。由于这种失业是由于劳动人口主观不愿意就业造成的,所以称为自愿失业。自愿失业无法通过经济手段和政策来消除,因此不是经济学所研究的范畴。

所谓非自愿失业,是指有劳动能力、愿意接受现行工资水平但仍然找不到工作的现象。这种失业是由于客观原因所造成的,因而可以通过经济手段和政策来消除。

(二)摩擦性失业、季节性失业、结构性失业和周期性失业

非自愿失业又可以分为摩擦性失业、季节性失业、结构性失业和周期性失业。

摩擦性失业是指生产过程中难以避免的、由于转换职业等原因而造成的短期局部失业。这种失业的性质是过渡性的或短期性的。它通常起源于劳动的供给方,因此被看作一种求职性失业,像人们换工作或找新的工作便是这种失业的例子。工作机会和寻找工作的人匹配在经济中并不总是顺利地发生,结果一些人便得不到工作。摩擦性失业在任何时期都存在,并将随着经济结构变化而有增大的趋势,但从经济和社会发展的角度来看,这种失业的存在是正常的。

摩擦性失业是不可避免的,也是市场经济中一个正常的经济现象,但这并不意味着摩擦性失业是不可减少的。我们知道,就业信息在劳动市场中传播的速度越快,人们寻找工作的时间就会越短。例如,互联网就非常有助于提高失业者寻找新工作的效率,减少摩擦性失业。所以政府提高劳动市场效率的公共政策都能起到减少摩擦性失业的作用。例如,政府建立和管理职业介绍所,由政府收集和发布就业信息,由政府兴办或资助各类培训计划以帮助失业者顺利地从衰落的行业转移到增长迅速的行业。

季节性失业是指某些行业中由于工作的季节性而产生的失业。许多工作具有季节

性,例如游泳教练、滑雪教练、收割小麦、采摘棉花等工作,工作的季节性就会造成季节性失业。从事这些工作的人在这些季节结束以后就必须寻找新的工作,在寻找新工作的过程中就会发生季节性失业。此外,劳动力市场中供给方的变化也可能引起季节性失业。例如在暑期,由于大学生大量进入劳动力市场,寻找临时性的暑期工作,失业率就会在这个季节急剧上升。

结构性失业是指劳动力的供给和需求不匹配所造成的失业。其特点是既有失业,也有职位空缺,失业者或者没有合适的技能,或者居住地点不当,因此无法填补现有的职位空缺。结构性失业在性质上是长期的,而且通常起源于劳动力的需求方。结构性失业是由经济变化导致的,这些经济变化引起特定市场和区域中的特定类型劳动力的需求相对低于其供给。

以下原因可能导致特定市场中劳动力的需求相对较低。

(1) 技术变化。原有劳动者不能适应新技术的要求,或者是由于技术进步使劳动力需求下降。

(2) 消费者偏好的变化。消费者对产品和劳务的偏好改变,使某些行业扩大而另一些行业缩小,处于规模缩小行业的劳动力因此失去工作岗位。

(3) 劳动力的不流动性。流动成本的存在制约着失业者从一个地方或一个行业流动到另一个地方或另一个行业,从而使结构性失业长期存在。

知识对比

结构性失业与摩擦性失业的比较

结构性失业与摩擦性失业既有区别又有联系。两者的共同点是每出现一个失业者,就有一个职位空缺。两者的区别在于:摩擦性失业中劳动力供给结构与劳动力需求结构是相吻合的,对于每一个寻找工作的失业者都有一个适合于他的职位空缺,只是他尚未找到而已。在结构性失业中,劳动力供给结构与劳动力需求结构是不相吻合的,寻找工作的失业者找不到与自己的技能、职业、居住地相符合的工作。另外,摩擦性失业的时间一般较短,结构性失业持续的时间较长。

周期性失业是指经济周期中经济衰退或萧条时,因社会总需求下降而造成的失业。当经济发展处于一个周期中的衰退期时,社会总需求不足,因而企业的生产规模也缩小,从而导致较为普遍的失业现象。周期性失业对于不同行业的影响是不同的。一般来说,需求收入弹性越大的行业,周期性失业的影响越严重。也就是说,人们收入下降,产品需求大幅度下降的行业,周期性失业情况比较严重。这种失业是由于总需求不足引起的,因此也称为"需求不足的失业"。

个案研究 10-1

源于美国金融危机的周期性失业

2007 年 4 月,美国爆发了"次贷危机",并迅速席卷了美国、欧洲各大金融机构,并由此引发了全球金融危机。金融危机爆发以来,不仅美国金融机构住房抵押贷款损失大幅度增加,许多持有美国住房抵押贷款支持债券的机构也出现较大亏损。截至 2009 年 7 月 3 日,美国共有 52 家银行倒闭,创下 1992 年以来的最高纪录,已超过 2008 年全年 25 家的两倍。2009 年 5 月美国 20 个主要城市的房屋中间价与 2006 年 7 月最高峰相比下跌了 32%。美国劳工部 2009 年 7 月 2 日公布的数据显示,美国 6 月新增失业人口 46.70 万,失业率上升到 9.5%,创 26 年新高,失业率增速比预期的要快。

资料来源:武力.中华人民共和国经济史(下卷)[M].北京:中国时代经济出版社,2010.

三、自然失业率

充分就业是与失业密切相关的概念,充分就业是宏观经济政策的重要目标之一。从广义上说,它是指一切生产要素(包含劳动)都有机会以自己愿意接受的报酬参加生产的状态。从狭义上说,它是指在现有的工资水平和工作条件下,所有愿意工作的人都参加工作的状态。但在变化快速的经济生活中,永远存在着职业流动和行业的结构性兴衰,所以总有少部分人会失业。

有关充分就业的定义,西方经济学家曾提出几种说法。凯恩斯认为,如果非自愿失业已消除,失业仅局限于摩擦性失业和自愿失业,就实现了充分就业。可见充分就业并非百分之百就业。另外一些经济学家认为,如果职位空缺总额恰好等于寻业人员的总额即需求不足型失业等于零,就是实现了充分就业。还有些经济学家认为,如果再要提高就业率,必须以通货膨胀为代价,那么就已实现了充分就业。

所谓自然失业率,是指在没有货币因素干扰的情况下,让劳动市场和商品市场的自发供求力量起作用时,总需求和总供给处于均衡状态下的失业率。换句话说,自然失业率就是指经济中消灭了周期性失业以后的失业率,即摩擦性失业和结构性失业占劳动人口的比重。自然失业率并不是一个固定不变的值,它随着经济社会的发展而变化,一般由政府根据有关调研数据来确定。例如,美国在一个较长的时期内确认其自然失业率为 5%,也就是说当美国的失业率在 5% 或以下时,政府就不会采取有关措施来干预劳动市场的运行。

四、失业的代价

就社会整体而言,失业意味着人力资源的浪费。对失业的个人来说,失业意味着生活水平的下降和心理上的痛苦。另外,失业也是一个严重的社会问题,失业本身可以造成除国民收入减少以外的社会代价。

(一)失业造成的经济损失

失业会造成人力资源的浪费,进而会带来生产设备以及其他经济资源的大量闲置,生产性资源的闲置使生产能力开工不足,直接减少了社会产品,降低了国民收入。失业所造成的国民收入的直接损失是巨大的。当经济处于非充分就业状态,即存在周期性失业时,可以用奥肯定律来估计损失的产量。

知识链接 10-2

奥 肯 定 律

曾任美国总统约翰逊的首席经济顾问的美国经济学家阿瑟·奥肯提出了奥肯定律。奥肯定律说明的是失业率与实际国民收入增长率之间关系的经验统计规律。

奥肯定律的内容是,失业率每高于自然失业率1个百分点,则实际GDP将低于潜在GDP 2个百分点。

理解这一规律时应注意:首先,它表明了失业率与实际国民收入增长率之间是反方向变动的关系;其次,失业率与实际国民收入增长率间1:2的关系只是一个平均数,是根据经验统计资料得出的,在不同时期、不同国家数字略有不同;最后,奥肯定律适用于没有实现充分就业的情况。

失业除了能够给整个社会造成直接经济损失外,还会对一国的财政状况产生重大影响。由于工人的工资所得及企业的收入所得都要缴税,当工人失业时,工人收入下降,企业开工不足,利润下降,政府的税收收入也会大大减少。

(二)失业造成的社会损失

失业所带来的另一重大损失是失业者及其家庭所面临的个人损失和心理上的打击。失业所造成的这部分社会损失是无法用货币的形式来表示的,但这种影响是巨大的。失业会使失业者及其家庭的收入和消费水平下降,特别是在没有失业保障制度的情况下,失业者的悲惨状况可想而知。如果一个工人长期没有稳定的职业,他会丧失某种劳动技能和自我肯定,还会遭受焦虑之苦。

失业还会造成失业者的失望和不满,会导致社会犯罪率、离婚率的上升,并有可能引发社会动乱。由此可以看出失业问题在政治上占有重要地位的原因,它直接关系到政治的稳定。任何政府都十分关注失业问题,在制定宏观经济政策时也不得不考虑其对失业问题的影响。

五、降低失业率的措施

针对失业的劳动力供给大于劳动力需求的状况,可主要从劳动力供给和劳动力需求两方面采取措施降低失业率。

(一)劳动力供给方面的措施

一国政府要想采取措施降低失业率,首先应使劳动力的供给在数量、结构和质量上与劳动力的需求相符合。控制劳动力的供给规模,政府可以通过延长劳动力的受教育时间,推迟青年人进入就业市场的时间来延缓失业状况。另外,延长受教育时间,还可以提高劳动力的素质,从而降低结构性失业。

针对容易失业的劳动者群体,如青年人、妇女、低技能劳动者及缺乏劳动经验的人,可以通过降低最低工资、加强职业培训来降低他们的失业率。例如,欧洲的学徒制度因为能使青年人接受在职培训而受到广泛的赞誉,该制度不仅为青年人提供了正式的工作,而且使他们成为长期具有生产能力的工人。

（二）劳动力需求方面的措施

可以提供就业的信息服务，加强劳动力的流动性，还可以通过完善失业保障制度，使失业者能维持基本的生活水平，达到社会公平的目的。但是，失业保障制度会对一国的就业水平产生负面影响。首先，失业保障制度能使人们有更多的时间求职，这会提高整个社会的失业率。其次，失业保障制度会产生就业稳定性效应。尤其是在萧条时期，失业救济能刺激企业暂时解雇工人而不再保留工人的职位。针对这种效应，政府可以通过经验评级制度对失业率高的企业征收较高的失业保险税，从而刺激企业走向更加稳定的就业水平。再次，由于有人实际上并不需要工作，但为了领取失业救济金又必须是寻找工作的"在册劳动力"，所以，失业保障制度会提高失业率。

由此可见，在失业保障制度的设计过程中，必须权衡减轻失业者的痛苦和高失业救济金能提高失业率的可能性两者之间的利弊。政府在对失业保障制度进行改革时，必须尽可能地减少其负面影响。

第二节　通货膨胀理论

一、通货膨胀的含义

通货膨胀是指物价水平在一定时期内持续的、普遍的上升过程，或者指货币实际购买力在一定时期内持续的下降过程。理解通货膨胀要注意以下四个方面。

（1）一般物价水平上涨不是指个别商品价格的上涨。在市场经济中，商品价格总是不断变化的，有的上升，有的下降，上升或下降程度大小与时间早晚也不一致。通货膨胀并不是说所有的商品价格都上涨，而是指平均价格水平或一般物价水平的上涨。

（2）一般物价水平上涨，包括各种各样的物价水平上涨，有公开形式、变相形式、隐蔽形式。

（3）一般物价水平持续的上涨，不是暂时或偶然的价格上涨。持续的上涨是指连续不断地一直在上涨，在经济周期中一般物价水平上涨一阵，又下降一阵，如灾害、季节变化出现的物价波动，这并不是通货膨胀，通货膨胀意指一般物价水平运动呈上升趋势。

（4）一般物价水平显著的上涨。市场上商品价格时时刻刻都在变化，不是一般物价水平稍有波动或上升就是通货膨胀，而是一般物价水平相当幅度的上涨。

与通货膨胀相对的概念是通货紧缩，是指一般价格水平的持续性下降。

【课堂讨论】

请同学们讨论当前的物价形势。

二、通货膨胀的衡量

（一）物价指数

在宏观经济分析中，一般物价水平是指各类商品和劳务的价格加总的平均数，用物价指数表示。物价指数是目前世界各国衡量通货膨胀的主要指标之一,是表明商品价格从一个时期到下一时期变动程度的指数。由于统计口径、方法和选择对象不同,反映物价水平变化的物价指数有多种,其中最主要和常用的有三种。

(1)消费价格指数,简称 CPI,又称零售物价指数或生活费用指数,它是衡量各个时期居民个人消费的商品和劳务价格变化的指标。这是与居民个人生活最为密切的物价指数,因为这个指标最能衡量居民货币的实际购买力水平,具体的计算公式如下。

$$CPI = \frac{本期价格指数}{基期价格指数} \times 100\% \tag{10-2}$$

(2)生产者价格指数,简称 PPI,又称批发价格指数,是衡量各个时期生产者在生产过程中用到的产品价格水平的变动而得到的指数。通常这些产品包括成品和原材料。

(3)GDP 折算指数,是衡量各个时期所有产品和劳务的价格变化的指标。它是按当年价格计算的国内生产总值对按基期年价格计算的国内生产总值的比率。由于其统计计算对象包括所有计入 GDP 的最终产品和劳务,所以能较全面地反映一般物价水平变化。

知识链接 10-3

为什么不把房价计入 CPI

之所以没有将商品房价格直接纳入 CPI 统计,一是 CPI 的统计口径必须与国际上通行国民经济核算体系中的消费分类相一致,以满足国民经济核算的需要。目前我国国民经济核算采用 1993 年国民经济账户体系(The System of National Accounts, SNA),将商品房的投资属性剔除了,只考虑其消费属性。与 1993 年的 SNA 体系一致,CPI 只反映与居民即期消费密切相关的消费品及服务项目的价格变动,购买商品房属于投资行为,不属于消费行为,所以现行 CPI 不能直接反映商品房价格的变动。二是商品房购买与当期消费不同步,购买支出与当期实际住房消费不对等。商品房购买是一种在短期内集中支付大量货币的行为,但所购商品房却用于今后几十年的消费。因此,按照国际通行做法,我国住房消费服务通常用该住房的估算租金及物业管理与维修费等来反映,而不将房地产价格直接纳入反映居民日常消费价格变动的 CPI 中。

另外,虽然 CPI 没有把购房价计算在内,但并不是说 CPI 和房价没有关系。因为 CPI 中的居住类包括建房及装修材料、住房租金、自有住房等方面,而这几方面的价格变动与房地产价格有密切的相关性。

(二)通货膨胀率

通货膨胀的程度通常用通货膨胀率来衡量。通货膨胀率被定义为从一个时期到另一个时期价格水平变动的百分比。用公式表示如下。

$$通货膨胀率 = \frac{P_t - P_{t-1}}{P_{t-1}} \tag{10-3}$$

式中:P_t 和 P_{t-1} 分别为 t 时期和 $t-1$ 时期的价格水平。

三、通货膨胀的分类

（一）按物价上涨的速度分类

（1）温和的通货膨胀，是指每年物价上升的比例在10％以内。例如，美国在20世纪90年代一直保持2％左右的通货膨胀率就属于温和的通货膨胀。一般认为温和的通货膨胀不会对经济造成巨大的恶性影响，甚至还有经济学家认为这种缓慢而持续的价格上升能对经济和收入的增长有积极的刺激作用。

（2）奔腾的通货膨胀，是指年通货膨胀率在10％以上、100％以下。这时，货币流通速度提高而货币的实际购买力下降，对于经济具有较大的破坏作用，因为这种通货膨胀发生后，由于价格上升速度快、上升幅度大，公众预期价格还会进一步上升，因而会采取各种手段来保护自己，如将货币换成房产、汽车、黄金和珠宝等保值商品，或者大量地囤积商品，从而使产品市场和劳动市场的均衡遭到破坏，正常的经济运行秩序被破坏，经济体系受损。例如，我国在20世纪80年代出现的10％以上且每年加剧的通货膨胀就属于奔腾的通货膨胀。

（3）超级的通货膨胀，是指通货膨胀率在100％以上。发生这种通货膨胀时，价格持续猛升，人们都尽快把货币脱手，使货币流通的速度进一步加快。其结果是货币完全失去了人们的信任，购买力大幅下降，各种正常的经济联系遭到破坏，以致货币体系最后完全崩溃。在严重的情况下，还会出现社会动乱。玻利维亚在20世纪80年代，南斯拉夫在20世纪90年代后期都出现过这种通货膨胀。俄罗斯和一些东欧国家在经济转型过程中也出现过这种通货膨胀。

（二）按对物价影响的差别分类

（1）平衡的通货膨胀，是指每种商品的价格都按相同的比例上升。这里所指的商品价格包括生产要素以及各种劳动的价格，如工资率、租金、利率等。平衡的通货膨胀对整个经济活动不会产生什么严重的影响。然而，这种情况在现实经济生活中并不多见。

（2）非平衡的通货膨胀，是指各种商品价格上升的比例并不完全相同。现实中发生的通货膨胀大多属于这种类型。

（三）按照人们对物价上涨的预期分类

通货膨胀对经济的影响在很大程度上取决于人们是否可以预期。

（1）可预期的通货膨胀。如果人们预期的通货膨胀率与实际发生的通货膨胀率（通货膨胀的预期值与实际值）一致，这种通货膨胀就是可预期的。可预期的通货膨胀发生时人们会减少持有的现金量，更多地存入银行，这就是要多往银行跑几次，浪费了时间。这种影响被形象地说成"多磨一点鞋底"，所以称为皮鞋成本。此外，企业要改变价格，就要印刷新的产品价目表，这就增加了成本，这称为菜单成本。在这种通货膨胀发生时，如果实行了工资指数化，即随通货膨胀率调整名义工资，还会产生通货膨胀税，因为这时起征点和税率都是按名义工资调整的。可预期的通货膨胀尽管也有这些不利影响,但总体上对经济的不利影响不大,因此,人们可以根据通货膨胀的预期值调整自己的经济行为,抵销这些影响。

(2)不可预期的通货膨胀。如果人们预期的通货膨胀率与实际发生的通货膨胀率不一致,这种通货膨胀率就是不可预期的。如果通货膨胀的实际值大于预期值,对工人和企业而言,工人受害而企业获益。因为这使工人的实际工资减少而企业的实际利润增加。对债务人和债权人而言,也使债务人获益而债权人受损失。

(四)按照物价上涨表现形式不同分类

现实经济社会中的通货膨胀有不同的表现形式,物价水平上涨在不同程度与不同范围反映出来。据此,可以把通货膨胀分为三种。

(1)公开性通货膨胀。通货膨胀是完全通过一般物价水平上涨形式反映出来,物价上涨率就是通货膨胀率。在一般情况下,通货膨胀都是公开性的。

(2)隐蔽性通货膨胀。是指在社会经济生活中已出现一般物价水平上涨,但并没有在官方物价指数变化中完全表现出来的通货膨胀。由于物价上涨在官方物价指数上没有得到充分和准确的反映,或者漏掉了,或者隐蔽起来了,因此,官方物价指数反映的物价上涨率低于实际发生的物价上涨率。出现这种情况的原因是官方物价指数编制方面存在缺陷。

(3)抑制性通货膨胀。是指在社会经济中存在着通货膨胀压力时,由于政府严格管制,商品价格无法上涨,因而在现行价格水平条件下,商品普遍短缺,出现强迫储蓄的状况。在抑制性通货膨胀中,过度需求不会因政府对价格的控制而消失,而是转化为商品短缺和供应紧张。抑制性通货膨胀严重到一定程度,物价最终还会突破限制而有所上涨,只是此类上涨一般是滞后的、有限的。

四、通货膨胀的原因

(一)需求拉上的通货膨胀

需求拉上的通货膨胀又称超额需求型通货膨胀,是指总需求超过总供给所引起的一般物价水平普遍而持续的上升。通俗地说,这种通货膨胀是"过多的货币追逐过少的商品",因而物价上升。下面用图 10-1 来说明总需求是如何拉动物价上升的。

在图 10-1 中,横轴 Y 表示国民收入,纵轴 P 表示一般物价水平,AD 为总需求曲线,AS 为总供给曲线。总供给曲线 AS 起初为水平状态,这表示在国民收入水平较低时,总需求的增加不会引起价格水平的上升。

当国民收入增加到 Y_1 时,总需求继续增加,此时将导致国民收入和一般价格水平同时上升,总需求从 AD$_1$ 增加到 AD$_2$ 时,国民收入从 Y_1 增加到 Y_2 的水平,价格

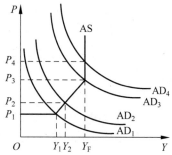

图 10-1 需求拉上的通货膨胀

也从 P_1 上升到 P_2 的水平。

也就是说,在这个阶段,总需求的增加,在提高国民收入的同时也拉升了一般价格水平;当国民收入增加到潜在的国民收入水平即 Y_F 时,此时国民经济已经处于充分就业的状态,在这种情况下,总需求的增加只会拉动价格上升,而不会使国民收入增加,总需求从 AD_3 上升到 AD_4,国民收入仍然保持在 Y_F,但物价水平从 P_3 上升到 P_4 水平。

由以上分析可知,当经济体系中有大量资源闲置时,总需求的增加不会引起物价上升,只会导致国民收入增加;当经济体系中的资源接近充分利用时,总需求的增加会同时拉升国民收入和一般价格水平;当经济体系中的资源利用达到充分就业状态时,总需求的增加不会使国民收入增加,而只会导致一般价格水平上升。

(二) 成本推动的通货膨胀

成本推动的通货膨胀,又称成本通货膨胀或供给通货膨胀,是指在没有超额需求的情况下由于供给方面成本的提高所引起的通货膨胀。成本的增加意味着只有在高于以前的价格水平时,才能达到与以前同样的产量水平,即总供给曲线向左上方移动。

在总需求不变的情况下,总供给曲线向左上方移动使国民收入减少,价格水平上升。这种价格上升就是成本推动的通货膨胀,可以用图 10-2 来说明此种情况。

在图 10-2 中,原来的总供给曲线 AS_1 与总需求曲线 AD 决定了国民收入水平为 Y_1,价格水平为 P_1,成本增加后,总供给曲线向左上方移动到 AS_2,总需求保持不变,从而决定了新的国民收入为 Y_2,价格水平为 P_2。价格水平由 P_1 上升到 P_2 是由于成本的增加所引起的,这就是通常所说的成本推动的通货膨胀。

引起成本增加的原因并不完全相同,因此成本推动的通货膨胀又可以根据其原因的不同而分为以下几种。

图 10-2　成本推动的通货膨胀

(1) 工资成本推动的通货膨胀。工资是企业成本中的主要构成部分之一,工资水平的上升会导致企业成本增加,企业因此提高产品和劳务的价格,从而导致通货膨胀。在劳动市场存在着工会的卖方垄断情况下,工会利用其垄断地位要求提高工资,雇主迫于压力提高了工资后,就会将提高的工资加入成本,提高产品和劳务的价格,从而引起通货膨胀。

工资的增加往往是个别部门开始的,但由于各部门之间工资的攀比行为,个别部门工资的增加往往会导致整个社会的工资水平上升,从而引起普遍的通货膨胀,而且这种通货膨胀一旦出现,还会出现"工资—物价螺旋式上升",即工资上升引起物价上升,物价上升又引起工资上升。这样,工资与物价不断互相推动,形成严重的通货膨胀。

(2) 利润推动的通货膨胀。利润推动的通货膨胀也称价格推动的通货膨胀,是指市场上具有垄断地位的企业为了增加利润而提高价格所引起的通货膨胀。在不完全竞争的市场中,具有垄断地位的企业控制了产品的销售价格,从而可以提高价格以增加利润。

这种通货膨胀是由于利润的推动而产生的,尤其是在工资增加时,垄断企业以工资的增加为借口,更大幅度地提高物价,使物价的上升幅度大于工资的上升幅度,其差额就是利润的增加,这种利润的增加使物价上升,形成通货膨胀。

工资推动和利润推动实际上都是操纵价格的上升,其根源在于经济中的垄断,即工会的垄断形成工资推动,企业的垄断引起利润推动。

(3) 原材料成本推动的通货膨胀。原材料成本推动的通货膨胀是指企业生产中所需要的原材料的价格上升推动产品和劳务的价格上升而形成的通货膨胀。在现代经济中,某些能源或关键的原材料供给不足,会导致其价格上升,进而引起企业成本上升,如石油价格的上升,或者是某种进口原材料价格的上升等,最典型的事例是 20 世纪 70 年代覆盖整个西方发达国家的滞胀(经济停滞和通货膨胀同时并存),其主要根源之一就在于当时石油价格的大幅度上升。

(三)结构性通货膨胀

在没有需求拉动和成本推动的情况下,只是由于经济结构因素的变动,也会引起一般价格水平的持续上升,这种原因导致的一般价格水平的持续上升称为结构性通货膨胀。

从生产率提高的角度来看,社会经济结构存在着这样的特点,即一些部门生产率提高的速度快,另一些部门生产率提高的速度慢;从经济发展的过程看,社会经济结构存在着这样的特点,即一些部门正在迅速发展,另一些部门则日趋衰落;从世界市场的关系来看,社会经济结构存在着这样的特点,即一些部门(开放部门)同世界市场的联系十分密切,另一些部门(非开放部门)同世界市场没有密切联系。

一般来说,生产率提高速度快的部门的工资水平提高快,而生产率提高速度慢的部门的工资水平提高慢,但是处于生产率提高速度慢的部门的工人要求"公平",由于工会的存在,他们要求提高工资水平往往会实现,从而使整个社会的工资增长率超过劳动生产率,从而引起通货膨胀。同样,在迅速发展的部门和日趋衰落的部门、开放部门和非开放部门之间也会出现这种情况。

当然,通货膨胀是现代经济社会中常见的也是复杂的一个社会经济现象,其产生的根源往往不仅仅是某一种原因,而是共同交织在一起的其中的两种甚至三种原因。

五、通货膨胀对经济的影响

通货膨胀对社会和个人的经济生活都会产生各种影响。一般可以将通货膨胀对经济的影响分成两种,即通货膨胀的收入再分配效应和通货膨胀的产出效应。

(一)通货膨胀的收入再分配效应

通货膨胀意味着人们手中持有货币的购买力下降,从某种程度上来讲,是人们过去劳动成果的缩水,也就是说,通货膨胀会导致人们的实际收入水平发生变化,这就是通货膨胀的再分配效应,但是通货膨胀对不同经济主体的再分配效应是不同的。

(1) 通货膨胀不利于靠固定货币收入维持生活的人。对于固定收入阶层来说,其收入是固定的货币数额,落后于上升的物价水平。也就是说,他们获得货币收入的实际购买力下降了,其实际收入因通货膨胀而减少,如果他们的收入不能随通货膨胀率变动,他们的生活水平必然降低。

在现实生活中,靠政府救济金维持生活的人比较容易受到通货膨胀的冲击,因为政府的救济金发放水平的调整相对较慢。此外,工薪阶层、公务员以及其他靠福利和转移支付维持生活的人,都比较容易受到这种冲击。而那些收入能随着通货膨胀变动的人,则会从通货膨胀中得益。

例如,在扩张中的行业工作并有强大的工会支持的工人就是这样,他们的工资合同中有工资随生活费用的上涨而提高的条款,或有强有力的工会代表他们进行谈判,在每个新合同中都有可能得到大幅度的工资增长。

(2) 通货膨胀对储蓄者不利。随着价格上升,存款的购买力就会降低,那些持有闲置货币和存款在银行的人会受到严重打击。同样,像保险金、养老金以及其他固定价值的证券财产等,它们本来作为防患未然和养老的,在通货膨胀中,其实际价值也会下降。

(3) 通货膨胀还会在债务人和债权人之间产生收入再分配的作用。具体来说,通货膨胀牺牲了债权人的利益而使债务人得益。例如,甲向乙借款 1 万元,约定一年以后归还,假定这一年中发生了通货膨胀,物价上升了一倍,那么一年后甲归还给乙的 1 万元只能购买到原来一半的产品和劳务,也就是说,通货膨胀使乙损失了一半的实际收入。

为了反映通货膨胀对于存款人实际收入的影响,一般用实际利率来代替名义利率,实际利率等于名义利率减去通货膨胀率,假设银行存款利率为 5%,而通货膨胀率为 10%,则此时存款的实际收益率为 −5%。2004 年、2008 年和 2010 年我国的物价涨幅都高于利率,实际的利率为负。

实际研究表明,第二次世界大战以后,西方国家政府从通货膨胀中获得了大量再分配的财富,其来源有两点。

(1) 政府获得了通货膨胀税收入。因为政府税收中有部分税收是累进的,如个人收入所得税。因此,某些经济学家认为,希望政府去努力制止通货膨胀是比较难的。

(2) 现代经济中,政府都把发行公债作为筹集资金手段和政府调控经济的手段,从而使政府都有较大数额的国债,通货膨胀使政府作为债务人而获益。

(二) 通货膨胀的产出效应

一般认为,温和的通货膨胀对经济发展比较有利。因为人们消费时有"买涨不买跌"的倾向,即当人们认为物价会上涨时,会采取及时消费的策略,消费增加会刺激企业扩大生产规模,从而使就业增加,国民收入上升;当人们认为物价将下跌时,会采取持币等待的策略,消费减少会导致企业缩小生产规模,从而失业增加,国民收入下降。当然,这只是一般的分析,通货膨胀的产出效应有三种情况。

(1) 随着通货膨胀的出现,产出增加。这就是需求拉动型通货膨胀的刺激促进了产出水平的提高,这种情况产生的前提条件是有一定的资源闲置。当一个经济体系有一定的资源闲置时,物价温和的上涨会刺激人们的购买欲望,从而增加消费,拉动就业和产出水平的提高。

（2）成本推动型通货膨胀导致失业，也就是说，通货膨胀引起就业和产出水平的下降。这种情况产生的前提条件是经济体系已经实现了充分就业，在这种情况下，如果发生了成本推动型通货膨胀，则原来总需求所能购买的实际产品的数量将会减少。

当成本推动的压力抬高物价水平时，既定的总需求只能在市场上支持一个较小的实际产出。所以，实际产出会下降，失业会上升。例如，1973年，石油输出国组织的石油价格翻了两番，从而引发了成本推动型通货膨胀；与此同时，1973—1975年美国等主要发达国家的物价水平迅速上升，美国的失业率从1973年的不到5％上升到了1975年的8.5％。

（3）超级通货膨胀导致经济崩溃。首先，当物价持续上升时，居民和企业都会产生通货膨胀的预期，即估计物价会再度升高。在这种情况下，人们就不会让自己的储蓄和现行的收入贬值，而宁愿在价格上升前将货币花掉，从而产生过度的消费购买，导致储蓄和投资都会减少，产出水平下降。其次，随着通货膨胀而来的是生活费用的上升，劳动者会要求提高工资，企业成本上升，导致企业生产规模缩小，产出水平下降。再次，企业在通货膨胀率上升时会力求增加存货，以便在稍后按高价出售以增加利润，从而使市场可供销售的货物可能减少，物价将进一步上升。最后，当出现恶性通货膨胀时，情况会变得更坏，经济体系极有可能陷入崩溃。

六、治理通货膨胀的政策

（一）紧缩性的需求管理政策

在政策上，可以通过实施紧缩性的财政政策和货币政策来实现。在方法上，可以采取激进主义政策（冷火鸡政策）和渐进主义政策，前者是指政府通过突击性大规模的紧缩性的需求管理政策，以名义GDP明显下降和失业率显著提高为代价，在短时期内尽快消除通货膨胀的政策。后者是指政府持续不断地紧缩总需求，在较长的时间内逐步消除通货膨胀的政策，其基本特征是较低的失业率和较长的时间。

（二）收入政策

收入政策是政府为了降低一般物价水平上升的速度而采取的限制货币工资和价格的政策。因此，收入政策也叫作工资和物价管制政策。

收入政策的理论基础是成本推动通货膨胀的理论。西方经济学家认为工会是垄断组织，工会与垄断企业分别具有提高工资与商品价格的垄断力量。工会与垄断企业的垄断，使生产成本不断上升，导致了成本推动的通货膨胀。因此，要降低通货膨胀率，就要对工资和物价进行管制，实行收入政策。收入政策具体有三种方法。

1. 实行工资和价格指导指标

工资和价格指导就是把工资和物价上涨的幅度限定在一定的范围内。1962年年初，美国总统经济顾问委员会在提交总统的年度报告中，首次提出实行工资和价格指导指标。

当时规定,当年的工资和价格增长率为3.2%。但事实上,在工资限制在这个指标内的同时,商品价格则高出了3.2%这个指标,于是引起了工人的反对,到1968年,美国总统经济顾问委员会于1962年提出的工资和价格指导指标暂告废止。

2. 冻结工资和物价

1971年8月,美国总统尼克松宣布实行3个月的工资和物价冻结的政策。同年11月,冻结工资和物价的政策进入第二阶段。这种政策在抑制工资和物价上涨上,收到了比较显著的效果。美国的物价水平1968年为4.2%,1969年为5.5%,1970年为5.7%,而在实行了冻结工资和物价的收入政策后,从1971年到1972年中期,物价只上涨了3.2%。

3. 实行以税收为基础的收入政策

实行以税收为基础的收入政策以减税、增税作为奖惩手段,以减税政策来奖励遵守工资增长界限的企业,对不遵守工资增长界限的企业实行增税政策予以惩罚。其实,这种政策仅为企业抑制工资上涨提供了政策依据和动力。

(三)改变预期

改变预期是指在相信政府有控制通货膨胀能力的基础上改变对通货膨胀率的预期。改变预期就可以制止工资与物价螺旋上升。斯蒂格利茨认为,对通货膨胀的心理预期对通货膨胀起着巨大的作用。要想实现引导企业和工人不涨物价和不涨工资的目标,在很大程度上应当打破企业和工人对通货膨胀的心理预期。为此,政府必须对经济实行剧烈的、持久的干预。政府要敢于务求实效,否则,就不能实现改变预期以控制通货膨胀的目的。

如果政府控制通货膨胀率的措施足以使人们相信政府控制通货膨胀的能力,人们就会降低甚至消除对通货膨胀的预期,使政府为增加就业而采取的政策产生有效性。

如果政府控制通货膨胀率的措施不足以使人们相信政府控制通货膨胀的能力,人们的通货膨胀预期就不能消除,通货膨胀率预期就继续推动通货膨胀过程。人们一旦形成对通货膨胀的心理预期就具有惯性,而改变这种具有惯性的心理预期,不下猛药是实现不了的。

正因为如此,上面介绍的渐进式降低通货膨胀的方法和激进式降低通货膨胀的方法相比较,激进式降低通货膨胀的方法在降低通货膨胀的作用上比渐进式降低通货膨胀的方法更有效,因为它更体现政府控制通货膨胀的决心,因此,更能使人们增强对政府控制通货膨胀的信心,从而降低和消除通货膨胀的心理预期。

第三节 失业与通货膨胀的关系

失业与通货膨胀是短期宏观经济运行中存在的两个主要问题,经济决策者在解决这两个问题时,往往会碰到这样一个矛盾,即降低通货膨胀与降低失业率这两个目标是互相冲突的。利用总供给—总需求模型来分析,当政府希望通过财政政策或货币政策来扩大总需求以增加就业的时候,客观上得到的结果是产出增加、就业增加、一般价格水平上升,也就是说,就业的增加是以物价的上升为代价的;相反,如果政府紧缩总需求,则会使通货膨胀下降,而失业却又增加了。在宏观经济学中,失业和通货膨胀的关系主要是用菲利普斯曲线来说明的。

一、菲利普斯曲线的含义

1958 年,在英国任教的新西兰经济学家菲利普斯在研究了 1861—1957 年的英国失业率和货币工资增长率的统计资料后,提出了一条用以研究失业率和货币工资增长率之间替代关系的曲线。在以横轴表示失业率,纵轴表示货币工资增长率的坐标系中,画出一条向右下方倾斜的曲线,这就是最初的菲利普斯曲线。

该曲线表明,当失业率较低时,货币工资增长率较高;反之,当失业率较高时,货币工资增长率较低,甚至为负数。

菲利普斯曲线本来只是用来描述失业率与货币工资增长率之间的关系,但后来有的经济学者认为,工资是成本的主要构成部分,从而也是产品价格的主要构成部分,因此可以用通货膨胀率来代替货币工资增长率。

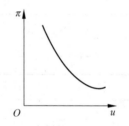

图 10-3　原始的菲利普斯曲线

这样一来,菲利普斯曲线就变成了一条用来描述失业率与通货膨胀率之间替代关系的曲线了:当失业率高时,通货膨胀率就低;当失业率低时,通货膨胀率就高,如图 10-3 所示。在该图中,横轴代表失业率 u,纵轴代表通货膨胀率 π,向右下方倾斜的曲线即为菲利普斯曲线。菲利普斯曲线说明了失业率与通货膨胀率之间存在着替代关系。

二、菲利普斯曲线的应用

菲利普斯曲线为政府实施经济干预、进行总需求管理提供了分析模型。它意味着可以用较高的通货膨胀率为代价,来降低失业率或实现充分就业;要降低通货膨胀率和稳定物价,就要以较高的失业率为代价。也就是说,失业率与通货膨胀率之间存在着一种"替代关系",想要降低或增加其中一个,就要以增加或降低另一个为代价。

具体而言,一个经济社会首先要确定一个临界点,由此确定一个失业与通货膨胀的组合区域。如果实际的失业率和通货膨胀率组合在组合区域内,则政策的制定者不采用调节措施;如果在区域之外,则可以根据菲利普斯曲线所表示的关系进行调节。

三、短期与长期菲利普斯曲线

菲利普斯曲线所揭示的失业与通货膨胀的替代关系与美国等西方发达国家 20 世纪 50 年代和 60 年代的通货膨胀率和失业率的数据较为吻合,但到 20 世纪 70 年代末期,由于滞胀的出现,失业与通货膨胀之间的这种替代关系不存在了,于是对失业与通货膨胀之间的关系又有了新的解释。

个案研究 10-2

20世纪70年代的经济滞胀

20世纪70年代,特别是1974—1975年、1979—1982年,先后两次爆发了世界经济危机,致使发达资本主义国家的经济发展出现了一个重要转折,由高速增长转变为低速增长,并进而陷入"滞胀"的旋涡。

所谓"滞胀",是指在经济停滞的同时,通货膨胀与失业并存的经济困难时期。在"滞胀"期间,发达资本主义国家的失业率和企业倒闭率都创20世纪30年代世界经济大危机以来的历史最高纪录。在整个20世纪70年代,美国、英国等发达资本主义国家的工业生产年平均增长速度都明显放慢,有的甚至只有20世纪60年代的一半左右。在经济陷入停滞的同时,失业和物价水平却持续上升,经济停滞和通货膨胀相交织(见表10-1),这是历史上从未有过的困境。

表10-1　20世纪70年代美国的通货膨胀与失业

年份	消费者价格指数(1970年基数＝100)	失业人数(以百万计)
1973	114	4.3
1977	156	6.8

资料来源:米歇尔·博德.资本主义史(1500—1980)[M].北京:东方出版社,1986.

1968年,美国货币学派的代表人物弗里德曼指出了菲利普斯曲线分析的一个严重缺陷,即它忽略了影响工资变动的一个重要因素:工人对通货膨胀的预期。他认为,企业和工人关注的不是名义工资,而是实际工资,当劳资双方谈判新工资协议时,他们都会对新协议期的通货膨胀进行预期,并根据预期的通货膨胀相应地调整名义工资水平。

根据这种观点,人们预期通货膨胀率越高,名义工资增加就越快,由此弗里德曼提出了短期菲利普斯曲线的概念。这里所说的"短期"是指从预期到需要根据通货膨胀做出调整的时间间隔。短期菲利普斯曲线就是预期通货膨胀保持不变,表示通货膨胀率与失业率之间关系的曲线。

在短期内,工人来不及调整通货膨胀预期,预期的通货膨胀率可能低于以后实际发生的通货膨胀率。这样,工人所得到的实际工资可能小于先前预期的实际工资,从而实际利润增加,刺激了投资,就业增加,失业率下降。

在这个前提下,通货膨胀率与失业率之间存在的替代关系,即向右下方倾斜的菲利普斯曲线在短期内是可以成立的,因此在短期内引起通货膨胀率上升的扩张性财政政策与扩张性货币政策可以起到减少失业的作用。这就是通常所说的宏观经济政策的短期有效性。

在长期中,工人将根据实际发生的情况不断调整自己的预期,工人预期的通货膨胀率与实际发生的通货膨胀率迟早会一致。这时工人会要求增加名义工资,使实际工资不变,从而通货膨胀就不会起到减少失业的作用。

也就是说,在长期中,失业率与通货膨胀率之间并不存在替代关系。因此,长期菲利普斯曲线是一条垂直于横轴的线。并且在长期中,经济总能实现充分就业,经济社会的失业率将处于自然失业率的水平。因此,通货膨胀率的变化不会影响长期的失业率水平。

知识链接 10-4

适应性预期

弗里德曼用适应性预期来解释人们的行为。所谓适应性预期,是指人们对未来会发生的预期是基于过去(历史)的。比如,人们在形成价格预期时会考虑到上一期预期的误差,当上一期的预期价格高于实际价格时,对下一期的预期价格要相应减少,反之,则相应增加。

由于人们会根据实际发生的情况不断调整自己的预期,所以短期菲利普斯曲线将不断移动,从而形成长期菲利普斯曲线,如图 10-4 所示。

在图 10-4 中,假定某一经济体系处于自然失业率 u^*,通货膨胀率为 3%,此时若政府采取扩张性政策,以使失业率降低到 u_1,由于扩张性政策的实施,总需求增加,导致价格水平上升,通货膨胀率也上升到 5%。

由于在 A 点处,工人预期到的通货膨胀率为3%,而现在实际的通货膨胀率为 5%,高于其预期的通货膨胀率,从而工人的实际工资下降,导致企业

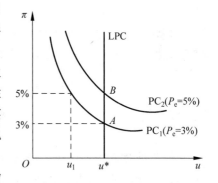

图 10-4　长期的菲利普斯曲线

生产积极性提高,产出水平和就业率增加,于是失业率下降到 u_1。于是就会发生图中短期菲利普斯曲线 $PC_1(P_e=3\%)$ 所示的情况,失业率由 u^* 下降到 u_1,而通货膨胀率则从3%上升到 5%。

当然,这种情况只是短期的,经过一段时间,工人们会发现价格水平的上升和实际工资的下降,这时他们便要求提高货币工资,与此同时,工人们会相应地调整其预期,即从原来的3%调整到现在的5%,伴随着这种调整,实际工资回落于原有的水平,相应的,企业生产和就业也都回到了原有的水平,失业率又回到了原来的 u^*,但此时,经济已经处于具有较高通货膨胀率预期($P_e=5\%$)的 B 点。

以上过程重复下去,在短期内,由于工人不能及时改变预期,存在着失业和通货膨胀之间的替代关系,表现在图形上,便有诸如 PC_1,PC_2,…各条短期菲利普斯曲线。随着工人预期通货膨胀率的上升,短期菲利普斯曲线不断地上升。

从长期来看,工人预期的通货膨胀与实际的通货膨胀是一致的,因此企业不会增加生产和就业,失业率也就不会下降,从而便形成了一条与自然失业率重合的长期菲利普斯曲线 LPC。图 10-4 中,垂直于自然失业率水平的长期菲利普斯曲线表明,在长期中,不存在失业与通货膨胀的替代关系。

换句话说,长期菲利普斯曲线告诉我们,从长期来看,政府运用扩张性政策不但不能降低失业率,还会使通货膨胀率不断上升。这也就是通常所说的宏观经济政策的长期无效。

知识链接 10-5

理性预期学派的菲利普斯曲线

20 世纪 70 年代,从货币学派中分离出一个新学派,称为理性预期学派。该学派提出理性预期概念。所谓理性预期,是指事先根据各种资料和信息,运用有关理论和知识,做出合乎实际的预测。按这种预测所得到的结果,与实际的结果是一致的。

在理性预期学派看来,如果央行为降低失业率,公开宣布实施扩张性货币政策,那么私人部门会根据这种信息,理性地预期到未来价格会上升,并做出相应的反应。企业会提高产品的价格,但是不增加产量;工人会要求增加货币工资,但不增加劳动供给。

于是,货币扩张的结果仅仅是价格、货币工资与名义利率等名义变量值的上升,而实际就业量与产量不变。因此,即使在短期,通货膨胀率与失业率也没有替代关系。

本 章 小 结

失业与通货膨胀是现代经济发展的两大顽症,任何国家或地区的经济发展都无法避免这两大问题的冲击,由于这两大经济问题会对一国或地区的国民经济和居民生活造成巨大影响,因此,也是宏观经济学的两大中心问题。

失业是指达到就业年龄、具备工作能力、谋求工作但未得到就业机会的状态。经济学中所说的失业指的非自愿失业。非自愿失业可以分为摩擦性失业、季节性失业、结构性失业和周期性失业。

失业会对国民经济造成巨大经济损失,奥肯定律揭示了这一规律,失业还会造成社会损失。宏观经济学的一大目标是实现充分就业,充分就业并不等于百分之百就业,而是一个社会中消灭了周期性失业时的状态,此时只剩下摩擦性失业和结构性失业,此时失业率即自然失业率。

通货膨胀是指物价水平在一定时期内持续的、普遍的上升过程,或者指货币实际购买力在一定时期内持续的下降过程。衡量通货膨胀有三种主要价格指数:消费者价格指数,简称 CPI;生产者价格指数,简称 PPI;GDP 折算指数。

造成通货膨胀的原因主要有需求拉上、成本推动和经济结构变化等。通货膨胀对经济的影响主要表现为收入再分配效应和产出效应。治理通货膨胀的政策主要有紧缩性的需求管理政策、收入政策和改变预期等。

菲利普斯曲线是一条用来描述失业与通货膨胀之间关系的曲线。现代经济学认为,在短期内,失业与通货膨胀之间存在着替代关系,即政府可以采取一定的政策通过牺牲失业率降低通货膨胀率,反之也成立;在长期中,失业与通货膨胀之间并不存在替代关系。

本章内容结构

失业 ┬ 失业的分类及原因 ┬ 自愿失业
│ │
│ └ 非自愿失业 ┬ 摩擦性失业
│ ├ 季节性失业
│ ├ 结构性失业
│ └ 周期性失业
│
├ 自然失业率：只剩摩擦性失业和结构性失业时的失业率
│
├ 失业的代价 ┬ 经济损失：奥肯定律
│ └ 社会损失
│
└ 降低失业率的措施

通货膨胀 ┬ 衡量 ┬ 物价指数 ┬ CPI
│ │ ├ PPI
│ │ └ GDP 折算指数
│ └ 通货膨胀率
│
├ 分类 ┬ 物价上涨的速度：温和的、奔腾的和超级的通货膨胀
│ ├ 对物价影响的差别：平衡的和非平衡的通货膨胀
│ ├ 人们对物价上涨的预期：未预期到和预期到的通货膨胀
│ └ 物价上涨表现形式：公开性、隐蔽性和抑制性的通货膨胀
│
├ 原因 ┬ 需求拉上的通货膨胀
│ ├ 成本推动的通货膨胀
│ └ 结构性通货膨胀
│
├ 对经济的影响：收入再分配效应和产出效应
│
└ 治理政策 ┬ 紧缩性的需求管理政策
├ 收入政策
└ 改变预期

失业与通货膨胀的关系 ┬ 菲利普斯曲线的含义
├ 菲利普斯曲线的应用
└ 短期与长期菲利普斯曲线

综 合 练 习

一、名词解释

失业　自愿失业　非自愿失业　摩擦性失业　结构性失业　季节性失业　周期性失业　奥肯定律　通货膨胀　消费价格指数　适应性预期　菲利普斯曲线　生产者价格指

数　结构性通货膨胀

二、选择题

1. 自然失业率（　　）。
   A. 恒为零
   B. 是历史上最低限度水平的失业率
   C. 恒定不变
   D. 是经济处于潜在产出水平的失业率

2. 因经济萧条而形成的失业，属于（　　）。
   A. 永久性失业　　　　　　　　　B. 摩擦性失业
   C. 周期性失业　　　　　　　　　D. 结构性失业

3. 以下对通货膨胀的描述正确的是（　　）。
   A. 货币发行量过多而引起的一般物价水平普遍持续的上涨是通货膨胀
   B. 商品房价格的不断上涨，就是通货膨胀
   C. 通货膨胀是价格水平的偶然上涨
   D. 货币发行量过多导致的股票价格上涨就是通货膨胀

4. 菲利普斯曲线说明（　　）。
   A. 通货膨胀由过度需求引起
   B. 通货膨胀导致失业
   C. 通货膨胀与失业率之间呈现正相关
   D. 通货膨胀与失业率之间呈现负相关

三、简述题

1. 摩擦性失业与结构性失业相比，哪一种失业问题更严重？
2. 简述需求拉上的通货膨胀与成本推动的通货膨胀的区别与联系。
3. 试说明短期菲利普斯曲线与长期菲利普斯曲线的关系。

推荐阅读

[1] 萨缪尔森,等.萨缪尔森谈失业与通货膨胀[M].萧琛,译.北京：商务印书馆,2012.
[2] 菲尔普斯,等.就业与通货膨胀理论的微观经济基础[M].陈宇峰,吴振球,周禹,等,译.北京：北京大学出版社,2011.
[3] 瑞比.通货膨胀来了[M].上海：上海财经大学出版社,2011.
[4] 弗里德曼.失业还是通货膨胀? 对菲利普斯曲线的评价[M].北京：商务印书馆,1982.
[5] 凯恩斯.就业、利息和货币通论[M].北京：商务印书馆,2007.

第十一章

经济周期与经济增长

【内容提要】

经济周期理论与经济增长理论也是现代宏观经济学的重要理论。它涉及的主要问题有：经济周期的含义及原因；什么是经济增长，经济增长的源泉；如何使经济发展等。一般认为，经济周期由总需求在长期中变动决定，经济增长由供给能力在长期中变动决定，经济发展则是强调发展战略的重要性。

【学习目标与重点】

- ◆ 理解并掌握经济周期的含义及特征，熟悉经济周期的成因。
- ◆ 理解经济增长的含义及源泉。
- ◆ 熟悉经济增长理论的演变轨迹。

【关键术语】

经济周期　经济增长

【引入案例】

2017年，供给侧改革深化之年

2016年12月14—16日，中央经济工作会议在北京举行。会议指出，2017年是供给侧结构性改革的深化之年。会议认为，我国经济运行面临的突出矛盾和问题，虽然有周期性、总量性因素，但根源是重大结构性失衡，导致经济循环不畅，必须从供给侧、结构性改革上想办法，努力实现供求关系新的动态均衡。供给侧结构性改革，最终目的是满足需求，主攻方向是提高供给质量，根本途径是深化改革。

最终目的是满足需求，就是要深入研究市场变化，理解现实需求和潜在需求，在解放和发展社会生产力中更好地满足人民日益增长的物质文化需要。主攻方向是提高供给质量，就是要减少无效供给、扩大有效供给，着力提升整个供给体系质量，提高供给结构对需求结构的适应性。根本途径是深化改革，就是要完善市场在资源配置中起决定性作用的体制机制，深化行政管理体制改革，打破垄断，健全要素市场，使价格机制真正引导资源配置。

会议指出，2016年以"三去一降一补"五大任务为抓手，推动供给侧结构性改革取得初步成效，部分行业供求关系、政府和企业的理念、行为发生积极变化。2017年要继续深化供给侧结构性改革。

去产能方面，要继续推动钢铁、煤炭行业化解过剩产能。要防止已经化解的过剩产能死灰复燃,同时用市场、法治的办法做好其他产能严重过剩行业去产能工作。去库存方面,要坚持分类调控,因城因地施策,重点解决三四线城市房地产库存过多问题。去杠杆方面,要在控制总杠杆率的前提下,把降低企业杠杆率作为重中之重。降成本方面,要在减税、降费、降低要素成本上加大工作力度。补短板方面,要从严重制约经济社会发展的重要领域和关键环节、从人民群众迫切需要解决的突出问题着手,既补硬短板也补软短板,既补发展短板也补制度短板。

供给侧结构性改革旨在调整经济结构,使要素实现最优配置,提升经济增长的质量和数量。需求侧改革主要有投资、消费、出口"三驾马车",供给侧则有劳动力、土地、资本、制度创造、创新等要素。

供给侧结构性改革,就是从提高供给质量出发,用改革的办法推进结构调整,矫正要素配置扭曲,扩大有效供给,提高供给结构对需求变化的适应性和灵活性,提高全要素生产率,更好满足广大人民群众的需要,促进经济社会持续健康发展。

供给侧结构性改革,就是用增量改革促存量调整,在增加投资过程中优化投资结构、产业结构开源疏流,在经济可持续高速增长的基础上实现经济可持续发展与人民生活水平不断提高;就是优化产权结构,国进民进、政府宏观调控与民间活力相互促进;就是优化投融资结构,促进资源整合,实现资源优化配置与优化再生;就是优化产业结构、提高产业质量,优化产品结构、提升产品质量;就是优化分配结构,实现公平分配,使消费成为生产力;就是优化流通结构,节省交易成本,提高有效经济总量;就是优化消费结构,实现消费品不断升级,不断提高人民生活品质,实现创新—协调—绿色—开放—共享的发展。

资料来源:新华社.2017:供给侧结构性改革深化之年[N].南方都市报,2016-12-17(AA03).

第一节　经济周期及其成因

任何一个经济体都不可能永远处于平稳的经济增长过程中,任何一个经济系统都会围绕其长期趋势发生短期波动,在有的年份经济增长的速度会下降,在有的年份甚至会出现无增长或负增长的情况。在这种情况下,企业会发现无法将自己生产出来的商品和所能提供的服务卖掉,这时企业就会选择减少生产、降低工资甚至解雇工人,从而带来企业的销售和利润下降、生产设施闲置、投资支出减少、个人收入减少、个人消费支出减少、失业增加、实际 GDP 和生活水平下降等问题。对这种经济波动的情况或原因的研究正是经济周期理论的内容。

一、经济周期的含义及特征

经济周期也称为经济波动,是指总体经济活动的扩张和收缩交替反复出现的过程。"周期"这个术语在字面上很容易给人一种错觉或引起误解,似乎经济的波动是有规律的或可预测的。事实上,经济的波动既无规律也难以进行较为准确的预测,有时候经济的衰退接连发生,而有的时候又能够享受长达数年、十数年甚至数十年的经济增长。世界上没有完全相同的两片树叶,也没有完全相同的两次经济周期。

个案研究 11-1

美国 20 世纪 30 年代经济萧条与 40 年代经济繁荣的原因

20 世纪 30 年代初的经济灾难称为大萧条,是美国历史上最大的经济下降。从 1929 年到 1933 年,实际 GDP 减少了 27%,失业从 3% 增加到 25%。同时,在这四年中,物价水平下降了 22%。在这一时期,许多其他国家也经历了类似的产量与物价下降。经济史学家一直在争论大萧条的原因,但大多数解释集中在总需求的大幅度减少上。

许多经济学家主要抱怨货币供给的减少:从 1929 年到 1933 年,货币供给减少了 28%。另一些经济学家提出了总需求崩溃的其他理由。例如,在这一时期股票价格下降了 90% 左右,减少了家庭财富,从而也减少了消费支出。此外,银行的问题也阻止了一些企业获得为投资项目进行的筹资,因此,这就压抑了投资支出。当然,在大萧条时期,所有这些因素共同发生作用紧缩了总需求。

第二个重大时期是 20 世纪 40 年代初的经济繁荣。这次事件显而易见的原因是因为第二次世界大战。随着美国在海外进行战争,联邦政府不得不把更多的资源用于军事。从 1939 年到 1944 年,政府的物品与劳务购买几乎增加了 5 倍。总需求的这种巨大扩张几乎使经济中物品与劳务的生产翻了一番,并使物价水平上升了 20%。失业率从 1939 年的 17% 下降到 1944 年的 1%,这是美国历史上最低的失业水平。

经济学家一般把经济周期划分为衰退和扩张两个阶段,波峰和波谷是周期的转折点。当经济规模的减少和失业的增加还不太严重时,可以认为发生的是经济衰退。在西方发达的市场经济国家,政府并不会机械地按照某一固定的数据宣布经济衰退的到来,但一般认为,如果实际 GDP 连续两个季度下降,就非常有可能是出现了经济衰退。

自从第二次世界大战后,美国经济经历了 10 次衰退。但经济衰退的确认通常是在发生经济衰退的数个月后,有时甚至在经济已经复苏时才能够最终确认经济衰退发生的准确时间。当实际 GDP 的下降和失业的增加较为严重且持续的时间较长时,就称发生了经济萧条。经济衰退阶段的特征为如下几点。

(1) 通常消费者购买力急剧下降,同时,汽车和其他耐用品的存货会出人意料地增加。由于企业会对此做出压缩生产的反应,所以实际 GDP 会下降。紧随其后,对工厂和设备的企业投资也急剧下降。

(2) 对劳动的需求下降。首先是平均每周工作时间减少,其后是被解雇员工的数量和失业率上升。

(3) 产出下降,导致通货膨胀步伐放慢。对原材料的需求下降,导致其价格跌落。工资和服务的价格下降的可能性比较小,但在经济衰退期它们的增长趋势会放慢。

(4) 企业利润在衰退中急剧下滑。由于预期到这种情况,普通股票的价格一般都会下跌,同时,由于对贷款的需求减少,利率在衰退时期一般也会下降。

传统上,经济学家认为,经济衰退就像一次阁楼清理。东西年复一年地堆积在阁楼,产生了大量的垃圾(失业),以及大量的灰尘(利润下降),直到你甚至无法走进去。你开始清理阁楼。于是,当这一切都做完后,你又有空间重新积累东西了。

就和经济衰退一样,公司消除了不必要的库存,关闭了一些厂房,解雇了一些工人,正如他们所说的,他们是在合理化经营。因此,许多公司将采取一次性的费用冲减利润,这意味着他们获得较低的季度利润(或者可能宣布亏损)。经济衰退将使失业率上升,收入下降,以及获得微薄的利润。

经济周期扩张阶段的情景是衰退阶段的镜像,上述所有特征正好呈现相反方向的变动。

知识链接 11-1

世界经济周期历史及中国的经济周期

经济周期是商品经济的必然现象,又称经济危机。实际上,经济危机是经济周期中的一个阶段,是上一个经济周期结束和下一个经济周期开始的转折阶段,因而人们通常以一个经济危机来代表一个经济周期。

如果从英国 1788 年第一次生产过剩危机算起,经济危机已有 200 多年历史。自 1857 年发生第一次世界经济危机以后,到第二次世界大战爆发前,总共发生了 11 次世界性经济危机,即 1857 年、1866 年、1882 年、1890 年、1900 年、1907 年、1913 年、1920 年、1929—1933 年和 1937 年。每一个周期的平均长度为 10 年或 8 年,即每 10 年或 8 年发生一次危机。

第二次世界大战以后,以美国为例一共发生了 10 次经济危机,时间为 1948—1949 年、1953—1954 年、1957—1958 年、1960—1961 年、1969—1970 年、1974—1975 年、1980 年、1981—1982 年、1990—1992 年,以及始于 2008 年的本次经济危机。战后美国经济周期时间缩短,每一个周期平均时间为 5 年。

中国改革开放以来,经历了三个经济周期。第一个周期:1982—1986 年,持续五年。高峰在 1984 年,增长率为 15.2%;低谷在 1982 年,增长率为 8.5%;振幅为 6.7%。第二个周期:1987—1990 年,持续四年。高峰在 1987 年,增长率为 11.6%;低谷在 1990 年,增长率为 3.8%;振幅为 7.8%。第三个周期:1991—1998 年,持续八年。高峰在 1992 年,增长率为 14.2%;低谷在 1998 年,增长率为 7.8%;振幅为 6.4%。

目前,中国经济新常态步入新周期。中国经济步入中国政府宣称的"新常态"以来,海内外市场对中国经济前景的担忧一直存在,这种担忧并不在于中国经济的增长潜力,而是中国经济发展进程中"翻车"的风险。自改革开放开启了中国经济的市场化进程以来,中国经济经历了 40 多年的高速增长,其间从没有因经济因素发生过大的调整。在创造了这一世界经济发展史上奇迹的同时,中国经济积累的问题和矛盾也日渐呈现,面对危机后全球经济的持续低迷和中国经济持续"底部徘徊"的局面,不少机构存在着中国经济将进行一场深度调整的预期。中国经济启动市场化进程以来,从未有"出清"行为,这实在是太不可思议了!

市场对于中国经济的最大隐忧,在于中国债务的可持续性。中国债务问题主要体现为宏观杠杆率过高及杠杆上涨速度过快。中国企业部门的宏观杠杆率,2010 年还不到 110%,2015 年则增加到了 160%。中国政府显然已经认识到了宏观杠杆上涨过快、过高的风险,并意识到了宏观杠杆和微观杠杆的差异,进而采取了合适的应对手段,这就是供给侧改革。

二、经济周期的解释

经济周期容易描述但难以解释。对于经济周期为什么会发生,历史上的经济学家给出了许多解释,可以把这些解释区分为外生论和内生论。

外生论认为是经济系统以外的某些因素发生波动引起了经济系统的短期波动,如战争、政变、选举、新技术的问世、自然灾害、气候变化、太阳黑子等。政治周期理论认为经济周期的发生是因为政治家为了赢得选举而操纵财政货币政策的结果。创新理论认为经济周期是由创新引起的劳动生产率的变化所引起的总供给改变而造成的。在这一过程中,新技术不断地破坏原有的工作岗位,而且由于劳动生产率的提高,创新破坏的工作岗位比它新创造出来的岗位要多,剩余的工人去生产额外的产出,旧产业不断地被新产业所代替,新产业也不断地要经历繁荣、衰亡并被更新的产业所取代的过程。经济学家熊彼特将这一过程称为创造性破坏。

内生论则从经济系统内寻找经济周期发生的原因。内生论认为,经济的外部因素虽然对某些时期经济周期波动产生重要影响,但是经济周期的真正推动力并不在外部(它只能起到延缓或加剧的作用),而是来自经济自身因素,包括利润推动力、利润过度资本化、心理因素、货币和信贷、非金融性过度投资以及消费不足等。经济扩张的本身就孕育着新的经济衰退,而经济衰退内部也蕴藏着经济的复苏和扩张。

货币学派把经济周期的发生归因于货币供给的扩张和收缩。纯货币理论认为,经济周期是一种纯粹的货币现象。经济中周期性的波动完全是由于银行体系交替地扩大和紧缩信用所造成的。投资过度理论认为,过度增加投资引发了经济的周期性波动。乘数—加速数理论认为,经济的扩张刺激了投资,投资又会推动产出进一步增长,直至经济接近生产的可能性边界。这时,经济的增长速度开始放慢,放慢的经济增长又会减少存货和投资,经济运行进入衰退的阶段,直至经济周期的谷底。消费不足理论认为,经济中出现萧条与危机是因为社会对消费品的需求赶不上消费品的增长,而消费需求不足又引起对资本品需求不足,进而使整个经济出现生产过剩危机。心理周期理论强调心理预期对经济周期各个阶段形成的决定作用,这种理论认为,预期对人们的经济行为具有决定性的影响,乐观与悲观预期的交替引起了经济周期中的繁荣与萧条的交替。

目前经济学家还没有找到一种能够预测衰退何时开始和何时结束的方法,但是经济学家还是设计了各种各样的经济预测工具来尝试着对宏观经济活动的走势进行预测。有的经济学家确定了一些能够领先于经济周期发生变化的经济指标,即先行指标,然后根据这些指标的变化来预测经济的短期波动,如失业人数、大型资本品的订单数量、钢产量、股票指数、货币供给量、长期贷款之间的利差、集装箱货运输量、房地产建设许可证发放数量等经济指标都是在经济预测中经常使用到的先行指标。这些先行指标有一定预示功能，但很不精确。

有的经济学家借助于计算机技术，通过编制计量经济学宏观经济模型来预测经济发展的前景。这些宏观经济模型通常包括数百个甚至上千个经济变量，一旦外生变量给定，这个方程组就能够对重要的经济变量的未来数值做出预测，但其准确性还有待进一步提高。

知识链接 11-2

一些"非常规"的同步经济景气指标

女性模特的腰臀比

统计显示，在不同的经济环境下，女性能够吸引男性的特征并不相同。经济学家将它称为"环境安全假说"。在经济不景气的时候，男性倾向于选择那些更具有劳动能力的女性，如年龄偏大、身材高大、健硕、丰满、没有玲珑曲线的女性；而在经济的繁荣时期，男性通常更喜欢那些生育能力更强的女性，年轻、娇小、轻盈、曲线优美。

口红销售额

认为口红销售额与经济周期具有同步变化规律的理论是在 20 世纪 30 年代大萧条时期由美国商人莱昂纳多·劳德提出来的。这种理论认为，在经济不景气期间，人们的收入水平下降，在妇女们只能买一件化妆品的时候，通常会选择口红，因为涂口红是化妆的底线和重要标志。所以，在经济不景气时，女性在装扮自己时会选择用多只不同颜色的口红来代替多套不同的时装。因此，可以把口红销售额看作衡量经济景气程度的一个敏锐的同步经济指标。

女性裙子的长度

1920 年，美国宾夕法尼亚州大学的经济学家乔治·泰勒提出了一个观点：经济越繁荣，女人穿的裙子就越短，因为女性要炫耀里面穿的丝袜。在经济不景气时，女人没有钱买丝袜了，所以，女人的裙子就会变长。在 20 世纪 20 年代至 60 年代期间，这一观点多次得到证实，因为在那个年代，女性穿的丝袜还相对比较昂贵。不过，随着丝袜越来越便宜，这一观点现在似乎已经失效了。

年轻女性头发的平均长度

日本著名的化妆品公司——花王公司通过对东京和大阪街头年轻女性头发的长度进行了 20 年跟踪调查发现，经济越景气，年轻女性头发的平均长度就越长；反之，经济越不景气，就越短。

除了和女性相关的这些"非常规"的同步经济景气指标之外，攀登富士山的游客人数、购买纯种狗顾客的数量、赴海外度假的人数、悲剧喜剧和恐怖片的流行程度、电影的票房收入等，也都曾经被人们看作衡量经济景气程度的一些"非常规"的辅助性指标。

资料来源：卫志民.宏观经济学[M].北京：高等教育出版社，2011.

第二节 经 济 增 长

一、经济增长的含义

经济增长常指一个国家或一个地区生产的产品增加。如果考虑到人口增加和物价变动情况,经济增长还指人均福利的增长。

经济学家一般采用国内生产总值(GDP)作为衡量商品和劳务生产总量的指标,然而,国内生产总值增长率不能完全看作经济增长率。

(1)国内生产总值增长中含有的物价上涨因素必须剔除。

(2)应考虑人口变动因素,假如某一国家某一时期 GDP 增长 3%,人口增长也是 3%,则按人口平均计算的 GDP 根本没有增加;如果人口增长率超过 GDP 增长率,人均 GDP 就要下降,从而人们实际生活水平就要下降。

(3)有些经济学家认为,衡量经济增长,不应以实际的 GDP 为标准,而应以国家的生产能力即潜在的 GDP 为标准,方可抽取总需求变动因素。假定失业率为 4% 时的产量水平是潜在 GDP 水平,若某年总需求水平很低,实际失业率是 8%,则实际 GDP 低于潜在 GDP 水平,若下一年总需求增加使失业率降到 4%,则实际 GDP 似乎增加很多,但这实际上不是提高生产能力本身获得的,而仅是提高生产能力利用率而已。因此,实际 GDP 不能作为衡量经济增长的真实标准。

(4)一些经济学家认为,不管是用实际 GDP,还是潜在的 GDP 来作为衡量经济标准,都有缺陷。若经济增长局限在物质产出上,会忽视人类其他方面福利的增进,如工作时间缩短,产品质量改进,医疗进步等都难以得到反映;又如,不经过交易市场的许多活动无法统计到经济增长中;还有,增长给社会带来的环境污染、资源枯竭等也难以计算进去。

总之,经济的增长衡量标准问题还有待进一步研究。

知识对比

经济增长与经济发展

经济增长一般指一国人均国民收入增加,而经济发展的含义要更广泛一些,不仅指人均收入增加,还包括适应这种增长的社会制度和意识形态的变化。经济增长理论大多专门研究发达国家经济增长问题,而经济发展理论研究一个国家如何由不发达状态过渡到发达状态。

二、经济增长的源泉

(一)经济增长因素分析

理论和实践都告诉我们,任何一国或地区的经济增长都离不开这样五个因素:①人力资源,包括劳动力数量和质量;②资本,包括机械设备、工矿、道路等;③自然资源,包括土地、矿藏、环境资源等;④技术,包括生产技术、管理技术和企业家才能;⑤制度,包括产权制度、企业制度及其他各种激励制度。

由于一般假设自然资源和制度都是外生不变的,因此,经济学家通常把注意力集中在劳动、资本和技术对经济增长的作用方面。也就是说,经济增长源泉的分析所要说明的中心问题是劳动的增加,资本存量的增加及技术进步,在促进经济增长中所起作用的大小,也就是探讨什么力量使一国经济增长率提高。

美国经济学家丹尼森认为,对经济长期发生作用并且能够影响增长率变动的主要因素有以下七类:①就业人数及其年龄、性别构成;②包括非全日制工作的工人在内的工时数;③就业人员的受教育年限;④资本存量大小;⑤资源配置,主要指低效率使用的劳动力比重的减少;⑥规模的节约,以市场的扩大来衡量,即规模经济;⑦知识的进展。前四种因素属于生产要素的供给增长,其中①、②、③项为劳动要素的增长,④项为资本要素的增长,后三种因素属于生产要素的生产率范畴,可归纳为技术进步。在这七个因素中,知识进步属于最重要的因素。

知识链接 11-3

改变人类未来的五大科技

1. 生物科技

进入 21 世纪以来,人类基因测序(确定 DNA 分子内部核苷酸的确切排序,这一排序决定了我们是谁)的价格已大幅下跌。2001 年基因测序的价格高达 1 亿美元,如今仅为 1 000 美元左右。

价格下跌再加上 DNA 测序所需时间缩短,带来了生物技术领域的革命:基因黑客技术,能够开启和关闭基因、操纵生物学让其为人们所用。这种新技术的最激进分支是"基因编辑":利用分子"剪刀""剪切"和"粘贴"DNA 编码的过程,其用途很多,包括治愈癌症和艾滋病等疾病。直到不久前,DNA 编码交换曾是一个困难的过程。名为 Crispr 的新的基因"剪切"与"粘贴"工具让这个过程变得很简单。Crispr 用来创造抗病的小麦和大米品种、改变酵母菌以制造生物燃料并治疗动物失明。最终,它或许可用于消除人类胚胎中的缺陷。

2. 人工智能

人工智能并非科幻小说,它已经嵌入人们每天使用的产品中。苹果(Apple)的Siri 助理、亚马逊(Amazon)的图书推荐、Facebook 的新闻推送以及 Spotify 的音乐发现列表都是由机器学习算法驱动的服务的例子。

这门拥有几十年历史的科学如今正经历复兴,因为智能手机和传感器创造了大量数据,并且如今人们有了能够处理这些数据的超级运算能力。根据科技研究机构Tractica 的数据,人工智能市场的规模将从 2016 年的 6.437 亿美元扩大到 2025 年的368 亿美元。据说,深度学习和神经网络等技术会模仿人脑,它们会识别大量数据集中各种大的模式,以实现对图片的归类、识别声音和做出决定。

下一步应用是通用型人工智能。这种算法不需要被教授具体技能(如下棋或学习一门新的语言),而是会通过试错法来习得技能,就像儿童所做的那样。总部位于伦敦的

DeepMind(由谷歌(Google)所有)等公司以及其他公司正致力于让这变为现实。

3. 可再生能源

世界多国领导人 2016 年批准了《巴黎气候协议》(*Paris Agreement*)。该协议旨在阻止全球平均气温较工业时代以前的水平升高 2℃ 以上，并试图将升温幅度控制在 1.5℃ 以下。兑现这一承诺将需要在未来 10 年加大可再生能源研究。

在能源领域，研究人员正试图建造一个核聚变反应堆，利用与太阳发光发热相同的过程，创造出一个清洁能源来源。一项政府间合作计划正在法国建造一个 190 亿美元的核聚变反应堆 ITER。其他创新计划包括：人工光合作用，在实验室中制造碳氢化合物为汽车提供动力；高海拔风电厂，把风筝和热气球作为空中风力涡轮。

冰岛正在投资发展地热技术，通过钻探开采地下热能。30 年前，该国开始利用地热资源为城镇供暖。如今，整个国家的电力和供暖系统几乎全部依靠可再生能源，包括地热和水电。

4. 网络接入技术

Wi-Fi 是现代儿童眼中理所当然的家庭标配。随着更多设备与"物联网"相连(根据科技公司思科(Cisco)的估计，到 2020 年，联入物联网的设备将达到 500 亿台)，Wi-Fi 的未来取决于降低它在联网设备上消耗的电量。

位于西雅图的华盛顿大学(University of Washington)的学生发明了一种创新技术，名为"被动 Wi-Fi"。发明人称，耗电量仅为以前的万分之一。目前速率低于一般的家庭宽带，但应用于恒温器或灯泡等设备效果很好。Wi-Fi 界还计划开发更高的频段，用于覆盖有限的范围，如家中或车里。

最终，Wi-Fi 可能会被另一种新的超高速连接技术 Li-Fi 取代，这种技术利用光通过空气(而非无线电波)传输信息。灯泡将作为这项技术的路由器。今年早些时候的一项试验研究发现，Li-Fi 样机的数据传输速度是 Wi-Fi 的 100 倍，几十部电影可以在几分钟之内下载完毕。

5. 智能家电

全球近 2/3 的人口通过智能手机连接互联网，但智能手机并非唯一的互联网接入门户。技术分析机构高德纳(Gartner)的数据显示，2016 年，全球有 64 亿个使用中的联网设备(不包括 PC、手机和笔记本电脑)，较 2015 年高出 30%。物联网正是这些联网设备的集合，从汽车到打印机、灯泡到恒温器，它们不再是"愚笨"、静止的物体，它们可以学习人类的习惯并通过应用远程控制。

典型的智能家电是可以自动备货的冰箱，能够自动补充牛奶。这种创新带来的方便远不止是不再需要靠嗅觉来判定食品是否变质。汽车现在变成了计算机，运行的代码行数比阿波罗 11 号(Apollo 11)宇宙飞船飞往月球时还要多。随着这些计算机变得更为智能，汽车将实现自动驾驶，可能会减少交通事故。智能传感器还能彻底改造业态，例如，通过监测运输过程中的商品，帮助公用事业企业衡量能耗以及帮助物流公司远程追踪车辆。

资料来源：马杜米塔·穆尔贾.改变人类未来的五大科技[N].梁艳裳，译.金融时报,2017-03-14.

（二）增长核算方程

根据经济增长理论,我们知道经济的增长可能源于以上因素中某项或它们的全部,但经济学家同样非常想知道它们对经济增长所做出的相对贡献分别是多大,这需要运用经济增长的核算技术对经济增长展开数量分析,以确定不同的变量对经济增长分别起到多大的推动作用。

假设经济的生产函数如下。

$$Y = A(N,K) \tag{11-1}$$

式中:Y、N 和 K 分别是总产出、投入的劳动量和投入的资本量;A 表示经济的技术状况,在一些文献中,A 又被称为全要素生产率(简记为 TFP)。

若劳动变动为 ΔN,资本变动为 ΔK,技术变动为 ΔA,则由微分学的知识及微观经济学中边际产量的概念可知,产出的变动如下。

$$\Delta Y = MPN \times \Delta N + MPK \times \Delta K + F(N,K) \times \Delta A \tag{11-2}$$

式中:MPN 和 MPK 分别为劳动和资本的边际产品。将方程(11-2)的两边同除以 $Y = AF(N,K)$,化简后得

$$\frac{\Delta Y}{Y} = \frac{MPN}{Y} \times \Delta N + \frac{MPK}{Y} \times \Delta K + \frac{\Delta A}{A} \tag{11-3}$$

进一步变形为

$$\frac{\Delta Y}{Y} = \frac{MPN \times N}{Y} \times \frac{\Delta N}{N} + \frac{MPK \times K}{Y} \times \frac{\Delta K}{K} + \frac{\Delta A}{A} \tag{11-4}$$

根据微观经济学内容,在竞争性的市场上,企业使用生产要素的原则是,将要素需求量固定在使要素的边际产量等于要素实际价格的水平上,为此,表达式 $MPN \times N$ 和 $MPK \times K$ 分别为劳动和资本的收益,从而表达式 $(MPN \times N)/Y$ 就是劳动收益在产出中所占的份额,简称劳动份额,并将其记为 α,同样 $(MPK \times K)/Y$ 就是资本收益在产出中所占的份额,简称资本份额,记为 β,这样,方程(11-4)可进一步写作

$$\frac{\Delta Y}{Y} = \alpha \frac{\Delta N}{N} + \beta \frac{\Delta K}{K} + \frac{\Delta A}{A} \tag{11-5}$$

即

产出增长＝劳动份额×劳动增长＋资本份额×资本增长＋技术进步

这就是增长核算的关键公式,它告诉人们,产出的增长可以由三种力量来解释,即劳动量的变动、资本量的变动和技术进步。换句话说,经济增长的源泉可被归结为生产要素的增长和技术进步。

当知道了劳动和资本在产出中份额的数据,并且有产出、劳动和资本增长的数据,则经济中的技术进步可以作为一个余量被计算出来,由于这一原因,表达式 $\Delta A/A$ 有时被称为索洛余量。

个案研究 11-2

中国经济增长的源泉和限制条件

20 世纪 80 年代,中国经济增长主要来自经济改革带来的制度创新,以土地承包制

为核心的农业改革释放出巨大的生产力。结果是 1980—1990 年中国农业平均增长高达 5.9%，是世界同期平均农业增长率 2.7% 的 1 倍多。但这种制度效率在 20 世纪 80 年代后期开始开始减弱。1990—1999 年农业平均增长速度下降到 4.3%。中国经济整体增长速度也相应放慢，从 1984 年的 13% 下降到 1989 年的 3.4%，如表 11-1 所示。

表 11-1 1979 年和 1994 年的部分国民收入指标比较（1990 年为 100）

指标 ＼ 年份	1979 年	1994 年	1979—1994 年的平均增长率
国内生产总值	38.9	159.4	9.8%
国内总投资	40.8	172.6	10.0%
非政府消费	38.8	150.0	9.4%
一般政府消费	48.9	174.3	8.8%

资料来源：Hansjerg Herry，Priewe. 中国经济的高速增长——不具转型危机型. 当代财经，2001(5).

20 世纪 90 年代以来，高投资需求成为中国经济增长的主要动力。1978 年的财政盈余 10 亿元，1990 年财政赤字 574 亿元。1990—1999 年国内投资总额年均增长 12.8%，是世界同期平均投资增长率 2.9% 的 4 倍多。同时，国外资本开始大量流入，外国直接投资从 1990 年 34 亿美元增加到 1998 年 437 亿美元。外债总额从 553 亿美元增长到 1 545 亿美元。生产要素流入最多的工业部门得到快速增长，从 1980—1990 年平均增长 11.1% 增加到 1990—1999 年的 14.4%，如表 11-2 所示。

表 11-2 20 世纪 80 年代以来投资和消费在国内生产总值中所占比例（%）

年份	固定资本形成总值	私人消费	一般政策消费
1980	29.2	51.3	14.5
1985	29.5	51.1	13.2
1990	25.5	49.1	12.1
1995	34.6	45.6	11.8

资料来源：IMF(1997).

与此同时，中国的教育事业也得到了飞速发展。1949—1998 年，全国普通高等学校本科毕业生达 1 300 多万人，研究生 50 多万人；中等专业学校毕业生 1 800 多万人；成人高等学校（包括自学考试）和成人中等专业学校毕业生计 2 800 多万人。到 1998 年，全国普通学校和成人学校有教职工 1 580 万人，其中专任教师有 1 206 万人。全国普通高等学校和成人高等学校有教职工 123 万人，其中专任教师 50 万人；普通中等学校和成人中等学校有教职工 673 万人，其中专任教师 477 万人；小学和成人初等学校有教职工 668 万人，其中专任教师 591 万人；幼儿园有教职工 116 万人，其中专任教师 88 万人。另外，中国还实现了中小学教育的普及，大大提高了中小学的入学率和升学率。

伴随着中国经济的迅速增长，环境恶化趋势也在加剧。1985—2002 年，全国 GDP 增长了 72.6%，同一时间段里，全国工业废气的排放总量增长了 63%。黑色金属、有色金属、水泥、电力等行业都是近年来的增长亮点，但同时又是污染密集型产业。从全国来看，2002 年全国监测的 555 个城市（县）中达 279 个出现酸雨，占统计城市数的 50.3%，其中,有 5 个城市酸雨出现的频率高达 90%,形成名副其实的十雨九酸现象。国内的七大水系近一半河段严重污染,同时,近年来近岸海域水质趋于恶化,赤潮频繁发生。

生态环境的恶化给农业生产带来了越来越明显的负面作用,给农民收入造成很大影响。中国加入 WTO 后,国际社会对我国农产品的环保要求大幅提高,环境污染必将影响我国产品的出口,这可能导致农民收入增长缓慢和城乡居民收入的差距扩大,从而在更深层次上影响到我国整体经济的发展。有关统计数据显示,城乡居民的收入差距在不断地扩大,1978 年城镇居民的收入为农村居民纯收入的 2.57 倍,而到了2001 年则为 2.89 倍。如果考虑到农民收入的统计数据可能存在一定的水分,而城市居民还享有农民无法享受到的多种福利,如福利住房、公费医疗、单位发放的实物收入等,那么差距将会更大。

三、经济增长理论演变轨迹

任何理论都是一定时代的实际反映,据此概述经济增长理论演变的三个主要阶段。

(一)古典增长理论

亚当·斯密是历史上最早对经济增长做系统探讨的经济学专家。尽管他认为分工、资本和制度是经济增长的三个不可缺少的因素,经济自由决定着经济增长,但在资本主义早期,土地资源的重要性往往使古典经济学家注重土地对经济增长的约束,特别是托马斯·马尔萨斯和大卫·李嘉图。

他们认为,由于土地有限,随着人口增加,人们赖以生存的土地会日益稀缺、递减,人口和生活资料必须平衡的规律最终只会使人类生活在一个只能维持基本生活的贫困边界,并且由于农产品价格随着人口增加而上升,地租就不断上涨,利润率不断下降,最终都将使资本积累和经济增长完全停止。

(二)新古典增长理论

后来的历史证明,马尔萨斯、李嘉图等人的观点并不正确。产业革命以来的事实证明,土地已不再成为产出的制约因素,资本积累和技术进步才是影响经济增长的支配力量。于是新古典增长理论应运而生,其代表人物是美国经济学家索洛。

在他的增长模型中,先假设技术不变,则产出取决于资本和劳动投入。每单位劳动分摊到资本(厂房、设备等)称人均资本,可用 k 表示。再以 Δk、s、y、n、δ 分别表示人均资本增量、储蓄率、人均产量、人口增长率(若全部人口参加劳动,则 n 也是劳动增长率)、折旧率,则新古典增长模式可用以下基本方程表示:

$$\Delta y = sy - (n + \delta)k \tag{11-6}$$

上述方程表示,人均储蓄量(人均积累量),一方面用于装备新工人(nk),另一方面用于折旧(δk),这两部分总和就是$(n+\delta)k$,如果还有多余,就可用于提高人均资本水平。用于$(n+\delta)k$部分的人均积累量称资本广化,用于提高人均资本水平的部分 Δk 称为资本深化。若 $\Delta k=0$,则 $sy=(n+\delta)k$,若 s、n、δ 都不变,则人均产量也不变,这一状态称为长期均衡状态。

(三)内生增长理论

内生增长理论是一种新经济增长理论,其特点是试图使经济增长率内生化。所谓增长率内生化,是指把推动经济增长的因素如储蓄率、人口增长率和技术进步等重要参数作为内生变量予以考虑,因而可以从模型内部来说明经济增长。

这里讨论技术如何当作内生变量。过去的经济增长理论总把技术进步当作外生因素,新经济增长理论则认为,一个经济社会的技术进步快慢和路径是由这个经济中的家庭、企业在经济增长中的行为决定的。

例如,罗默认为,企业通过增加投资的行为,提高了知识水平,知识有正外部性,会使物质资本和劳动等其他投入也具有收益递增的特点;又如卢卡斯认为,发达国家拥有大量人力资本,经济持续增长是人力资本不断积累的结果;还有些经济学家强调从事生产的过程也是获得知识的"干中学"过程,干中学积累起来的经验使劳动力和固定资产的效率在生产过程中不断提高。

总之,技术进步是经济系统的内生变量,这种新经济增长理论有很强的政策含义,那就是,政府应当通过各种政策,例如对研究和开发提高补贴,对文化教育予以支持,用税收等政策鼓励资本积累等,以促进经济增长。

第三节　经济增长是非论

较高的经济增长率总意味着社会财富的增加,人们需要得到更多物质满足和社会福利,这是亚当·斯密以来的传统信条。但从 20 世纪 60 年代以来,西方国家经济增长过程中出现了环境污染、工业废物处理、自然资源枯竭、居民公害病症增多以及城市人口拥挤、交通阻塞等诸多问题,引起人们普遍关注。所以 20 世纪 60 年代后期就有经济学家提出要考虑经济增长的代价问题。

经济增长是否值得向往的问题由英国经济学家米香于 1967 年首先提出。他指出,西方社会继续追求经济增长,在社会福利方面却得不偿失。技术发明固然给人们提供较多福利,但也会因颓废风险加大而增加了他们的焦虑。飞速的交通工具使人们趋于孤立;移动性增加反而使转换时间更为增多;自动化程度提高增加人们的隔离;电视增多使人们更少交往,人们较以往更少理解邻居。物质财富的享受不是人们快乐的唯一源泉,还有闲暇、文化和美丽的环境。然而,这些令人向往的事物,现在却成了增加国民收入的牺牲品。

1972 年美国经济学家麦多斯等人写了《增长的极限》一书。书中指出,由于粮食缺少、资源枯竭和环境污染等问题之严重及相互反馈的结果,人口和工业生产的增长将于

2100 年到来之前完全停止,最后出现"世界的末日"。要避免这种灾难性情况的发生,从 1975 年起,要停止人口的增长,到 1990 年停止工业投资的增长,以达到"零度人口增长"和"零度经济增长"的全球性均衡。

零增长观点一经提出,就引起西方社会的广泛讨论,持有异议的观点如下。

(1)实行一种阻止经济继续增长的决策是不容易的。用行政命令控制的方式本身不可取。政府不可能命令人们停止发明扩大生产力的方法,而且企业冻结其产出水平也是无意义的,因为人们需要的变化会要求某些工业扩大生产,同时也会要求另一些工业紧缩生产。究竟哪些工业需要扩大和哪些需要紧缩,势必要由政府出面干预以达到零增长,这将是既浪费又挫伤人们情绪的方式。

(2)零增长将严重损害在国内或国外消除贫穷的努力。当前世界上大多数人口仍处于需要经济增长的状况中,发达国家又不甚愿意对发展中国家提供过多援助。较少的增长意味着贫困延续。就改善一些发展中国家生活状况而言,经济增长是完全必要的。

(3)经济零增长不容易对有效的环境保护提供资金。消除空气和水流污染以及净化城市生活,每年需要大量费用,只有经济增长,才能获取这些资金,又不致减少现行消费。如果经济不增长,这些方案都无法实施,最后仍将使人们贫困和环境恶劣。

总之,一些经济学家认为,零经济增长是不能实现的,也是不应实现的。

个案研究 11-3

东亚奇迹与东亚危机

战后先是日本在 20 世纪 70 年代率先实现工业化,并通过海外直接投资向东亚地区转移劳动密集型和资金密集型产业,带动了"四小龙"的腾飞,随后"四小龙"从 20 世纪 80 年代开始产业转型,加入日本对东盟国家投资的队伍,把劳动密集型的组装加工业大规模转移到马来西亚、泰国和印度尼西亚,从而在时间上形成东亚排浪式的工业化追赶浪潮。

1984—1996 年,东亚在世界进口总额中的比重由 18.5% 上升到 25%,在世界出口总额中的比重由 19% 上升到 27%,与此同时,东亚的贫困人口由 4 亿减少到 1 亿多。8 个国家和地区的人口平均寿命由 1960 年的 56 岁增加到 1990 年的 71 岁。

20 世纪 80 年代以来日本对东亚直接投资迅速增加,有力地推动了东亚各国地区的产业结构升级,促进了重化工业在东亚的移植和发育,同时也使东亚国家的产业发展严重依赖于日本的技术。据 1995 年日本贸易振兴会调查,"四小龙"70% 的日本企业、东盟 78% 的日本企业都主要从日本本土筹措、调配零部件和其他资本货物。

日本经济研究中心有关统计则表明,在韩国和中国台湾地区经济起飞和高速增长中,技术供给的 54.6% 和 65.3% 来自于日本,其他东亚国家和地区技术引进的 1/5 以上也来自日本。这种技术依赖使东盟国家的产业发展严重依赖于外资企业,只有少数本国当地企业能够为跨国公司提供协作配套生产。

同时,由于跨国公司与当地企业的技术差距、管理差距悬殊,导致当地企业进入外资主导产业的壁垒极高。在这种配套不成、进入不可的双重挤压下,本国当地资本只好大量涌入房地产市场、证券市场,虚拟经济过度膨胀导致经济的泡沫化,同时也导致金融市场的更加不稳定。

日本和"四小龙"对东盟自然资源的直接投资,还进一步加剧了东盟初级产品的输出。一项产品的开发、设计定型及关键零部件生产在日本本土进行,一般零部件转移到"四小龙"生产,而在东盟完成最后组装,产成品一部分在当地销售,一部分返销日本,一部分销往欧美市场。

从事设计、零部件生产的先进国家和地区虽没有最终产品生产国和出口国的名分,但却获得全部增值中的绝大部分,比如,在韩国,每辆轿车总技术成本的 30% 要以专利费形式付给外国精密技术供给商,每台摄像机总技术成本的 50%、每生产一个 DRAM 半导体总技术成本的 30%、每台笔记本电脑技术成本的 70% 要以技术专利费的形式支付给外国企业。

另外,东亚国家外资导向下的经济增长还导致外债迅速增加。泰国外债从 1992 年年底的 396 亿美元增加到 1996 年年底的 900 亿美元,相当于 GDP 的 50%。为偿付外债,只能依靠增加出口和外资流入。1996 年出口大幅下降,为了维持固定汇率,把利率提高到 13.8% 的水平,使大量资本流入,其中短期资本占 53.2%。泰国 730 亿美元私人外债中,1/3 是流向房地产。

印度尼西亚放宽金融管理后,银行增至 240 间。印度尼西亚央行不知道私营部门大约 800 个贷款户,借了外债 680 亿~690 亿美元。泰国 91 家财务证券公司总资产占全国金融资产的 1/4,这 91 家公司 1993—1996 年在房地产、证券方面的投资和贷款高达 50% 以上,其中相当部分已成为坏账。

本 章 小 结

经济周期是指实际总产出和就业相对于它们潜在水平的波动。经济学家对于经济周期的解释可以分为外生论和内生论。

外生论认为是经济系统以外的某些因素发生波动引起了经济系统的短期波动,如战争、政变、选举、新技术的问世、自然灾害、气候变化、太阳黑子等。

内生论则从经济系统内寻找经济周期发生的原因。内生论认为,经济的外部因素虽然对某些时期经济周期波动产生重要影响,但是经济周期的真正推动力并不在外部(它只能起到延缓或加剧的作用),而是来自经济自身因素。包括利润推动力、利润过度资本化、心理因素、货币和信贷、非金融性过度投资以及消费不足等。

经济增长是指一个国家或一个地区生产的产品增加。其中产量既可以表示为经济的总产量,也可以表示为人均产量。经济增长的程度可以用增长率来描述。

经济增长演变主要经历三个阶段:古典增长理论、新古典增长理论和内生增长理论。

本章内容结构

经济周期与
经济增长
├─ 经济周期
│   ├─ 经济周期的含义及特征
│   └─ 经济周期的解释
│   ├─ 外生论
│   └─ 内生论
├─ 经济增长
│   ├─ 经济增长的源泉
│   │   ├─ 经济增长因素分析
│   │   └─ 增长核算方程：$\dfrac{\Delta Y}{Y}=\alpha\dfrac{\Delta N}{N}+\beta\dfrac{\Delta K}{K}+\dfrac{\Delta A}{A}$
│   └─ 经济增长理论
│   ├─ 古典增长理论
│   ├─ 新古典增长理论
│   └─ 内生增长理论
└─ 经济增长是非论

综合练习

一、名词解释

经济周期　经济增长　经济增长的源泉　内生增长理论

二、选择题

1. 经济增长的标志是(　　)。
　　A. 失业率的下降　　　　　　　　B. 先进技术的广泛应用
　　C. 社会生产能力的不断提高　　　D. 城市化速度加快

2. GDP 是衡量经济增长的一个较好指标,是因为(　　)。
　　A. GDP 以货币表示,易于比较
　　B. GDP 的增长总是意味着已发生的实际经济增长
　　C. GDP 的值不仅可以反映一国的经济实力,还可以反映一国的经济福利程度
　　D. 以上说法都对

3. 下列各项中(　　)属于生产要素供给的增长。
　　A. 劳动者教育年限的增加　　　　B. 实行劳动专业化
　　C. 规模经济　　　　　　　　　　D. 电子计算机技术的迅速应用

4. 下列各项中(　　)不属于生产要素供给的增长。
　　A. 投资的增加　　　　　　　　　B. 就业人口的增加
　　C. 人才的合理流动　　　　　　　D. 发展教育事业

5. 经济波动周期的四个阶段依次为(　　)。
　　A. 扩张、峰顶、衰退、谷底　　　　B. 峰顶、衰退、谷底、扩张
　　C. 谷底、扩张、峰顶、衰退　　　　D. 以上各项均对

6. 当某一社会经济处于经济周期的扩张阶段时(　　)。

　　A. 经济的生产能力超过它的消费需求

　　B. 总需求逐渐增长,但没有超过总供给

　　C. 存货的增加与需求的减少相联系

　　D. 总需求超过总供给

三、简答题

1. 制约发展中国家经济发展的因素有哪些?

2. 你愿意生活在一个高人均 GDP 水平但低增长率的国家中,还是愿意生活在一个低人均 GDP 水平但高增长率的国家? 为什么?

推荐阅读

[1] 卫志民.宏观经济学[M].北京:高等教育出版社,2011:第二章,第三章.

[2] 尹伯成.西方经济学简明教程[M].8 版.上海:格致出版社,2013:第十九章.

[3] 高鸿业.西方经济学(宏观部分)[M].5 版.北京:中国人民大学出版社,2014:第二十章.

[4] 梁小民.西方经济学导论[M].3 版.北京:北京大学出版社,2003:第十一章,第十二章.

[5] 南希·基梅尔曼.人人需要知道的经济运行规律[M].北京:电子工业出版社,2010:第九章.

第十二章

宏观经济政策理论

【内容提要】

政府作为国民经济的主要生产者和消费者,在国民经济运行过程中有着非常重要的作用。美国著名经济学家、诺贝尔经济学奖获得者托宾说:"宏观经济学的重要任务之一就是如何运用中央政府的财政工具和货币工具来稳定国民经济。"本章主要分析各种宏观经济政策,并通过这些政策说明国家为什么要干预经济,以及在不同的经济形势下如何进行干预。

【学习目标与重点】

◆ 掌握政府的职能、宏观经济政策目标和宏观经济政策的工具。

◆ 重点掌握财政政策及货币政策的内容及局限性。

◆ 深刻理解财政政策及货币政策的运用。

【关键术语】

经济政策　财政政策　货币政策　公开市场业务　法定存款准备金

【引入案例】

2017 年中国宏观经济政策——稳中求进

2016 年 12 月 14—16 日在北京举行的中央经济工作会议提出,"坚持稳中求进工作总基调""继续实施积极的财政政策和稳健的货币政策"。稳中求进,离不开宏观政策的基调稳定和精准发力。实际上,"积极＋稳健"宏观政策搭配虽已延续多年,但每年的内涵和着力点不尽相同。

2017 财政政策:更有力,更务实。积极财政政策仍有空间,将主要根据经济运行变化情况调整力度和节奏。

"2017 年经济工作总基调是稳中求进,作为重要的宏观政策,积极财政政策的总基调不会变,但会更有力度、更有效,财政收支运行也将保持平稳态势。"中国财政科学研究院副院长白景明说。

"积极的财政政策对于保持经济平稳增长意义重大,现在经济企稳回升基础尚不牢固,明年需要更加给力的财政政策支持。"上海财经大学公共政策与治理研究院院长胡怡建认为,经济增长仍面临很多不确定性,积极财政政策能够从供给和需求两端共同发力稳增长:在供给侧,通过营改增、资源税改革、小微企业税收优惠等措施,激发新的发展活力;在需求侧,通过政府购买服务、政府与社会资本合作等方式,增强投资对经济增长的拉动作用。

近期,国际石油价格和大宗商品价格出现一定幅度上涨,给经济带来回暖信号,同时也意味着物价可能出现一定程度上涨。白景明认为,物价上涨会相应带来财政支出压力,需要维持一定的财政赤字水平,保证民生等重点领域支出安排。

货币政策:既要稳,又要活。货币政策要保持稳健中性,不能贸然收紧,也不能太宽松。

"明年货币政策的基调不会有大的改变,要保持稳健中性,维护流动性基本稳定。但市场面临的不确定性会大大增加,货币政策也要增强灵活性,及时应对可能出现的复杂状况和变化。"交通银行首席经济学家连平说。

连平分析,一方面,经济下行压力依然存在。目前来看,明年制造业投资和民间投资仍有可能处于较低水平,基础建设投资上行空间也不是很大。投资还在继续对经济运行发挥关键作用,货币政策不能贸然收紧。另一方面,需求增加带来价格上涨。近段时间,工业出厂价格指数(PPI)回升速度很快,全国居民消费价格指数(CPI)在2%左右,说明市场的流动性还比较充裕,货币政策不能太宽松。

2017年,市场面临的不确定因素在增加。中国社科院金融所银行研究室主任曾刚分析,从国内来看,从今年下半年开始,市场的不确定性开始变大。从国际来看,我们面对的环境也更加复杂,明年美联储继续加息的可能性较大,美国大选后贸易、汇率等政策存在变数,其他主要经济体的经济政策和货币政策趋于分化,外部风险越来越大,这会增加政策操作难度,对政策的灵活性提出更高要求。"有效引导市场预期,也应成为货币政策重要的组成部分。"曾刚说,过去货币政策更加注重实际操作过程,而对预期形成的引导不足,这会增加市场的不确定因素。未来货币政策要更具前瞻性,通过引导预期,有效管理短期市场的供求关系。

"2017年金融市场可能会出现阶段性波动加剧,这对货币政策的调控形成挑战。"曾刚说,货币政策既要有序去杠杆,又不能过于剧烈,要达到"稳增长"与"防风险"的艺术平衡。

资料来源:吴秋余,欧阳洁,王观.2017年宏观经济政策7大变化[N].第一财经日报,2016-12-20.

第一节 宏观经济政策概述

政府是国民经济的最大消费者和生产者,在市场经济条件下,政府提供公共物品、行使公共职能、实现社会公共利益。

一、宏观经济政策职能

(一)"守夜人"的职能

"守夜人"职能是政府对经济的第一职能,也是政府经济职能中力度最浅层次的职能,其职责是做到:一是保护社会,使其不受其他独立社会的侵犯;二是尽可能保护社会上的每一个人,使其不受社会上任何其他人的侵害或压迫;三是建设并维护某些公共事业及某些公共设施。

（二）公共物品的职能

政府是公共物品的最大提供者，既然市场机制在提供公共物品方面有时是失灵的，政府的介入就成为必要。但是政府介入公共物品的供给，并不等于政府生产所有的公共物品，更不等于政府完全取代公共物品的市场。政府可以通过直接生产公共物品的方式来实现，也可以通过某种方式委托私人企业的间接生产方式来实现。

政府提供公共物品的目的：弥补市场失灵，保证和增进公共利益、提高社会福利水平。现在由政府提供的公共物品范围包括基础设施建设、公共事业、教育事业、卫生保健服务、文化设施、生态环境和国防安全等。

（三）宏观调控的职能

市场经济带来经济增长，但也会引发通货膨胀，而高潮后所跟随的衰退却使经济停滞甚至倒退，这种周期波动对社会资源及生产力都构成严重影响。所以宏观调控是着重以整体社会的经济运作，透过人为调节供应与需求，来实现经济计划的目标。

政府对市场的调节则是政府对经济的深层次宏观调控职能。为实现宏观总量平衡，保证经济持续、稳定、协调增长，一国政府通过它所掌握的某些经济变量（如财政支出、货币供给等）来影响市场经济中的各种变量的取值，是政府保证经济更好更快发展，而对经济干预的一种方式。

（四）增加社会公平的职能

推进社会公平是政府的重要职能。在市场经济条件下，社会资源的优化配置是通过市场价格机制的运行来实现的。实践证明，作为资源配置的基础性机制，市场机制在资源配置效率方面显示出了巨大的优越性。市场机制容易造成效率的提高，同时也容易造成收入分配的差距拉大，为了不引发社会矛盾，政府承担着维护社会稳定和增进社会公平的职能。

二、宏观经济政策目标

宏观经济政策是指国家或政府有意识、有计划地运用一定的政策工具，调节控制宏观经济的运行，以达到一定的政策目标。从西方国家的实践来看，国家宏观调控的政策目标，一般包括持续均衡的经济增长、充分就业、物价稳定和国际收支平衡四项。

（一）持续均衡的经济增长

经济增长是指在一个特定时期内经济社会所生产的人均产量和人均收入的持续增长。包括维持一个高的经济增长率和培育一个使经济持续增长的能力。

经济增长通常用一定时期内实际国内生产总值（GDP）年均增长率来衡量。经济增长会增加社会福利，但并不是增长率越高越好。这是因为经济增长一方面要受到各种资源条件的限制，不可能无限地增长，尤其是对于经济已相当发达的国家来说更是如此。另一方面,经济增长也要付出代价,如造成环境污染,引起各种社会问题等。

(二)充分就业

充分就业是指包含劳动在内的一切生产要素都以愿意接受的价格参与生产活动的状态。充分就业包含两种含义:一是指除了摩擦失业和自愿失业之外,所有愿意接受各种现行工资的人都能找到工作的一种经济状态,即消除了非自愿失业就是充分就业;二是指包括劳动在内的各种生产要素,都按其愿意接受的价格,全部用于生产的一种经济状态,即所有资源都得到充分利用。

失业意味着稀缺资源的浪费或闲置,从而使经济总产出下降,社会总福利受损。因此,失业的成本是巨大的,降低失业率,实现充分就业就成为宏观经济政策的首要目标。

(三)物价稳定

物价稳定是指物价总水平的稳定。一般用价格指数来衡量一般价格水平的变化。价格稳定不是指每种商品价格的固定不变,也不是指价格总水平的固定不变,而是指价格指数的相对稳定。价格指数又分为消费物价指数(CPI)、批发物价指数(PPI)和国民生产总值折算指数(GNP)三种。

物价稳定是允许保持一个低而稳定的通货膨胀率,所谓低,就是通货膨胀率在1%～3%;所谓稳定,就是指在相当时期内能使通货膨胀率维持在大致相等的水平上。这种通货膨胀率能为社会所接受,对经济也不会产生不利的影响。

(四)国际收支平衡

国际收支平衡具体分为静态平衡与动态平衡、自主平衡与被动平衡。静态平衡是指一国在一年的年末,国际收支不存在顺差也不存在逆差;动态平衡不强调一年的国际收支平衡,而是以经济实际运行可能实现的计划期为平衡周期,保持计划期内的国际收支均衡。

自主平衡是指由自主性交易即基于商业动机,为追求利润或其他利益而独立发生的交易实现的收支平衡;被动平衡是指通过补偿性交易即一国货币当局为弥补自主性交易的不平衡而采取调节性交易而达到的收支平衡。

三、宏观经济政策工具

宏观经济政策工具是达到经济目标的手段和措施,不同的宏观经济政策工具可以达到不同的政策目标。常用的宏观经济政策工具有需求管理政策、供给管理政策、国际经济政策。

(一)需求管理政策

需求管理是通过对总需求的调节,实现总需求等于总供给,达到既无失业又无通货膨胀的目标。在有效需求不足的情况下,也就是总需求小于总供给时,政府应采取扩张性的政策措施,刺激总需求增长,克服经济萧条,实现充分就业;在有效需求过度增长的情况下,也就是总需求大于总供给时,政府应采取紧缩性的政策措施,抑制总需求,以克服因需求过度扩张而造成的通货膨胀。

(二) 供给管理政策

供给管理是通过对总供给的调节,来达到一定的政策目标。供给学派理论的核心是把注意力从需求转向供给。在短期内影响供给的主要因素是生产成本,特别是生产成本中的工资成本。在长期内影响供给的主要因素是生产能力,即经济潜力的增长。

供给管理政策具体包括控制工资与物价的收入政策、指数化政策、人力政策和经济增长政策。

(1) 收入政策。收入政策是指通过限制工资收入增长率从而限制物价上涨率的政策,因此,也叫工资和物价管理政策。之所以对收入进行管理,是因为通货膨胀有时由成本(工资)推进造成。收入政策的目的就是制止通货膨胀,它有以下三种形式。

① 工资与物价指导线。根据劳动生产率和其他因素的变动,规定工资和物价上涨的限度,其中主要是规定工资增长率。企业和工会都要根据这一指导线来确定工资增长率,企业也必须据此确定产品的价格变动幅度,如果违反,则以税收形式以示惩戒。

② 工资物价的冻结,即政府采用法律和行政手段禁止在一定时期内提高工资与物价,这些措施一般是在特殊时期采用,在严重通货膨胀时也被采用。

③ 税收刺激政策,即以税收来控制增长。

(2) 指数化政策。指数化政策是指定期根据通货膨胀率来调整各种收入的名义价值,以使其实际价值保持不变,主要有工资指数化和税收指数化,即根据物价指数自动调整个人收入调节税等。

(3) 人力政策。又称就业政策,是一种旨在改善劳动市场结构,以减少失业的政策。

① 人力资本投资。由政府或有关机构向劳动者投资,以提高劳动者的文化技术水平与身体素质,适应劳动力市场的需要。

② 完善劳动市场。政府应该不断完善和增加各类就业介绍机构,为劳动的供求双方提供迅速、准确而完全的信息,使劳动者找到满意的工作,企业也能得到其所需的员工。

③ 协助工人进行流动。劳动者在地区、行业和部门之间的流动,有利于劳动的合理配置与劳动者人尽其才,也能减少由于劳动力的地区结构和劳动力的流动困难等原因而造成的失业。对工人流动的协助包括提供充分的信息、必要的物质帮助与鼓励。

(4) 经济增长政策

① 增加劳动力的数量和质量。增加劳动力数量的方法包括提高人口出生率、鼓励移民入境等;提高劳动力质量的方法有增加人力资本投资。

② 资本积累。资本的积累主要来源于储蓄,可以通过减少税收,提高利率等途径来鼓励人们储蓄。

③ 技术进步。技术进步在现代经济增长中起着越来越重要的作用。因此,促进技术进步成为各国经济政策的重点。

④ 计划和平衡增长。现代经济中各部门之间协调的增长是经济本身所要求的,国家的计划与协调要通过间接的方式来实现。

(三)国际经济政策

国际经济政策是对国际经济关系的调节。现实中每一个国家的经济都是开放的,各国经济之间存在着日益密切的往来与相互影响。一国宏观经济政策目标中有国际经济关系的内容,即国际收支平衡;其他目标的实现也有赖于国际经济政策。

第二节　财政政策

财政政策是国家干预经济的主要政策之一。财政政策是政府运用支出和收入来调节总需求以控制失业和通货膨胀并实现经济稳定增长和国际收支平衡的宏观经济政策。要了解财政政策的内容,先要了解现代西方财政的基本构成。

一、财政的基本构成

(一)政府支出

政府支出是指整个国家中各级政府支出的总和,由许多具体支出项目构成,主要包括政府购买和转移支付两大类。

政府支出的分类如下。

1. 按政府职能分

政府财政支出按照政府职能可分为经济建设费、社会文教费、国防费、行政管理费和其他支出五大类。

2. 按经济性质分

政府财政支出按照经济性质可分为购买性支出和转移性支出。政府购买是指政府对商品和劳务的购买,如购买军需品、机关公用品、政府雇员报酬、公共项目工程所需的支出等都属于政府购买。政府转移支付是指政府在社会福利保险、贫困救济和补助等方面的支出。

知识对比

政府购买(购买性支出)和转移支付(转移性支出)

购买性支出是指政府以购买者的身份在市场上采购所需的商品和劳务,用于满足社会公共需要。政府购买是一种实质性支出,有着商品和劳务的实际交易,因而直接形成社会需求和购买力,是国民收入的一个组成部分,政府购买支出是决定国民收入大小的主要因素之一,其规模直接关系到社会总需求的增减。

转移性支出是指预算资金单方面无偿转移支出,如社会保障支出、财政补贴等。转移支付是一种货币性支出,政府在付出这些货币时并无相应的商品和劳务的交换发生,因而是一种不以取得本年生产出来的商品和劳务作为报偿的支出。因此,转移支付不能算作国民收入的组成部分。它所做的仅仅是通过政府将收入在不同社会成员之间进行转移和重新分配,全社会的总收入并没有变动。

政府购买性支出遵循市场经济的基本准则,即实行等价交换。对市场运行而言,购买性支出,对消费和生产具有直接影响,可广泛用于调节各项经济活动。转移性支出,由于是价值单方面无偿转移支出,就不可能遵循等价交换的原则,而是为了实现政府特定的经济社会政策目标。与购买性支出相比,转移性支出的重点在于体现社会公平,而对市场经济运行的影响则是间接的。

3. 按支出具体用途分

政府支出按支出具体用途分为基本建设支出、三项费用和农林业支出等。

(二) 政府收入

政府收入是指政府为履行其职能而筹集的一切资金的总和。在市场经济条件下,政府收入是国家通过一定的形式和渠道集中起来的以货币表现的一定量的社会产品价值,其中主要是剩余产品的价值,它是政府从事一切活动的物质前提。

政府收入形式是指政府取得收入的具体方式,即来自各个部门、单位和个人的政府收入通过什么方式上交给国家。

在世界各国,取得政府收入的主要形式是税收。除此之外,其他非税收形式,则视各国的政治制度、经济结构和财政制度的不同而有所区别。目前,政府收入主要有税收收入、债务收入、国有企业运营收入、国有财产收入、行政司法收入、其他收入等几种形式。

个案研究 12-1

2011 年我国财政支出大于财政收入

2012 年 1 月 20 日,财政部网站最新公布的"2011 年公共财政收支情况"显示,1—12 月累计,我国财政收入 103 740 亿元,比上年增加 20 639 亿元,增长 24.8%;全国财政支出 108 930 亿元,比上年增加 19 056 亿元,增长 21.2%。对比数据可以看出,2011 年全国财政收入小于财政支出,但财政收入增长幅度高于财政支出增长幅度。

财政部称,从全年经济财政走势看,经济增长逐步放缓,企业利润下滑,物价高位回落,特别是四季度后提高个人所得税起征点减收较多,汽车和房地产成交量下降相关税收减少,导致全国财政收入增长前高后低。

2011 年财政支出结构得到进一步优化,加大了对"三农"、教育、医疗卫生、社会保障和就业、保障性安居工程、文化等的支持力度,切实保障和改善民生。

二、财政政策的运用

财政政策主要通过政府支出和税收来调节经济。在经济萧条时,政府可以通过增加财政支出来刺激经济,可以向企业进行大规模采购,以刺激民间投资增加;也可以兴建更多的公共工程,创造社会需求和增加就业,同时也为经济发展提供了经济基础。

此外,政府还可以增加转移支付,增加对社会居民的各种补贴,提高居民消费能力,从而带动消费需求。政府支出和转移支付的增加,可以增加总需求,有助于克服经济萧条现象,实现充分就业。相反,当经济过度繁荣时,政府通过减少财政支出,来抑制总需求,减少通货膨胀。

在经济萧条时,政府也可以通过调节财政收入来刺激经济。由于总需求不足,为了刺激总需求,政府往往采取减税的措施,使企业和个人可支配收入增加,这样居民更有能力进行消费,企业更有能力进行投资,社会的消费需求和投资需求增加,总需求也随之增加。

而在经济繁荣时期,总需求大于总供给,存在通货膨胀,政府采取增加税收的办法,来限制企业的投资与居民消费,从而减少社会总需求,抑制经济过热,使经济恢复到比较正常的状态。

在现实中,政府的支出政策和收入政策互相配合,同时发生变化,以使财政政策达到更为理想的效果。在经济萧条时,政府在增加支出的同时还会采取减税措施;在经济繁荣时,政府减少支出的同时还会增加税收,以抑制社会总需求,最大限度地达到缓解通货膨胀的压力。

知识对比

扩张性财政政策和紧缩性财政政策

扩张性财政政策是通过增加政府支出和减少税收来刺激经济的政策;紧缩性财政政策是通过减少政府支出与增加税收来抑制经济的政策。

三、内在稳定器

所谓"内在稳定器",是指这样一种宏观经济的内在调节机制:在宏观经济的不稳定情况下自动发挥作用,使宏观经济趋向稳定。财政政策的这种"内在稳定器"效应无须借助外力就可直接产生调控效果,财政政策工具的这种内在的、自动产生的稳定效果,可以随着社会经济的发展,自行发挥调节作用,不需要政府专门采取干预行动。财政政策的"内在稳定器"效应主要表现在累进的所得税制和公共支出,以及各种转移支付。

(一)税收的自动变化

当经济萧条时,国内生产总值下降,个人或公司收入减少,政府征收的所得税和公司利润税也会减少,有助于维持总需求,起到控制经济衰退的作用。反之,当经济繁荣时,失业率下降,个人和公司收入自动增加,税收也会自动增加,特别是在实行累进税的情况下,税收的增长率往往超过了国民收入的增长率，从而起到抑制通货膨胀的作用。因此，税收对经济变动会自动地起到遏止总需求扩张和经济过热的作用。

（二）政府支出的自动化

当经济萧条时，工人失业增加，需要社会救济和补助的人数增加，社会失业救济和其他社会福利支出也就会相应增加。以转移支付增加来维持失业人员的工资，就可以增加个人消费需求，从而也会增加社会总需求。当经济繁荣时则相反，失业人数和需要补助的人数减少，政府的失业救济和其他补助也会减少。转移支付的减少，有利于抑制消费和投资的增加，有利于稳定经济。

（三）农产品价格维持制度

当农业丰收时，农产品价格下跌，政府按照农产品价格维持制度，用支持价格收购剩余农产品，增加农民的收入，增加消费。在农业歉收时期，农产品价格上涨，这时政府少收购农产品并销售农产品增加供给，限制农产品价格上涨，既抑制农民收入和消费的过度增加，又能稳定农产品的价格，防止通货膨胀。

（四）私人储蓄和公司储蓄

一般家庭在短期内收入下降，不会减少消费，而是用过去的储蓄来消费；短期收入增加，也不会立即消费，而是增加储蓄。公司也是这样，当收入减少也不会减少股息，而是减少保留利润；收入增加，也不会增加股息，而是增加保留利润。

以上制度对宏观经济活动都能起到自动稳定的作用。它们都是财政制度的内在稳定器，这些内在稳定器自动发生作用，自动调节经济，无须政府做出任何决策。但是，这些内在稳定器的作用是非常有限的，只能减轻经济萧条或通货膨胀的程度，并不能改变经济萧条或通货膨胀的总趋势；只能对财政政策起自动配合的作用，并不能代替财政政策。因此减少经济波动，政府仍需要有意识地运用财政政策来调节经济。

四、赤字财政政策

赤字财政政策也称为扩张性财政政策，它是指通过减税从而减少国家的财政收入，增加企业和个人的可支配收入，刺激社会总需求，或通过发行国债扩大财政支出的规模，来扩大社会需求。财政赤字是一种客观存在的经济范畴，也是一种世界性的经济现象，它是国家职能的必然产物。

纵观世界各国，在经济增长缓慢、市场萎靡时，一般都以财政赤字的增加为代价来支持经济持续发展。在经济萧条时期，采用扩大政府的财政支出、减税等办法都必然会导致财政赤字。财政赤字就是政府收入小于支出。在现实中，许多国家都运用赤字财政政策来刺激经济。

（一）赤字财政政策的可能

凯恩斯认为，财政政策应该为实现充分就业服务，因此，赤字财政政策不仅是必要的，而且是可能的,这是因为以下几点。

(1)债权人是国家,债务人是社会公众;国家与公众的根本利益是一致的。政府的财政赤字是国家欠公众的债务,也就是自己欠自己的债务。

(2)政府政权稳定,债务偿还有保证,公债发行增加,不会给债权人带来危害,发行公债是用于刺激有效的需求,发展经济,经济就会好转。

(3)政府实行赤字财政政策是通过发行公债来进行的。债务用于发展经济,使政府有能力偿还债务,弥补财政赤字。这就是一般所说的"公债哲学"。

(二)赤字财政政策的积极作用

(1)赤字财政政策是在经济运行低谷期使用的一项短期政策。在短期内,经济若处于非充分就业状态,社会的闲散资源并未充分利用时,财政赤字可扩大总需求,带动相关产业的发展,刺激经济回升。

(2)在当前世界经济增长乏力的条件下,中国经济能够保持平稳增长态势,积极稳健的财政政策功不可没。从这个角度说,财政赤字是国家宏观调控的手段,它能有效动员社会资源,积累庞大的社会资本,支持经济体制改革,促进经济的持续增长。

实际上财政赤字是国家为实现经济发展、社会稳定等目标,依靠国家坚实和稳定的国家信用调整和干预经济,是国家在经济调控中发挥作用的一个表现。

(三)赤字财政政策的消极作用

(1)赤字财政政策并不是包治百病的良药。刺激投资,就是扩大生产能力。实行扩张性政策,有可能是用进一步加深未来的生产过剩的办法来暂时减轻当前的生产过剩。因此,长期扩张积累必然会导致更猛烈的经济危机的爆发。

(2)财政赤字可能增加政府债务负担,引发财政危机。财政风险指财政不能提供足够的财力致使国家机器的运转遭受严重损害的可能性,当这种可能性转化为现实时,轻者导致财政入不敷出,重者引起财政危机和政府信用的丧失。

财政赤字规模存在着一个具有客观性质的合理界限,如果赤字规模过大,会引发国家信用危机。对财政赤字风险性的评价,国际上通常用四个指标:一是财政赤字率,即赤字占 GDP 的比重,一般以不超过 3% 为警戒线;二是债务负担率,即国债余额占 GDP 的比重,一般以不超过 60% 为警戒线;三是财政债务依存度,即当年国债发行额/(当年财政支出+当年到期国债还本付息),一般以不超过 30% 为警戒线;四是国债偿还率,即当年国债还本付息/当年财政支出,一般以不超过 10% 为警戒线。

(3)赤字财政政策孕育着通货膨胀的种子,可能诱发通货膨胀。从某种程度上说,赤字财政与价格水平的膨胀性上升有着固定的关系。在一个社会里,赤字财政导致货币需求总量增加,而现存的商品和劳务的供给量却没有以相同的比例增加,这必然要使经济产生一种通货膨胀缺口,引起价格水平提高。在财政赤字不引起货币供给量增加的情况下,赤字与需求拉上型通货膨胀有直接关系。

所以,经济学家认为,赤字财政可以用,但要有限制。

五、挤出效应和财政政策效果

挤出效应是指一个市场上,由于供应、需求有新的增加,导致部分资金从原来的预支中挤出,而流入新的商品中。财政政策的挤出效应是指政府开支增加所引起的私人消费或投资降低的效果。

在一个充分就业的经济中,政府支出增加会以下列方式使私人投资出现抵销性的减少:由于政府支出增加,商品市场上购买产品和劳务的竞争会加剧,物价就会上涨,在货币名义供给量不变的情况下,实际货币供给量就会因价格上涨而减少,进而使可用于投机目的的货币量减少。结果,债券价格就下跌,利率上升,进而导致私人投资减少。投资减少了,人们的消费随之减少。这就是说,政府支出增加"挤占"了私人投资和消费。

政府在多大程度上"挤占"私人支出呢?这取决于以下几个因素。

(1)支出乘数的大小。政府支出增加会使利率上升,乘数越大,利率提高使投资减少,引起的国民收入减少也越多,挤出效应越大。

(2)对利率的敏感程度。如果敏感程度越高,一定量利率水平的变动对投资水平的影响就越大,因而挤出效应就越大;反之越小。

(3)货币需求对产出水平的敏感程度。该敏感程度主要取决于支付习惯,与挤出效应成正比。

(4)货币需求对利率变动的敏感程度。该敏感程度与挤出效应成反比。

知识对比

货币主义者 VS 凯恩斯主义者

各经济学派对财政政策挤出效应有不同看法。

货币主义者认为,财政政策挤出效应大,甚至为1,所以财政政策效用不大,甚至无用。他们认为,货币需求只取决于收入,而不取决于利率,即货币需求对利率变动没有什么影响,这样,利率上升并不会使货币需求减少,从而利率的上升就会引起挤出效应,挤出效应不会使总需求发生变化,使财政政策起不到刺激经济的作用。

凯恩斯主义者认为,财政政策挤出效应不大,只有达到充分就业后才会存在挤出效应,在有效需求不足的条件下,不存在萧条时期政府支出排挤私人支出的问题。所以,财政政策有刺激经济的作用。他们认为,货币需求会对利率变动做出反应。这就是说,由于货币投机需求存在,所以,利率上升时,货币需求会减少。在货币供给不变的情况下,当财政政策引起利率上升时,货币需求减少。这就会抑制利率的进一步上升,甚至会使利率有所下降,从而利率上升有限,挤出效应小。

六、财政政策的局限性

(一)滞后对政策的影响

财政政策的制定和实施,需要提出方案、讨论和实施,有很多中间环节,在经历这些过程后,经济形势可能已经发生变化,从而影响了宏观经济政策的发挥。

(二)挤出效应的影响

在社会资源既定的情况下,政府支出扩大,争夺了私人投资的资源,也会抑制私人投资,使政府财政支出的扩张作用被部分或全部抵销。

(三)社会阻力的影响

由于经济政策的实施,会给不同经济利益体带来影响,所以,在执行过程中,会遇到不同阶层和集团的抵制,从而使政策目标难以实现。

个案研究 12-2

我国财政政策的执行情况

1993—1997年,为应对经济过热和通货膨胀,我国政府实施了适度从紧的财政政策,实现了"高增长、低通胀"的良好局面;1998—2003年,受亚洲金融危机的影响,国内出现了需求不足和通货紧缩,政府实施了积极的财政政策,抵御亚洲金融危机的冲击,推动经济结构的调整和持续增长;2004—2008年,我国经济开始走出了通货紧缩的阴影,呈现出加速发展的态势,部分行业和投资增长过快,通胀压力加大,这种情况下,政府自2005年将积极的财政政策转向稳健的财政政策;2008年,为了应对国际金融危机,保持平稳快速发展,开始实行积极的财政政策。

第三节　货币政策

货币政策是指中央银行通过控制货币供应量来调节利率,进而影响投资和整个经济以达到一定经济目标的经济政策。凯恩斯主义者认为,货币政策和财政政策一样,也是调节国民收入以达到稳定物价、充分就业的目标,实现经济稳定增长。两者不同之处在于,财政政策直接影响总需求的规模,这种直接作用没有任何中间变量;而货币政策还要通过利率的变动对总需求产生影响,因而是间接地发挥作用。

货币政策也可分为扩张性的和紧缩性的。扩张性的货币政策是通过增加货币供给来带动总需求的增长。货币供给增加时,利息率会降低,取得信贷更为容易,因此经济萧条时多采用扩张性货币政策。反之,紧缩性货币政策是通过削减货币供给的增长来降低总需求水平,在这种情况下,取得信贷比较困难,利率也随之提高;因此,在通货膨胀严重时,多采用紧缩性货币政策。

一、货币与银行制度

(一)货币

货币是从商品中分离出来固定充当一般等价物的商品;货币是商品交换发展到一定阶段的产物。货币的本质就是一般等价物,具有价值尺度、流通手段、支付手段、储藏手段、世界货币的职能。

通常货币供应量划分为三个层次：流通中现金（M_0），即在银行体系以外流通的现金，居民手中的现钞和企事业单位的备用金；狭义货币（M_1），即现钞加上商业银行活期存款；广义货币（M_2），即狭义货币加银行存款中的定期存款、储蓄存款、外币存款等。

$$M_0 = 现金$$

$$M_1 = M_0 + 商业银行活期存款$$

$$M_2 = M_1 + 企事业单位定期存款 + 居民储蓄存款$$

在这三个层次中，M_0 与消费变动密切相关，是最活跃的货币；M_1 反映居民和企业资金松紧变化，是经济周期波动的先行指标，流动性仅次于 M_0；M_2 流动性偏弱，但反映的是社会总需求的变化和未来通货膨胀的压力状况，通常所说的货币供应量，主要指 M_2。

（二）银行制度

银行制度是指在这一制度中各类不同银行的职能、性质、地位、相互关系、运营机制以及对银行的监管措施所组成的一个体系，是一国金融制度的一个重要组成部分。我国实行的是单一的中央银行制度。即以中央银行为核心，以中央银行和商业银行、金融机构共同构成银行体系。但是，影响货币供应量的主要是中央银行和商业银行。

中央银行的主要职能如下。

（1）发行的银行。中央银行代表国家发行纸币，根据市场情况调节货币供应量。

（2）银行的银行。中央银行执行票据清算的职能，接受商业银行的存款，为商业银行发放贷款，监督和管理商业银行，调节货币流通。

（3）国家的银行。中央银行代理国库收存款，代理国家发行公债，并对国家提供贷款。

商业银行的职能如下。

（1）信用中介。商业银行通过吸收存款将社会闲置资金聚集起来，通过贷款将其投向需要货币资金的企业和部门，这是商业银行的基本职能。

（2）支付中介。商业银行为客户办理与货币收付有关的技术性业务。

（3）变货币收入和储蓄为货币资本。商业银行能把社会各主体的货币收入、居民储蓄集中起来再运用出去，扩大社会资本总额，加速社会生产和流通的发展。

（4）创造信用流通工具。商业银行在信用中介的基础上，通过存贷款业务的开展创造派生存款。同时，商业银行通过发行支票、本票、大额定期存款单等信用工具，满足了流通中对流通手段和支付手段的需要，节约了与现金流通相关的流通费用。该职能是现代商业银行所特有的，成为国家干预经济生活的杠杆。

二、货币政策的工具与运用

个案研究 12-3

美国处理次贷危机的货币政策运用

在 2008 年危机发生初期，美联储采用了传统货币政策工具，如利用公开市场操作买卖有价证券,降低再贴现率以及联邦基金利率。但随着危机的不断深化,传统货币政策工具已经难以满足宏观调控的需要。由于联邦基金利率处于接近于零的水平,缺乏继续下调的空间,经济陷入"流动性陷阱",故美联储转向量化宽松货币政策,向市场注入巨额流动性资金,以遏制危机发展,防止美国经济继续衰退。

一般来说,中央银行的传统货币政策工具包括公开市场操作、再贴现业务和法定存款准备金率。针对美国的实际情况而言,由于法定存款准备金政策对基础货币和货币乘数的影响较为猛烈,因此美联储几乎很少使用该工具进行调控。在此次危机中,美联储应用较多的传统货币政策工具是公开市场操作,美联储通过在公开市场上进行国债、地方政府债以及其他债权的买卖及回购交易,达到调节金融市场货币供给量的目的。而再贴现业务主要用于化解金融机构的流动性危机。此外,当美联储调整联邦基金利率时,也会辅之以再贴现利率。

美联储进行公开市场操作即通过买卖证券影响美联储的资产结构、商业银行的非借入准备金和金融市场的货币供应,进而使联邦隔夜拆借利率的实际水平尽可能地接近其操作目标值。由于公开市场操作与联邦基金利率存在较为紧密的联系,因此往往成为美联储调整联邦基金利率的工具。当市场流动性收缩时,商业银行对存款准备金的需求增加,会对联邦基金利率产生向上的压力,为使联邦基金利率维持在目标水平,纽约联储公开市场交易室从市场买入债券,从而增加对银行存款准备金的供给,令联邦基金利率维持在目标水平。若信用环境进一步恶化,公开市场交易室可在市场上买入更多债券,令银行存款准备金的供给增加超过需求,使联邦基金利率处于更低的水平,银行获得了充足的存款准备金,并且在货币乘数效应的作用下,市场流动性便趋于扩张。鉴于此,在次贷危机管理中,美联储采用公开市场操作大量买入有价证券,大幅扩张短期货币供给,从而使联邦基金利率迅速下降。

美联储在次贷危机管理中扩大了公开市场操作对象的选择范围,除国债外,还增加了对抵押贷款支持证券的购买。此举一方面增加了存款准备金的供给和创造货币的能力,并且可以直接调控联邦基金利率;另一方面还提高了抵押贷款支持证券的流动性,有助于缓解抵押贷款支持证券市场的信用紧缩,支持抵押贷款支持证券市场的稳定发展。

除三大传统货币政策工具外,美联储使用最多的工具是联邦基金利率,并且在危机初期,美联储最早的政策反应也是调整联邦基金利率。尤其在进入 2008 年以后,随着各大金融机构受次贷资产拖累纷纷宣告资产大幅减值,美联储采取了急剧降低联邦基金利率的方式,在 2008 年 12 月中旬时,美国联邦基金利率已降至 0~0.25% 区间内。但危机并未因此而停止,由于联邦基金利率几乎处于零利率状态,缺乏继续下调的空间,因此美联储只得转而采取量化宽松货币政策,试图向市场注入巨额流动性资金以遏制危机发展。

资料来源:陈华,汪洋.中美经济刺激计划政策工具比较及政策退出前瞻[J].金融会计,2010(6).

货币政策工具又称货币政策手段,是指中央银行为实现货币政策目标所采用的政策手段。包括常规性货币政策工具、选择性货币政策工具和补充性货币政策工具。

（一）常规性货币政策工具

西方国家中央银行多年来采用的三大政策工具，即法定存款准备率、再贴现政策和公开市场业务，这三大传统的政策工具有时也称为"三大法宝"，主要用于调节货币总量。

1. 法定存款准备率

法定存款准备率是以法律形式规定商业银行等金融机构将其吸收存款的一部分上缴中央银行作为准备金的比率。20 世纪 30 年代大危机后，各国普遍实行了法定存款准备金制度，法定存款准备率便成为中央货币供给量的政策工具。对于法定存款准备率的确定，目前各国中央银行都根据存款不同而有所区别。一般来说，存款期限越短，货币性越强，需要规定较高的准备金率，所以，活期存款的法定准备率高于定期存款的法定准备率。

法定存款准备率的政策效果如下。

（1）法定存款准备率是通过改变货币乘数来影响货币供给，即使准备率调整的幅度很小，也会引起货币供应量的巨大波动。

（2）即使商业银行等金融机构由于种种原因持有超额准备金，法定存款准备金的调整也会产生效果，如果提高准备金比率，实际上是冻结了相应的超额准备金，在很大程度上限制了商业银行体系创造派生存款的能力。

其他货币政策工具都是以存款准备金为基础。

法定存款准备金的局限性如下。

（1）法定存款准备率调整的效果比较强烈，调整对象对整个经济和社会心理预期都会产生显著的影响，所以，不宜作为中央银行调控货币供给的日常性工具。

（2）存款准备金对各种类别的金融机构和不同种类的存款的影响不一致，因而货币政策的效果可能因这些复杂情况的存在而不易把握。

2. 再贴现政策

再贴现政策是指中央银行对商业银行持有未到期票据向中央银行申请再贴现时所做的政策性规定。再贴现政策一般包括两方面的内容：一是再贴现率的确定与调整；二是规定向中央银行申请再贴现的资格。

前者主要着眼于短期，中央银行根据市场资金供求状况，调整再贴现率。能够影响商业银行借入资金的成本，进而影响商业银行对社会的信用量，从而调节货币供给的总量。同时，再贴现率的调整在一定程度上反映中央银行的政策意向，起一种告示效应，提高存款准备金意味着有紧缩意向；反之，则意味着有意扩张。在传导机制上，若中央银行调高再贴现率，商业银行需要以比较高的代价才能从中央银行获得贷款，商业银行就会提高对客户的贴现率或提高放款利率，其结果就会使信用量收缩，市场货币供给量减少。如中央银行采取相反的措施，则会导致市场货币供给量的增加。

再贴现政策的效果如下。

（1）再贴现率的调整可以改变货币供给总量。

（2）对再贴现资格条件的规定可以起到抑制或扶持的作用，并能够改变资金流向。

再贴现政策的局限性如下。

（1）主动权并非只在中央银行，甚至市场的变化可能违背其政策意愿。因为商业银行是否再贴现或再贴现多少,取决于商业银行的行为,由商业银行自主判断、选择。如商业银行可通过其他途径筹措资金而不依赖于再贴现,则中央银行就不能有效控制货币供应量。

(2)再贴现率的调节作用是有限度的,在经济繁荣时期,提高再贴现率也不一定能够抑制商业银行的再贴现需求;在经济萧条时期,调低再贴现率,也不一定能够刺激商业银行的借款需求。

(3)再贴现率易于调整,但随时调整易引起市场利率的经常波动,使商业银行无所适从。与法定存款准备率比较而言,再贴现率易加大利率风险,并干扰市场机制的运作。

3. 公开市场业务

公开市场业务是指中央银行在金融市场上公开买卖有价证券,以此来调节市场货币量的政策行为。当中央银行认为应该增加市场货币供应量时,就在金融市场上买进有价证券,与一般金融机构所从事的证券买卖不同,中央银行买卖证券的目的不是营利,而是为了调节货币供应量。

公开市场业务政策的优越性如下。

(1)主动性强。中央银行的业务政策目标是调控货币量而不是营利,所以它可以不计证券交易的价格,从容实现操作目的,即可以高于市场价格买进,低于市场价格卖出,业务总能做成,不像再贴现政策那样较为被动。

(2)灵活性高。中央银行可根据金融市场的变化,进行经常连续的操作,如果力度不够,可以随时加大。

(3)调控效果和缓,震动性小。由于这项业务以交易行为出现,不是强制性的,加之中央银行可以灵活操作,所以对经济社会和金融机构的影响比较平缓,不像调整法定存款准备率那样震动很大。

(4)影响范围广。中央银行在金融市场上买卖证券,如交易对方是商业银行等金融机构,可以直接改变它们的准备金数额,如果交易对方是公众,则间接改变公众的货币持有量,这两种情况都会使市场货币供给量发生变化。同时,中央银行的操作还会影响证券市场的供求和价格,进而对整个社会投资和产业发展产生影响。

公开市场业务政策的局限性如下。

(1)中央银行必须具有强大的、足以干预和控制整个金融市场的金融实力。

(2)要有一个发达、完善的金融市场,且市场必须是全国性的,市场上证券种类齐全并达到一定规模。

(3)必须有其他政策工具的配合。

(二)选择性货币政策工具

随着中央银行宏观调控作用重要性的增强,货币政策工具也趋向多样化。除上述调节货币总量的三大主要工具外,还增加了对某些特殊领域的信用活动加以调节和影响的一系列措施。这些措施一般都是有选择性地使用,故称为选择性货币政策工具,以便与传统的一般性政策工具相区别。选择性货币政策工具主要有以下几种。

1. 消费信用控制

消费信用控制是指中央银行对不动产以外的各种耐用消费品的销售融资予以控制。在消费信用膨胀和通货膨胀时期,中央银行采取消费信用控制,能起到抑制消费需求和物价上涨的作用。例如,对分期付款方式购买耐用品时的首次付款规定最低比例,规定消费信贷的最长期限等。

2. 证券市场信用控制

证券市场信用控制是指中央银行对有关证券交易的各种贷款和信用交易的保证金比率进行限制,并随时根据证券市场的状况加以调整,目的在于控制金融市场的交易总量,抑制过度投机。例如,规定一定比例的证券保证金比率。

3. 不动产信用控制

不动产信用控制是指中央银行对金融机构在房地产方面放款的限制性措施,以抑制房地产投机和泡沫。例如,对房地产贷款规定最高限额、最长期限及首次付款和分摊还款的最低金额等。

4. 优惠利率

优惠利率是中央银行对国家重点发展的经济部门或产业所采取的鼓励性措施。例如,出口工业、农业等重点发展的经济部门或产业,规定较低的贷款利率。

5. 预缴进口保证金

预缴进口保证金是指中央银行要求进口商预缴相当于进口商品总值一定比例的存款。以抑制进口过快增长。预缴进口保证金多为国际收支经常项目出现逆差的国家所采用。

(三)补充性货币政策工具

除以上常规性、选择性货币政策工具外,有时还运用一些补充性货币政策工具,对信用进行直接控制和间接控制。

(1)信用直接控制工具,是指中央银行依法对商业银行创造信用的业务进行直接干预而采取的各种措施,主要有信用分配、直接干预、流动性比率、利率限制、特种贷款等。

(2)信用间接控制工具,是指中央银行凭借其在金融体制中的特殊地位,通过与金融机构之间的磋商、宣传等,指导其信用活动,以控制信用,其方式主要有窗口指导、道义劝告。

三、货币政策理论

(一)凯恩斯主义的货币政策

凯恩斯主义的货币政策是通过对货币供给量的影响调节利率,再通过利率的变动影响需求的货币政策。在这种货币政策中,政策的直接目标是利率,利率的变动通过货币量调节来实现,所以调节货币量是手段,调节利率的目的是要调节总需求,所以总需求变动是政策的最终目标。

凯恩斯主义是以人们的财富只有货币与债券这两种形式的假设为前提的。在这一假设之下,债券是货币的唯一替代物,人们在保存财富时只能在货币与债券之间做出选择。持有货币无风险,但也没有收益;持有债券有收益,但也有风险。

人们在保存财富时总要使货币与债券之间保持一定的比例。如果货币供给量增加,人们就要以货币购买债券,债券的价格就会上升;反之,如果货币供给量减少,人们就要抛出债券以换取货币,债券的价格就会下降。根据下列公式可以看出,债券价格与利率的高低成反比,与债券收益的大小成正比。

$$债券价格 = \frac{债券收益}{利率}$$

因此,货币量增加,利率下降,债券价格上升;反之,货币量减少,利率上升,债券价格下降。利率的变动影响投资。投资是总需求中重要的一部分,会影响到总需求和国内生产总值。这就是扩张性货币政策发生作用的机制。

中央银行运用货币政策直接调控的是货币供给量。它控制货币供给量的工具就是前面介绍的公开市场活动,即再贴现率和存款准备金率。

(二)货币主义的货币政策

货币主义的货币政策在传递机制上与凯恩斯主义的货币政策不同。货币主义的基础理论是现代货币数量论,即认为影响国内生产总值与价格水平的不是利率而是货币量。货币主义者反对把利率作为货币政策的目标。因为货币供给量的增加只会在短期内降低利率,而其主要影响还是在于提高利率。

首先,货币供给量的增加使总需求增加,总需求增加一方面增加了货币需求量,另一方面提高了价格水平,从而减少了货币的实际供给量,这两种作用的结果就会使利率提高。其次,利率还要受到人们对通货膨胀预期的影响。这也就是说,名义利率等于实际利率加预期的通货膨胀率。货币供给量增加提高了预期的通货膨胀率,从而也就提高了名义利率。因此,货币政策无法限定利率。

货币主义者还认为,货币政策不应该是一项刺激总需求的政策,而应该作为防止货币本身成为经济失调根源的政策,为经济提供一个稳定的环境,并抵销其他因素所引起的波动。因此,货币政策不应该是多变的,应该以控制货币供给量为中心,即根据经济增加的需要,按一固定比率增加货币供给量,这也被称为"简单规则的货币政策"。这种政策可以遏制通货膨胀,为经济的发展创造一个良好的环境。

(三)中性货币政策

中性货币政策是指不用货币政策去刺激、抑制经济,而是使货币在经济中保持中性,即把货币政策的重点放在稳定物价上。也就是说,货币政策的目的不是实现充分就业、经济增长及其他目标,而是稳定物价,为市场机制的正常运行创造一个良好的环境。

四、货币政策的局限性

知识链接 12-1

流动性陷阱

所谓"流动性陷阱",是凯恩斯提出的一种假说,指当一定时期的利率水平降低到不能再低时,人们就会产生利率上升而债券价格下降的预期,货币需求弹性就会变得无限大,即无论增加多少货币,都会被人们储存起来。发生流动性陷阱时,再宽松的货币政策也无法改变市场利率,使货币政策失效。

西方国家实行货币政策,常常是为了稳定经济,减少经济波动,但事实上,也存在一些局限性。

(1)货币政策在通货膨胀时效果显著,但在通货紧缩时由于流动性陷阱的影响,效果有限。

(2)从投资来看,货币政策之所以有效是因为它先在货币市场上影响利率水平;其次在产品市场上引起一系列的变化。但这是有前提的,即货币流通速度不变。货币流通速度加快,意味着货币需求增加;反之,货币需求减少。例如,如果央行货币供给增加一倍,但流通速度也增加一倍,政策就是无效的。

(3)货币政策的外部时滞也影响货币政策的效果。中国货币政策的外部时滞为大约两个季度,两个季度前旨在抑制通货膨胀的政策,如果两个月后市场表现为紧缩,则会雪上加霜。

(4)其效果还要受对外开放程度的影响。开放程度越大,外国资本对本国的影响就越大。无论实行哪种货币制度(浮动或固定),都会使原先的货币政策大打折扣。

总之,货币政策在实践中的问题远不止这些,但货币政策作为平抑经济波动的手段,其作用也是存在的。

第四节　两种政策的混合使用

为实现和保持经济的持续稳定增长,仅仅靠市场这只“无形的手”是不够的,还需要国家宏观调控这只“有形的手”。财政政策和货币政策都是国家宏观调控的重要手段,它们共同作用于一国的宏观经济,因而存在着相互配合的问题。研究货币政策与财政政策的协调与配合,必须要搞清它们两者之间的关系。

(一)财政政策和货币政策的相同点

(1)货币政策与财政政策是政府干预社会经济生活的主要工具,它们共同作用于本国的宏观经济方面。

(2)它们都是着眼于调节总需求,使之与总供给相适应。

(3)它们追求的最终目标都是实现经济增长、充分就业、物价稳定和国际收支平衡。

(二)财政政策和货币政策的不同点

(1)政策的实施者不同。财政政策由财政部门实施;货币政策由中央银行实施。

(2)作用过程不同。财政政策的直接对象是国民收入再分配过程,以改变国民收入再分配的数量和结构为初步目标,进而影响整个社会经济生活;货币政策的直接对象是货币运动过程,以调控货币供给的结构和数量为初步目标,进而影响整个社会经济生活。

(3)政策工具不同。财政政策所使用的工具一般与政府的收支活动相关,主要是税收、国债及政府的转移性支付等;货币政策使用的工具通常与中央银行的货币管理业务活动相关,主要是存款准备金率、再贴现率、公开市场业务等。

(4)两种政策的影响范围不同。财政政策的实施,要通过一段时间,财政政策的影响范围更大一些；货币政策由中央银行做出，影响范围相对小一些。

（三）财政政策和货币政策的搭配使用

货币政策与财政政策出自于同一个决策者却由不同机构具体实施，为达到同一个目标却又经过不同的作用过程，作用于同一个经济范围却又使用不同的政策工具。其共性的存在，决定了它们相互配合的客观实际，其区别则又导致了在实施过程中有可能发生偏差。在具体实施过程中，会有四种配合模式。

（1）紧缩的货币政策与紧缩的财政政策，即"双紧"政策。适用于严重的通货膨胀时期，通过"双紧"政策，能有效地抑制社会总需求。

（2）扩张的货币政策与扩张的财政政策，即"双松"政策。适用于严重的经济衰退时期，通过"双松"政策，能有效地刺激总需求。

（3）扩张的货币政策与紧缩的财政政策，即"松货币、紧财政"政策。这样可以减少政府开支，稳定物价，又可以降低利息率，增加投资。

（4）紧缩的货币政策与扩张的财政政策，即"紧货币、松财政"政策。这样既可以有效地刺激社会总需求，又可以避免通货膨胀。

四种模式由于政策的作用方向和组合的不同，会产生不同的政策效应，如表 12-1 所示。

表 12-1 四种模式下的政策效应

货币政策 ＼ 财政政策	紧	松
紧	社会总需求极度膨胀，社会总供给极度不足，物价上升幅度大； 主要目标是抑制通货膨胀； 政府减少支出、增加税收；提高利率，减少货币供给	通货膨胀与经济停滞并存，产业结构失衡，生产力布局不合理，公共事业和基础设施落后； 主要目标是刺激经济增长，同时抑制通货膨胀； 减少税收、增加财政支出；提高利率，减少货币供给
松	政府开支过大，但是企业投资并不多，生产能力和生产资源有增加潜力； 主要目标是刺激经济增长； 政府支出减少、增加税收；降低利率，增加货币供给	社会总需求不足，生产能力和生产资源闲置，失业严重； 主要目标是解决失业和刺激经济增长； 减少税收、增加财政支出；降低利率，增加货币供给

西方经济学家认为，国家运用经济政策干预经济生活，不是在任何情况下都必不可少，而只是当经济超出一定限度，才需要政府调控。运用宏观经济政策，不能过紧，也不能过松，而应该松紧配合，尽最大可能兼顾各个经济政策的目标。通过两类政策的共同作用机制，调节国民收入和物价水平。

个案研究 12-4

中国宏观经济政策的实践

改革开放以来,中国的宏观经济政策搭配实践有五个典型阶段。

第一阶段(1988年9月至1990年9月),"紧财政、紧货币"的双紧政策。从1988年初开始,中国经济进入过热状态,表现为经济高速增长(工业产值增幅超过20%)、投资迅速扩张(1988年固定资产投资额比1987年增长18.5%)、物价上升迅速(1988年10月物价比上年同期上升27.1%)、货币回笼缓慢(流通中的货币增加46.7%)和经济秩序混乱。

在这种形势下,中国于1988年9月开始实行"双紧"政策。具体措施有:收缩基本建设规模、压缩财政支出、压缩投资规模、严格控制现金投放和物价上涨、严格税收管理等。"双紧政策"很快见效,经济增长速度从20%左右跌至5%左右,社会消费需求大幅下降,通货膨胀得到遏制,1990年第三季度物价涨幅降到最低水平,不到1%。

第二阶段(1990年9月至1991年12月),"紧财政、松货币"的一紧一松政策。在"双紧"政策之后,中国经济又出现了新的失衡。表现为市场销售疲软,企业开工不足,企业资金严重不足,三角债问题突出,生产大幅下降。针对上述情况,从1991年年初开始,实行了宽松的货币政策,中央银行陆续多次调低存贷款利率,以刺激消费、鼓励投资。这些政策在实施之初效果并不显著,直到1991年下半年,市场销售才转向正常。

第三阶段(1992年1月至1993年6月),"松财政、松货币"的双松政策。1992年,财政支出4 426亿元,其中财政投资1 670亿元,分别比年初预算增长107%和108%。信贷规模也大幅度增长,货币净投放额创历史最高水平。"双松"政策的成效是实现了经济的高速增长,1992年GDP增长12.8%,城市居民人均收入增长8.8%,农村居民人均收入增长5.9%。但是"双松"政策又带来了老问题。即通货膨胀加剧、物价指数再次超过两位数;短线资源再度紧张。

第四阶段(1993年7月至1996年年底),"适度从紧的财政与货币政策"。具体措施有控制预算外投资规模,控制社会集资搞建设,控制银行同业拆借,提高存贷利率等。与1988年的紧缩相比,财政没有大动作,货币紧缩力度较缓。适度的"双紧"政策使我国的宏观经济终于成功实现了"软着陆"。各项宏观经济指标表现出明显的改善:1996年GDP的增长率为9.7%,通货膨胀率降为6.1%;外汇储备达到1 000多亿美元。这次政策配合实施被认为是中国治理宏观经济成效较好的一次,为中国以后实施经济政策积累了经验。

第五阶段(1997年至今),适度的货币政策和积极的财政政策。1997年到1998年,中国经济发展受到了亚洲金融危机和国内自然灾害等多方面的冲击。经济问题表现为通货紧缩式的宏观失衡,经济增长的力度下降,物价水平持续下降,失业增加,有效需求不足,出口不振等。面临新形势,中国政府实施了较有力度的财政扩张政策,其措施是大量发行国债,投资于基础设施方面的建设;实施适当的货币政策,连续下调人民币存贷款利率,改革商业银行体系等。这些政策使中国经济成功地应对了亚洲金融危机的挑战,保持了国民经济的持续增长。

政策得到了较好的执行,2009 年第二季度政策效果开始显现,积极财政政策对抵制经济下滑发挥了重要支撑作用,推动了经济若干方面的发展。从宏观经济态势和需求来看,要坚持积极财政政策,以稳定和巩固来之不易的大好局面。2009 年货币政策总体宽松,流动性充裕。

本 章 小 结

政府是国民经济的最大消费者和生产者。在市场经济条件下,政府提供公共物品、行使公共职能、实现社会公共利益。职能有"守夜人"的职能、公共物品的职能、宏观调控的职能和增加社会公平的职能。

国家宏观调控的政策目标,一般包括充分就业、经济增长、物价稳定和国际收支平衡四项。

宏观经济政策的工具有需求管理政策、供给管理政策、国际经济政策。

财政政策包括政府支出和财政收入两部分,政府支出主要包括政府购买和转移支付两大类;政府收入主要形式是税收。

财政政策主要通过政府支出和税收来调节经济。在经济萧条时,政府增加财政支出,向企业进行大规模采购,以刺激民间投资增加;扩张性财政政策是增加政府支出和减少税收来刺激经济的政策;而在经济繁荣时期,总需求大于总供给,经济中存在通货膨胀,政府采取增加税收的办法,来限制企业的投资与居民消费,从而减少社会总需求,抑制经济过热。紧缩性财政政策是通过减少政府支出与增加税收来抑制经济的政策。

财政政策的"内在稳定器"效应主要表现在:累进的所得税制和公共支出,以及各种转移支付。

挤出效应的影响因素有支出乘数的大小、对利率的敏感程度、货币需求对产出水平的敏感程度和货币需求对利率变动的敏感程度。

财政政策的局限性:滞后对政策的影响、挤出效应的影响和社会阻力的影响。

货币供应量划分为三个层次:流通中现金(M_0)、狭义货币(M_1)、广义货币(M_2)。

银行制度是指在这一制度中各类不同银行的职能、性质、地位、相互关系、运营机制以及对银行的监管措施所组成的一个体系。

中央银行的主要职能:发行的银行、银行的银行、国家的银行。

商业银行的职能:信用中介、支付中介、变货币收入和储蓄为货币资本和创造信用流通工具。

货币政策工具包括常规性货币政策工具、选择性货币政策工具、补充性货币政策工具。

常规性货币政策采用的三大工具,即法定存款准备率、再贴现政策和公开市场业务。

货币政策的局限性:货币政策在通货膨胀时效果显著,但在通货紧缩时由于流动性陷阱的影响,效果有限;从投资来看,货币政策之所以有效是因为它先在货币市场上影响利率水平,然后在产品市场上引起一系列的变化;货币政策的外部时滞也影响货币政策的效果；其效果还要受对外开放程度的影响。

本章内容结构

政府部门及职责
- "守夜人"的职能
- 公共物品的职能
- 宏观调控的职能
- 增加社会公平的职能

政府宏观经济政策的目标
- 经济增长
- 充分就业
- 物价稳定
- 国际收支平衡

政府宏观经济政策的工具
- 需求管理政策
- 供给管理政策
- 国际经济政策

宏观经济政策理论

财政政策
- 财政政策的构成
  - 财政收入
  - 财政支出
- 财政政策的运用
  - 扩张性财政政策
  - 紧缩性财政政策
- 赤字财政政策
- 财政政策的局限性

货币政策
- 货币及银行制度
- 货币政策工具与运用
  - 法定存款准备率
  - 再贴现政策
  - 公开市场业务
- 货币政策理论
  - 凯恩斯主义的货币政策
  - 货币主义的货币政策
  - 中性货币政策
- 货币政策的局限性

财政政策与货币政策的混合使用

综 合 练 习

一、名词解释

公共物品　政府支出　政府收入　收入政策　国际经济政策　赤字财政　银行制度　挤出效应　公开市场业务　需求管理政策　供给管理政策　指数化政策　再贴现　法定存款准备金　经济增长　扩张性财政政策　紧缩性财政政策

二、选择题

1. ( )在经济中不具有内在稳定器作用。
    A. 累进税率制
    B. 政府开支直接随国民收入水平变动
    C. 社会保障支出和失业保险
    D. 农产品维持价格

2. 扩张性的财政政策对经济有( )影响。
    A. 缓和了经济萧条,减少了政府债务
    B. 缓和了经济萧条,但增加了政府债务
    C. 缓和了通货膨胀,但增加了政府债务
    D. 缓和了通货膨胀,减少了政府债务

3. 宏观货币政策和宏观财政政策的区别在于( )。
    A. 前者主要用来对付经济萧条,后者主要用来对付通货膨胀
    B. 前者主要通过改变投资支出发生作用,后者主要通过影响消费支出发生作用
    C. 前者主要通过利率来影响总需求,后者主要通过政府支出和税收的变化来影响总需求
    D. 以上三者都是

4. 在经济衰退时期,一般( )。
    A. 税收减少,政府支出减少
    B. 税收减少,政府支出增加
    C. 税收增加,政府支出减少
    D. 税收增加,政府支出增加

三、简答题

1. 简单论述挤出效应。
2. 解释扩张性财政政策和紧缩性财政政策。
3. 解释扩张性货币政策和紧缩性货币政策。
4. 试列举在不同的情况下,政府应如何混合使用财政政策和货币政策。

四、实践能力训练

当某国经济处于衰退期,假设政府采取以下政策刺激经济。分析下列每一种政策对消费和投资的影响,并预测经济的走势。
（1）增加政府支出。
（2）增加货币的供给。
（3）减少税收。

推荐阅读

[1] 黄典波. 图解宏观经济学[M]. 北京：机械工业出版社，2009：第九章.

[2] 高鸿业. 西方经济学（宏观部分）[M]. 6版. 北京：中国人民大学出版社，2014：第十五章，第十六章.

[3] 刘裔宏，罗丹桂. 西方经济学[M]. 长沙：中南大学出版社，2011：第八章.

[4] 狄俊锋，等. 西方经济学概论[M]. 北京：中国传媒大学出版社，2009：第十章.

[5] 曼昆. 微观经济学[M]. 2版. 北京：北京大学出版社，2009：第十三篇，第三章.

[6] 弗兰克. 牛奶可乐经济学2[M]. 北京：中国人民大学出版社，2009.

参考文献

[1] 高鸿业.西方经济学[M].6版.北京：中国人民大学出版社,2014.

[2] 尹伯成.西方经济学简明教程[M].8版.上海：格致出版社,2013.

[3] 厉以宁.西方经济学[M].4版.北京：高等教育出版社,2015.

[4] 梁小民.经济学是什么[M].北京：北京大学出版社,2017.

[5] 范家骧,刘文忻.微观经济学[M].2版.大连：东北财经大学出版社,2007.

[6] 克鲁格曼.克鲁格曼经济学原理[M].北京：中国人民大学出版社,2011.

[7] 威廉·A.迈克易切恩.微观经济学[M].北京：机械工业出版社,2011.

[8] 约翰·B.泰勒.经济学[M].6版.北京：中国市场出版社,2012.

[9] 弗兰克.牛奶可乐经济学2[M].北京：中国人民大学出版社,2009.

[10] 斯凯恩.一看就懂的经济学原理[M].上海：立信出版社,2014.

[11] 卜洪运.微观经济学[M].北京：机械工业出版社,2009.

[12] 朱中彬,等.微观经济学[M].北京：机械工业出版社,2007.

[13] 刘秀光.西方经济学原理[M].3版.北京：清华大学出版社,2017.

[14] 郭万超,辛向阳.轻松学经济[M].北京：对外经济贸易大学出版社,2005.

[15] 茅于轼.生活中的经济学[M].3版.广州：暨南大学出版社,2007.

[16] 黎诣远.西方经济学·微观经济学[M].3版.北京：高等教育出版社,2007.

[17] 孙学敏.西方经济学[M].北京：清华大学出版社,2009.

[18] 平狄克,鲁宾费尔德.微观经济学[M].北京：中国人民大学出版社,2013.

[19] 章昌裕.西方经济学原理[M].北京：清华大学出版社,2007.

[20] 梁小民.西方经济学基础教程[M].3版.北京：北京大学出版社,2014.

[21] 袁志刚.西方经济学[M].2版.北京：高等教育出版社,2015.

[22] 陈友龙,缪代文.现代西方经济学[M].2版.北京：中国人民大学出版社,2011.

[23] 萨缪尔森.萨缪尔森谈失业与通货膨胀[M].萧琛,译.北京：商务印书馆,2012.

[24] 菲尔普斯.就业与通货膨胀理论的微观经济基础[M].陈宇峰,吴振球,周禹,等,译.北京：北京大学出版社,2011.

[25] 瑞比.通货膨胀来了[M].王煦逸,等,译.上海：上海财经大学出版社,2011.

[26] 弗里德曼.失业还是通货膨胀?对菲利普斯曲线的评价[M].张丹丹,等,译.北京：商务印书馆,1982.

[27] 凯恩斯.就业、利息和货币通论[M].高鸿业,译.北京：商务印书馆,2007.

[28] 黄典波.图解宏观经济学[M].北京：机械工业出版社,2009.

[29] 刘裔宏,罗丹桂.西方经济学[M].长沙：中南大学出版社,2011.

[30] 狄俊锋,等.西方经济学概论[M].北京：中国传媒大学出版社,2009.

[31] 曼昆.经济学原理[M].5版.北京：北京大学出版社,2009.

[32] 卫志民.微观经济学[M].北京：高等教育出版社,2012.

[33] 袁志刚,欧阳明.宏观经济学[M].上海：格致出版社,2003.

[34] 梁小民.西方经济学导论[M].3版.北京：北京大学出版社,2003.

[35] 南希·J.基梅尔曼.人人需要知道的经济运行规律[M].北京：电子工业出版社,2010.

[36] 魁奈.魁奈经济表及著作选[M].晏智杰,译.北京：华夏出版社,2005.

[37] 胡代光.凯恩斯主义的发展和演变[M].北京：清华大学出版社,2004.

结 束 语

美国自由市场经济与国家干预的博弈

美国是最大的自由市场经济国家,然而,自20世纪20年代末美国经济出现大萧条而导致美国政府进行大面积的经济干预后,国家干预就一直不断。尽管有米尔顿·弗里德曼这样的经济学大师不遗余力地号召政府减少干预,但是每次经济出现危机以后,政府干预总会相随而来。此次由美国次贷危机引发的金融危机,最终演变成全球经济衰退,美国政府也采取了自罗斯福新政以来最为庞大的政府干预经济措施,而刺激消费及消费信贷成为美国拯救经济危机的核心。

即使在美国这个最大的自由市场经济国家,政府该在多大程度上干预经济运行也是一个由来已久的争论。尽管有米尔顿·弗里德曼这样的经济学大师不遗余力地号召政府减少干预,但是每次经济出现危机以后,政府干预总会相随而来。这次也不例外。

一、美国信奉已久的自由市场经济面临严重危机

美国是一个信奉以马歇尔经济学理论为基础的自由市场经济的国家,但20世纪20年代末美国出现了经济大萧条,以凯恩斯为代表的国家干预理论催生了罗斯福新政。自此,基于微观经济学加上宏观经济学构成了西方经济学"矛盾的主体"。

在20世纪20年代末美国经济陷入大萧条后,罗斯福政府推出了大面积的经济干预政策。事实上,在美国开国之初,拥护政府主导的汉密尔顿和吹捧个人自由的杰斐逊就已经为政府在经济生活中的角色到底应该是什么而争论得不可开交。

2008年9月7日,美国政府宣布接管陷入困境的、有"第二美联储"之称的房利美(Fannie Mae)和房地美(Freddie Mac)公司。当时许多媒体纷纷报道称,"这是自2007年8月美国次贷危机全面爆发以来,美国政府所采取的规模和意义都最为重大的一次救市行动,也是自罗斯福新政以来最为庞大的政府干预经济措施,标志着次贷危机开始步入高潮"。

然而,时隔不到两周,9月16日晚,在美联储拒绝雷曼兄弟,刚刚任其破产的次日,美国政府以类似接管"两房"的手法变相地接管了资产过万亿美元的、世界上最大的金融保险巨擘美国国际集团(AIG)。在随后的半年之内,援助金额已由当初的850亿美元上升至1800亿美元。

2009年6月1日,美国最大的汽车巨头通用汽车宣布申请破产保护,与此同时提出了重组计划。重组之后,通用汽车60%的股份将由美国联邦政府持有,12.5%的股份则由加拿大政府持有,全美汽车工人联合会(工会)将持有17.5%的股份,无担保债权人持有10%的股份。美国政府的拯救行动由金融领域扩展到了实业领域。

美国政府接管"两房"至少意味着在危机最终尘埃落定之前,暂时将这两家机构国有化。在一定时期内,"两房"将变成中国人概念中的"国有企业"。其实,美国政府接管"两

房"的举措也面临着巨大压力。事实上,"两房"在成立初期本来就是国有企业,在后来随着美国住房抵押市场规模的扩大而逐渐演变为私人持股的上市公司。将"两房"国有化意味着美国政府走上了回头路。而这个行为跟美国政府倡导的基本经济理念"自由市场"相悖。

美国政府之所以做如此选择,当然是不得已而为之:如果政府坐视不理,那么"两房"很可能会破产倒闭,而"两房"如果真的破产,那将会导致整个美国住房贷款,乃至于整个债市,甚至整个美国金融市场的大崩溃。这是美国乃至整个世界经济都无法承担的一个后果。

二、雷曼兄弟成为"隐形合约"的牺牲品

在雷曼兄弟倒下前后,美国财政部和美联储先后出手拯救多家金融机构,其中包括接管两大住房抵押贷款融资机构"房利美"和"房地美",向保险业巨头 AIG 抛出 850 亿美元"救命钱"(目前已升至 1 800 亿美元),以及"操办"贝尔斯登与摩根大通的联姻。

然而,在雷曼兄弟股价暴跌、难以找到买家之际,美国财长保尔森一直坚持不动用政府一分钱来拯救雷曼兄弟。雷曼前 CEO 富德说,"直到我被埋进坟墓之前,我都会想个不停","为什么我们是唯一一个政府不肯救助的金融企业"。

1."隐形合约"

自 2007 年 2 月次贷问题显现出来到 12 月 Countrywide 面临倒闭为止,次贷危机其实已经持续了 10 个月的时间。作为整个金融体系的领导者,美联储在这 10 个月里做了大量政策储备和风险预估工作。因此,救助 Countrywide 的行动可以认为是美联储储备政策的第一次应用,那时的美联储认为形势还不算太糟。2008 年 1 月 11 日,美国银行宣布以换股的方式整体并购 Countrywide,涉及交易价格约 40 亿美元。这样一来无论 Countrywide 的股东,还是债权人的利益都得到了保障。这一行动具备很强的合理性。毕竟让一个金融企业倒闭会造成深远的社会影响,除非万不得已不会轻易允许。这也是从美联储的角度分析并默认隐形合约合法性的依据。

随后,2008 年 3 月救助贝尔斯登时,美联储想问题的出发点与救助 Countrywide 时如出一辙,都是为了避免金融企业倒闭造成社会恐慌。唯一不同的是,相较于拯救 Countrywide 时的政策,美联储这一次明显收紧了隐形合约。实际策略是美联储为摩根大通提供 290 亿美元,摩根大通自筹 10 亿美元以现金方式收购贝尔斯登。尽管贝尔斯登的股东损失殊为惨重,但是贝尔斯登的债权人权益却得到了全额的保护。

然而到了 2008 年 9 月,形势突然恶化。一方面,"两房"、AIG 等超大型企业相继出现问题,美联储的援助责任瞬间数倍增大,但是实际上美联储根本无法照顾周全。另一方面,美联储对金融机构的隐形救助协议激发了道德风险。像雷曼即便已经在担保债务凭证(以下简称 CDO)上亏损巨大,但根据 2008 年度二季报它依然在加大做多 CDO 的仓位。如此有恃无恐的行为背后就是在赌美联储无论如何都会出手援助。

由于市场对于美联储会提供援助的预期非常一致,因此债权人依然敢于把钱继续放给从事高风险产品投资的机构。因此,必定是经过一番深思熟虑后,美联储决定选择一家影响力足够震慑市场的鲁莽机构开刀,主动放弃对它潜在的一切承诺,让它彻底倒闭,借以

警示所有市场参与者不要再心存幻想,彻底切断风险的源头。雷曼不幸成为反面的典型。

2. 雷曼倒闭的价值

从当时的实际情况来看,雷曼兄弟绝不是最后一家需要救助的金融机构。如果再出手,很有可能把美国政府财政也"拉"下水。如果要防止金融危机进一步扩大,挽救已经陷入困境的金融企业,政府就不能不考虑市场化之路。伯南克认为,雷曼兄弟破产或许在客观上更有利于华尔街秩序的尽快恢复,于是改变了先前拯救濒临破产投行的思路。

之所以挑中雷曼首先因为它规模很大,具备足够的震撼力;同时又没有庞大到 AIG 的程度,美联储当时判断雷曼即便倒闭也不致引发金融系统崩溃。更重要的是,在已经遭受沉重打击的诸多机构中间,雷曼是风险资产投资比例最高的一家,也是损失最为惨重的。相对而言,在同等规模的投行中,美林证券经纪业务和资产管理业务比例很高因而相对安全;摩根士丹利虽然在衍生品上也亏损不少,但是相对雷曼而言它的资产结构明显较好;而高盛甚至直到第三季度还在盈利。雷曼是一筐苹果中烂得最厉害的那个,因此扔起来也就相对不那么痛心了。

但所有冠冕堂皇的理由背后最核心的精髓是:华尔街这条巨狼在金融危机的铁钳下完全被制住了。但凡有一点微小的动作,便立刻会引来周身的剧痛,这是固有的制度缺陷造成的。身处这个非常时期,全体保全是不现实的,旧制度的维护也已经不再有意义,只有打破传统价值判断,冲破眼前的封锁才是获得新生的唯一途径。因此雷曼就像那条被毫不留情咬掉的狼腿一样是为了整体的生存而必须牺牲的个体,它的覆亡具有历史必然性。即便没有雷曼,也会有美林,或者大摩,或者高盛充当这个角色,这是一个击碎旧秩序重建新秩序的里程碑。美联储在以雷曼祭旗。

如果单纯考虑对现实世界的影响力,雷曼的倒闭和一般企业破产案根本没什么不同。毕竟它只是一家独立的投资银行,从事一些高端的、虚无缥缈的金融创新业务而已,既不牵扯柴米油盐,又不决定国计民生。

但是值得大书特书的是,雷曼的倒闭是美国甚至人类金融史上的一个里程碑,从此全世界在重估美国经济的时候也将重估华尔街精神、美国精神的真实价值。从未受到过怀疑的美国式发展模式历史上第一次受到了质疑,这才是雷曼倒闭事件最意味深远的影响。它对未来的意义远大于对现实的意义。

当雷曼倒下去的时候,华尔街的信用其实也随之倒下了。美国政府匆忙中以国家信用接管了业已破碎的华尔街信用,短期来看,效果应该不错。但是长期来看,一直以来充当美国挡箭牌的华尔街垮了,从此美国信用将直接袒露在世界的面前,承受来自四面八方的袭击。这是美国成为世界霸主后的第一次。

就算躲过了这场危机,如果华尔街迟迟不能恢复左膀右臂的作用,只能空留美联储凭借美国信用孤身作战,相信早晚它会露出无法补救的破绽。如果有一天连美国信用也崩溃了,便再没有任何后台可以提供援助,则那一天也就是美元体系终结的日子,随之而来的将是美国霸权地位的结束与全球秩序的重新建立。

三、美国救市方案出现重大转向

2008 年 11 月 12 日,美救市方案出现了重大转变:放弃收购抵押资产,拟注资非银行机构。保尔森当日宣布放弃 7 000 亿美元金融救援计划的核心内容之一，即不再像先前计划那样动用这笔巨款购买金融机构的不良资产。在考虑以其他方式帮助银行的同时，政府正研究给消费信贷领域"减压"的方式。

1. 缓解消费贷款压力

保尔森承认，收购抵押资产并非利用政府资金的"最有效途径"，美国财政部决定通过认购优先股的方式向银行业注资，并认为这才是这笔资金更好的使用方式。政府还在研究其他选择，比如向那些能自己筹款的银行更多提供政府救援金。这一决定意味着美国金融救援方案出现重大转变。政府当时游说国会通过这一方案时，只着重强调会购买银行不良资产。

保尔森表示，不收购抵押资产所节省下来的部分资金将被用于支持信用卡应收账款、汽车贷款与学生贷款市场。他认为，这一市场实际上已经陷于停顿。他表示，美国财政部还将考虑把部分资金提供给非银行金融机构，而银行业也可能需要更多的帮助。

保尔森介绍了救援计划的一些新动向，说这一计划将帮助缓解消费贷款方面的压力。与消费贷款有关的除银行外，还有一些非银行金融机构。保尔森说，这些机构正面临资金紧缺困境，一些资产支撑证券市场在降低花费和增加消费方面发挥了重要作用，而如今这一领域的机构正备受煎熬。

"这一领域资金流动不畅导致支出上升，使申请汽车贷款、学生贷款和信用卡受阻，"保尔森说，"这正给美国人民加以重担，且减少了工作岗位。"财政部和美国联邦储备委员会的官员正在研究支持资产支撑证券市场的计划。保尔森说，这一计划具有"相当规模"，政府正考虑动用部分救援资金鼓励私人投资者回到这一领域。

除了考虑支持资产支撑证券市场，保尔森说政府还考虑在不购买抵押品支撑证券前提下减少丧失抵押品赎回权现象的方式。

2. 绕不过的汽车业

陷入困境的美国汽车业的巨头们也紧盯着政府手中的票子，希望能从救援计划中分一杯羹。但保尔森当天的表态让他们失望。保尔森说，汽车业极端重要，但金融救援计划的对象不是针对这一行业所设计。美国不少国会议员正推动政府向汽车业注资。当被问及如何看待这一举动时，保尔森谨慎回答："任何决定都得让汽车制造企业有长期生存能力。"

当时，是否救援汽车业的问题在国会分歧也不小。尽管民主党领导人极力想把汽车业纳入金融救援计划中，但有议员表示怀疑，认为救援计划针对的是金融业，如果超出这一领域，会带来麻烦。参议员杰夫·塞森斯问道："如果我们越过金融机构和其他企业的界线，问题是，那条线怎么划？"

在帮助汽车业问题上，白宫给出模棱两可的回答。白宫女发言人达娜·佩里诺说，"尽管政府了解汽车业的困境，但政府对此没责任。那些公司过去做出的商业决定导致今天的局面。"然而，佩里诺并未将路完全堵死，称政府在帮助汽车业问题上持"开放态度"。在此次破产重组中，美国奥巴马新政府又提供了大约 300 亿美元的援助。

通用在宣布破产保护后称其总资产是 822.9 亿元，总债务则高达 1 728.1 亿元，也就是说基本上债务是它现在资产的两倍，已是严重的资不抵债。不断上涨的拯救 AIG 的投入，已经大大超出美国政府的最初预算；而陆续向通用注入的流动性资金并没能使通用解困,所有的债权人正张着大嘴等着政府的注资。因此,如果还像拯救 AIG 那样直接注资,这可能会是个比 AIG 更大的无底洞。让通用破产重组,构建一个精干、高效的新通用是明智之举。

四、美国救市方案转向的原因

美国财政部调整救市政策,可以说是对前一段出台的针对陷入困境的金融机构的救市政策所引发的一系列问题的反思。

首先,赎买因次贷危机而受影响的问题债券和金融产品,虽然能够帮助部分金融机构挺过难关,但并不能解决信贷市场受次贷危机影响而萎缩的问题。其次,注入问题金融机构的政府救市资金并没有得到有效利用。大量资金被用来支付公司高管的薪水、福利以及离职补偿,这引发了广泛的社会不满情绪。财政部的新计划将解决"相当一部分珍贵的救市资金被'合法地'用来补偿那些制造危机的'罪魁祸首'"这一问题,缓解公众舆论压力。

"现在看来,美国政府已经不愿自己出大量资金(救市场),美国政府现在政策的主要导向,第一是鼓励企业联合起来自相救援,第二是采取一些间接的宏观调控措施来刺激经济的发展,刺激老百姓的消费。"

事实上,只有在经济本身健全、危机只是由投资者信心不足而引发的情况下,政府购买银行的抵押贷款支持证券等问题资产才能有助于恢复投资者信心和保证金融体系的畅通运行。包括保尔森和伯南克在内的所有人都已经清楚地看到,美国的金融机构由于"失血"过多已经危在旦夕,仅靠政府购买他们所有的坏账起不到"妙手回春"的作用。他们要的是更猛的药——而不仅仅是政府承诺的直接注资。

同时,保尔森的"变脸"也表明,目前的经济危机已经超越了抵押贷款和房地产市场,扩展到了其他领域。保尔森在 12 日的讲话中称,金融系统以外的信贷市场也需要帮助。在美国,40%的消费信贷来自信用卡消费、购车贷款、助学贷款以及其他类似产品。目前这些重要的消费信贷市场都已经陷入停滞。

消费信贷的停滞并不是因为金融系统出了问题,而是因为消费者和零售商陷入经济困境。现如今,美国的家庭因受负债和失业的拖累,竭尽全力缩减开支,这使靠消费带动的零售业和汽车行业饱受其害。因此,要拯救美国的经济就必须刺激消费及消费信贷,这就是美国新的国家战略和产业战略。

五、结论

通过美国的实践进一步证明,自由市场经济通常是有效的,但也会出现市场失灵,这时需要国家干预。但如何干预和干预到什么程度,需要在理论上不断探索和在实践中不断尝试。这对我国实行的有中国特色的社会主义市场经济也有重要的借鉴作用。这是一个需要长期研究、不断深化的重大课题。